CARLOS MANUEL DE CÉSPEDES:

DE YARA A SAN LORENZO

LA LEALTAD Y LA PERFIDIA
EL BRIGADIER DE CAMBUTE,
EL MÉDICO DE JIGUANÍ

COLECCIÓN CUBA Y SUS JUECES

EDICIONES UNIVERSAL, Miami, Florida, 2010

ENRIQUE ROS

CARLOS MANUEL DE CÉSPEDES:

DE YARA A SAN LORENZO

LA LEALTAD Y LA PERFIDIA
EL BRIGADIER DE CAMBUTE,
EL MÉDICO DE JIGUANÍ

...EDICIONES UNIVERSAL

Primera edición, 2010

EDICIONES UNIVERSAL
P.O. Box 450353 (Shenandoah Station)
Miami, FL 33245-0353. USA
Tel: (305) 642-3234 Fax: (305) 642-7978
e-mail: ediciones@ediciones.com
http://www.ediciones.com

Library of Congress Catalog Card No.: 2010926190
ISBN-10: 1-59388-196-7
ISBN-13: 978-1-59388-196-2

Composición de textos: María Cristina Zarraluqui

Diseño de la cubierta: Eduardo Fiol

ÍNDICE

PRÓLOGO

Entre todas las ciencias humanísticas, la tarea del historiador resulta ser la más áspera. Si es necesaria, por lo que tiene de respuesta a las interrogantes sobre el devenir de una sociedad en momentos dados de su desarrollo; si es útil, porque se convierte en el camino más lúcido para iluminar lo que los mitos y los personalismos suelen dejar en la oscuridad de los tiempos; si es esclarecedora, porque ilumina lo que la información deficiente o interesada mantiene en los claroscuros que alimentan las dudas, tiene que ser objetiva, ser el producto de la negación del «yo» para dar paso al dato objetivo, el que es y no el que se pretende que sea. Por eso, el verdadero historiador tiene que ser un ente objetivo, a quien los hechos irrebatibles y las bondades y miserias del devenir histórico, lleven a dar una visión de la realidad más allá de toda simpatía, rechazo o sentimiento.

Es éste el caso de este libro. Enrique Ros, cuya copiosa y autorizada bibliografía sobre el acontecer histórico de Cuba en sus diversas etapas de desarrollo lo acreditan como un investigador cuyo frío análisis lo ponen más allá del mero cronista ,cuyo examen usualmente se basa en antipatías o afinidades, trae ahora, a la consideración del lector responsable y ávido de la verdad, una obra, producto de profundas meditaciones, investigaciones y lecturas, sobre una de las figuras más importantes y más controvertidas, como lo es la de Carlos Manuel de Céspedes.

Desde el triunfo de la Modernidad, justo en la mitad del siglo XVIII, la Historia dejó de ser una enumeración de guerreros, cortesanos y reyes para convertirse en el análisis de las causas profundas y de las consecuencias inevitables de los procesos históricos. Esto dio lugar, con Voltaire, al estudiar el reinado de Luis XIV, al nacimiento de una verdadera filosofía de la historia, que abriría el camino a las futuras concepciones de Dilthey y Toynbee, sin olvidar las iluminaciones de Vico sobre la dialéctica del acontecer.

Los románticos del XIX –recordemos a Carlyle y Michelet– pusieron el énfasis en el concepto, absolutamente metafísico, del alma nacional, y en la concepción individualista del medio histórico –el «héroe»–, como puede verse en los grandes frisos heroicos sobre la Revolución Francesa y la historia de Francia.

Gracias a la actitud crítica de la escuela alemana –Rancke, Niebuhr, Mommsem–, que hizo de la historia una ciencia fundamentada exclusivamente sobre el dato comprobado, libre de toda exégesis individualista, y, como antihegeliana, libre de las manipulaciones del llamado materialismo histórico, fruto de la dialéctica post-hegeliana de Marx y Engels, la Historia alcanzó el rango de ciencia objetiva, basada en la experiencia probada de los hechos y en la comprobación factual de las intuiciones que ocurren en todo historiador ante el cúmulo de datos sometido a su estudio.

A partir del siglo XIX la historiografía cubana siguió ese camino. Las obras de Saco sobre la esclavitud y de Bachiller y Morales sobre las culturas primitivas en la Isla, abrirán el camino a toda una escuela de investigación histórica basada en la objetividad y el análisis, no en los mitos ni en las simpatías y antipatías, como lo muestran los textos de Vidal Morales, Ramiro Guerra, Herminio Portell Vilá, Benigno Souza, Leopoldo Horrego, Leví Marrero, y otros, cuyas investigaciones históricas son el modelo a seguir desde el pasado siglo XIX. En esta luminosa labor historiográfica entre los años 1900 y 2000 se puede detector la influencia del cientificismo positivista de Varona, que permeó el pensamiento cubano desde las postrimerías del siglo XIX.

Ahora Enrique Ros nos ofrece este libro, donde la figura, alabada y controvertida, de Carlos Manuel de Céspedes, se ofrece ante sus contemporáneos y ante la Historia.

Cuando se habla de la historia cubana a partir de 1868, cuando se abre el largo y doloroso paréntesis de la Guerra de los Diez

Años, no puede soslayarse el trasfondo histórico de la historia española, contra cuyos decretos e injusticias se produjo el alzamiento de Yara.

A partir de 1868, España fue gobernada por una cúpula militar integrada por liberales monárquicos que decidieron, encabezados por Prim, terminar con el reinado de Isabel II bajo los argumentos de violaciones constitucionales y consideraciones éticas sobre la legitimidad de la herencia dinástica. Tras el asesinato de Prim, se sucedieron gobiernos efímeros monárquico-republicanos hasta que la intervención militar trajo la restauración borbónica con la figura reinante de Alfonso XII. Esa Restauración, como fue llamado el proceso, determinó para España el restablecimiento de un régimen constitucional de alternancia en el poder de conservadores y liberales –Cánovas del Castillo, Sagasta, Maura– que si garantizó el ejercicio de las libertades fundamentales a todos los españoles, se mantuvo imperturbable en la negación de las mismas a las colonias. Contra ese cuadro negativo contra las aspiraciones de la cubanía, ya decepcionada por el fracaso de la Junta de Información en 1866, es que habría de desarrollarse el movimiento revolucionario conocido como la Guerra de los Diez Años.

Aquí es donde comienza la labor investigativa, exhaustiva e implacable ante la verdad histórica de Enrique Ros en este libro.

Ros nos muestra a Céspedes en su verdadera dimensión histórica, la de un fundador y no la de un caudillo. El análisis del Padre de la Patria como una personalidad que se caracteriza por la austeridad, a pesar del origen millonario, y que, ante los requerimientos –justos e injustos, nobles e innobles– del devenir de la Guerra, mantiene su postura libre de ambiciones personales, donde resalta su sentido –que mantendrá hasta su solitario final en San Lorenzo– del orden responsable frente a toda subversión de la juridicidad, aunque la juricidad atentara contra la efectividad de la acción guerrera, nos trae la imagen del hombre que, en su momento, representó la concepción lógica de la acción histórica frente a actos de indiscutible heroísmo patriota; pero carentes de verdadera efectividad para lograr el triunfo de la causa emancipadora. Fue un hombre liberado de toda ambición de gloria y de poder, y hace bien Enrique Ros, al estudiar el proceso de la Gran Guerra, en establecer un igual paralelo de nobleza, desinterés y sacrificio entre Céspedes y Francisco Vicente Aguilera, ejemplo mayor de amor a Cuba en la renuncia a las glorias del poder y de la fama.

La parte dura, la que puede herir susceptibilidades, desmitificar heroicidades legendarias, es la que en este libro Enrique Ros dedica a analizar, fría y objetivamente, con una imponente bibliografía y estrenadas e irrebatibles fuentes de información, las causas de la derrota revolucionaria entre 1868 y 1878, entre Yara y el Zanjón.

Todo un panorama de ambiciones personales, resentimientos, orgullos insensibles, envidias –ahí están las figuras grises que se señalan– se abre ante el historiador, que no sin dolor, porque es cubano de honda raíz, muestra ese fondo legamoso de las debilidades humanas, contrastadas con los ejemplos más nobles y puros de fidelidad y amor a la Patria Cubana, y lealtad y devoción a la amistad y al mérito reconocido.

La Guerra de los Diez Años vio pasar héroes y mártires –Céspedes, el más noble, el más desinteresado, el más atacado por los suyos–, algunos montoneros y rufianes. Vio estrategias militares que aún pasman la historia militar de América, y también vio traiciones y deserciones. Y como colofón de males, vio el antirracional triunfo del regionalismo, cuyo efecto destructivo mayor fue frustrar el plan decisivo que hubiese dado el triunfo final: la invasión de Occidente, planeada y propuesta por Máximo Gómez.

Enrique Ros nos lleva a la revalorización de la figura de Céspedes, nos da su exacta dimensión histórica de hombre inalterable en sus convicciones de orden humano y político, que prefirió la soledad de la vida insegura y de la muerte en el mayor desamparo, antes que ser factor de desunión en el campo de la Guerra o violador de los principios constitucionales del orden civil. Tuvo la clara concepción que aquella Guerra había que ganarla con balas, no con parlamentos; pero sometió con hidalguía y amor supremo a la causa de la libertad y la independencia de Cuba sus convicciones, cuando éstas pudieran hacer peligrar la necesaria unidad del campo revolucionario. La República futura le debe el homenaje que merece. Por muchos años, aunque respetado y venerado como Padre de la Patria, no tuvo –ni tiene aún– el monumento digno de su estatura histórica.

Martí, Gómez y Maceo alzan sus monumentos ante la grandeza de los tiempos; de Céspedes, sólo modestas estatuas y algunos bustos en parques de provincia recuerdan y veneran su jerarquía primera de patricio.

Sirva este libro, junto con su misión esclarecedora de hechos gloriosos y lamentables de la historia cubana junto con las virtudes y faltas de sus protagonistas, como un llamado a reconsiderar la significación esencial de Carlos Manuel de Céspedes en la conciencia histórica de la cubanía.

Miami, 11 de marzo de 2010

Félix Cruz-Álvarez

INTRODUCCIÓN

La Demajagua, Guáimaro, Palo Seco, Las Guásimas, El Naranjo, La Indiana, son páginas que, en la Guerra de los Diez Años iluminan nuestra historia. Bijagual y San Lorenzo, capítulos que la ensombrecen.

La destitución de Carlos Manuel de Céspedes en Bijagual y su abandono y muerte en San Lorenzo fueron lamentables sucesos que nos llevaron a la protesta de Lagunas de Varona y la sedición de Santa Rita, e, inevitablemente, al Pacto del Zanjón.

La deposición del Padre de la Patria, fue, desafortunadamente, un hecho de dolorosa trascendencia para la revolución cubana porque –aunque para ello se cumplieran los requisitos constitucionales– sentó las bases de futuras escisiones y deposiciones impuestas por el uso o la amenazante presencia, de fuerzas militares.

Si aquella destitución –no importa las bajas pasiones que la motivaron– puede considerarse que fue realizada de acuerdo a la constitución vigente, no puede negarse que produjo un efecto negativo en la moral de las fuerzas del Ejército Libertador, deplorable situación que se agravó con las interminables y vejaminosas peticiones que le fueron demandadas al hombre de La Demajagua y al aislamiento e indefensión que ocasionaron su muerte.

Junto al Padre de la Patria –desde las gloriosas horas de Octubre del 68, hasta las dolorosas de su destitución en Bijagual y las injustas de su muerte en San Lorenzo– estuvo a su lado, como fiel amigo, el Brigadier de Cambute, José de Jesús Pérez, un gran hombre poco recordado por los historiadores de la Gran Guerra. En este libro le rendimos merecido homenaje de recordación. Y exponemos el pérfido hostigamiento al que su implacable perseguidor sometió a Carlos Manuel de Céspedes hasta las postreras horas de su vida.

Recogemos en estas páginas, que es un serio aporte a la historia sin afeites, numerosos hechos relevantes de aquellos años, muchos de ellos inéditos y, otros, poco conocidos. Destacamos la heroica, brillante participación en esta Guerra de los Diez Años, de sobresalientes hombres frecuentemente relegados en nuestros textos de historia: Guillermón Moncada quien al filo de su machete liquidó la temible escuadra de Miguel Pérez; el santiaguero Camilo Sánchez en quien Gómez, al asumir el mando de la División Cuba, confió la jefatura del Segundo Batallón; el indómito Policarpo Pineda (Rustán) siempre el primero en las cargas de la caballería; el venezolano Aurrecoechea, que dirigió el primer alzamiento en la región occidental de la isla; el holguinero Julio Grave de Peralta; el habanero Luis Ayestarán, que peleó a las órdenes de Ignacio Agramonte; y tantos más.

Relación separada hemos hecho de todas las expediciones que, con grandes sacrificios, fueron organizadas por los emigrados cubanos en Nueva York, Kingston, Nassau, Santo Domingo y otros puertos; las más, dirigidas por modestos hombres como el Coronel Juan Luis Pacheco que comandó 16 expediciones y el Capitán Lorenzo Jiménez que estuvo al frente de cinco de estas vitales incursiones.

Si un mérito tiene esta obra es el de aportar datos concretos sobre actos, algunos censurables; los más, admirables, de los hombres que participaron en aquella gloriosa gesta.

CAPÍTULO I

REUNIONES CONSPIRATIVAS

SAN MIGUEL DEL ROMPE

Confusos fueron los primeros pasos de la Revolución de Yara.

Habían terminado, sin éxito para los cubanos, todos los intentos de romper las cadenas que sujetan la isla a la distante metrópoli.

Fracasa, primero, la Junta Cubana y, con ella, los proyectos anexionistas de hombres como Salvador Cisneros Betancourt y Domingo Goicuría.

Constituida a fines de 1852 la Junta Cubana, presidida por Betancourt Cisneros, abogaba por la anexión de Cuba a los Estados Unidos poco antes de la elección de Frankie Pierce, algunos de cuyos miembros eran partidarios de la contratación de un militar norteamericano (General Anthony Quitman) para la organización de un ejército cubano que intentaría forzar la anexión.

Diez años después queda también disuelta, sin haber conseguido logro alguno, la Junta de Información de tan brevísima vigencia[1].

Ambos quebrantos, el de la Junta Cubana y el de la Junta de Información, pusieron fin, –pero volverán a surgir en fechas posteriores–, a los intentos de obtener concesiones por medios pacíficos. Sólo quedaba el enfrentamiento armado para lograr la independencia patria.

Francisco Vicente Aguilera, Donato Mármol, Pedro Figueredo, Carlos Manuel de Céspedes, Salvador Cisneros Betancourt, Ig-

---

[1] El Real Decreto del 25 de noviembre de 1865 autorizaba la convocatoria a los ayuntamientos cubanos a elegir una Junta de Información que tratara las bases en que debían descansar las leyes especiales que regirían a Cuba. La Junta la presidiría el Ministro de Ultramar. Apenas un año y medio después la Junta de Información quedaba disuelta por decreto del 27 de abril de 1867.

nacio Agramonte, los hermanos Maceo Osorio, Tomás Estrada Palma y muchos más han participado en varias entrevistas conspirativas. A mediados de julio de 1868 están en contacto los Comités Revolucionarios de Bayamo[2], Santiago, Jiguaní, Las Tunas, Camagüey, Las Villas y La Habana, todos impacientes por llegar a un pronto acuerdo sobre el levantamiento armado.

Se han sucedido distintas reuniones que han comenzado desde agosto de 1867. La primera de las cuales se celebra en el domicilio de Francisco Maceo Osorio, en Bayamo, el día 2 de aquel mes a la que concurren Francisco Vicente Aguilera, el propio Maceo Osorio y Manuel Anastasio Aguilera[3] quienes continúan –ahora ya en forma conspirativa– conversaciones iniciadas en la logia Estrella Tropical No. 19.

Un acuerdo se toma: Resistir el pago de impuesto directo sobre la renta y las utilidades del comercio y la industria establecido por España en el Decreto del 12 de febrero de 1866 y que entró en vigor a partir de junio del propio año. Se decide también que cada uno de los participantes de la reunión realizará una amplia labor de información y captación de simpatizantes.

A la próxima reunión, el 14 de aquel mes de agosto, convocada en la casa de Perucho Figueredo[4] concurrirán 60 conspiradores. Entre los participantes se encontraban Luis y Miguel Figueredo[5], Esteban Estrada, Lucas del Castillo, Luis Fernández de Castro, Tomás Portuondo, Joaquín Acosta, Eugenio Odoardo Estrada, Ángel Bárzaga, Jorge Milanés, José Miguel, Antonio y Rafael Milanés, Ramón Céspedes Fornaris, Juan Izaguirre, Luis y Antonio Be-

---

[2] El Comité Revolucionario de Bayamo se constituyó el 14 de agosto de 1867 (Fuente: Eduardo Aguilera: «Francisco Vicente Aguilera y la Revolución de 1868»).

[3] Diccionario Enciclopédico de la Historia Militar de Cuba.

[4] En esta reunión se acordó la designación de Francisco Vicente Aguilera como jefe del movimiento conspirativo.

[5] Luis Figueredo Cisneros alcanzará los más altos grados militares en la Guerra de los Diez Años. No participará en la Guerra de Independencia. Vivió en Colombia en los primeros años del Siglo XX.

llo, Florencio Bellanova, José Joaquín Palma, Ignacio Moreno Aguilera, Carlos Pérez Domínguez, Andrés y Rodrigo Tamayo y otros. Una importante decisión se toma: elegir a Francisco Vicente Aguilera como jefe de movimiento conspirativo y crear un Centro de la conspiración formado por el propio Vicente Aguilera, Maceo Osorio y Perucho Figueredo. Como habrá necesidad de realizar extensos recorridos por la isla para aunar esfuerzos se decide que la próxima reunión se celebrará el primero de agosto del próximo año. Se pospone por un año toda acción.

No será el día primero sino dos días después.

El 3 de agosto (1868) en la finca de «San Miguel del Rompe», en la jurisdicción de Tunas, en reunión que se prolonga hasta la madrugada del 6 concurren: Salvador Cisneros Betancourt y Carlos Loret de Mola[6], representantes por Camagüey; Belisario Álvarez Céspedes, Salvador Fuentes y Antonio Rubio, por Holguín; Vicente García, Francisco M. Rubalcaba[7] y Félix Figueredo por Tunas; Donato Mármol por Jiguaní; Francisco V. Aguilera, Pedro Figueredo y Francisco Maceo Osorio, por Bayamo; Carlos Manuel de Céspedes[8], Jaime Santiesteban e Isaías Masó, por Manzanillo, y otros más. Es elegido presidente Carlos Manuel de Céspedes por ser el de mayor edad[9].

---

[6] Carlos Loret de Mola Varona junto con Salvador Cisneros representó a los conspiradores de Camagüey en la reunión de San Miguel del Rompe. En enero de 1871 intercedió para que se repusiera a Ignacio Agramonte en la jefatura de Camagüey. Luego cayó prisionero y fue enviado a África donde permaneció hasta que se firmó el Pacto del Zanjón. No participó en la guerra del 95.

[7] Aunque lo llamaban Rubalcaba, su apellido era Muñoz Rubalcaba. Se alzó en Tunas el 13 de octubre. Participó en los combates de El Gramal, Becerra, Río Blanco y otros. Hecho prisionero el 5 de marzo de 1873 fue fusilado.

[8] Carlos Manuel de Céspedes, nacido en Bayamo donde se graduó y ejerció como abogado, fue desterrado a Manzanillo donde –tras una breve estadía en Baracoa– fija su residencia. Al vinculársele con la conspiración de Ramón Pintó permaneció detenido por un año en Santiago de Cuba.

[9] Hay distintas versiones sobre los asistentes a esta reunión del 6 de agosto de 1868. Ver Eladio Aguilera Rojas. «Francisco V. Aguilera y la revolución de Cuba de 1868».

Sólo de diez hombres hay constancia fehaciente de su presencia en la histórica reunión del Rompe a la que se le dio el nombre de «Convención de Tursán».

El más sólido respaldo a esta afirmación la ofrece Enrique Piñeyro en su obra «Morales Lemus y la Revolución de Cuba» publicada en 1871[10] en vida de los convocados –asistentes o no– a la reunión del «Rompe», recién celebrada.

¿Quiénes son estos diez conspiradores?:

«Francisco Vicente Aguilera, (Francisco) Maceo Osorio y (Perucho) Figueredo, dirigentes del Comité Revolucionario de Bayamo; Salvador Cisneros Betancourt y Carlos Mora, elegidos por el Camagüey para ostentar su representación en la asamblea; Vicente García y el inspirado bardo Francisco María Rubalcaba, a nombre de los patriotas tuneros; Belisario Álvarez Céspedes[11], máximo comisionado de Holguín; y con poderes del Comité Revolucionario de Manzanillo, Isaías Masó Márquez y Carlos Manuel de Céspedes y Castillo»[12].

Discrepan sobre la fecha en que deben comenzar las hostilidades. Algunos abogan por el inmediato inicio de las operaciones; otros prefieren aguardar a tener todos los preparativos disponibles; los más consideraban esperar tan sólo para poder adquirir las armas. Hubo, no obstante, un acuerdo: que los distintos comités del Departamento Oriental fuesen representados por una junta revolucionaria de tres miembros y que éstos fuesen los comisionados de Bayamo: Aguilera, presidente; Francisco Maceo Osorio, secretario y Pedro (Perucho) Figueredo, vocal. De esta manera, Camagüey y los demás departamentos orientales quedarían representados igualmente por una sola delegación.

---

[10] Francisco Calcagno menciona 1872 como el año del ensayo de Piñeyro. (Diccionario Biográfico Cubano).

[11] Quien luego no participaría en la Revolución. (F. Ponte Domínguez).

[12] Francisco Ponte Domínguez. «Historia de la Guerra de los Diez Años».

A petición de Céspedes se señaló la fecha del levantamiento; ésta sería el 3 de septiembre. Se acordó también volverse a reunir el primero de aquel mes, cuarenta y ocho horas antes del inicio de la lucha armada. A dos leguas de la finca San Miguel del Rompe donde se ha celebrado la histórica reunión se va a producir un nuevo reencuentro de estas figuras.

LA HACIENDA MUÑOZ, SANTA GERTRUDIS, EL ROSARIO

Será en la hacienda «Muñoz»[13], de Vicente García, cerca de Tunas, donde se reúnen el primero de septiembre. Por Tunas, sin voz ni voto, como antes se había acordado, están presentes Vicente García, Francisco M. Rubalcaba, Luis Figueredo y otros; por Camagüey, Salvador Cisneros Betancourt y Augusto Arango; por Oriente, Francisco Vicente Aguilera, Francisco Maceo Osorio y Pedro Figueredo. Preside la reunión Aguilera. Se acordó, no se habrá de cumplir, aplazar el levantamiento hasta el próximo año, 1869. Salvador Cisneros viajará a La Habana y Augusto Arango a Las Villas para darle carácter nacional al alzamiento (Diccionario Enciclopédico de la Historia Militar de Cuba, obra citada).

Preocupa a varios conspiradores tan larga posposición por lo que los tres miembros de la Junta de Bayamo –Aguilera, Pedro Figueredo[14] y Maceo Osorio– facultados para tomar tales decisiones

[13] Francisco Vega Espinosa, administrador de la finca «Muñoz» asistió a la reunión de Mijial. Participó en la acción de la Demajagua. Combatió en el Río Salado bajo las órdenes de Mármol, alcanzó el grado de General de Brigada. Estuvo luego subordinado a Vicente García.

[14] En el transcurso de la Guerra de los Diez Años vivían en la zona de Bayamo varias familias de apellido Figueredo vinculadas todas a la historia pero algunas no directamente relacionadas entre sí por lazos sanguíneos.

FIGUEREDO CISNEROS:
Luis, que participó en todas las reuniones anteriores al 10 de octubre. Se alzó en Cauto del Embarcadero subordinado al Mayor General Donato Mármol en la División Cuba. Designado por Carlos Manuel de Céspedes, jefe de la División de Bayamo, alcanzó el grado de Mayor General, uniéndose después a las fuerzas

acuerdan anticipar el alzamiento para el 24 de diciembre. Queda Aguilera responsabilizado para informar a Céspedes y los demás conjurados.

En el Ingenio «Santa Gertrudis» de Aguilera, en Manzanillo, muy cerca de «La Demajagua», de la que era propietario Carlos Manuel de Céspedes, el primero de octubre se reúnen ambos hombres. Aguilera le comunica a Céspedes el acuerdo de la Junta de adelantar el alzamiento para el 24 de diciembre. El día 4 terminaba aquella reunión que se había ampliado con Manuel de Jesús Calvar y otros.

---

del Mayor General Vicente García en la, por muchos, calificada sedición de Santa Rita. Su hermano Agustín formó también parte del Ejército Libertador.

Pedro, (Perucho), primo de Luis, en su casa se constituyó el Comité Revolucionario de Bayamo. Presente en las históricas reuniones de San Miguel de Rompe, de la hacienda Muñoz y otras, fue autor del himno nacional de Cuba. Alcanzó el grado de Mayor General y, enfermo, cayó prisionero y, fusilado, su cadáver fue expuesto desnudo por las calles de Santiago de Cuba.

Miguel, hermano de Perucho, asiste a varias de las primeras reuniones que anteceden a la Demajagua. Muere fusilado en Yaquimo en 1871.

Fernando, nacido en Bayamo, cuya nieta Ana Concepción, habrá de casarse con quien sería el General José Lacret Morlot.

FIGUEREDO DÍAZ:
Félix, nacido en Bayamo en 1827, residió en Jiguaní. Médico. Casado con la hija de Lucas del Castillo. Con carácter de Brigadier sirvió en el Ejército Libertador a las órdenes del Mayor General Donato Mármol. Depuesto Céspedes de la presidencia se convirtió en su implacable perseguidor y encarnizado inquisidor.

Emiliano y Leonardo, hermanos de Félix, fueron hechos prisioneros junto al río Contramaestre donde fueron fusilados (A. Pirala, Tomo I, página 18).
Sus otros hermanos Ángel y Miguel Antonio fueron detenidos cerca del potrero El Salvador.

FIGUEREDO SOCARRÁS:
Fernando, nacido en Puerto Príncipe en 1846, se educó en Bayamo donde se alzó el 18 de octubre de 1868. Familiar cercano del Mayor General Luis Figueredo Cisneros.

Hay otra versión. Por solicitud de Francisco Vicente Aguilera, presidente de la Junta Revolucionaria de Oriente, Céspedes convoca el 3 de octubre en la hacienda Ranchón de los Caletones, propiedad de Manuel (Titá) Calvar, a los conspiradores. Aguilera propuso posponer el levantamiento, por falta de recursos, hasta el 24 de diciembre.

Sin dudas se suceden las reuniones. Céspedes se muestra impaciente. La noche del 5 de octubre se reúne en el ingenio «El Rosario»[15] con varios de sus partidarios sin avisar a Aguilera quien preside la Junta Revolucionaria, designada el 3 de agosto, en «San Miguel del Rompe», como representativa de todos los sectores revolucionarios. Se decide adelantar el alzamiento para el 14 de octubre nombrando a Carlos Manuel de Céspedes General en Jefe del Ejército Libertador a cargo de las operaciones. Era, para muchos, una destitución de Aguilera. Se comisiona a uno de los asistentes para que notifique a Aguilera, que se encuentra en su ingenio «Santa Gertrudis» a menos de una hora de marcha, los acuerdos tomados. Aunque dolido por la injusta exclusión de que había sido objeto, Aguilera empieza a preparar sus hombres para el levantamiento del día 14.

LA DEMAJAGUA

Alertado el Capitán General Francisco Lersundi, envía al gobernador de Bayamo un telegrama en clave ordenando el arresto de Céspedes, Fernando Figueredo, Maceo Osorio, Masó y Francisco Javier de Céspedes. Afortunadamente un sobrino de Carlos Manuel (Ismael de Céspedes) fue el telegrafista, poseedor de la clave, que recibió el mensaje, y le adelantó la copia descifrada a Céspedes y a Perucho.

---

[15] El ingenio era propiedad de Jaime Santiesteban y estaba situado a 3 leguas del puerto de Manzanillo. Asistieron 37 patriotas. Fuente: «Guáimaro», Néstor Carbonell y Emeterio S. Santovenia, editado en la Imprenta Seoane y Fernández. La Habana, 1919.

Ante la información recibida, Céspedes adelanta la fecha del levantamiento.

El 10 de octubre de 1868 se da a conocer el Manifiesto de la Junta Revolucionaria de la Isla de Cuba «dirigido a sus compatriotas y a todas las naciones» cuando se reúnen en «La Demajagua» Bartolomé Masó, Manuel Calvar, Juan Ruz, Francisco Marcano, Juan Hall[16] y una treintena más, designándose a Céspedes capitán general y a Masó como segundo jefe. Éste aceptó el cargo con la condición de renunciarlo de inmediato en favor de alguien con más experiencia militar. Al incorporarse Luis Marcano, dominicano de nacimiento con amplia experiencia militar, éste fue designado como segundo jefe pasando Masó al cargo de Intendente General de Ejército y Hacienda[17].

Luis Marcano, nacido en Baní, Santo Domingo, era teniente de infantería en el Estado Mayor del Ejército en su país. Participó, como muchos, en el movimiento que favorecía la anexión española. Al fracasar aquel intento y retirarse las tropas españolas, embarcó hacia Cuba junto a sus hermanos Félix y Francisco cimentando en Santiago de Cuba estrecha amistad con el también dominicano General Modesto Díaz. La valiosa participación de estos dominicanos la iremos destacando en distintos capítulos.

José de Jesús Pérez, que cuando finalizaba la Guerra de los Diez Años había alcanzado el grado de General de Brigada, es uno de los que participa en el alzamiento del 10 de octubre junto a Carlos Manuel de Céspedes[18].

Coincide esta fecha con el nombramiento y aceptación en España del gobierno que se había constituido tras el destronamiento

[16] Por rencillas personales Hall se enemistó con el mayor general Luis Marcano. A fines de 1869 Marcano fue asesinado. «Algunos días después se presentó Hall a los españones en Manzanillo y, por confidencias fidedignas, se supo que dijo que él había muerto al General Marcano». (Máximo Gómez. «Diario de Campaña»).

[17] El 10 de octubre Salvador Cisneros, de la Junta Extraordinaria de Camagüey, se encontraba en La Habana.

[18] Diccionario Enciclopédico de Historia Militar de Cuba. La Habana, 2001.

de la Reina Isabel II por la fuerza del General Juan Prim, Primer Ministro y Ministro de la Guerra y de Abelardo López de Ayala como Ministro de Ultramar.

En las primeras horas de la madrugada del domingo 11, desde La Demajagua, se puso Céspedes en marcha hacia el ingenio «San Francisco» donde dio libertad a los esclavos que componían la dotación, y continúa la marcha a través del ingenio «El Rosario» y la hacienda «Palmas Altas», de Diego Tamayo hasta llegar, en horas de la tarde[19] al pueblo de Yara donde se enfrentan a una columna española comandada por el teniente coronel Villares enviado desde Bayamo por el teniente gobernador Julián Udaeta. Este primer choque militar culmina en una derrota para los insurgentes.

Céspedes le avisa a Perucho Figueredo del alzamiento. Figueredo, a su vez, estando Aguilera fuera de Bayamo, se reúne con Maceo Osorio y Donato Mármol. Contactan a Francisco Vicente Aguilera para informarle de la situación mientras Figueredo parte para su ingenio «Las Mangas», Maceo Osorio a «Monjoará» y Mármol a «El Dátil» a esperar las instrucciones de Aguilera.

Para entonces el gobernador de Bayamo, teniente coronel Julián de Udaeta, casado con cubana, conoció del levantamiento y de que Aguilera, y no Céspedes, era el jefe de la conspiración y del desacuerdo existente entre ellos. Udaeta tratando de buscar una solución no violenta convocó esa noche a una reunión en el ayuntamiento de Bayamo nombrando una comisión, formada por Tomás Estrada Palma y dos personas más, para que hablasen con Perucho Figueredo, Maceo Osorio y Donato Mármol y los hicieran desistir del levantamiento. Prometía facilitar el traslado al extranjero de Céspedes y garantizarle la libertad a los otros conspiradores. El 12 ya está la comisión en «Monjoará» hablando con Maceo Osorio.

[19] El vicecónsul norteamericano C.F. Bithron, desde Manzanillo, le escribe al Secretario de Estado William Seward que «un contingente de 500 hombres al mando de C.M. de Céspedes al crepúsculo del día 11 había entrado en Yara simultáneamente» con fuerzas españolas. (Fuente: Herminio Portell-Vilá, «El Padre de la Patria»).

Éste pide que hablen con Mármol. Van los comisionados a El Dátil pero Mármol los refiere a Perucho *«que es quien está autorizado a decidir»*.

Figueredo acababa de recibir un mensaje de Céspedes citándolo para verlo en Barrancas el día 15. Cuando los comisionados le hablan de la proposición de Udaeta, Perucho Figueredo les informa que él seguirá a Céspedes en la lucha. Con esta respuesta Estrada Palma y los otros dos comisionados dan por terminada su gestión y ofrecen incorporarse también a la lucha armada contra la metrópoli.

El pronunciamiento de Céspedes en La Demajagua se conoce en las Tunas la misma noche del 10 de octubre. Al amanecer del día siguiente Vicente García organizaba en su finca Hormiguero a más de cuatrocientos hombres. El 13 atacaba la ciudad. Se extendía la lucha en la región oriental.

ALGUNOS NO PARTICIPAN

El médico Félix Figueredo no formaba parte, en los meses de agosto a octubre, de los que conspiraban en la región oriental. Era sólo un observador de aquellos hombres que arriesgaban su libertad en actividades conspirativas. Lo afirma su biógrafo que toma la información de las notas autobiográficas del médico y lo admite el propio Félix Figueredo quien *«estudiaba y analizaba a los hombres que en Bayamo figuraban como conspiradores»* [20].

Información de lo que otros hacían le llegaba a través de amigos y conocidos. Observaba, pero no participaba. *«Como era amigo de Francisco Vicente Aguilera, Pedro Figueredo, Esteban Estrada, Jorge Milanés, Francisco Maceo Osorio, Bello, Palma, Portuondo, Carlos Pérez, y otros se informaba plenamente de todo lo que se estaba realizando*[21]*»*. Félix *«se mostraba un tanto escéptico, él mismo lo confiesa...»*.

---

[20] César Rodríguez Expósito. «Félix Figueredo Díaz».

[21] Ibid.

En agosto del pasado año se han producido –Félix se mantendrá alejado de ellas– distintas reuniones. Luego de la del Rompe el 3 de agosto, se produce la reunión de la hacienda Muñoz el primero de septiembre; seguirán la del primero de octubre en el ingenio «Santa Gertrudis»; la del 3 de octubre en los Caletones; la del 5 de ese mes en «El Rosario». No forma Félix Figueredo parte de ninguno de estos cónclaves. Por alguna razón –algún historiador la verificará en el futuro– los conspiradores mantienen a distancia, muy a distancia, al médico de Jiguaní.

Luego de la reunión de San Miguel del Rompe, del 3 al 4 de agosto, a la única de las varias celebradas que asistió, no le fue extendido nueva invitación. Razones habría.

Conoce el médico Figueredo el inminente estallido revolucionario de modo fortuito. Así lo admite en sus notas autobiobráficas:

> *«El día primero (de octubre) estando en los portales de la casa tienda del peninsular Jaime Govine, llegó el moreno Juan Antonio Fuentes, desmontándose de su caballo y me llamó a un lado, colocándonos los dos al pie de la columna que sostiene los arcos del edificio. Allí mismo me declaró el secreto del levantamiento preparado para algunos días después... me confió quienes eran los jefes de la conspiración en la Jurisdicción de Jiguaní... se despidió por último encargándome el secreto».*

Veamos como el médico Figueredo admite al historiador español Antonio Pirala –que lo identifica como «un importante m.s. del campo insurrecto»– que no formaba parte de los conspiradores y que será ese primero de octubre que conoció, accidentalmente, de los planes:

> *«El que suscribe, ya dentro del torbellino revolucionario... sin temor a consecuencias, porque de haberlo temido le hubiera sido fácil hacer saltar a los conspiradores o detener el movimiento de rebeldía en Jiguaní desde el primero de octubre, puesto que, no teniendo ningún compromiso con*

los jurados, estaba en el derecho de advertir a la autoridad, al comercio y a los españoles»[22] *lo cual hubiera sido suficiente para deshacer las reuniones de Santa Teresa y de Santa Isabel, de Pancho Aguilera, etc.*

Se produce, dos días después otro casual encuentro. Volvamos a las palabras textuales de Félix Figueredo:

«Dos días después regresaba de Baire y en el punto nombrado el Yarey me detuvo otro hombre de pueblo, Miguel Guerra, jornalero de la finca Santa Teresa, de José Antonio Milanés. Hablamos dos minutos y supe que iba a correo a Baire para dar aviso a Ramón Garcés, José María Garcés, Rafael Cabrera y algunos más.... En una mano tenía yo todos los hilos que después han llegado a la grandísima guerra».

Como vemos, Félix Figueredo no fue invitado a participar en las reuniones conspirativas que se sucedían unas tras otras.

Es el 12 de octubre, está el médico de visita en casa de su buen amigo el gobernador Federico Muguruza, cuando recibe éste un telegrama solicitándole el urgente envío inmediato de soldados y cañones. Supo entonces Figueredo que se estaban produciendo importantes acontecimientos.

Éstas son, una vez más, las palabras textuales de la autobiografía de Félix Figueredo Díaz:

«Aquel telegrama tan urgente y todos los otros cabos que yo tenía me revelaron la confirmación de una parte del levantamiento».

Ha comprendido que los cubanos conspiradores no confiaban en él.

Dice así su biógrafo: «El médico hace la siguiente confesión»:

«Algunos cubanos, sin prueba de ninguna especie, hacían creer que yo era partidario de los españoles»... «Los cu-

[22] Antonio Pirala: «Anales de la Guerra de Cuba», Tomo 1, página 287.

banos, no quisiera confesarlo, me habían herido injustamente...».

El 13 de octubre ya la Revolución es un hecho.

Los hombres que la iniciaron marcharán hacia Jiguaní. Al fin, Félix Figueredo, hombre prudente de palabra persuasiva, se unirá a los revolucionarios.

PRIMERAS ACCIONES. INCORPORACIÓN DE HOMBRES CON EXPERIENCIA MILITAR

En la noche de octubre 12 Mármol se reúne en Jiguaní con Calixto García y otros que cuentan con unos 100 hombres. Sólo 25 tenían armas. Con ellos asalta Mármol al caserío de Santa Rita y toma la capitanía pedánea. Continúa su marcha hacia Jiguaní y, en horas de la tarde, detienen al Teniente Gobernador Capitán Federido Muguruza Lersundi, primo del capitán general de la isla, Francisco Lersundi. Mármol le encarga a Calixto García la custodia del pequeño pueblo mientras él continúa su marcha hacia Baire donde, con facilidad, ataca la capitanía pedánea. Habían sido fáciles encuentros estos primeros enfrentamientos: Santa Rita, Jiguaní, Baire.

Mientras, Vicente García se había alzado con 400 hombres en Hormiguero y ataca Tunas. Al día siguiente son los hermanos Julio y Belisario Grave de Peralta los que se levantan en Cacocún, cerca de Holguín. También lo hacen Luis Figueredo en Cauto el Embarcadero; Francisco Maceo Osorio, en Guisa y Esteban Estrada en El Dátil.

Con su hábil capacidad persuasiva logra Félix Figueredo ser invitado en Jiguaní a una de las reuniones. Así lo describe el «importante m.s. del campo insurrecto»:

> *«El 16 de octubre tuvo lugar una reunión de algunos de los sublevados... Allí estaban Pedro Figueredo, Cisneros y Francisco Maceo Osorio, los dos abogados; Calixto García, Miguel A. Bárzaga que sólo se entretenían en repetirse las mismas preguntas. Se le ocurrió (al «importante m.s.») llamar la atención y reclamar un momento de silencio para*

hacer algunas advertencias, seguidas de una proposición que creía indispensable para la marcha de los asuntos que tanto los preocupaba, y como el abogado Francisco Maceo le interrumpiera... para preguntarle que con qué derecho quería usar de la palabra cuando no se le había visto nunca en ninguna de las reuniones de la víspera. La proposición, (de Félix Figueredo) dicha en el buen sentido, no fue tomada en consideración ni siquiera discutida».

El extenso testimonio del «importante m.s.» reflejaba la auto suficiencia conque siempre se expresaba el médico de Jiguaní:

«Después que estuvieron en aquella casa 3 ó 4 horas reunidos para pasar el tiempo dándose aires de generales, sin acordar proyecto de gobierno alguno ni si debían volver a reunirse para deliberar sobre lo porvenir para dar cuenta al país en cualquier tiempo, Pedro Figueredo llamó a su criado al pie de su caballo para marchar a reunirse con su familia que la tenía en el ingenio Las Mangas».

«Luego le siguió Francisco Maceo Osorio, al que hubo de acompañar M. Bárzaga y otros. Después marchó Mármol para Santa Teresa y Bayamo con sus ayudantes; atrás Calixto García que estaba desempeñando el gobierno militar en aquella plaza que delegó en su primo Manuel Fernández mientras durase su ausencia, lo que, visto por el autor de la proposición, lo hizo salir de aquella casa para volver a la suya haciendo mentalmente algunas reflexiones, en verdad poco favorables para aquéllos que se habían hecho responsables de remover un pueblo sin conocimiento suficiente de lo que era una revolución»[23].

El auto elogioso médico de Jiguaní propuso la solución más conveniente para evitar aquella crisis. Veámosla en palabras que le expresa a Pirala:

[23] Antonio Pirala. Tomo I, páginas 288 y 289.

«Hubo de volver (Félix) Figueredo sobre el ánimo del General Marcano para que mandase comisión del General Mármol a Fernando de la Vega, al Hato de la Virgen, en terrenos de Guaninao, donde debía buscar los medios de ponerse en comunicación con el teniente pedáneo Jesús Pérez para hacerlo entrar en las filas de la insurrección con toda la gente que a sus órdenes tenía armadas por los del comercio del Cobre y por los dueños de las fincas de café cuya conducta, por demás importantísima por los recursos que brindaban. La preferencia de Figueredo sirvió para que Marcano pasase a conferenciar con Mármol hasta que consiguió que saliese a las pocas horas acompañado de dos de sus ayudantes... en busca del sitio designado para establecer la entrevista» con Pérez.

El 17 se alza Francisco Vicente Aguilera en su hacienda Santa Ana de Cayojo. Las pequeñas poblaciones fueron tomadas; no así Tunas ni Holguín.

Ante Bayamo se presenta Céspedes el 18 al frente de impresionante caballería, mal armada pero dispuesta a combatir. Ha cercado la ciudad y el mismo 18 comienza el ataque de las tres columnas cubanas. La del centro capitaneada por Juan Ruz y Ángel Maestre Corrales; otra, la dirigían Juan Hall (que antes de un año traicionaría a su patria) y Perucho Figueredo. La columna del extremo opuesto la comandaba Manuel de Jesús (Titá) Calvar. Defendía la plaza un dominicano, General Modesto Díaz, que pronto pasaría a las fuerzas insurrectas[24]. Tras varias horas de lucha se rindió la plaza. El 20 se rinde el gobernador Udaeta. Se nombra para sustituirlo al cubano Jorge Carlos Milanés y se designan para constituir el nuevo Consejo Municipal a tres españoles y dos hom-

[24] Rendido Bayamo a las tropas cubanas el General Modesto Díaz, persuadido por Luis Marcano, su captor y coterráneo, se integra a las fuerzas insurrectas. Pronto le concederán el mando de las fuerzas de Bayamo.

bres de color[25]; las primeras personas de la raza negra que desempeñaron esos cargos en Cuba[26].

Será, precisamente el 18 de octubre cuando Lersundi inserta en La Gaceta de La Habana el Parte Oficial de lo que había estado sucediendo en la isla en el que, con gran optimismo, aseguraba –al anunciar el envío de algunas compañías de infantería y de un escuadrón de Caballería con destino a Las Tunas y Manzanillo– que podía darse por terminado el intento de los sublevados[27].

MANIFIESTO DE LA JUNTA REVOLUCIONARIA

Bayamo se había rendido a los insurrectos. Céspedes hace publicar, en el primer número de El Cubano Libre, el manifiesto que, en nombre de la Junta Revolucionaria de Cuba, había dirigido a la población cubana y a todas las naciones con inclusión de España. Luego da otro paso. Lo tomamos, textualmente, de una obra del distinguido historiador Dr. Octavio R. Costa[28]:

> *«Con habilidad de estadista Céspedes dirigió una carta al Secretario de Estado del Presidente Andrew Johnson. Se le hizo informar a William H. Steward sobre los acontecimiento cubanos. En el documento se repiten los puntos esenciales del manifiesto. Y se reitera que Cuba aspira a constituir-*

[25] Juan García, albañil y Manuel Muñoz, músico.

[26] El 28 de octubre en la reunión de Vecinos Notables de Bayamo se acordó abolir los Regidores Perpetuos y «se constituyó un ayuntamiento democrático bajo la presidencia de Ramón de Céspedes Barrero. Ocuparon cargos de Regidores: Lucas del Castillo Moreno, Ramón Céspedes Barrero, Tomás Estrada Palma, José Joquín Palma, Ignacio Casas Saumé, José Roca Imás, Manuel Muñoz, José García Yero». Fué designado alcalde Don Esteban Estrada y la Secretaría la ocupó Antonio Yero, formando parte del cuerpo dos españoles. Fuentes: F. Ponte Domínguez «Historia de la Guerra de los Diez Años», y José Maceo Verdecia: «Bayamo».

[27] Justo Zaragoza: «Las Insurrecciones de Cuba», Madrid, 1873.

[28] Octavio R. Costa. «Imagen y Trayectoria del Cubano en la Historia», Volumen I. Editorial Universal, Miami, Florida.

se en una república libre, independiente y soberana. El documento fue firmado por Céspedes, Pedro Figueredo, Bartolomé Masó, Francisco Maceo Osorio y otros. Significativamente, no aparece la firma de Francisco Vicente Aguilera. Tampoco firmaba Félix Figueredo ni Tomás Estrada Palma».

Razones tendrían los no firmantes.

El manifiesto dio a conocer, al comenzar los levantamientos de aquella fecha, los principios y el objetivo de la insurrección. Se aspiraba a que la isla pudiese ser una gran nación. Para obtener la independencia el documento informaba que se había convenido, por unanimidad, nombrar un jefe único que dirigiría las operaciones militares con plenitud de facultades. Se nombraba una comisión de 5 miembros cuya misión sería la de auxiliar al general en jefe en sus decisiones de carácter político. Aunque la proclama aparecía como redactada por una «Junta Revolucionaria de la Isla de Cuba» sólo una firma, la de Carlos Manuel de Céspedes, suscribiría este documento que investía al jefe único de plenas facultades.

Aquel manifiesto *«se encaminaba al establecimiento de una república de carácter conservador, destacando tres deplorables aspectos en los que se hallaba la isla: 1) la opresión política; 2) la explotación económica; y 3) el estancamiento social»*[29].

No mostraron su complacencia con este documento el camagüeyano Salvador Cisneros Betancourt ni el joven Ignacio Agramonte y Loynaz *«partidarios, tanto aquél como éste, de la creación de una república más radical. Sin embargo... decidieron secundar el movimiento iniciado por Céspedes»*[30].

[29] Historia de la Isla de Cuba. Carlos Márquez Sterling y Manuel Márquez Sterling. Book and Mas, Inc. Miami, Fl, 1996. Impreso también por otras dos casas editoras.

[30] Carlos y Manuel Márquez Sterling. Obra citada.

Francisco Maceo Osorio[31] había estado en Guisa al inicio de la revolución, participando en la toma de Bayamo, luego de unirse a Carlos Manuel de Céspedes en La Sabana de Valenzuela.

Para rendir las plazas más importantes e impedir el avance de las columnas españolas que marchan desde Santiago de Cuba y desde Manzanillo, por donde había desembarcado el Conde de Valmaseda, era necesaria la incorporación de un mayor número de hombres con experiencia militar. Uno sería Máximo Gómez que en su tierra nativa había alcanzado en el ejército español el alto grado de general, y que ya, desde hacía años, estaba asentado en labores agrícolas en su finca El Dátil en la jurisdicción de Bayamo. Otro sería José de Jesús Pérez quien, como capitán pedáneo, tenía a sus órdenes cerca de 70 hombres, disciplinados y armados, cuya misión era defender los cafetales y fincas de terratenientes de la zona de Jiguaní.

MÁXIMO GÓMEZ: «FUÍ RECIBIDO MUY MAL»

Máximo Gómez quiere ser útil a la revolución. Por eso pide reunirse con Donato Mármol. Para verlo parte hacia Jiguaní *«donde fuí recibido muy mal por Félix Figueredo..., se me despreció por el título que llevaba de general...»*[32]. No fue del todo desafortunado para Máximo Gómez el desaire y desprecio inferido por Félix Figueredo, el médico de Jiguaní. El joven José Antonio Toro *«que admira a Gómez y no comparte el desfavorable criterio»* de Figueredo *«se le acerca y le lleva a su casa para que pase la noche»*[33]. Afortunadamente cuando Félix lo despreciaba llegaba el General Mármol a quien Gómez, dentro de pocas horas, iba a mostrar en «Pino de Baire» su extraordinaria capacidad militar.

[31] Francisco Maceo Osorio había nacido en Bayamo el 26 de marzo de 1828. Miembro de una de las familias más adineradas de la ciudad estudió derecho en la Universidad de Madrid y a los 31 años de edad había establecido su bufete en el que pronto adquirió una extensa clientela, al tiempo que se convertía en un dirigente natural de la juventud bayamesa.

[32] Máximo Gómez; «Diario de Campaña», Instituto del Libro, La Habana, 1969.

[33] Ena Curnow: «Manana», Editorial Universal, Miami.

LAS

INSURRECCIONES

EN

CUBA

APUNTES

para la historia política de esta isla en el presente siglo

POR

D. JUSTO ZARAGOZA

SECRETARIO QUE HA SIDO DEL GOBIERNO POLÍTICO DE LA HABANA Y
OFICIAL DE VOLUNTARIOS EN LA MISMA CAPITAL.

TOMO SEGUNDO

MADRID
IMPRENTA DE MANUEL G. HERNANDEZ
San Miguel, 23, bajo
1873

Aunque sin conocimientos militares, su capacidad para organizar y su don de mando permitió a Donato Mármol convertirse pronto en un respetado caudillo insurrecto[34].

Mármol comisiona a Gómez para dirigir la vanguardia de una tropa bisoña escogida para defender a Jiguaní, en el camino de Bayamo. Gómez sitúa cerca de la Venta del Pino, a un kilómetro de Baire, varias emboscadas. Avanzaban los soldados españoles, a las órdenes del Coronel Demetrio Quirós, cuando *«saltan al camino, bajo el humo de los disparos, centenares de insurrectos, que caen sobre ellos a machete limpio. El efecto de esta sorpresa fue fulminante; las dos compañías, sin resistencia casi, son aniquiladas; más de doscientos soldados son muertos a machete. Con heridas atroces, profundísimas, impresionantes para estos soldados, que aún no conocían los temibles efectos del machete, blandido por el guajiro cubano»*[35].

La derrota es tan sorpresiva y aplastante que fuerza al capitán general Lersundi a suspender su plan de operaciones y al Conde de Valmaseda a reembarcarse con su columna para Vertientes. Quedan aplazados sus planes sobre Bayamo.

SE INCORPORA JOSÉ DE JESÚS PÉREZ

Se hizo evidente que era necesario incorporar a más hombres aguerridos con preparación militar y don de mando.

Para avanzar hacia el sur, hacia la extensa zona cafetalera del Cobre, Luis Marcano[36], el segundo jefe militar de las fuerzas insu-

[34] Su padre venezolano, Raymundo Mármol, había llegado a Cuba como oficial del ejército español; su madre, la bayamesa Cleotilde Tamayo y Cisneros.

[35] Benigno Souza «Máximo Gómez el Generalísimo».

[36] Tres hermanos dominicanos fueron de los primeros en incorporarse a la gesta de los Diez Años:

Luis Marcano Álvarez, nacido en Baní en 1831 llegó a Cuba con sus dos hermanos en julio de 1865, estableciéndose en El Dátil. El 10 de Octubre de 1868 está en la Demajagua junto a Carlos Manuel de Céspedes. Sobrino del Mayor General Mo-

rrectas, ha pensado en quien reúne estas condiciones: Es José de Jesús Pérez de la Guardia[37], cubano, el hombre de campo que se desempeñaba como capitán pedáneo de Guaninao.

Así lo describe el Coronel Enrique Collazo, que luchó junto a él:

> *«El General José de Jesús Pérez era hombre de buena estatura, recio, ancho de hombros y se decía que con sus nervudos brazos levantaba hasta el lomo del mulo un tercio de majagua que pesaba más de 100 libras; llevaba el pelo a rape; completamente afeitado, dejaba ver facciones correctas, aunque duras. Su boca, que tenía un deje burlón y su mirada viva y fuerte hacían un conjunto agradable que denotaba firmeza de carácter».*
>
> *«Vestía pantalón y chamarreta de rusia, un ancho sombrero de yarey y por calzado unas cutaras de majagua; del cinto llevaba pendiente un machete cuya hoja era doble de las comunes»*[38].

Comisiona para lograr la incorporación de esta férrea figura a Donato Mármol. Se entrevistan.

---

desto Díaz es quien persuade a éste a incorporarse al ejército libertador. Fue víctima de dos atentados personales, el último de los cuales le costó la vida en 1870.

Francisco Marcano Álvarez, nacido en Baní en 1829, se sublevó el 11 de octubre bajo las órdenes de su hermano Luis. Es hecho prisionero el 23 de enero de 1870. Tres días después será fusilado.

Félix Marcano Álvarez nace en 1838 también en Baní. Se alza el 11 de octubre en Jibacoa y participó en la toma de Barrancas y Bayamo. Acompañaba a su hermano Luis cuando dos traidores de su escolta pretendieron asesinarlo el 8 de septiembre de 1869. (Diccionario Enciclopédico de Historia Militar Cubana, La Habana, 2001).

[37] Nacido en Jiguaní. Diccionario Enciclopédico de Historia Militar de Cuba. Tomo I. Ediciones Verde Olivo. La Habana, 2001.

[38] Enrique Collazo: «Cuba Heroica», Imp. La Mercantil. La Habana, 1912.

Sobrepesa Jesús Pérez el compromiso contraído con sus patronos, y el que tiene, más sagrado, con su patria. No vacila. Se une, con su Brigada de Cambute, a las fuerzas de Donato Mármol.

Continúa Collazo su descripción:

> *«Cuando empezó la Revolución, hacía muchos años que era José de Jesús Pérez Teniente de Partido, terror de la gente de mala vida; en cambio en él depositaban su confianza el Gobierno y los hacendados de Brazo de Cauto; era por lo general bien querido a pesar de ser temido. El Gobierno español al estallar la guerra, le ofreció los recursos necesarios para armar la gente que quisiera; aceptó el ofrecimiento y armó 70 hombres con los cuales se presentó a Donato Mármol, quien le dió el mando de la localidad. Esa fuerza fue base de la Brigada de 'Cambute'»*[39].

Antonio Pirala, el historiador español, admite que la decisión de José de Jesús Pérez fue un duro golpe para los intereses de los hacendados que temerosos de no poder contar con los esclavos de sus fincas, ni con el producto de sus cosechas, corrieron a refugiarse a Santiago de Cuba. La incorporación de aquel esforzado capitán pedáneo le representó a los insurrectos el acceso a unas 200 fincas de caña, café y otros productos; además de cientos de caballos y algunas armas que eran propiedad de los dueños de las fincas[40]. Pero más importante, sigue diciendo el historiador Pirala, fue el hecho de que muchos de los esclavos de esas fincas se incorporaron a las filas del ejército libertador.

Acepta Pérez pasar al campo insurrecto en el Ramón con Juan Cintras y los 70 hombres de la partida inclusos armas y municiones. Con esta defección se enseñorearon los insurrectos de todas las fincas de caña, cacao, café y otros menores que poblaban la Maestra y contaban con algunos miles de habitantes útiles para la guerra, centenares de caballos escogidos y en cada finca había dos o más

[39] Enrique Collazo. «Cuba Heroica».

[40] A. Pirala. *Obra citada.*

escopetas y rifles. Afirma el «pre-opinante» que *«la defección de Jesús Pérez al que Marcano nombró Coronel, se difundió con rapidez por toda la extensa rica jurisdicción, consternó a los hacendados, comerciantes y autoridades y corrieron los primeros a refugiarse a Cuba, con la convicción de no poder contar con los esclavos de su finca ni menos con el producto de sus cosechas»*. (Página 293, Tomo I, Pirala).

José de Jesús Pérez, a quien Marcano dio el grado de coronel, al formar con sus hombres la brigada de «Cambute», ingresa en la «División Cuba» bajo las órdenes de Mármol. Desde ese momento, se convierte en uno de los jefes insurrectos más aguerridos en la zona del Cobre, que conocía muy bien (Fuente: Antonio Pirala «Anales de la Guerra de Cuba», Madrid)[41].

Incorporado Jesús Pérez a las fuerzas libertadoras de Donato Mármol[42], la situación en el Cobre cambió radicalmente: la revolución iniciada en la Demajagua se extendió a otra jurisdicción del Departamento Oriental, la jurisdicción de Cuba[43] y una amplia re-

---

[41] Aunque en Julio de 1869 José de Jesús Pérez ya era Coronel, en el escalafón del Ejército Libertador aparece ascendido a ese grado con fecha 24 de febrero de 1870.

[42] Tres miembros de la familia Mármol serán muy importantes figuras al comenzar la Guerra de los Diez Años:

Donato Mármol Tamayo, nacido en Santiago de Cuba en 1843 fue dirigente estelar en los primeros años de aquella contienda. Uno de los participantes en la reunión de San Miguel del Rompe fue nombrado por Céspedes Jefe de la División Cuba con el grado de Mayor General.

Leonardo Mármol Tamayo, nacido en Holguín en 1840, hermano de Donato, Combatió en la División Cuba con el grado de Coronel. Será jefe de una de las seis columnas que, bajo el mando del Mayor General Calixto García, atacaron Manzanillo en noviembre de 1873.

Eduardo Mármol Ballagas, primo de Donato y Leonardo, nacido en Santiago de Cuba en 1823. Ejerció una influencia negativa sobre Donato. Herido en el combate de Santa Brianda de Altamira en 1870. Fue luego hecho prisionero por las fuerzas españolas y fusilado en Júcaro en junio de 1871.

[43] El nombre de «Jurisdicción de Cuba» se refiere a una amplia zona de Oriente. Alberto de Varona. «José Lacret Morlot», Editorial Cubana, Miami, Florida.

presentación de la juventud de Santiago de Cuba se incorporó a la lucha.

Los insurrectos de Jiguaní y Cuba, bajo el mando directo de Mármol, extienden el alzamiento al área cafetalera del Cobre en uno de los caminos que unían a Santiago con Bayamo y Palma Soriano. Ya, para entonces, Máximo Gómez era el Jefe de Estado Mayor de Mármol. Éste avanzó desde Palma Soriano hacia el norte estableciendo su campamento en SaBanílla entre Jiguaní y Guantánamo, la región a la que Mármol quería llevar la insurrección.

Se enfrentaba Gómez a las poderosas fuerzas españolas al frente de las cuales se encontraba el Conde de Valmaseda[44] que había decretado una guerra a muerte alentado por el jefe de su estado mayor el entonces Comandante Valeriano Weyler[45].

Los hacendados, antes protegidos por Jesús Pérez, abandonaron sus fincas refugiándose en Santiago de Cuba. Alcanzaba el antiguo capitán pedáneo el grado de coronel, convirtiéndose en el jefe de insurrectos más influyente en la zona del Cobre[46]. A los pocos días era Quintín Banderas[47] quien, como simple soldado, se incorporaba a las filas que comandaba Jesús Pérez.

El 18 de octubre expide Céspedes su Segunda Proclama a los habitantes de Barrancas:

---

[44] Blas de Villate, Conde de Valmaseda, Jefe de Operaciones de las fuerzas españolas, era Segundo Cabo de la Capitanía General de Cuba, cuando sustituye, temporalmente, por enfermedad, al Capitán General Joaquín de Manzano (Pirala, página 43). Luego llegará a ser Capitán General de la isla.

[45] Valeriano Weyler desarrolló, en Cuba, una campaña de atrocidades. En la Guerra de Independencia, en 1895, siendo Capitán General de la Isla, ordenó la Reconcentración de la población campesina. Uno de los peores crímenes de aquella contienda.

[46] José G. Mármol, obra citada.

[47] El apellido de Quintín Banderas en los primeros años de la República se escribió frecuentemente con una *s* final. Distintos documentos publicados en años recientes lo mencionan como «Bandera». Uno de ellos el Diccionario Enciclopédico de la Historia Militar de Cuba, editado en el 2001.

«Volved a vuestras casas. Bendecid el nombre de Cuba libre, servid con todas vuestras fuerzas a sus defensores... si alguno os indujera a tomar las armas contra vuestros hermanos, los hijos de Cuba, apartaos con horror de su lado».

La Proclama se extiende en lárgos párrafos y es firmada por *«El Capitán General del Gobierno Libertador, Carlos Manuel de Céspedes»*[48].

No es solo el integrista Zaragoza quien hace mención de esta Proclama a los habitantes de Barrancas. También lo hace otro historiador español que, en aquellos años residía en la isla y que se referiría a *«La triste historia de una rebelión tan insensata como injustificada»* y que *«Sin razón ni aún aparente se ha cometido en Cuba un gran crimen contra la Madre Patria»*. Este autor –que en sus páginas distorsiona gran número de los hechos por él narrados– *«cree conveniente hacer una manifestación: escribimos bajo el punto de vista español»*. Dice este poco confiable historiador que en la Proclama Céspedes *«citaba a todos los cubanos a apartarse con horror de los españoles, a quienes se debía hostigar por todas partes con las armas y el hambre, privándoles de todo»*[49].

El 20 de octubre se ha rendido Bayamo a los cubanos. El 21 se encuentra Mármol en Jiguaní donde –tras el desaire hecho por el Dr. Félix Figueredo[50] a Máximo Gómez– se incorpora Gómez a las fuerzas de Donato y pronto, por la acción de Pino de Baire, ganará sus primeros ascensos. El 28 será Jesús Pérez quien luego de su entrevista con Mármol en Jiguaní recibirá sus galones de Brigadier a los que hará honor en Ventas de Casanova el 8 de noviembre y en los frecuentes encuentros con las tropas del Coronel Quirós a quien Mármol y su División Cuba obligan a retirarse a Santiago de Cuba.

---

[48] Justo Zaragoza. «Las Insurrecciones en Cuba», Madrid, 1873.

[49] Vicente García Verdugo, «Cuba contra España», Imprenta Librería Universal, Madrid 1869.

[50] Félix Figueredo estudió medicina en Barcelona terminando sus estudios en Madrid. A su regreso a la isla se estableció en Jiguaní donde se casó con la hija de Lucas del Castillo: Francisco Calcagno «Diccionario Biográfico Cubano».

Para el integrista Zaragoza el responsable de la caída de Bayamo era el teniente gobernador Julián Udaeta *«que muy poca previsión demostró en los ocho días que mediaron entre el levantamiento de la Demajagua a la entrada de los insurrectos en la capital de su jurisdicción».* Lo culpa de no haber preparado una defensa formal ni impedir que entraran *«al poblado, desafectos ni que éstos hicieran preparativos para recibir a sus correligionarios».* Udaeta, informa Zaragoza, fue embarcado para la península a mediados de 1869.

En la parte occidental de la isla la Sociedad Republicana de Cuba y Puerto Rico daba a conocer una Proclama:

> *«Queremos ser libres e independientes, queremos gobernarnos por nosotros mismos, queremos elegir a nuestros legisladores, a nuestros gobernantes y a nuestros jueces... queremos separar nuestro destino del de España como están separados los intereses, la política y la situación geográfica de ambos países». Fuente: J. Zaragoza. Página 732.*

PLANTEAMIENTOS DE MORALES LEMUS Y JOSÉ MANUEL MESTRE AL GOBERNADOR LERSUNDI

Varios telegramas de aliento le han enviado los ministros Prim y López de Ayala al Capitán General Lersundi que mostraba poca inclinación a mantenerse al mando de la isla, cuando, *«para su sorpresa, –y copiamos textualmente al integrista Justo Zaragoza– al ver reunida en los salones de su palacio la más escogida sociedad habanera, insulares y peninsulares tanto de los que pertenecían al partido de los buenos españoles como al de los reformistas y, aún, al de los conocidos por su desatisfacción a España»* porque había creído que la visita se reduciría a media docena de personas.

«¿No había de demostrar extrañeza al encontrarse delante de Morales Lemus, Mestre, Echevarría y Cisneros, y, confundidos con ellos, los peninsulares más reputados?». «Aunque demostrando en los primeros momentos alguna contrariedad en su semblante le concedió (la palabra) *a José Manuel Mestre».*

CUBA CONTRA ESPAÑA.

APUNTES DE UN AÑO

PARA LA HISTORIA DE LA REBELION

DE LA ISLA DE CUBA,

QUE PRINCIPIO EL 10 DE OCTUBRE DE 1868.

POR

D. VICENTE GARCIA VERDUGO.

FISCAL QUE HA SIDO DE LA AUDIENCIA DE PUERTO-PRINCIPE.

MADRID: 1869.

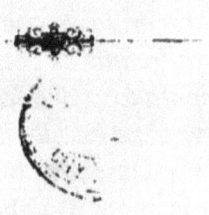

IMPRENTA Y LIBRERIA UNIVERSAL,

DE LOS SRES. [illegible], MARTIN Y C.ª

Arenal, núm. 16, | Tribulete, núm. 1.

Y sigamos citando al testigo ocular: *«Intentando (Mestre) hacerse intérprete de los sentimientos de todos los presentes, indicó al general la conveniencia de que autorizase en la isla reuniones donde se pudiera tratar los asuntos públicos que a todos importaban; que se iniciara una marcha pública, franca y sinceramente liberal, en consonancia con la conquista de la Revolución de Septiembre (la de Prim en España); que se plantease la libertad de imprenta y cuanto correspondiera al nuevo orden de cosas... no pretendía más, en suma, el orador, sino que el representante de España se entregase atado de pies y manos a los compañeros de los rebeldes, que en el Departamento Oriental estaban asesinando a nuestros hermanos al grito de «¡Muera España!». Al concluir Mestre su exposición habló el Coronel Juan Modet quien solicitó que le consultara al gobierno provisional español lo que debía hacerse para dar una perfecta asimilación a las provincias de Cuba y Puerto Rico con las demás de la península».* Aquí Lersundi dio por terminada aquella sorpresiva, y para él, muy desagradable reunión[51].

Otro hecho preocupaba aún más a los peninsulares residentes en Cuba. Ocho días antes de la visita que hemos mencionado se habían reunido los reformistas de Madrid firmando *«una exposición pidiendo al gobierno provisional libertades para Las Antillas, en la forma autonómica o en la de asimilación a la metrópoli, prefiriendo esta última siempre que se confiriese a aquellos habitantes el derecho de elegir diputados para las próximas Cortes Constituyentes»* (Justo Zaragoza, *obra citada,* Página 247).

Si al tomar Bayamo, Céspedes hizo publicar en el *El Cubano Libre,* el Manifiesto de la Junta Revolucionaria, el 25 de octubre el Gobierno Provisional Español de Juan Prim daba a conocer su *Manifiesto a la Nación,* en el que *«al conceder con el sufragio universal las más amplias libertades, se indicaban las bases en que debía fundarse el código que elaborasen las futuras Cortes Constituyentes».* Dos días después el Ministro López de Ayala *«enviaba una circular a los gobernadores superiores civiles de las islas españo-*

[51] Justo Zaragoza, *obra citada,* páginas 243 a 246.

las en la que se indicaban las ventajas que de la Revolución (de España) podían esperar los habitantes de aquellas posesiones al considerarlas como provincias» (Justo Zaragoza).

Había sido el 4 de enero (1869) que Zaragoza, como Secretario y Asistente del General Domingo Dulce, que ya había sido designado para sustituir a Lersundi, arribaba a La Habana. Para recibir al nuevo Capitán General, Lersundi fue acompañado de su segundo, el General Ginovés Espinar. Se convertirá Ginovés Espinar –como lo veremos en próximas páginas– en uno de los más violentos opositores del nuevo gobernador de la isla al pretender éste aplicar algunas medidas moderadas en abierta oposición a los extremistas Voluntarios.

FLOR CROMBET Y JOSÉ LACRET MORLOT

Estamos en noviembre. En el Cobre. Donde muchos combates habían de librarse.

Tres grandes figuras de nuestra historia habrán de unir esfuerzos en aquella región.

Apenas 17 años habrá cumplido Flor Crombet[52] cuando el 20 de noviembre de 1868 presta juramento de fidelidad a la causa de la independencia y pasa a formar parte de la Brigada Cambute de José de Jesús Pérez, y sólo 22 años tiene José Lacret Morlot[53] cuando también, aquel noviembre, se incorpora en El Cobre a la columna que mandaba el respetado brigadier.

Orgulloso se sentía el jefe de la Brigada de estos dos jóvenes que habrán de formarse, militarmente, bajo su estricta pero amable tutela. En el combate de El Cobre, el 23 de noviembre de

[52] A los pocos años de nacido, Flor es reconocido legalmente por su tío Manuel. Pasa su niñez en el cafetal Bella Vista, en el Partido del Cobre, en el cuartón de Hongolosongo enclavado en terrenos de Guaninao donde José de Jesús Pérez realiza labores agrícolas.

[53] Lacret nació en Santiago de Cuba el 26 de octubre de 1850. Se alzó en los inicios de la Guerra de 1868 subordinándose al Mayor General Donato Mármol.

1868 Lacret está combatiendo en las fuerzas del Coronel Jesús Matías Vega, Jean Pierre, Francois Pavot y Simon D'Spaigne (Rolando Álvarez Estévez: «General José Lacret Marlot»). Sobresalió Lacret en el combate de El Cobre el 23 de noviembre de 1868 donde una bala de fusil se le incrustó en el tobillo. Fue capturado, quedó en libertad. Fue a Jamaica. Regresó a Cuba. Fue nombrado prefecto de Guanimao donde estaba enclavada la finca San Lorenzo.

Después de su recuperación parcial pasó a integrar, de nuevo, las fuerzas bajo el mando de José de Jesús Pérez, Jefe de la Brigada de Cambute. Ascendido a Capitán, Lacret Morlot formará parte del Estado Mayor del entonces General de Brigada Antonio Maceo cuando éste se hace cargo de la División Cuba.

El joven Crombet[54] comenzó su carrera militar de soldado raso. ¿Quiénes son sus superiores al inicio de la guerra?: El Brigadier Ángel Bargaza[55], el Comandante José de Jesús Pérez de la Guardia y el Comandante Coureau, jefe de la compañía «La Francesita»[56]. Pronto, al morir el comandante Prudencio Coureau a «La Francesita» se le cambia el nombre por «Compañía La Criolla». Antes de un año Flor ha ascendido a sargento y a las órdenes del General Máximo Gómez toma parte el 22 de julio de 1869 en el ataque al cafetal La Aurora, en cuya operación es promovido a sargento primero. A las pocas semanas, bajo las órdenes del Brigadier Pérez, participa en la toma de Tío Juan. Por su bravo comportamiento obtiene el grado de teniente.

Ya ha tomado parte en distintas acciones de la brigada comandada por Jesús Pérez: Nueva Málaga, La Dolorita, La Matilde,

[54] Crombet nació en El Cobre el 19 de septiembre de 1851. El 29 de noviembre de 1868 Flor se incorpora como soldado a las fuerzas del Coronel Ángel Bargaza. Diez días después quedó subordinado al entonces Coronel José de Jesús Pérez. Diccionario Enciclopédico.

[55] Miguel Ángel Bargaza (no confundirlo con Rafael Bárzaga), unido a las fuerzas de Francisco Maceo Osorio, tomó Guisa el 13 de octubre.

[56] Abelardo Padrón Valdés. «El General Flor. Apuntes históricos de una vida».

La Simpatía, La Perla; y, el 3 de septiembre, en el ataque al fuerte El Cristal, Máximo Gómez lo asciende a capitán.

Luego de ingresar en «La Criolla» había ascendido Flor a cabo segundo en el ataque de Nueva Málaga; a cabo primero en la toma de la Dolores; a sargento segundo lo asciende el Brigadier Pérez en el enfrentamiento de la Matilde; a sargento primero en el ataque a la Aurora, a las órdenes del General Thomas Jordan, en cuya acción dirigía Crombet la vanguardia. En el ataque y toma del Cristal el General Máximo Gómez asciende a Flor a capitán sobre el campo de batalla. Su oficial superior, el Coronel José de Jesús Pérez en el Parte Militar de la acción deja constancia de este encuentro, así como del enfrentamiento del 16 de septiembre de 1869:

> *«...al grito de «Cuba Libre» intentaron los voluntarios de Hongolosongo sorprender el campamento del Capitán Coureau en «Suena del Agua», cuya gente estaba casi toda enferma; a pesar de esto lograron los nuestros rechazarlos con algunos heridos...»*[57]

Después del ataque de Samá el 6 de Julio de 1872 el presidente Carlos Manuel de Céspedes asciende a Crombet a teniente coronel. (Fuente: Martín Morúa Delgado, nota reproducida por la revista Bohemia, octubre 7, 1957).

Otro indomable combatiente que habrá de alcanzar las estrellas de general participando en todas nuestras guerras emancipadoras ingresa también, como soldado raso,[58] en aquella escuela militar en que se habrá de convertir la Brigada de Cambute. Quintín

---

[57] Parte Militar del Coronel José de Jesús Pérez. Archivo Nacional de Cuba, c.542, No. 28.

Seguirá mencionando el entonces Coronel Jesús Pérez en sus partes militares las acciones en las que participa Crombet: el Cafetal de «San Luis», un encuentro en las inmediaciones de las Tunas, las haciendas Cauto de Jesús, Nuevo Aserradero, ataque al campamento de Giro, el cafetal de la Resolución, y los varios combates en los que participa los últimos 10 días de septiembre. Se siente el Brigadier Pérez más que complacido del coraje y capacidad que ha mostrado el joven Crombet.

[58] Tomás Savignon. «Quintín Banderas: el mambí sacrificado y escarnecido».

Banderas[59] formará, más tarde, parte de la columna del entonces capitán Antonio Maceo.

El 13 de octubre ya Quintín Banderas era Cabo ascendido por el entonces Capitán Limbano Sánchez; participa en la toma de la villa de El Cobre. Recibió a los expedicionarios del Perrit; en 1870 era Alférez. Lucha en Caoba y Rejondón. En 1873 fue ascendido a Capitán y en 1876 a Comandante. Participará en las acciones de Turiguano, María Jigue, Hongolosongo, La Yaya, y el ataque a Guisa. Terminará la Gran Guerra con el grado de Teniente Coronel.

El ingreso del Brigadier Pérez en las filas insurrectas había llenado de temor al comandante español Julián González Parrado quien, al frente de un destacamento de 250 hombres y varios voluntarios se encontraba atrincherado en el Santuario de la Virgen de la Caridad. Los insurrectos le concederían al comandante español camino libre para retirarse hacia Santiago de Cuba si rendía la plaza del Cobre.

En la madrugada del 23 de noviembre los insurgentes ocupaban el pueblo pero los planes de rendición de la plaza militar se frustran al avanzar las tropas de Jesús Pérez sin llevar bandera de parlamento rompiéndose el fuego entre ambas fuerzas. Vuelven las conversaciones y esta vez son interrumpidas por decisión de Luis Jerónimo Marcano que exige la rendición. En el encuentro que se produce es cuando resultó herido José Lacret y, también, el Brigadier Pérez. José Maceo toma parte en aquel ataque al Cobre.

> *«Más tarde, a la puesta del sol, fueron reuniéndose en el potrero de Moya los jefes que habían participado en la operación, llegando el primero Jesús Pérez que, como muy práctico, y a pesar del balazo en el cuello, pudo salvar a Mármol y a sus ayudantes, que desconocedores del terreno, estuvieron muy comprometidos; después llegaron Máximo Gómez,*

[59] En recientes publicaciones se menciona su apellido sin la s final. En el texto de esta obra usaremos indistintamente ambas acepciones.

Luis Marcano, Calixto García, Rafael Bargaza[60], *Pío Rosado, Luis Figueredo y otros»*[61] ....

El General Lersundi, nos dice Zaragoza, «tuvo que proveer medios para cortar el crecimiento rápido de la insurrección; fue uno de ellos, y salvador de tan críticos momentos, la creación de nuevos Cuerpos de Voluntarios *en todas las poblaciones de la isla donde existían elementos sinceramente españoles»*[62].

Eran los días en que Blas Villate, Conde de Valmaseda, Segundo Cabo, salía al frente de todas las tropas para reconquistar Bayamo, y se esperaba la llegada del General Dulce para encargarse, nuevamente del gobierno de la isla[63]. Quienes arribaban primero a La Habana eran los generales Felipe Espinar y Simón de la Torre; el primero como Segundo Cabo y el segundo como comandante general del departamento Oriental, «punto donde se hallaba el foco de la insurrección». (D.E. Llofriu).

Se mueve, con alguna lentitud el Conde de Valmaseda. Llega a Puerto Príncipe (Camagüey) el 19 de noviembre *«con una columna que entre infantería, caballería y artillería no llegaba a 800 hombres; esta columna era la única que había podido organizarse al mes de principiada la insurrección»*[64]. Ha llegado a Nuevitas de donde parte *«el 22 de diciembre; es decir, después de un mes de haber llegado a dicho punto»* (Vicente García Verdugo, obra citada).

De todos los libros que hemos consultado, no hemos encontrado uno más lleno de rencor y de odio hacia todo lo cubano que éste escrito por García Verdugo. No hay mesura en ninguno de sus

---

[60] Bargaza estará, –junto con Donato Mármol, Máximo Gómez,Calixto García, y otros–, en el grupo que recibirá a la Comisión que Dulce ha enviado a Oriente en su infructuoso intento de pacificar la isla.

[61] A. Pirala. «Anales de la Guerra de Cuba».

[62] Justo Zaragoza, «Las Insurrecciones en Cuba», Capítulo 5, Página 249. *Obra citada.*

[63] Dos meses después, el 17 de diciembre, se publicaba en La Habana el primer número de *La Voz de Cuba*, periódico dirigido por Gonzalo de Castañón.

[64] Vicente García Verdugo, *obra citada.*

párrafos: «*La independencia en Cuba sería la anarquía y, después, la dominación de la raza negra... la ceguedad y la mala fe de los enemigos de España han sido grandes*».

El nuevo ministro de Ultramar, Adelardo López de Ayala, le informa al Capitán General de la isla, Francisco Lersundi, los cambios que se han producido en la Metrópoli pidiéndole a éste que «*estreche más aún los lazos que unen a esa provincia con España*» y «*todo su apoyo y decidida cooperación*» para salvaguardiar «*los intereses de los particulares y del estado*».

EL COBRE, EL SALADO Y BAYAMO

Días después del 28 de octubre sale Céspedes desde Bayamo para su entrada triunfal en el Cobre.

Valmaseda recibía refuerzos en su intento de recuperar Bayamo avanzando él desde Camagüey y Nuevitas donde concentró sus tropas para cruzar el Salado, marchar sobre Cauto Embarcadero y llegar a Bayamo.

Había que impedir que el coronel español José López Cámara se uniera a las tropas comandadas por el Conde de Valmaseda con la intención de que, juntas, retomaran Bayamo. López Cámara se encontraba en El Cobre población que, hostilizado por las fuerzas insurrectas, se ve obligado a abandonar para regresar a Santiago de Cuba. Había cesado, momentáneamente la hostilidad en El Cobre donde, ahora, regresa, tranquilo el pueblo, Félix Figueredo. El combate se librará, lejos, en el Cauto.

A los tres días del combate sostenido con la columna del Coronel Cámara en las inmediaciones de El Cobre, ocupado este pueblo nuevamente por los insurrectos, y, a poco, por los españoles «*se llamó a José de Jesús a fin de que como práctico del terreno, guiase la vanguardia, llevando 100 negros cargados con bultos de efectos sobre la cabeza. Continúa la marcha por entre algunos cafetales y al día siguiente, en la finca de Jesús Pérez, el Ramón, se dispuso situar el campamento en la finca Hicoteita, de Gregorio Alcántara, distante a pocas leguas del ingenio Caney, en el que Gómez tenía su cuartel a 8 leguas de el Cobre y dos de Palma Soriano*». (Pirala, página 378).

LA REVOLUCIÓN
DE YARA
1868-1878
CONFERENCIAS
HISTÓRICAS
POR
FERNANDO FIGUEREDO
SOCARRAS
CON UN
PROLOGO
DE
PEDRO MARTINEZ
FREIRE

En diciembre se apoderó José de Jesús de seis cañones del enemigo y los trasladó a El Cobre (Fuente: Diccionario Enciclopédico de Historia Militar de Cuba).

Mármol confía en el brigadier Pérez para que marche a Cambute y, allá, *«oculte el cañón grande y las pocas municiones de guerra y continúe hasta el Contramaestre con los restos de la Brigada»*.

Cumpliendo las órdenes del Coronel López Cámara, el teniente coronel Máximo Navidad había salido en enero de 1869 de Manzanillo para el Aserradero, cercano al campamento de Curó y José de Jesús Pérez, con intención de marchar hacia Mayarí en poder de los insurrectos. Del ataque a esta población se encargaría el jefe de la fuerza española que operaba en Brazo del Cauto, el propio teniente coronel Máximo Navidad. De hostilizarlo, se ocuparía José de Jesús.

El primer encuentro se produce el primero de marzo en el cafetal San Jorge y el próximo tendrá de escenario otro cafetal, el de Delicias, seguido del que se libraría en el cafetal La Esclavitud. Se prepara, quien habrá de ser jefe de la Brigada Cambute, a sorprender a Máximo Navidad atacándolo en su propio campamento del Aserradero pero, antes, combate en otro cafetal: La Unión.

Las fuerzas insurrectas acampadas en el Ramón, la tierra de José de Jesús, se enfrentaban día a día a las comandadas por el teniente coronel Navidad. Para reforzar a éstas el General la Torre salía de Santiago de Cuba con dos columnas de quinientos hombres cada una; una comandada por el Coronel Abreu que marcharía por el Cobre, y la otra por el Coronel Demetrio Quirós que avanzaría por Palma Soriano, relata el historiador español Eleuterio Llofriu, en su obra escrita y publicada en Madrid en 1870; pocos meses después de estos hechos *«grandes obstáculos hubieron de vencer en aquella penosa marcha»* apunta el españolísimo autor en su libro «Historia de la Insurrección y Guerra de la Isla de Cuba».

Cuando las fuerzas convergentes del Coronel Abreu y del Coronel Quirós llegan el día 18 al centro de el Ramón, ya José de Jesús Pérez el futuro Brigadier de Cambute, está combatiendo a las tropas de Navidad en los cafetales San Luis, Laurentina, San Carlos y en la hacienda Solís. El general la Torre tuvo que limitarse a dejarle Navidad en el Ramón, como refuerzo, cuatrocientos hombres en adición a los quinientos que tenía.

De las filas de la fuerte y recia gente de campo iban surgiendo *«jefes y oficiales salidos de la clase de tropa –Antonio y José Maceo, Flor Crombet, Guillermo Moncada, Francisco Borrero, José de Jesús Pérez, Camilo Sánchez, Silverio del Prado y otros– que se destacaban y empezaban a figurar no pocos de ellos en primera línea entre los más distinguidos frente al enemigo»*[65].

Que las fuerzas combinadas de Mármol, José de Jesús, Figueredo y Curó (Cureau) eran numerosas y representaban un serio peligro para el jefe militar de la zona, lo vemos en esta narración de un historiador integrista español que escribía a los dos años de estos acontecimientos:

> *«La noticia de que los rebeldes acampados en el Ramón proyectaban penetrar en la zona ocupada por las tropas al mando del jefe Navidad, se confirmó. Después de haber sido rechazados en la noche del 13, se establecieron en tres campamentos de más de quinientos hombres cada uno, en el frente que ocupaba la línea del ejército desde los cafetales la Guásima a las Delicias, extendiéndose por aquella parte hasta las fincas San José y Santa Clara y formando un campamentos principal titulado Tío Juan, a media legua escasa del Fomento.*
>
> *La situación no podía ser más penosa: amagados los destacamentos de continuo por fuerzas superiores de dos mil hombres, con dos partidas rebeldes que por sendas excusadas habían logrado pasar la línea y se introdujeron en el centro, con otra que se presentó por la parte del Aserradero y sin fuerzas proporcionadas al número de los que habían de atacar, era por demás difícil sostenerse mucho tiempo. Pero el valor de los soldados españoles no decae aún con los más graves obstáculos, aún con el peligro más inminente»*[66].

---

[65] Ramiro Guerra. «Guerra de los Diez Años».

[66] Eleuterio Llofriu. *Obra citada.*

HISTORIA

DE LA INSURRECCION Y GUERRA

DE LA

ISLA DE CUBA.

Escrita en presencia de datos auténticos,
descripciones de batallas, proporcionadas por testigos oculares, documentos oficiales,
y cuantas noticias pueden facilitar el exacto conocimiento
de los hechos.

POR D. ELEUTERIO LLOFRIU Y SAGRERA.

EDICION ILUSTRADA

con los retratos de los principales personajes que figuran
en dicha guerra, vistas de batallas, de poblaciones, campamentos, etc., y cuanto pueda
contribuir á dar interés á esta notable obra.

TOMO I.

MADRID:
IMPRENTA DE LA GALERÍA LITERARIA,
calle de la Colegiata, 6.

1870.

Le tomó al gobernador Lersundi 10 días percatarse de la gravedad que representaba la insurrección. Será el 20 de octubre que somete a las comisiones militares *«los delitos de traición, rebelión y sedición»* (Gaceta de La Habana), a lo que responde Céspedes el 12 de noviembre con una Proclama de 6 artículos advirtiendo severísimas penas a los que *«sirvieran de espías y prácticos a los soldados de la tiranía»* y *«a los soldados y jefes de las fuerzas republicanas que, faltando a su sagrada misión, incendiasen, robasen o estafasen a los ciudadanos pacíficos»*.

Finaliza octubre cuando ya, no es sólo Lersundi, como gobernador en La Habana sino López de Ayala, como Ministro de Ultramar en Madrid, quien se percata de la extensión y seriedad de la insurrección. A ese efecto, *«más generoso que práctico y más obligado que espontáneo»* López de Ayala expidió una Circular a *«los gobernadores de las islas españolas en la que les concedía la facultad de elegir diputados y que éstos deliberaran sobre la organización de los municipios y provincias, sus sistemas electoral y tributario y sus presupuestos anuales»*[67].

Días antes Lersundi había unificado el mando de las tropas en el Departamento de Oriente colocándolas a las órdenes de Blas Villate, Conde de Valmaseda, y ordena la salida hacia aquella región de uno de los batallones de cazadores de San Quintín; posteriormente envía a Manzanillo escuadrones del Regimiento de la Reina y el primer batallón del Regimiento de La Habana. Quiere proteger Lersundi, a toda costa, a Holguín y Tunas y recuperar Bayamo.

Precisamente, cuando Donato Mármol pasaba revista a las tropas de Calixto García y de José de Jesús Pérez, el Capitán General de la isla Francisco Lersundi establecía las «Comisiones Militares Ejecutivas y Permanentes» y le daba absoluto poder al recién designado Conde de Valmaseda.

[67] Justo Zaragoza, *obra citada*, páginas 248-250.

Bajo control cubano Bayamo, Blas Villalta de la Hera, el Conde de Valmaseda, trazó un plan para recuperar aquella plaza[68]. Por el norte avanzaría el propio Valmaseda: por el este, desde Santiago de Cuba, la columna del Coronel Quirós. Y por el Oeste, desde Manzanillo, las fuerzas del Coronel Campillo. El movimiento no pasó inadvertido para Céspedes quien lanzó contra Campillo a los Generales Francisco Aguilera y Modesto Díaz, quienes lo batieron el día 19 en Babatuaba. Contra el avance del Coronel Quirós, para contenerlo, envió a Donato Mármol y Luis Marcano en cuyas filas se encontraba el Brigadier José de Jesús Pérez.

Pero es necesario proteger a la que se ha convertido en la primera capital de la República en Armas.

Bayamo, aquel enero de 1869, se había mantenido durante cerca de tres meses, en manos insurrectas. Para reconquistarla, a cualquier precio, había dirigido Valmaseda todo su poderío no concibiendo para ese fin *«otra solución... que el exterminio de la población cubana desafecta, y el arrasamiento total de la riqueza de Cuba, si ello resultaba necesario para mantener la «integridad nacional» y lo que entendía ser el honor de España»*[69]. El gobierno de la isla lo ocupaba, por unos días más, el Capitán General Lersundi[70].

Céspedes ordena a Donato Mármol, que preparaba su invasión a las zonas de Guantánamo y Baracoa, regresar a Bayamo. Valmaseda se encuentra frente al infranqueable río Cauto[71] donde su caballería no podía operar; a sus espaldas tenía el río Salado cu-

---

[68] José Maceo Verdecia: «Historia de Bayamo».

[69] Ramiro Guerra. Obra citada.

[70] Lersundi era un fiel partidario de la destronada reina Isabel II, depuesta en la Revolución de Septiembre (1868) organizada por el General Juan Prim, designado Primer Ministro y Ministro de la Guerra. El período de mando de Lersundi se extendió del 10 de octubre de 1868 al 4 de enero de 1869, delegando en los voluntarios la misión de proteger los centros urbanos. Las tropas, al mando de Valmaseda. Los voluntarios, respondiendo a Lersundi. El día 4 lo sustituye el general Domingo Dulce que llega con planes de pacificación.

[71] La única chalana en la que podía cruzar el río estaba en manos de los cubanos.

yas márgenes ocupaba el General Modesto Díaz[72]. Las instrucciones a Mármol eran las de no cruzar el río y esperar a que el enemigo lo hiciese y entonces atacarlo. El general mambí desoyó las instrucciones y lo cruzó. El 8 de enero los cubanos fueron abatidos en el Cauto y el Salado.

Así describe el peninsular Pirala la recuperación de Bayamo por las fuerzas españolas:

> *«En Cauto el Paso, ya esperaban los insurrectos atrincherados a la izquierda del río; trabóse de una a otra orilla, empeñado combate. El Conde se hallaba en el punto más estratégico de los distantes en que pensaba operar. Cauto el Paso es el único bajeable en épocas determinadas y con excelentes prácticos. Los defensores de Cauto el Paso no se apercibieron a tiempo de la marcha del Conde y llegaron a Cauto Embarcadero cuando ya les habían tomado sus posiciones, por pocas fuerzas defendidas. Los españoles pudieron rechazar fácilmente a sus descuidados enemigos»*[73].

Ha caído Bayamo. Pedro Figueredo, José Lacret Morlot, herido[74], y Jesús Pérez marchan en dirección al Cobre. Mientras que Bartolomé Masó, Francisco Vicente Aguilera y Modesto Díaz se dirigen a Manzanillo, y Carlos Manuel de Céspedes a Palma Soria-

[72] Jorge Quintana. «Donato Mármol». Revista Bohemia, enero 29, 1955.

[73] Antonio Pirala: «Anales de la Guerra en Cuba». Página 379 bajo el título «Inconveniente Retirada de los Insurrectos-Marcha de Valmaseda-El Salado-Cauto-El Embarcadero»...

[74] No se conoce, con exactitud, la fecha en que Lacret, herido, es hecho prisionero. Su biógrafo Rolando Álvarez Estevez infiere que fue capturado luego de la batalla de el Cobre (noviembre 23, 1868); el historiador Rufino Pérez Landa considera que luego de aquel encuentro Lacret está presente en la acción de El Salado (enero 8, 1869) y de allí parte (de nuevo) con Jesús Pérez y Perucho Figueredo. Antonio Pirala afirma que fue hecho prisionero en el Cobre junto con otros 12 insurrectos heridos.

no[75]. En la «Venta de Casanova» reorganiza Mármol sus fuerzas y el 16 de enero asciende a Comandante a Antonio Maceo por sus acciones en los combates de Salado y del Cauto.

Tras la reconquista de Bayamo por los españoles las fuerzas cubanas marcharon en distintas direcciones. Con Mármol se fueron los coroneles Máximo Gómez, Calixto García, Rosendo Arteaga, Rodrigo e Ignacio Tamayo, Rafael Milanés y Juan Estrada Tamayo. Fue Perucho Figueredo en dirección al Cobre, con Lacret y José de Jesús Pérez. Carlos M. de Céspedes, a Palma. Bartolomé Masó marchó con Modesto Díaz, Francisco Vicente Aguilera y otros a la jurisdicción de Manzanillo, Bayamo y Baire[76].

[75] R. Pérez Landa en su obra «Bartolomé Masó y Marquez», menciona que Donato Mármol junto con Máximo Gómez, Calixto García, y otros, se dirigió a la jurisdicción de Cuba, pasando por Jiguaní y Baire.

[76] Hoja de Servicios del General Bartolomé Masó, citada por Rufino Pérez Landa en «Bartolomé Masó y Márquez», obra citada.

CAPÍTULO II

SE EXTIENDE LA INSURRECCIÓN

LA DICTADURA DE MÁRMOL. QUIÉNES LA FRAGUAN, LA PROPONEN Y LA IMPULSAN

En la acción el Saladillo, en las profundas vertientes del Cauto, Donato Mármol había sufrido una aplastante e inesperada derrota al desobedecer las órdenes de Céspedes de no cruzar el caudaloso río y esperar a que lo hiciese Valmaseda. La derrota permitió al militar español reconquistar Bayamo produciéndose un natural desánimo en las incipientes fuerzas libertadoras.

La derrota era imputable, muchos lo sabían, a Donato Mármol por su desacertada decisión de cruzar el río tal vez con el ánimo, como muchos expresaron, de quitarle a Marcano la gloria de derrotar a Valmaseda. Pero los adversarios de Céspedes, abiertos unos y encubiertos otros, responsabilizarían a Céspedes con el desastre del Saladillo y facilitar, así, su destitución. Varios participarían en propagar la innoble y falsa imputación al hombre de la Demajagua, y en promover, luego, su destitución: Eduardo Mármol (primo de Donato), Francisco Maceo Osorio, Leopoldo Arteaga y el Dr. Félix Figueredo.

Otras tentativas habían ellos antes realizado para convencer a Francisco Vicente Aguilera que aceptara asumir la presidencia cuando destituyesen a Céspedes. El noble patricio no aceptó ser cómplice de la conjura. Se pensó, entonces, en Donato Mármol.

Será, ahora, su primo Eduardo Mármol «culto y funesto»[77] quien impulsa la idea de proclamar a Donato dictador de la república facultándole para que asumiera todos los poderes. Contactarán los conjurados a Máximo Gómez en su campamento del Caney

[77] José Martí, Diario de Campaña, Mayo 7, 1895.

para que apoye el plan concebido por Eduardo Mármol y el Dr. Figueredo, pero el insigne dominicano se excusa de tomar parte del mismo. No será esto un serio obstáculo. Leopoldo Arteaga, Eduardo Mármol y el médico Figueredo convocan en el ingenio «El Caney» a los jefes y oficiales de las fuerzas de Cuba, el Cobre y Jiguaní los que, careciendo de suficiente información, aceptan la proclamación de Donato Mármol como dictador.

Pero alguien, más osado que todos, había concebido un plan para colocarse, bien alto, en la línea de sucesión.

Dejemos que el propio Dr. Félix Figueredo, utilizando como narrador a su amigo y confidente Antonio Pirala, describa el tercer eslabón de aquel plan:

> *«Pasados los primeros momentos después de la proclamación, Félix Figueredo pidió silencio y dijo que si por desgracia el General Mármol sucumbiera luchando contra el enemigo ¿quién debía sustituirlo en el mando? A lo que los allí presentes respondieron que el General Gómez. Continuó Figueredo diciendo: Y si por desgracia también sucumbiese el General Gómez, ¿quién le sustituiría? Contestaron que Figueredo y así terminó la sesión»*[78].

El médico de Jiguaní, hábil manipulador, se situaba en la línea sucesoria de la dictadura.

Era conocido el distanciamiento personal entre Carlos Manuel de Céspedes y el médico Félix Figueredo. Este último no se encontraba entre los 37 sublevados de la «Demajagua» ni firmó el «Manifiesto del 10 de octubre». Por el contrario el Dr. Figueredo es uno de los firmantes de un documento dirigido a la Junta Central Republicana de Cuba y Puerto Rico, fechado el 22 de marzo de 1869 en el que se pretendía ignorar al Manifiesto firmado por Céspedes, Bartolomé Masó y otros que fue publicado en el primer número de El Cubano Libre y en el cual Céspedes informaba la razón de ser de la insurrección.

[78] Antonio Pirala. «Anales de la Guerra de Cuba».

LA REUNIÓN DE TACAJÓ

Los que influían sobre Donato Mármol comprendían que para éste asumir la posición de dictador necesitarían el apoyo de un amplio número de jefes prestigiosos en la región de Oriente. Uno de ellos, el más importante, Francisco Vicente Aguilera pero éste, lejos de sumarse a la conjura, avisó de inmediato a Céspedes y, conociendo que Mármol se encontraba en Tacajó partió hacia allá para hablarle a los jefes insurrectos del gravísimo error que estaban cometiendo. En el camino Céspedes se unió a Aguilera en la marcha hacia Tacajó.

Ya están cerca de la finca. Aguilera se adelantó para parlamentar con Donato y Eduardo Mármol, Félix Figueredo y demás conjurados. Luego, todos se reúnen con Céspedes. Poco después se produce el 9 de febrero una extensa entrevista, entre Céspedes y Mármol, a solas, *«que duró todo un día»*[79].

Quedó sentado que el mando de Céspedes quedaba en pie; se convino en la reorganización del gobierno y Mármol desistió de su actitud. El peligro de división en Oriente quedó conjurado[80].

Al referirse en su Diario de Campaña a la proclamación de la dictadura el generalísimo Máximo Gómez dice que Mármol *«tuvo que aceptarla a pesar suyo, pues se había formado una camarilla a su alrededor de individuos de no muy buenas condiciones...»*.

Así lo considera el historiador Griñán Peralta al afirmar que *«Donato fue dúctil instrumento y nombre amparador, pero no el jefe inspirador del proyecto político que lo proclamó dictador»*.

Sobre la feliz solución al conflicto creado por *«la camarilla formada alrededor de Mármol»* Máximo Gómez afirma, también, que *«todo se arregló... por medio de una conferencia en Tacajó»*[81]. Superada la crisis Gómez y Mármol recibían órdenes de Céspedes de atacar a Jiguaní y emprenden marcha al día siguiente.

---

[79] Vidal Morales y Morales. «Hombres del 68».

[80] Ramiro Guerra. «Guerra de los 10 años».

[81] Máximo Gómez. Diario de Campaña.

Veinte y seis años más tarde Gómez, cabalgando junto a Martí por las sabanas de Tacajó, le va narrando el episodio de la dictadura y le explica como Félix Figueredo le había pedido a él (Gómez) que apoyase a Donato. Petición que arrancó del generalísimo un duro calificativo: *«Félix Figueredo es una víbora»*[82].

En esta trama, el brigadier José de Jesús Pérez se ha mantenido, siempre lo estará, fiel al presidente de la República en Armas. No secunda el movimiento sedicioso. Algunos de los conjurados no se lo perdonarán.

EMBARGO DE BIENES

El general Dulce había asumido la Capitanía General en enero de 1869. Para atraerse la simpatía de los más recalcitrantes integristas acepta sus demandas de proceder al embargo de bienes de los insurrectos. A las pocas semanas de su toma de posesión el rumor, intencionalmente difundido, circula por doquier.

El 17 de abril la murmuración se ha hecho realidad. Con esa fecha se crea el Consejo Administrativo de Bienes Embargados. De secretario del organismo actuará Justo Zaragoza, aquel recalcitrante peninsular que acompañaba a Dulce cuando éste arribó a La Habana y quien, de inmediato, se inscribió como Oficial de Voluntarios en La Habana.

Una de las primeras medidas tomadas por los funcionarios metropolitanos fue la de relacionar a los insurrectos cuyas propiedades serían embargadas[83]. Entre ellos se encontraban Carlos Ma-

[82] Episodio narrado en su «Diario» por José Martí el 7 de mayo de 1895, doce días antes de su muerte en Dos Ríos.

[83] Por decreto del Gobernador Superior se acusa de estar en la insurrección a los siguientes vecinos de la Jurisdicción de Cuba: Luis Tejada, Juan Tejada, Pablo Rebustillós, Julio Villasana, Antonio Pacheco y Miguel Pacheco. Doña Clotilde Tamayo de Mármol, Raimundo Mármol, Justo Mármol, Jesús Pérez, Carlos Manuel de Céspedes, Francisco Aguilera, Lucas del Castillo y Félix Figueredo. En dicha resolución que tiene fecha de 12 de junio de 1869, se dispone que se procede al embargo de todas sus propiedades. El decreto fue publicado en la Gaceta de La Habana el 13 de junio del propio año. (Archivo Nacional. Fondos Bienes Embar-

nuel de Céspedes, Lucas del Castillo; Félix Figueredo Díaz, Francisco Vicente Aguilera, José de Jesús Pérez y otros.

José de Jesús Pérez, Céspedes, Aguilera están entre los pocos que no apelaron tan injusta medida. No así el médico Figueredo a quien, probablemente por no haber tenido éxito en sus gestiones persuasivas, se le habían embargado sus bienes por aquella resolución.

Félix Figueredo, sin dudas, pensará en Cuba y en los intereses patrios; pero también, comprensible para él, en los intereses propios. Por eso presenta, a través de un familiar, una apelación ante su buen amigo, el Teniente Gobernador Federico de Muguruza Lersundi[84] exponiendo que tales propiedades pertenecen a esa familia y no a él[85].

Muguruza Lersundi era primo carnal de Francisco Lersundi, Capitán General de la isla. Pocos meses antes, en mayo de 1868, había relevado en el cargo a Enrique Sávil Pérez, también amigo personal del Dr.Figueredo: *«La esposa del Teniente Gobernador Sávil Pérez, María de Jesús Mantilla, iba diariamente con sus niños a mi casa»*[86].

---

gados Legajo 147 No. 51. Archivo Nacional Bienes Embargados Legajo 19 No. 22).

[84] «El Dr. Félix Figueredo era el médico de más prestigio en toda aquella comarca y, además, era el Secretario de la Junta Subalterna de Sanidad, actuando a la vez como médico vacunador, lo que le permitía mantener las mejores relaciones tanto con los cubanos como con los españoles, *sin excluir a las propias autoridades coloniales*, tanto era así que era el médico de la familia del Teniente Gobernador Enrique Savil Pérez, del Alcalde Mayor, Benigno Polanco; del Juez de la Paz, Esteban Estrada y otros». Fuente: Notas autobiográficas publicadas por César Rodríguez Expósito en su libro «Dr. Félix Figueredo Díaz».

[85] Archivo Nacional. Fondo de Bienes Embargados. Legago 19. (Fuente: César Rodríguez Expósito. Obra citada).

[86] Notas autobiográficas del Dr. Félix Figueredo.

SINUOSA POSICIÓN DEL MÉDICO DE JIGUANÍ

Es conocida la sinuosidad del médico.

Lo admite su propio biógrafo[87]: *«El Dr. Félix Figueredo era cauteloso... era personalmente receloso, no expresaba opinión alguna».* Tan cauteloso era el Dr. Figueredo –seguimos citando a su biógrafo–, que en Santa Rita se le invitó a un almuerzo *«donde asistieron cubanos y españoles»* en el que, dice el Dr. Figueredo, *«me ví obligado a brindar, más cauteloso por... tener junto a mí a dos hermanos catalanes. No obstante, me lancé a una prueba y terminé mi brindis manifestando que mis ideas eran las de todo médico y estaba por todo aquello que camina».*

Estaba Félix Figueredo resentido con sus compatriotas. Lo admite en las notas, textuales, de su autobiografía: *«Los cubanos, no quisiera confesarlo, me habían herido injustamente pues, algunos de ellos quisieron manchar mi honra en los tribunales de justicia...»,* su rencilla personal con un abogado la extendía a todos *«los cubanos».*

Y sigue exponiendo «agravios» personales como razones para sentirse herido por los cubanos. Contrario a *«los españoles –dice ahora su biógrafo– que jamás le hicieron daño personalmente».*

Utilizaba el médico de Jiguaní sus buenas relaciones con los más altos funcionarios españoles[88] para extorsionar a otros cubanos. Veámoslo en sus propias palabras: *«A otros (cubanos) les hice comparecer ante el gobernador en aquella época para decirles que conocía todos sus antecedentes criminales y, desde luego, estaría al tanto de hacer que no se cometieran...».*

Comprensiblemente el Dr. Félix Figueredo Díaz consideraba que *«algunos cubanos, sin prueba de ninguna especie hacían creer que yo era partidario de los españoles»*[89]. Se sentía, (más bien lo

---

[87] César Rodríguez Expósito. «Dr. Félix Figueredo y Díaz».

[88] Con Federico Muguruza, gobernador de Jiguaní; Julián de Udaeta, gobernador de Bayamo; Enrique Savil Pérez, teniente gobernador, y otros.

[89] César Rodríguez Expósito. Obra citada.

mantenían) alejado de *«los grupos que lideraban, de una parte Francisco Vicente Aguilera, de otro Carlos Manuel de Céspedes»* porque aquellos –es su biógrafo quien ahora opina citando palabras de Jerez Villarreal– *«no pueden subsistir a los resabios locales, supremacías de aldeanos»*.

CONVERSACIONES DAÑINAS

En los meses de marzo y abril de 1869 Félix Figueredo ha creado con José de Jesús Pérez una vinculación amistosa. Se siente el médico de Jiguaní pesimista sobre la posibilidad de que pueda sobrevivir el movimiento insurgente. No era nuevo en Félix Figueredo este sentimiento de incredulidad, de desconfianza en el éxito de la riesgosa aventura. El propio médico lo admite: *«Sentí extraordinaria desanimación al ver que Pancho Maceo pagaba el primer plazo de una nueva contribución», ... «igualmente me desanimaba la conducta que observé en muchos de los conspiradores...»*[90]. Su generoso biógrafo lo reconoce al publicar las notas autobiográficas del Dr. Figueredo.

Persuade al bravo pero ingenuo Brigadier Pérez, a que contacte al teniente coronel Máximo Navidad, jefe del campamento español de El Cafetal, para abandonar la lucha si les garantiza a ambos la vida.

Nadie más indicado para tales gestiones, consideraba el médico, que José de Jesús Pérez que gozaba de respeto y consideración entre los hacendados de la zona de Brazo del Cauto.

Cumpliendo el encargo de Figueredo se entrevista José de Jesús con el teniente coronel Navidad quien accedía a garantizarle la vida a José de Jesús pero no *«a los cabecillas Figueredo y Curó, por ser ellos los que ordenaron incendios y atropellos en varios puntos, llegando hasta un extremo inconcebible de ensañamiento»*[91].

---

[90] Notas autobiográficas de Félix Figueredo Díaz publicadas por César Rodríguez Expósito.

[91] Eleuterio Llufrío Sagrera, «Historia de la Insurrección y Guerra de la Isla de Cuba» editado en 1870 por Galería Literaria, Madrid, España.

Pero el brigadier cubano más preocupado por la vida y seguridad de Figueredo, a quien considera su amigo, que por la propia, se niega a aceptar la exclusión que se le pretende imponer.

José de Jesús Pérez le expresó al oficial español que si no se le garantizaba la vida a Figueredo, Cintras y Cureau (Curó) no podía él llegar a acuerdo alguno. Discutieron y al final el teniente coronel Navidad se comprometió el 6 de mayo a garantizar la vida a Figueredo y Cureau[92].

Pasan cuatro días. En mayo 11 se conoce del desembarco del Perrit. La noticia fue difundida de inmediato en el campo insurrecto e hizo renacer la esperanza en el pesimista Figueredo quien, al saber del desembarco, modifica su decisión de presentarse. Ya no está de acuerdo en la presentación *«mucho menos cuando tuvo noticia de la expedición desembarcada en aquellos días y que le daba grandes esperanzas...»*[93].

El 13 de mayo ha terminado el desembarco del Perrit.

Pero ha habido conversaciones comprometedoras que en un futuro, que ahora se ve prometedor para la independencia de Cuba, alguien pudiera divulgar. Algo debe hacerse. Y lo hace. Escribe una carta como si recién se hubiera enterado de entrevistas de las que él es ajeno.

El 16 de aquel mes escribe el Dr. Félix Figueredo al coronel (para halagarlo, le sube un grado) Máximo Navidad que él ha sabido *«sin querer averiguarlo, que usted intenta la conquista de algún jefe o de algunos ... de la insurrección»* por medios *«que yo también he sabido emplear de los que podré algún día suministrar pruebas a la historia»* y continúa en la pomposa carta haciendo alarde de su españolidad:

> *«Yo, educado en España, en la Escuela de los Cámaras, Alarcón, Orgaz, Cuello, Rivero, Albaydo, etc., pensaba, cuando vine, en la Revolución, y mil veces me repetía que era*

[92] Eleuterio Llufrío Sagrera. Obra citada.

[93] Eleuterio Llufrío. Obra citada.

imposible sostenerla por el carácter de los criollos y por la falta de elementos materiales... Hoy reconozco mi error político, pues me convenzo más y más que la Revolución triunfará».

Para congraciarse con Navidad admite, así, su inicial oposición a la insurrección.

Hacía gala, como siempre, de su españolidad y admite su falta de confianza en la revolución. Pero en la carta no se incluía a sí mismo entre los jefes que Máximo Navidad *«intenta conquistar»* ni menciona, tampoco, a José de Jesús Pérez. Su carta, era, tan sólo, una hábil coartada que lo exoneraba, ante la historia, de las negociaciones por él promovidas y en las que había participado.

Semanas después de los, afortunadamente, infructuosos contactos del médico Figueredo y Jesús Pérez con el teniente coronel Navidad, se mantienen las estrechas relaciones entre los dos insurgentes cubanos. Los españoles querían localizarlos. Se esfuerzan en apresarlos.

Las fuerzas establecidas en el mes de junio en La Estrella, *«tenían por encargo interceptar la comunicación del cabecilla Jesús Pérez con Figueredo pero no se pudo lograr este resultado porque avisado Pérez, sin duda, se comunicaba con aquel jefe por veredas de la Sierra Maestra a larga distancia de las ocupadas por las tropas del teniente coronel Navidad. A la sazón hallábanse formando campamentos en el punto llamado Charco Redondo, entre el Ramón, Palma Soriano y las Dos Palmas, en donde se encontraba alguna partida de las que estaban en la costa con Jesús Pérez»* (E. Llufrío. Tomo II, Capítulo XIV, página 262).

José de Jesús no ha dejado de combatir. Es el adversario, el rebelde, que es necesario destruir.

El 18 de mayo *«atacan las fuerzas del general español el centro de la población del Ramón».*

Los insurrectos resisten. Reducen a cenizas todo lo que pueda darle abrigo a las fuerzas españolas. Jesús Pérez incendia su propia casa y sus tropas se atrincheran. *«A medio tiro de aquel punto tenían los cubanos rebeldes cubiertos sus atrincheramientos con bastante gente en la entrada de los montes elevados que estrechan por derecha e izquierda la posición que ocupaba el general español»* (E. Llufrío. Tomo I, Libro tercero, Capítulo V, página 576).

Las tropas peninsulares se ven obligadas a avanzar con precaución porque *«la partida de Jesús Pérez era una de las más numerosas, y él uno de los cabecillas más conocedores del terreno y de gran influencia en las clases que favorecían la insurrección»* (Eleuterio Llufrío, Tomo I, libro tercero, Capítulo V, página 582).

En aquellos años *«el territorio de la República en Armas estaba dividido en tres Departamentos Militares, llamados: 1) Oriente que se componía de los distritos de Guantánamo y Baracoa, Cuba y Holguín; 2) Provisional del Cauto que comprendía Jiguaní y Bayamo, Manzanillo y Las Tunas; y 3) Occidente, reducido entonces a Camagüey».*[94] Las Divisiones estaban formadas por dos Brigadas, que se subdividían en dos Regimientos; éstos en dos Batallones, y cada Batallón en seis Compañías. Las Brigadas eran mandadas por Brigadieres o Coroneles.

LEVANTAMIENTOS EN CAMAGÜEY Y LAS VILLAS

Tres organizaciones revolucionarias se suceden en Camagüey en el planeamiento y dirección de la lucha.: la Junta Revolucionaria de Camagüey, el Comité Revolucionario de Camagüey, y la Asamblea de Representantes del Centro.

La Junta –molesta porque Céspedes había adelantado la fecha del alzamiento– no lo secundó de inmediato[95]. El Comité planteaba,

---

[94] Fernando Figueredo Socarrás: «La Revolución de Yara», Editorial Cubana, Miami, 1990 (Reproducción de la obra impresa en 1902.

[95] Al adelantar Céspedes, sorpresivamente, la fecha del alzamiento no recibió -por encontrarse Salvador Cisneros en La Habana- el inmediato respaldo de la Junta Revolucionaria de Camagüey. De hecho, Napoleón Arango, que se encontraba en Oriente, abrogándose la representación de la Junta de Camagüey se negó a respaldar la acción de la Demajagua.

La negativa posición de Napoleón Arango mereció el cortés, pero firme rechazo de José Morales Lemus y otros antiguos reformistas camagüeyanos que pidieron el respaldo a la iniciativa de Céspedes.

como paso previo, la redacción de una constitución. Este Comité amplió, luego, su base convirtiéndose en la Asamblea de Representantes del Centro[96], que contó con cinco miembros directores: Ignacio Agramonte Loynaz, Eduardo Agramonte Piña, Salvador Cisneros Betancourt, Antonio Zambrana y Francisco Sánchez Betancourt. Su primera medida fue decretar la abolición de la esclavitud.

El miércoles 4 de noviembre de 1868 se alzan en la casa del ingenio «El Cercado» 76 camagüeyanos. Eligen, por aclamación, como Jefe Superior a Jerónimo Boza Agramonte[97] para dirigir la lucha emancipadora[98]. Entre ellos se encontraban Eduardo Agramonte Piña, Ignacio Mora de la Pera y Gaspar Agüero Betancourt. El miércoles 11 se reunían en el ingenio «Oriente» Salvador Cisneros Betancourt e Ignacio Agramonte para ponerle freno a las concesiones ofrecidas por el Conde de Valmaseda de las que se había convertido en vocero Napoleón Arango. Éstas fueron rechazadas de inmediato. Fracasadas las proposiciones de paz avanza Valmaseda con sus tropas desde Vertientes a Camagüey.

El grupo que se alzó el 4 de noviembre no fue el primero en levantarse en Camagüey. El 11 de octubre Bernabé Varona (Bembeta) lo había hecho en Nuevitas, y el mismo 4 de noviembre Napoleón y Augusto Arango tomaban el poblado de Guáimaro.

---

[96] La Asamblea se constituyó el 26 de febrero (1869) e incorporó a Antonio Zambrana, expedicionario del Galvanic junto con Manuel de Quesada.

[97] Existen pocos datos sobre el camagüeyano Jerónimo Boza Agramonte que fue proclamado el 4 de noviembre de 1868, por un corto término, jefe de las fuerzas insurrectas en aquella región. Era primo de Manuel Boza Agramonte que alcanzó el grado de Mayor General y quien, al renunciar Ignacio Agramonte quedó, por breve tiempo, al mando de la División de Camagüey.

[98] Francisco de Arredondo y Miranda «Diario de Campaña» 1868-1871. El Coronel Francisco de Arredondo y Miranda dio a conocer su «Diario de Campaña» en Caracas el 22 de marzo de 1894. Luego fue publicado en el periódico La Discusión en noviembre de 1914 y, más recientemente, bajo el título de «Recuerdos de las Guerras de Cuba» por la «Biblioteca Nacional José Martí» en La Habana, 1962.

REPUBLICA DE CUBA

MINISTERIO DE DEFENSA NACIONAL

QUINTIN BANDERAS

EL MAMBI SACRIFICADO Y ESCARNECIDO

★

por

Tomás Savignón

★

1948

IMP. P. FERNANDEZ Y CIA., S. EN C.

HOSPITAL No. 619

LA HABANA

Combaten los camagüeyanos bajo el mando de Augusto Arango[99] que, en noviembre, como dijimos, ocupa Guáimaro[100] donde en abril habrá de celebrarse la trascendente convención que reunirá a los Departamentos de Oriente, Camagüey y Las Villas bajo el nombre de la Asamblea de Guáimaro.

Ya para el día 18 Napoleón Arango[101] llevaba a los revolucionarios de Camagüey las concesiones que Valmaseda ofrecía[102]. Nueva reunión se produce en «Las Minas» el jueves 26 para discutir *«las salvadoras ofertas que, –dijeron algunos de los promotores– había propuesto Napoleón Arango a nombre de Valmaseda»;* éstas, como las anteriores, fueron rechazadas[103].

Esta reunión del 18 de noviembre fue convocada por Napoleón Arango para convencer a los insurrectos de que, con la caída de Isabel II, el nuevo régimen español ofrecería reformas políticas de acuerdo con los llamados *«programas fiscales de los revolucionarios españoles»* (Francisco de Arredondo. *Obra citada*).

[99] Augusto Arango Agüero, nacido en Puerto Príncipe, Camagüey, en 1830 se unió a las fuerzas del proto-mártir Joaquín Agüero en 1851. Herido en la acción de San Carlos, puede volver a los Estados Unidos. De regreso a Cuba participa junto con Salvador Cisneros, en representación de Camagüey, en la reunión de la finca Muñoz preparando la sublevación del 10 de Octubre. Con el grado de General de Brigada toma el poblado de Guáimaro. Fue asesinado el 26 de enero de 1869.

[100] La toma del poblado de Guáimaro por los hermanos Augusto y Napoleón Arango, el 4 de noviembre, fue el primer hecho de armas de la revolución en Camagüey. (Fuente: Fernando Figueredo «Historia de Cuba»).

[101] Napoleón Arango Agüero, hermano de Augusto. Mantuvo una posición divisionista en las filas del ejército libertador, y entró en negociaciones con el gobierno español traicionando la causa de la libertad de Cuba.

[102] La reunión se celebró en la finca «Las Clavelinas» a la que asistieron, entre otros, Ignacio Vera, los hermanos Boza Agramonte y Tomás Agramonte Riverón quienes se opusieron a las proposiciones traídas por Napoleón Arango. Fuente: Coronel Francisco Arredondo y Miranda «Recuerdos de las Guerras de Cuba», Biblioteca Nacional José Martí, La Habana, 1963. (Notas escritas originalmente en Caracas el 22 de marzo de 1894).

[103] Coronel Francisco de Arredondo y Miranda. Obra citada.

En esta reunión de «Las Minas», celebrada el 20 de noviembre, *«rechazaron los jefes camagüeyanos casi unánimemente toda inteligencia con España, declarándose por la separación de las metrópolis y la absoluta independencia como única idea revolucionaria»*[104].

El 26 de aquel mes se nombra un Comité Revolucionario de Camagüey, integrado por Salvador Cisneros Betancourt, Ignacio Agramonte Loynaz y Eduardo Agramonte. La jefatura militar quedó en manos de Augusto Arango (Fuente: Eugenio Betancourt Agramonte «Ignacio Agramonte y la Revolución Cubana», La Habana, 1928).

MANUEL DE QUESADA. EL GALVANIC

El 26 de diciembre (1868) desembarca el General Manuel de Quesada[105] en la primera expedición del Galvanic[106]. Junto a él llegan Antonio Zambrana y Rafael G. Morales (Moralitos), Enrique Loynaz, Luis Victoriano, Manuel y Julio Sanguily, Victoriano Betancourt, Francisco La Rúa, Ramón Pérez Trujillo, José María Aguirre, José Payán y otros. Da a conocer una Proclama dirigida a sus conciudadanos expresando que la guerra no era contra los españoles sino contra su gobierno despótico *«la bandera de la libertad no desconoce ninguna nacionalidad. Nuestro lema es Unión e Independencia. Con Unión seremos fuertes. Con Unión seremos invencibles. Con Unión seremos libres»*.

[104] «Morales Lemus y la Insurrección de Cuba. Estudio Histórico», por Enrique Piñeiro, Página 69, Nueva York, 1871 (citado por Justo Zaragoza, *obra citada,* Página 251).

[105] Manuel de Quesada y Loynaz, nacido en Camagüey, había participado en la conspiración de Joaquín Agüero en 1851. Fracasada ésta parte hacia México donde llegará a ocupar el cargo de gobernador de Veracruz, luego sirvió en el ejército de México, defendiendo la causa de Benito Juárez, alcanzando el grado de general. Su hermano Rafael, organizó desde el exterior distintas expediciones. En una de ellas, la del vapor Salvador, desembarcó, también, por La Guanaja, el 13 de mayo, 1869 con 27 expedicionarios, armas y municiones.

[106] La anterior expedición organizada por el General Manuel de Quesada, que saldría de Nassau, donde temporalmente residía, no llegó a desembarcar en las costas cubanas. De hecho, no zarpó.

Quien se sintió irritado con aquella Proclama fue Napoleón Arango quien, y citamos a Pirala[107] *«se había considerado y se consideraba, distante de Céspedes, y de las huestes insurrectas, y, como tal, había estado en tratos con el Conde de Valmaseda...; de quien imprimió y circuló una protesta sin parar mientes en las consecuencias que podría ocasionar el antagonismo, cuando más de la unión se necesitaba»*. En próximas páginas volveremos a referirnos a esta expedición.

A los cinco días el Marqués, Salvador Cisneros Betancourt, convoca a los distintos jefes de la provincia a reunirse en La Guanaja[108], sitio por donde había desembarcado el Galvanic, para decidir quien debía ocupar la jefatura general de las fuerzas camagüeyanas.

Saldrá electo Manuel de Quesada y Loynaz[109]. Sustituía al respetado Augusto Arango y le ponía fin a la nefasta influencia del hermano de éste, Napoleón Arango[110]. La votación fue la siguiente: Manuel Quesada y Loynaz, 7 votos; Augusto Arango y Agüero, 6 votos; Manuel Arteaga Borrero, 2 votos y Napoleón Arango y Agüero, 1 voto. (A favor del General Quesada votaron Manuel Bo-

---

[107] Antonio Pirala, *obra citada,* Página 367.

[108] La Guanaja es «un puertecillo no habilitado, a sotavento de la bahía, que tiene a su frente a Cayo Romano, propiedad de Don Manuel Arteaga, uno de los principales jefes insurrectos». Antonio Pirala, obra citada, Tomo I, página 364.

[109] Manuel de Quesada fue designado General en Jefe del Ejército Libertador el 11 de abril de 1869 por la Asamblea reunida en Guáimaro organizando de inmediato las fuerzas mambisas. Dirigió el ataque al fuerte de la Llanada (junio 13) y a la guarnición de Sabana Nueva. Fracasó en su ataque a Tunas el 19 de septiembre. Tres meses después solicitó de la Cámara de Representantes mayor independencia para sus acciones militares pidiendo la centralización del mando militar. Rechazada su petición perdió –por renuncia o despdido– su alta posición. Céspedes lo nombrará agente especial de gobierno cubano en el extranjero para adquirir recursos. Partirá hacia Nueva York y se dará inicio a la enconada lucha entre «aldamistas» y «quesadistas».

[110] En medio de confusas negociaciones con autoridades españolas, Augusto Arango es sustituido por de Quesada y Loynaz, y asesinado por agentes peninsulares el 26 de enero de 1869.

za Agramonte, Bernabé de Varona Borrero, Francisco Castillo Agramonte, Juan Recio Betancourt, Enrique Loynaz Arteaga, Juan N. Boza Agramonte y Francisco de Arredondo Agramonte).

LAS VILLAS SE LEVANTA

Distinta a la de Camagüey fue la respuesta de Las Villas y del Departamento Occidental que, aunque sorprendidos por la acción del 10 de octubre, manifestaron su apoyo. Posición que igualmente asumieron Miguel Aldama, José Manuel Mestre y otros de regreso de sus inclinaciones reformistas y anexionistas.

Será el 6 de febrero que Las Villas se lanza a la revolución tras continuos contactos con la activa Junta Revolucionaria de La Habana. Aquel día se concentran en Manicaragua más de tres mil hombres provenientes de distintas regiones de la provincia. Se centra la lucha, primero, en las comarcas de Santa Clara, Remedios, Cienfuegos, Trinidad y Sancti Spiritus. Ya antes, en noviembre, se había sublevado Camagüey, y en Matanzas varios frustrados o breves alzamientos habían tenido lugar. Poco éxito tuvieron también, en aquellos primeros meses, las sublevaciones o pronunciamientos de La Habana y Pinar del Río.

Las órdenes del levantamiento en Las Villas emanan de Eduardo Machado[111], Miguel Jerónimo Gutiérrez[112], Antonio Lorda[113] y otros integrantes de la Junta de Las Villas. Un crecido nú-

---

[111] Eduardo Machado Gómez, nacido en Santa Clara, el 20 de octubre de 1838 fue de los partidarios de marchar hacia occidente. En Bijagual pedirá la deposición de Céspedes. Fue electo diputado a la Cámara. El 16 de octubre de 1877 fue mortalmente herido en combate en Arroyo Colorado.

[112] Miguel Jerónimo Gutiérrez Hurtado, nace el 15 de junio de 1822 en Santa Clara. Unió a todas las fuerzas villaclareñas alzadas. Presidió la sesión en que fue depuesto Manuel de Quesada. El 20 de abril de 1871 fue sorprendido por una guerrilla española. Herido, murió desangrado.

[113] Antonio Lorda Ortegosa, nacido en Santa Clara, el 11 de febrero de 1845, fue miembro de la Junta Revolucionaria de Villa Clara que dirigió el alzamiento del 6 de febrero de 1869. Designado delegado a la Asamblea Constituyente de Guáima-

mero de hombres de Cienfuegos se alza en las regiones cercanas a su ciudad: José González Guerra, Carlos de Serize Morales[114], Luis de la Maza Arredondo[115], Juan[116] y Antonio Díaz de Villegas, Eduardo y Miguel Entenza[117].

---

ro y elegido a la Cámara de Representantes. El 8 de febrero de 1870 fue designado Secretario de Guerra. Poco después «murió de fiebres y anemia». (Diccionario Enciclopédico, *obra citada*).

[114] Peleando a las órdenes del Gral. Juan Díaz de Villegas con el grado de coronel fue hecho prisionero y fusilado el 8 de marzo de 1871.

[115] Luis Pablo Maza-Arredondo, nació en La Habana el 17 de agosto de 1825, alzándose en Cienfuegos el 6 de febrero de 1869 junto a Federico y Carlos Adolfo Fernández Cavada. Participó en la toma de Palmira, y el ataque a Trinidad y Hormiguero en abril de 1869, subordinado al General de Brigada Juan Díaz de Villegas. El 16 de marzo de 1870 fue capturado con seis compañeros y, todos, ajusticiados sin ser sometidos a juicio alguno.

[116] Juan Jerónimo Díaz de Villegas Rodríguez, nació en La Habana el 24 de junio de 1821 alzándose en Cienfuegos el 6 de febrero de 1869 junto al Mayor General Federico Fernández Cavada. Dos meses después, el 10 de abril, era nombrado jefe de operaciones de la provincia de Las Villas. Participa en varios combates. En febrero de 1871 su hijo Leopoldo es hecho prisionero y condenado a muerte. Los españoles le ofrecen perdonarle la vida si Juan Jerónimo renuncia a continuar combatiendo. Éste se niega y su hijo es fusilado. Sigue luchando en Las Villas y Camagüey y es electo a la Cámara de Representantes. Enfermo, sale al extrajero. Organiza en Haití y Jamaica varias expediciones. Murió en Nueva York el 7 de junio de 1888.

[117] En los dos primeros años de la Revolución de Yara murieron fusilados en Cienfuegos más de una veintena de patriotas. Entre ellos, Juan Bautista Capote y López de Villavicencio (8 de marzo de 1869), Manuel de Jesús Ramírez, Ramón Cabrera y Benito Cancio Figueroa (22 de mayo de 1869), José Rafael Leiva (junio 2, 1869), Antonio Luciano Sans, Francisco Ramos Sejas, Pablo Arbelo Sánchez y Antonio Moreira Acevedo (a fines de aquel año); Ramón María Gras, Francisco Figueroa Velez, Andrés Díaz Castellanos, Francisco Esquembre y muchos más murieron ante el pelotón de fusilamiento en 1870.

Por Trinidad asume la dirección de los insurrectos Federico Fernández Cavada quien pronto alcanzará alto renombre; en Sancti Spiritus, Serafín Sánchez y Honorato del Castillo. Al centro de la provincia, Carlos Roloff.

GUÁIMARO: LA ASAMBLEA NACIONAL. EL PODER RECAE EN LA CÁMARA

Se han celebrado varias conversaciones entre representativos de los distintos departamentos. Coinciden en algunos puntos. Discrepan en otros.

La entrevista de marzo de 1869 entre Céspedes y Agramonte, en el ingenio Santa Rita de Buey, volvió a mostrar las diferencias ideológicas y la férrea voluntad de ambos en mantener sus opiniones. Se habían planteado las mismas discrepancias surgidas entre ambos en la reunión anterior en Guáimaro el mes de diciembre pasado[118.] A los dos días Agramonte regresó a SiBanícú junto con Francisco de la Rúa[119].

LA CONSTITUCIÓN

Se ha aprobado la Constitución que regirá en la República en Armas. Prácticamente los primeros quince artículos de los 29 de que ha de constar esta carta fundamental se refieren a la Cámara de Re-

---

[118] El 10 de diciembre de 1868 Céspedes y Agramonte se habían reunido en Guáimaro; Céspedes aspirando a una jefatura unipersonal de la revolución, y Agramonte a la descentralización de los poderes, separando el mando civil del militar. Dr. Carlos Márquez Sterling, «Céspedes y Agramonte, Martí y Máximo Gómez», La Habana, 1939.

[119] Francisco de la Rúa Vidal, otro de los mambises poco recordados, nacido en La Habana, arriba en la goleta Galvanic y participa en el encuentro de la Guanaja. Lucha primero a las órdenes de Ignacio Agramonte y, muerto éste, quedará subordinado a Máximo Gómez, participando, entre otros, en los combates de Imías, San Severino, La Concordia, Palo Seco y Las Guásimas. Opuesto a la sedición de Santa Rita murió, con el grado de Comandante, al ser atacado el 17 de octubre de 1877 su campamento de El Rincón de Antón, en Camagüey.

presentantes. Será, en definitiva, sobre ésta que recaerá todo el poder. El Artículo Séptimo establece que la Cámara de Representantes nombrará al Presidente encargado del Poder Ejecutivo, al General en Jefe, al Presidente de las sesiones y demás empleados suyos.

El Poder Judicial es sólo mencionado en el Artículo Veintidós: *«El Poder Judicial es independiente; su organización será objeto de una Ley Especial»*. Poco después agregan a la Constitución un nuevo artículo: *«Los representantes del pueblo son irresponsables e inviolables en el ejercicio de sus funciones»*.

Era evidente que el único poder real era el de la Cámara ya que el Presidente se convertía en un simple ejecutor de los acuerdos del cuerpo legislativo. En medio de la guerra se fue constituyendo la Cámara –apunta Enrique Collazo[120]– *«por aquéllos que por su edad o por su constitución, no podían soportar la vida del soldado o con algunos que, por su mayor inteligencia o conocimientos de gobierno, estaban llamados a servir allí, constituyéndose de ese modo el poder en manos de los más débiles o de los menos aptos para la resolución de los problemas de la guerra»*[121].

El Artículo 29 establecía que *«esta Constitución podrá enmendarse cuando la Cámara, unánimemente, lo determine»*. Otro artículo propuesto señala que para ser presidente se requieren las mismas condiciones que para ser representantes. Sólo 20 años. Los orientales y villareños ya han pasado los 40 (Céspedes 50, Cisneros Betancourt 41; el villareño Miguel Jerónimo Gutiérrez, 47); pero los camagüeyanos (Agramonte y Zambrana) sólo han cumplido una veintena de años. Todos pudieran ser presidentes. Se rompe la unidad camagüeyana –oriental al votar Céspedes y Cisneros, junto con Jerónimo Gutiérrez por un mínimo de 30 años para ocupar la presidencia. La alta posición quedaba vedada para Agramonte.

Unos se reunían con el alto propósito de darle a la nación que se creaba un fundamento constitucional. Otros, distantes de aquel pequeño poblado, combatían a las fuerzas españolas.

[120] Enrique Collazo: «Desde Yara al Zanjón».

[121] Enrique Collazo: «Desde Yara al Zanjón».

El 18 de abril, en Río Blanco, se enfrentaban las fuerzas de Vicente García, y Francisco Muñoz Rubalcaba a una columna española de 200 hombres y, luego de una hora de combate, dispersaron el enemigo tomando prisionero a 134 de aquellos combatientes.

LA ASAMBLEA NACIONAL

Mordida la revolución en las entrañas de los gusanos de la discordia, dicen Carbonell y Santovenia, convocó Céspedes a la Asamblea Nacional en el pueblo de Guáimaro situado a unas 12 leguas de Puerto Príncipe, muy cerca del límite con Oriente. Arriba Carlos Manuel de Céspedes. ¿Con quiénes?:

El 8 de abril del 69 comenzaron a reunirse en Guáimaro los hombres más notables de la guerra. Están allí José María Izaguirre, Eligio Izaguirre, Francisco del Castillo, José Joaquín Palma, Manuel Peña, Jesús Rodríguez, José Jorge Milanés, el gobernador Miguel Luis Aguilera, Fernando Figueredo. Reciben a Ignacio Agramonte. Vienen también Antonio Zambrana, Salvador Cisneros, Francisco Sánchez Betancourt, Eduardo Agramonte.

Llegan de Las Villas el polaco Roloff, Miguel Jerónimo Gutiérrez, Honorato Castillo, Eduardo Machado, y Antonio Lorda, Arcadio García, Antonio Alcalá, Tranquilino Valdés.

¿Quiénes de éstos iban a tomar parte de la Constitución de la República?:

Carlos Manuel de Céspedes, Salvador Cisneros Betancourt, Francisco Sánchez Betancourt, Miguel Betancourt Guerra, Jesús Rodríguez, Antonio Alcalá, José María Izaguirre, Honorato del Castillo, Miguel Jerónimo Gutiérrez, Arcadio García, Tranquilino Valdés, Antonio Lorda, Eduardo Machado, Ignacio Agramonte y Antonio Zambrana.

El 10 de abril, en Guáimaro, se reunirían los delegados de los tres departamentos en que ha sido dividida la isla. Aprobarán la Constitución que habrá de regir la República en Armas y elegirán al Presidente y al Jefe del Ejército[122].

---

[122] La Constitución fue aprobada por representantes de los tres departamentos alzados en armas: Oriente, Camagüey y Las Villas; también estaba Occidente porque

Será el 10 de abril de 1869 que termina Céspedes de Encargado del Gobierno Provisional y del cargo de General en Jefe. Al día siguiente hace su primera alocución dirigida «al pueblo cubano» como Presidente de la República.

Tres factores pesarán en las decisiones que se tomen: la región que representan los delegados, la edad para desempeñar los altos cargos y las atribuciones que habrán de conferirse al poder ejecutivo y a la Cámara.

Camagüey y Oriente copan la mesa provisional, excluyendo a Las Villas: Céspedes presidirá la Convención, con los camagüeyanos Agramonte y Zambrana de secretarios.

LA CÁMARA DE REPRESENTANTES

Los mismos hombres, con excepción de Céspedes, que habían redactado la carta fundamental, integraban la Cámara de Representantes. Su presidente sería Salvador Cisneros Betancourt, y como secretarios Antonio Zambrana e Ignacio Agramonte. El vice presidente sería Miguel Jerónimo Gutiérrez y vice secretarios Miguel Betancourt y Eduardo Machado.

Por temor a una dictadura personal, quedó la Cámara investida de los más amplios poderes: nombraría al presidente de la república y al jefe del ejército libertador pudiendo libremente destituir a ambos.

Antonio Zambrana, representativo del departamento Occidental, fue incluido en la delegación de Camagüey.

La delegación de Oriente estuvo representada por Céspedes, que aunque representando todo el departamento Oriental, fue considerado de Bayamo y Manzanillo; Antonio Alcalá y Jesús Rodríguez, de Holguín; y José María Yzaguirre de Jiguaní. Camagüey estuvo representado por Salvador Cisneros Betancourt, Ignacio Agramonte y Loynaz, Miguel Betancourt Guerra y Antonio Zambrana. La delegación de Las Villas, la más numerosa, tuvo como representantes a Miguel Jerónimo Gutiérrez, Eduardo Machado, Antonio Lorda, Honorato del Castillo, Arcadio García y Tranquilino Valdés.

Al Presidente de los E. U.

La Asamblea de Representantes del Centro ha sabido con júbilo vuestra elevacion á la silla presidencial de la Gran República. Los liberales de Cuba conciben las mas gratas esperanzas al ver el digno gefe del partido radical al frente del gobierno de los E. U.

Cuba es hoy ciertamente merecedora de simpatias del mundo entero, y muy especialmente de las de la Union Americana, porque los hijos de Cuba pelean y mueren por la libertad, y han destruido una institucion abominable para cuyo esterminio acaba de realizar con heroismo inmensos sacrificios el pueblo que gobernais. Por el decreto de que os acompañamos copia impresa podeis ver que la esclavitud de los negros no existe ya, y por la noticia que de nuestros combates probablemente teneis, debeis comprender que la dominacion española en Cuba, último resto de la barbárie en América, desaparecerá bien pronto.

Parece que la providencia ha hecho coincidir estos acontecimientos con la exaltacion al

La Asamblea Nacional pide al Presidente Grant reconocimiento a la independencia de Cuba

El 4 de marzo de 1869 pronuncia el recién electo Presidente Ulyses S. Grant su primer discurso inaugural. Treinta días después, el 6 de abril, la representación camagüeyana a la Asamblea Nacional redacta un documento pidiéndole al mandatario norteamericano el reconocimiento de la independencia de Cuba. Lo firman Salvador Cisneros Betancourt, Miguel Betancout Guerra, Francisco Sánchez Betancourt, Igancio Agramonte Loynaz y Antonio Zambrana.

poder del partido radical que representais, porque sin el a
poyo que de ese partido aguardamos, puestos en lucha los Cu
banos con un enemigo sanguinario, feroz, desesperado y fuer
si se consideran nuestros recursos para la guerra, vencen
si, que siempre vence el que prefiere la muerte á la ser
vidumbre; pero Cuba quedaria desolada; asesinados nuestros
hijos y nuestras mugeres por el infame gobierno que comba
timos, y cuando segun el deseo bien manifiesto de nuestro pue
blo la estrella solitaria, que hoy nos sirve de bandera, fue
ra á colocarse entre las que resplandecen en la de los E. U.
seria una estrella pálida y sin valor.

Si es cierto lo que asegura un perió
dico de ese país; si estais autorizado para reconocer nuestra
independencia, apresuraos, General, á prestarnos vuestro va
lioso, vuestro decisivo apoyo; dando así al mundo un testi
monio elocuente de lo que significa con respecto al des
tino de los pueblos el partido cuya gefatura y repre
sentacion os estan encomendadas.

Patria y Libertad.

Camagüey Abril 6 de 1869.

La Asamblea.

Salvador Cisneros Betancourt

Miguel Betancourt G.

Francisco Sánchez Betancourt

I. Agramonte Loynaz

Antonio Zambrana

COMPRAREMOS CON LÁGRIMAS Y CON SANGRE LA LIBERTAD Y LA JUSTICIA

En la sesión inaugural varios solicitaron que la Cámara manifestase a los Estados Unidos el deseo del pueblo cubano de ver colocada a la isla entre los estados de la federación norteamericana. Sometida la idea al estudio de una comisión, el 13 de abril se declaró conforme con la solicitud.

Pero en la exposición del 17 de abril quedaba expresada la aspiración fundamental de la Cámara de Representantes que el 16 de ese mes la Cámara había dirigido a la Cámara de Representantes de los Estados Unidos.

> *«El pueblo de la isla de Cuba, apela hoy ante la República de los Estados Unidos para que las injusticias y las iniquidades de España sean juzgadas y condenadas; para que no trate de imponerse un gobierno por la fuerza de la violencia, para que no se manche el hemisferio americano con las torpezas de una guerra vandálica o con la continuación de un régimen cruelmente despótico».*
>
> ***«Ante Dios y los hombres invocamos, por lo tanto, solemnemente el apoyo desinteresado del pueblo y del gobierno de la Unión Americana; si nuestra querella no fuera atendida, (nos comprometemos) a poner entonces toda nuestra confianza en el cielo y a comprar con lágrimas y con sangre la libertad y la justicia».***

El número de Representantes, originalmente 14, se elevó a 25 cuando se integraron a ella Luis Ayestarán, Marcos García, Fernando Fornaris, Tomás Estrada Palma, Juan Bautista Spotorno, Luis Victoriano Betancourt, Ramón Pérez Trujillo y Rafael Morales. («Guáimaro», Néstor Carbonell y E. Santovenia).

Posteriormente algunos representantes abandonaron sus cargos. Algunos para integrarse al Ejército Libertador. Otros, por distintas razones.

Uno de ellos es Rafael Morales González (Moralitos), aquel recién graduado universitario que, junto a otros brillantes jóvenes había desembarcado en el Galvanic con el General Manuel de Quesada e, incorporado a la revolución, sería primero Secretario de la Corte Marcial que juzgará a Napoleón Arango, y, luego, miembro y Secretario de la Asamblea de Guáimaro (Julio 26, 1869) y, después, Secretario del Interior (febrero 28, 1870) en la presidencia de Céspedes. Posición a la que renuncia para reincorporarse a la Cámara.

Agramonte es nombrado General en Jefe del Departamento de Camagüey. De inmediato se enfrenta el 3 de mayo al brigadier Juan Lesca en Cejas de Altagracia que cuenta con fuerzas superiores. Lo derrota. Comienza la hermosa leyenda del Bayardo de la Revolución.

Mientras en Guáimaro los fundadores de la patria –muchos formando parte del Ejército Libertador– elaboran las bases constitucionales en que habrá de descansar la República en Armas, la emigración participa también, con entusiasmo y efectividad, en aquellos esfuerzos.

Así, el 11 de mayo (1869), organizada por Francisco Javier Cisneros, parte el *Perrit* hacia Cuba con 188 expedicionarios; dos días después zarpará de Nassau la primera expedición del *Salvador* con 129 hombres comandados por Rafael de Quesada, y el 31 del propio mes partirá de Green Key, Bahamas, el *Grapeshot* trayendo como jefe de tierra a Francisco León Tamayo. A estas tres expediciones del mes de mayo nos referiremos en próximas páginas.

Valmaseda actúa con todo el rigor que lo habrá de distinguir en esta cruenta lucha. En marzo ha dictado la primera de las varias condenas a muerte que cubrirán de gloria el expediente de los Maceos[123]. José Maceo participa, junto con el brigadier Jesús Pérez, y a las órdenes de Donato Mármol, en el asalto a Jiguaní. Para finales

[123] Con fecha marzo 5, de 1869, el Conde de Valmaseda ordena que «habrán de sufrir la pena de muerte con arreglo a lo que dispone la Ley Novena, Título 10 de la Partida Séptima… en garrote vil, sin perjuicio de ser oídos si se presentan o son habidos» entre otros Antonio Maceo, José Maceo, Rafael Maceo, Miguel Maceo, Marcos Maceo, Julio Maceo y varios de los Grajales.

de aquel año ha combatido en Mejía, Júcaro, Arroyo Blanco y en El Ramón, la finca de Jesus Pérez donde, militarmente, se formaron tantos hombres de su brigada. Maceo, en aquel momento, era un simple cabo, su participación en estos encuentros le ganan su ascenso a sargento.

Ocupado el Cobre por los insurrectos, ordena Gómez retirarse al interior llevándose los cañones que habían conseguido.

Uniendo sus hombres, Máximo Gómez, Modesto Díaz y Luis Figueredo marchan hacia Jiguaní, Bayamo y Manzanillo. Para atacar a la primera población confía Gómez en las aguerridas fuerzas del Coronel José de Jesús Pérez que se les unen en las inmediaciones de Charco Redondo.

El 8 de febrero de 1869 Mármol, acompañado de los generales Máximo Gómez y Calixto García y otros connotados jefes de la División Cuba inicia el ataque a la plaza de Jiguaní. El ataque –luego de tomada brevemente la población por los cubanos– fracasó, a los tres días de lucha, al no ser hostilizada por Vicente García la columna española que procedente de Bayamo venía en auxilio. Mármol marchó hacia la jurisdicción de Cuba. Máximo Gómez se mantuvo en el sur de Jiguaní, y el médico Félix Figueredo se retiró a la finca El Ramón, propiedad y centro de operaciones de Jesús Pérez, junto al río Caney.

Lersundi, sintiéndose incompetente para enfrentarse a la crítica situación pedía ser relevado de su cargo, pero antes, pensando en cortar el rápido crecimiento de la insurrección decidió la creación de nuevos Cuerpos de Voluntarios en todas las poblaciones de la isla.

Se lucha en otros frentes. En el reñidísimo combate de Zaratillo había recibido José Maceo el 8 de enero de 1869 una herida en el pecho. El 14 de mayo vio caer herido a su padre Marcos en la toma de San Agustín de Aguará, jurisdicción de Holguín. Marcos Maceo moría en septiembre fecha en la que su esposa Mariana manda a sus hijos Felipe, Fermín, Miguel y Julio a ocupar el puesto de combate que dejó su padre en el Ejército Libertador.

EL GENERAL DULCE Y LOS VOLUNTARIOS

Había llegado el Gral. Domingo Dulce, por segunda vez, a La Habana el 4 de enero (1869); como primera medida, da a conocer una Proclama al país solicitando *«olvido de lo pasado y esperanza en el porvenir»*. Viene, enfermo, en misión de paz. Lo acompaña Justo Zaragoza[124] que cubre, como historiador peninsular, el corto período de mando del nuevo capitán general que tenía gran interés en tratar con Céspedes las bases sobre las que podría terminar la insurrección.

De acuerdo Dulce con algunos cubanos, envió comisionados a Céspedes dividiéndolos en dos grupos. Uno de ellos formado por los señores Tamayo, Armas, Correa, Oro y Vila (Pirala, Página 399). Llevaba Don Francisco Tamayo Fleites una carta de Dulce para Céspedes en que expresaba *«pena da la sangre que se derrama en esta lucha fratricida; ojalá se encuentre una solución honrosa para todos»* (Página 399). Dulce recibió esta respuesta: *«Yo creo que serán infructuosos todos los ofrecimientos que nos hagan en el concepto de que la Isla quede bajo el dominio de España,* ***porque no hay un sólo de los soldados del Ejército Libertador que no esté decidido a morir antes que deponer las armas y sujetarse de nuevo a sufrir el yugo de los españoles».***

Se reúnen algunos de estos comisionados con distintos miembros del Ejército Libertador. Uno de aquéllos comisionados era Delfín Aguilera, de Holguín, que llegaba procedente de La Habana.

Menciona Pirala, (Página 401) que Delfín Aguilera *«en conversación con Félix Figueredo, a quien había conocido en La Habana en el bufete del abogado Sterling, regresó a La Habana...»*

[124] Justo Zaragoza escritor español que se convirtió en el vocero de los voluntarios. Llegó a Cuba acompañando al Gral. Dulce en el segundo mandato de éste.

LA
GUERRA DE CUBA

(APUNTES PARA LA HISTORIA)

POR

EUGENIO ANTONIO FLORES

OFICIAL DE VOLUNTARIOS
Á LAS INMEDIATAS ÓRDENES DEL GENERAL MARTÍNEZ CAMPOS
EN LA PRIMERA CAMPAÑA

MADRID
TIPOGRAFÍA DE LOS HIJOS DE M. G. HERNÁNDEZ
Libertad, 16 duplicado, bajo.
1895

¿Quién podía haberle informado a Pirala que Figueredo había conocido al Sr. Aguilera en el bufete del abogado Sterling? Otra evidencia para identificar al «pre-opinante» de procedencia insurreccional.

En todos los municipios se repetían manifestaciones de reconocimiento *«al patriótico y valiente batallón de voluntarios en prueba de aprecio y gratitud»*. Empezaban los voluntarios a envolver al nuevo Capitán General en sus asfixiantes garras.

Pero el enfermo Dulce poco pudo hacer. Ya en octubre estaba a cargo del mando superior de la isla el General Antonio Fernández Caballero de Rodas visitando distintas ciudades para pasar revista, y halagar a los Cuerpos de Voluntarios cuyas comisiones recorrían las poblaciones *«con objeto de hacer ingresar en aquellos institutos a todas las personas aptas para tomar las armas en defensa de la integridad nacional»*. Todavía en diciembre (1869) Caballero de Rodas seguía siendo gobernador, pero seguirán los cambios de estas altas posiciones.

LA EMIGRACIÓN

Desde el comienzo, el 10 de octubre, de las hostilidades los cubanos dependerían de los esfuerzos de los emigrados para el avituallamiento de armas y pertrechos militares.

Céspedes nombró, inicialmente, a José Valiente[125] como Agente de la Revolución a cuya designación se unió, por recomendación del Comité del Centro, la de Adolfo Varona.

Con fecha diciembre 3 de 1868 Carlos Manuel de Céspedes designa a José Valiente como representante ante el gobierno de los Estados Unidos del Gobierno de la República en Armas. Le expre-

---

[125] José Valiente y de la Cueva es uno de los hombres más ignorados por nuestra historia. Junto a su hermano participó en la «Conspiración de Valle Abajo» y en la de Ramón Pintó. Su hermano Porfirio fue en 1852 Secretario General de la «Junta Revolucionaria Cubana de Nueva York», ahora Enviado Extraordinario para Francia e Inglaterra, José Valiente fue el primer representante de la revolución de 1868 en los Estados Unidos.

sa en parte del texto que *«usted puede y queda facultado por mí y haciendo uso de las atribuciones que se me han conferido, para establecer comunicaciones con las demás naciones extranjeras que tiendan, si no a ayudarnos, a que sean neutrales en nuestra contienda con la opresión y la tiranía de España»*[126].

De los centros de emigrados que se iban constituyendo (Nassau, Kingston y Nueva York) el más importante fue el de Nueva York donde se organizó la Junta Revolucionaria de Cuba y Puerto Rico[127] de la que formaban parte José Morales Lemus, Hilario Cisneros, Agustín Arango, Plutarco González, José Valiente, J. Bassora y Alfaro[128].

En Cuba, los sangrientos sucesos del Teatro Villanueva, en enero de 1869, y los arbitrarios arrestos y saqueos realizados por los voluntarios en La Habana, forzaron la salida hacia Nueva York de Morales Lemus a quien se le unió, poco después, Miguel Aldama lo que le aportaba una mayor fortaleza a la Junta Revolucionaria de Nueva York. Céspedes designará a José Morales Lemus como Enviado Extraordinario y Ministro Plenipotenciario en los Estados Unidos[129].

Se hacen otras designaciones. Se nombra a Miguel Aldama como Agente Central en el exterior reemplazando a José Valiente que había sido designado por Céspedes, y a José Morales Lemus

---

[126] Libro de Asuntos de las Comunicaciones Expedidas por el Ejército Libertador a la Legación de Cuba en los Estados Unidos. Año 1869, Biblioteca Nacional. Colección Cubana.

[127] Años atrás, en septiembre de 1862, se había constituido una Junta Cubana que abogaba por la anexión de Cuba a los Estados Unidos. La presidió Gaspar Betancourt Cisneros (El Lugareño). Pero el presidente de los Estados Unidos, Franklin Pierce estaba más interesado en comprar la isla a España.

[128] Enrique Collazo «Desde Yara hasta el Zanjón». (Los datos mencionados por Collazo sobre la creación de la Junta Revolucionaria difieren ligeramente de los ofrecidos por otros recientes historiadores que han tenido acceso a fuentes primarias en la Colección Cubana de la Biblioteca Nacional «José Martí» y el Fondo Donativos y Remisiones del Archivo Nacional de Cuba).

[129] Al abandonar su hogar y marchar, ocultamente, a los Estados Unidos, las autoridades españolas embargaron todas las propiedades de José Morales Lemus.

como primer representante diplomático ante el gobierno de los Estados Unidos.

LA JUNTA REVOLUCIONARIA DE NUEVA YORK

Con mayor precisión describe Dionisio Poey Baró los primeros pasos de la Junta Revolucionaria de La Habana y de Nueva York:

Para crear la Junta Revolucionaria, en La Habana, fueron elegidos, entre otros, José Morales Lemus, Hilario Cisneros y José Antonio Echeverría (éste último sin estar presente) y acordaron concederle la presidencia de la institución a Miguel Aldama cuando arribara de los Estados Unidos. Cuando éste llegó (noviembre 4, 1868) aceptó el cargo si le permitían seleccionar a algunas personas de confianza para su asesoramiento: Nombró a José Morales Lemus, José Antonio Echeverría, Julio Ibarra, J. M. Mestre, Hilario Cisneros, Antonio Fernández Bramosio y Pedro Martín Rivero, figuras connotadas del grupo reformista. La Junta Revolucionaria fue conocida también como la Sociedad de Laborantes y estaría en contacto con Francisco Javier Cisneros. (Fuente: Dionisio Poey Baró «La Entrada de los Aldamistas»).

Será el 19 de diciembre (1868) cuando Carlos Manuel de Céspedes autoriza a la Junta Revolucionaria de La Habana a nombrar comisionados en países extranjeros advirtiéndoles que ya José Valiente ha sido nombrado en los Estados Unidos y Pedro Santacilia en México.

Como la ayuda de la Junta Revolucionaria de La Habana a Céspedes no cristalizó, ésta quedó reestructurada el 8 de enero de 1869 y la dirección de la misma pasó a Nueva York. Un mes después marchará José Morales Lemus hacia los Estados Unidos. Ya la Junta de La Habana remitía fondos a la de Nueva York que les fueron entregados a Francisco Javier Cisneros y, otros, remitidos a Carlos Manuel de Céspedes[130].

---

[130] Archivo Nacional, Fondo, Donativos y Remisiones, Caja 186.

EL «PERRIT», THOMAS JORDAN. CHOQUE CON JULIO GRAVE DE PERALTA

Volvamos a Oriente.

Mármol, con sus fuerzas, en marzo de aquel año de 1869 incendia los cafetales e ingenios de «Santa Isabel», «San Andrés» e «Isabelita» y los ingenios del valle de SaBanílla. Termina marzo y Máximo Gómez establece en Charco Redondo su campamento. Ya mantiene las más estrechas relaciones con el Coronel José de Jesús Pérez a quien ha provisto de recursos.

En las costas de Oriente, en mayo de 1869 se van a producir dos desembarcos de origen y destino diferentes.

El 10 de aquel mes desembarcaba en Puerto Padre la primera tropa española que conducía un importante convoy de víveres y pertrechos de guerra para el aprovisionamiento de las fuerzas peninsulares que se encontraban en Tunas cercadas por la columna de Vicente García. El desembarco español fue inmediatamente atacado por el general mambí a quien, el 11, en Herradura se le incorporaron las tropas del coronel Francisco de Varona[131] y las de Pancho Vega[132]. A ellos se le unieron el jefe de la División de Cuba, Donato Mármol, y el jefe del distrito de Holguín, Julio Grave de Peralta, que había sido llamado por el jefe del Ejército, Manuel de Quesa-

[131] Francisco de Varona González, nacido en las Tunas el 15 de junio de 1832, había participado en la reunión del Mijial el 4 de octubre de 1868 y se alzó con Carlos Manuel de Céspedes en la Demajagua. Combatió aquel mes en Playuelas y la Cuarentena. En junio de 1869 participó en el ataque a Tunas dirigido por el Mayor General Manuel de Quesada. Fue ascendido a coronel el 4 de octubre del 69. En el transcurso de la Guerra de los Diez Años participó en distintos encuentros (Melones, Punta Gorda, Puerto Padre, Tunas). En 1878 fue ascendido a Mayor General.

[132] Francisco (Pancho) Vega Espinosa era administrador de la finca Muñoz donde se celebró la reunión en la que se acordó el levantamiento que, finalmente, se produjo el 10 de Octubre. A las órdenes del Mayor General Vicente García participó en el ataque a Tunas. El 30 de octubre se enfrentó al batallón San Quintín y participó en el Salado bajo las órdenes de Donato Mármol. Meses después el Mayor General Vicente García le confirió el mando de las tropas de la zona oriental de las Tunas.

da. De inmediato se iniciaron las operaciones enfrentándose las fuerzas el día 3, en Horqueta, donde los cubanos lograron detener el convoy produciéndose el 15 un encarnizado encuentro.

Esa misma tarde Manuel de Quesada conoce de otro desembarco; éste, de hombres y pertrechos para las filas insurrectas.

Arribaba a las costas orientales, desembarcando cerca de la bahía de Nipe, la expedición del «Perrit» que había sido organizada por la Junta Central Republicana de Cuba y Puerto Rico, con sede en Nueva York y que presidía José Morales Lemus. Como jefe civil aparecía Francisco Javier Cisneros[133] y como jefe militar el general norteamericano Thomas Jordan. Más de 300 cubanos constituían el grueso de la expedición que contaba, entre los ochenta norteamericanos que la componían, a Henry Reeve.

Nacido en Brooklyn, Nueva York, Henry Reeve había participado en la Guerra de Secesión de los Estados Unidos en las fuerzas armadas del Norte. Sirviendo a las órdenes de Thomas Jordan llega a Cuba. Días después en el combate de la Cuaba es herido, hecho prisionero y condenado a ser fusilado; sobrevive a sus heridas y logra fugarse. En el transcurso de próximos capítulos volveremos a hablar del «Inglesito».

Llegan, también, en el Perrit dos primos venezolanos, José María Aurrecoechea y Cristóbal Acosta; el primero se cubrirá de gloria; Acosta, aguerrido y valiente, será una figura controversial. A ambos nos referiremos con amplitud.

Quesada y su escolta llegan el 18 al Júcaro, donde se encontraban los expedicionarios. En las operaciones participa otro joven de

---

[133] Francisco Javier Cisneros Correa al iniciarse la guerra del 68 dirigió el periódico El País en La Habana. Se vio obligado a emigrar a los Estados Unidos y formó parte de la Junta Revolucionaria de Nueva York. Participó en la organización de varias expediciones armadas, conduciendo personalmente hacia Cuba, como jefe de mar, entre ellas ésta del Vapor Perrit, que salió el 4 de abril de 1869 de Nueva York y desembarcó el 11 del propio mes por la Península de El Ramón, en la Bahía de Nipe, Oriente; y la del yate Anna, el cual partió el 10 de enero de 1870 de Charleston, Estados Unidos y desembarcó el 19 por la ensenada de Covarrubias, entre Nuevas Grandes y Manatí, Oriente.

17 años, Francisco Leyte Vidal[134], que el 27 de octubre del pasado año se había incorporado a las fuerzas del General Julio Grave de Peralta y que el 15 de diciembre en la acción de Yabazón Arriba, cerca de Holguín, fue ascendido a cabo. Otro Cabo, Quintín Banderas, estará entre los cubanos que protegen el desembarco del Perrit.

Al concluir aquella operación regresa Leyte Vidal con las tropas de Donato Mármol a la División Cuba que *«en aquellos momentos estaba integrada por unos 400 hombres (Brigada de Cambute), al mando de José de Jesús Pérez, y 4 columnas mandadas por los coroneles Policarpo Pineda, Rustán, secundado por Guillermón Moncada con 150 hombres; Camilo Sánchez, y Paquito Borrero, con 152 hombres; Nicolás Pacheco, y Silverio del Prado, con 86 hombres; y Antonio Maceo, que secundado por Pepe Cortés, tenía 187 hombres»*[135].

Desembarca Jordan en el Perrit al mes de terminada la Convención de Guaimano en la que la máxima dirección de la revolución quedaba en manos de la Cámara de Representantes. Conducía el Perrit 4 mil fusiles, 800 mil proyectiles, 12 piezas de artillería, fulminantes, plomo y pólvora para fabricar balas. La embarcación había salido de Nueva York el 4 de mayo. Ya se habían desembarcado 2,400 fusiles, las 12 piezas de artillería, y gran cantidad del parque cuando se produce un violento encuentro con tropas españolas y pierden los expedicionarios gran parte del armamento que pueden luego recuperar en fiero contra ataque.

El ataque de los insurgentes forzó la retirada de las fuerzas españolas que abandonaron las armas recién capturadas. Ya, para entonces, se concentraban las fuerzas comandadas por Manuel de Quesada, Donato Mármol y el propio Julio Grave de Peralta.

---

[134] Francisco Leyte Vidal participó en la toma de La Periquera en Holguín; en el ataque al convoy de Tunas; en el apoyo a la expedición del Perrit; en la invasión a Guantánamo; en la toma de la Galleta y de la Indiana; en el ataque a Manzanillo; y en distintas acciones en la División Cuba, bajo Mármol, Gómez y Antonio Maceo.

[135] Dolores Bessy Ojeda. «Francisco Leyte Vidal». Editorial Oriente, Santiago de Cuba, 1988.

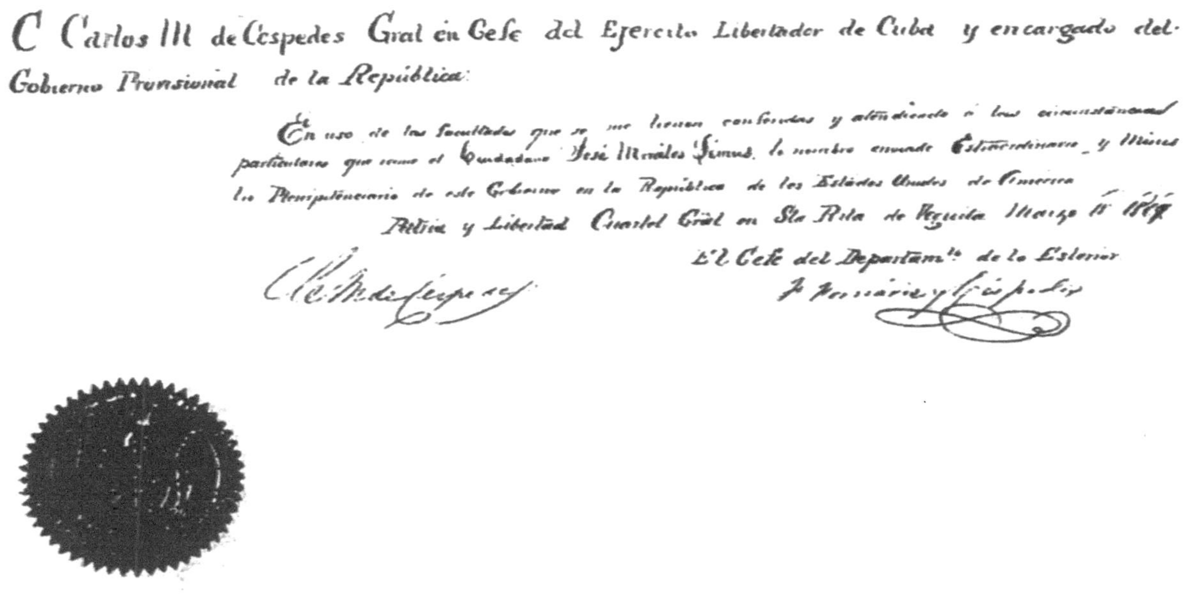
C. Carlos M. de Céspedes Gral. en Gefe del Ejército Libertador de Cuba y encargado del Gobierno Provisional de la República:

En uso de las facultades que se me tienen conferidas y atendiendo á las circunstancias particulares que reune el Ciudadano José Morales Lemus le nombro enviado Extraordinario y Ministro Plenipotenciario de este Gobierno en la República de los Estados Unidos de América.

Patria y Libertad

El Gefe del Departamto. de lo Esterior

Decreto de nombramiento de José Morales Lemus como embajador ante el Gobierno de USA el 18 de marzo de 1869 firmado por Carlos Manuel de Céspedes y co-firmado por Fernando Fornaris y Céspedes como jefe del Departamento del Exterior del Gobierno Provisional Revolucionario.

CONFLICTO ENTRE JORDAN Y GRAVE DE PERALTA

Se producía una grave situación que conducirá a graves conflictos: Las fuerzas aguerridas, pero indisciplinadas y carentes de entrenamiento dirigidas por Grave de Peralta quedarían bajo el mando de dos altos oficiales, Quesada y Jordan, educados en las academias militares de Estados Unidos y que habían comandado, con el rigor necesario, tropas en esta nación. Encargado Grave de Peralta del traslado de las armas no pudo mantener control sobre ellas cuando, en su busca, llegaban centenares de insurrectos desde Tunas, Jiguaní, Santiago de Cuba y de la propia jurisdicción de Holguín[136].

A los pocos días, el 28 de mayo, Jordan le escribe a Francisco Javier Cisneros, jefe civil de la expedición que el General Quesada lo había hecho jefe del ejército en el Departamento Oriental, y vuelve a escribirle quejándose de que lo habían situado en una posición distinta a la que le habían ofrecido (que era ponerlo directamente a las órdenes de Carlos Manuel de Céspedes) y que observaba *«celos y divisiones entre los generales y jefes de esa región»*.

Céspedes conoce, por copia de la carta que Francisco Javier le hace llegar, de esta queja de Jordan y, por la Circular No. 47 de junio 11, lo nombra Jefe de Operaciones, pero no recibe Jordan el material necesario y marcha hacia donde se encuentra Céspedes y le presenta su renuncia como Jefe de Oriente. Las operaciones no se detienen. Céspedes designa a Francisco Vicente Aguilera para sustituir al dimitente Jordan.

Culpará Jordan a Julio Grave de Peralta, Jefe del Distrito de Holguín[137], de no haberle ofrecido el respaldo esperado. Julio no

---

[136] José Abreu Cardet. «Julio Grave de Peralta. Documentos de la Guerra de Cuba».

[137] Julio Grave de Peralta, era uno de los miembros de la Logia Masónica «Estrella Tropical Número Diecinueve» establecida por Francisco Vicente Aguilera en Bayamo, en 1867. Pertenecían también a la logia, Estrada Palma, Francisco Maceo Osorio, Carlos Manuel de Céspedes, Manuel de Jesús Calvar, Vicente García y Donato Mármol, entre otros. (José G. Mármol «Donato Mármol»).

era un improvisado; con su hermano Belisario se había sublevado el 14 de octubre de 1868 en la ribera del Cauto y participado en el sitio de Holguín.

Otro cubano que habrá de sobresalir en la Gran Guerra, Enrique Collazo Tejada, nacido en Santiago de Cuba el 28 de mayo de 1848, se enroló como soldado en la expedición del Vapor Perrit que desembarcó el 11 de mayo de 1869 por la Península el Ramón, en la bahía de Nipe, bajo el mando del General Thomas Jordan. Cuatro días después participó en el combate de Canalito. Fue nombrado jefe de la Compañía de Bijarú, en Holguín. Después del ataque a La Cuaba, el 7 de junio de 1869 marchó a Báguanos para curarse de una herida de bala que se le había infestado. Posteriormente se le confió el mando de la Compañía de Bijarú, la división de Holguín.

El 9 de julio (1869) queda dividida la República en Armas en cuatro Departamentos y se da a conocer la Ley de Organización Militar, que dispuso la formación de tres Divisiones bajo el mando de Quesada. La primera División, de Camagüey, a las órdenes del Mayor General Ignacio Agramonte que debía constar de seis brigadas de a tres batallones y seis compañías. La segunda, de Oriente, comandada por el Mayor General Tomás Jordán, había de componerse de tres brigadas a las órdenes de los Generales Donato Mármol, Luis Marcano y Julio Peralta y la tercera, de Las Villas, a cargo del Mayor General Federico Fernández Cavada constituida por tres brigadas comandadas por los Generales Honorato Castillo, Salomé Hernández y Adolfo Cavada.

Apunta Pirala que de los jefes nombrados sólo Quesada, Jordan, los Cavada, Manzano y Salomé Hernández habían servido en los Ejércitos de las Repúblicas Americanas; con graduación inferior se hallaban otros pocos en el mismo caso como los hermanos Marcano, Modesto Díaz y Máximo Gómez quienes procedentes de la tropa de Santo Domingo residían en Cuba.

Tomó parte Julio en varias pequeñas acciones, recibiendo instrucciones, como hemos visto, de proteger la recepción de materiales y a los hombres que venían en el «Perrit»[138]. El desembarco concluyó, intempestivamente, en la madrugada del 13 de mayo cuando el capitán de la nave, temeroso de ser descubierto por un guardacosta enemigo, se alejó definitivamente de las costas cubanas llevándose en las bodegas del Perrit gran parte de los equipos militares.

Thomas Jordan responsabilizó a Grave de Peralta de este grave inconveniente y de no haber ejercido suficiente control sobre parte del equipo desembarcado que desapareció en manos de fuerzas ajenas. La situación de Grave de Peralta se había agravado cuando designó, como Jefe y Segundo Jefe de las fuerzas por él comandadas, a sus hermanos Francisco y Manuel, y a otros familiares en posiciones de mando. Se le siguió por esto un proceso en el que fue absuelto[139]. Máximo Gómez fue designado por Francisco Vicente Aguilera para hacerse cargo de los cambios que deben realizarse en la División de Holguín[140], y se nombra a Grave de Peralta como segundo jefe de aquella división a las órdenes del propio Gómez. Surgen luego varias fricciones entre Grave de Peralta y distintas figuras del gobierno.

Grave de Peralta no se afectó por la decisión del nuevo jefe de la División Cuba: *«Recibió afablemente a Gómez, a quien acompañó en la primera excursión de éste por el territorio holguinero, pero con la reputación que ya Gómez se había ganado de jefe exigente, mantenedor de una disciplina rigurosa y en actividad constante contra el enemigo, no se le recibió bien, en general. Tuvo, pues, que apoyarse militarmente en los 200 hombres, bien fogueados con quien contaba, de Jiguaní, y en su segundo en el mando, jefe de toda su confianza, el Brigadier Calixto García»* (Ramiro Guerra, Tomo II – obra citada).

[138] Llegó la expedición del Perrit el 11 de mayo de 1869.

[139] El 22 de Julio recibía una comunicación de Francisco Maceo Osorio, Secretario de la Guerra, ordenándole cesar en sus funciones de jefe de la División y fue, luego, sometido a un expediente gubernativo.

[140] 12 de agosto de 1869.

La Cámara da un nuevo paso. Destituye a Julio Grave de Peralta de su cargo de jefe de la División de Holguín por el apoyo que le dio a Céspedes y a Manuel de Quesada en sus diferencias con la Cámara. Y por sus manifestaciones de colocar la División de Holguín a la disposición de Céspedes frente a aquel cuerpo legislativo compuesto ya tan sólo de 9 miembros hostiles al Presidente.

El 22 de julio por una comunicación de Francisco Maceo Osorio, Secretario de Guerra, se le ordenaba entregar el mando al general José M. Aurrecoechea. Al ser destituido se le inició un expediente gubernativo. Días después, el gobierno decidió enviarlo al extranjero en una comisión encabezada por José M. Izaguirre, hombre de confianza de la Cámara. En febrero, en Barrancas, tiene Grave de Peralta una extensa entrevista con Gómez.

GRAVE DE PERALTA EN NUEVA YORK. EXPEDICIÓN DEL FANNY

Iría Julio Grave de Peralta para una misión en el extranjero.

Lo instruyen a que vaya a Cambute, el campamento de José de Jesús Pérez, de donde partirá hacia la costa escoltado por José Rebustillo y el propio Pérez. En su largo recorrido hacia Cambute, Grave de Peralta se entrevista con el General José Inclán que ocupaba, ahora, la jefatura de la División de Holguín que, originalmente ocupaba el propio Grave de Peralta.

El 18 de febrero arriban al campamento del General Luis Figueredo[141] quien les ofreció prácticos. El 2 de marzo llegan a Cambute y el 6 salen hacia la costa acompañados del Brigadier José de Jesús Pérez. El 8 parte la comisión compuesta por Izaguirre, Grave de Peralta, Perfecto Lacoste y Jesús de Feria.

[141] Luis Figueredo Cisneros llegará a ser Mayor General del Ejército Libertador. Primo hermano de Pedro (Perucho) Figueredo Cisneros mantendrá las más estrechas relaciones con José de Jesús Pérez. Estos dos ilustres bayameses no tienen relación sanguínea con Félix Figueredo quien frecuentemente denostaba a Luis. (Ver carta de Máximo Gómez a Félix Figueredo del 15 de julio, 1874, en el Capítulo VI de esta obra).

Máximo Gómez anota en su Diario: *«En este punto (Barrancas) y sus cercanías me pasé preparando la Comisión para el extranjero de Yzaguirre que salió con Julio Peralta»*.

El 8 de marzo junto a Perfecto Lacoste, Jesús de Feria y José M. Izaguirre, Grave de Peralta y sus acompañantes parten hacia Jamaica[142].

Formará parte de una comisión designada por Carlos Manuel de Céspedes constituida por el vicepresidente Francisco Vicente Aguilera y Ramón Céspedes para que se traslade al exterior y trate de mediar (26 de julio de 1871) en las crecientes diferencias de la emigración.

La representación cubana en los Estados Unidos había logrado llegar hasta el Presidente Ulises Grant a través del Secretario de la Guerra, General John Rawlins, pero tenía en William Seward, antiguo Secretario de Estado que respaldaba la esclavitud en Cuba[143] y en Hamilton Fish, en aquel momento Secretario de Estado, dos serios obstáculos.

Hamilton Fish que antes había sido gobernador de Nueva York y representado aquel estado en la Cámara y en el Senado, tenía intereses familiares contrarios a la causa cubana ya que su yerno, Sidney Webster era abogado y consejero de la Legación de España en Washington. Durante los primeros meses Morales Lemus, Aldama y demás representantes del gobierno cubano tuvieron en John A. Rawlins, Secretario de Guerra, un aliado.

Un año antes, en noviembre de 1870, la Junta Revolucionaria de Nueva York, que había sido dirigida por José Morales Lemus y, al fallecer éste, por Manuel Mestre, había sido disuelta y, en su lugar se había constituido una Comisión bajo la dirección de Miguel Aldama. Poco antes Céspedes había enviado a aquella ciudad a

[142] José Abreu Cardet y Elia Sintes Gómez. «Julio Grave de Peralta. Documentos de la Guerra de Cuba». Editorial de Ciencias Sociales, La Habana. 1988.

[143] William Seward, antiguo gobernador y senador por el estado de Nueva York, había sido el Secretario de Estado en la Administración de Andrew Johnson que precedió a la del Presidente Grant.

Manuel de Quesada –depuesto como General en Jefe del Ejército Libertador– como su agente confidencial ante el gobierno de los Estados Unidos[144].

Saldrían por la costa sur de Oriente, bajo la protección de hombres afectos a Céspedes.

Tras complicada travesía llega Grave de Peralta a Nueva York en medio de agudas diferencias entre «aldamistas» y «quesadistas». El 11 de abril se entrevista con José Mestre, representante diplomático de Cuba en Estados Unidos, y luego con Miguel Aldama en cuya residencia se encontraba, entre otros, José María Izaguirre, enviado por Máximo Gómez para organizar una expedición. Luego se reúne con dirigentes de la facción quesadista. Se reúne, también, con otros desterrados: José Antonio Echeverría, Hilario Cisneros y Leonardo del Monte.

El grupo de Aldama le pide que vaya a Haití y organice una expedición utilizando la embarcación «Hornet», propiedad de la Junta y sobre cuya embarcación pesaban distintas demandas judiciales y la que por sus pésimas condiciones tuvo que ser descartada[145]. Seguir los pasos de Julio Grave de Peralta en Nueva York nos permitiría conocer a lo más granado de la emigración cubana con quien aquél mantuvo contacto en su breve estadía: Enrique Pineyro, José Govin, José Mora, Fernández Gramosio, Francisco Javier Cisneros, José Casanova.

En una de sus últimas reuniones participa Melchor Agüero que recién llegaba de Cuba con instrucciones de preparar una expedición aunque se expresó el propósito de unir a ambos, Agüero y Grave de Peralta, en la organización de una expedición combinada.

Surgen serios problemas: reparaciones del Hornet, dificultades en el reclutamiento y la agudización de la inestable política hai-

[144] En junio de 1872 utilizaría el vapor Fanny para la complicada expedición que tendría para muchos, incluyendo al propio Julio Grave de Peralta, un trágico final.

[145] Detallada información sobre las comunicaciones entre Miguel Aldama y Julio de Peralta puede encontrarse en el libro de José Abreu Cardet «Julio Grave de Peralta».

tiana en la que, en ese momento, era factor importante el General Luperón. Todos ellos impidieron que cristalizara esta expedición del Hornet.

En junio de 1872 utilizaría el vapor *Fanny* para la complicada expedición que tendría para muchos, incluyendo al propio Julio Grave de Peralta, un trágico final.

El *«Fanny»* habría de dirigirse, por impensadas instrucciones de Grave de Peralta al capitán del navío, a las costas de Sagua de Tánamo en la costa norte donde no podía ser recibida por las fuerzas del brigadier José de Jesús Pérez. Conocía Julio por informes que envió el propio José de Jesús que la vigilancia española sobre la costa sur de Oriente se había incrementado considerablemente.

En el trayecto hacia Cuba sufre una avería el barco que los obliga a una urgente reparación en una de las pequeñas islas Crooked. Desembarca Grave de Peralta con 3 marineros que enseguida desertan. Reparada la embarcación desembarcan al este de Sagua de Tánamo. Marchan hacia las inmediaciones de la playa La Herradura pero son descubiertos por los exploradores de uno de los batallones del Regimiento de Infantería de León.

El *Fanny* había encallado en una costa rocosa. Se produce en la playa un enfrentamiento con las tropas españolas. Cerca de 40 expedicionarios mueren o son hechos prisioneros. Otros 16 logran escapar. En la lucha pierde la vida Julio Grave de Peralta[146].

Los 16 que sobreviven el encuentro se agrupan bajo la dirección del Comandante Jesús de la Feria. A los pocos días en un enfrentamiento con tropas españolas en el río Miguel mueren 10 de los expedicionarios y el propio de la Feria. Los otros cinco pudieron incorporarse a los insurrectos.

---

[146] En carta de pésame a la esposa de Julio Grave de Peralta, el Presidente de la República de Cuba en Armas, Carlos Manuel de Céspedes, escribió *«Peralta ha sufrido en servicio de su patria. Este es un mérito que le sobrevivirá siempre. La patria a su vez no le será ingrata y tendrá orgullo en contarlo entre el número de sus ilustres hijos»*. Fernando Portuondo y Hortensia Pichardo: Carlos Manuel de Céspedes, escritos. Obra citada.

Pero antes de estas dos últimas expediciones (la del Hornet y la del Fanny) habían partido hacia las costas cubanas otras dos. La del Salvador, organizada por la Junta Central Republicana de Cuba y Puerto Rico, de Nueva York, al frente de la cual, con 129 combatientes, llamados «Rifleros de La Habana» venía Rafael de Quesada, junto a Agustín Santa Rosa y William A. Ryan (que un mes después regresará, con Domingo Goicuría, en el *Catherine Whiting).* Desembarcan en la bahía de la Guanaja, en la costa norte de Camagüey el 13 de mayo (1869) incorporándose a las fuerzas insurrectas.

Siguen las expediciones.

La próxima, de la que formarán parte una veintena de hombres, fue, como la anterior, organizada por la Junta Central de Cuba y Puerto Rico y utilizarán la goleta *Grapeshot*, pero los expedicionarios al desembarcar el 30 de mayo y comenzar el alijo de armas enfrentaron serios problemas al ser descubiertos. Al retirarse por tierra caen en una emboscada y, aunque Policarpo Pineda (Rustán) viene en su auxilio muchos mueren y otros caen prisioneros.

CAPÍTULO III

CAMBIOS EN LOS MANDOS MILITARES

VALIOSO VENEZOLANO SUSTITUYE A GRAVE DE PERALTA

Volvamos al momento en que el General Máximo Gómez es nombrado Jefe de la División Cuba.

Realiza Gómez varios cambios en los mandos militares.

Sustituye al general Julio Grave de Peralta, de amplia popularidad y respaldo en toda la zona de Holguín. Así lo describe Ramiro Guerra en su obra «Guerra de los Diez Años»:

> *«Joven, valiente, de alegre condición que le ganaba la simpatía y lo hacía querido de todos, Grave de Peralta era un típico jefe de jurisdicción, o jefe local. Indulgente con sus amigos y con vecinos holguineros, las fuerzas bajo su mando no hacían vida de campamento. Agrupábanse sólo cuando habían de combatir; la disciplina era muy floja y se carecía de verdadera organización».*

Reemplaza a Grave de Peralta con un joven venezolano que militarmente se había fraguado en las guerras civiles que ensangrentaron su tierra nativa; José María Aurrecoechea hará honor a la confianza ofrecida por Gómez y, antes, por Mármol y Céspedes.

José María Aurrecoechea e Irigoyen había nacido en Caracas, alrededor de 1848. Participó en su país natal en las luchas políticas y guerra civil que hacia 1860 afectaban a la nación venezolana. Al enfrentarse, sin éxito, a fuerzas militares que desestabilizaban el país se vio obligado a partir de su patria y establecerse en Cuba. Al iniciarse la Guerra de los Diez Años vivía en Remedios, luego de haber permanecido, por poco tiempo, en La Habana. De allí regresó a ésta para hacerse cargo de la jefatura de las fuerzas que debían operar en la región más occidental de la isla. En febrero de 1869 se encuentra en La Salud donde estuvo durante un mes enfrentándose, con un pequeño grupo de once hombres, a superiores fuerzas españolas. No recibe el respaldo esperado, regresa a La Habana y embarca hacia Nueva York donde participa en la organización de la expedición del Perrit con la que desembarca en la Península del Ramón, en Nipe.

Será en julio de 1869 que el presidente Céspedes le confiere el grado de general de brigada destinándolo a Oriente como segundo al mando de la División Cuba, a las órdenes de Donato Mármol. Ya para esa fecha José de Jesús Pérez ostenta el grado de Coronel

De este militar venezolano dice el general Donato Mármol en carta del 29 de octubre: *«Salgo mañana para el Centro, volveré dentro de pocos días; queda al frente de todas mis fuerzas mi segundo en el mando el brigadier general José María Aurrecoechea, valiente venezolano que viene sirviendo a mi lado hace algún tiempo».*

El primer paso del recién designado como segundo al mando de la División Cuba es pasar revista a aquellas fuerzas. Tras su inspección realiza los cambios que considera necesarios. Con la delicadeza que siempre lo distinguirá sustituye *«por motivos de salud»* al Dr. Félix Figueredo quien *«por no serle posible continuar en el ejército de Oriente con el carácter de General de Brigada renunció a ese cargo y comenzó a prestar servicios como simple ciudadano, como médico cirujano».* No olvidará el médico de Jiguaní esta degradación ni, mucho menos, a quien ha sido seleccionado para reemplazarlo.

Al ocupar Aurrecoechea su posición y viendo que continuaban las deserciones, llama a su lado a José de Jesús Pérez para que se ocupara del mando de la Brigada. (A. Pirala, Tomo I, Pág. 662).

Ya, para julio de 1869, al Brigadier José de Jesús Pérez le han confirmado su grado de Coronel del Ejército Libertador aunque será en febrero 24 de 1870 que aparece en el escalafón del Ejército Libertador ascendido a ese grado[147]. Al dar a conocer, aquel mes y año, la organización de las fuerzas insurreccionales la Cámara de

[147] Diccionario Enciclopédico de Historia Militar. *Obra citada.*

Representantes ofrece la siguiente relación para el territorio de Oriente:

Mayores Generales: Francisco Vicente Aguilera, Donato Mármol, Máximo Gómez, Modesto Díaz, Luis Marcano.

Generales de Brigada: Luis Figueredo, José María Aurrecoechea, Calixto García, Francisco Javier de Céspedes.

Coroneles: Carlos Manuel de Céspedes y Céspedes, José de Jesús Pérez, Eduardo Suategui, Mariano Lono, Ángel Bárzaga, Isidro Benítez[148], Juan Hall, Manuel Calvar, Loreto Vasallo, Manuel Codina[149], Rafael Rufino[150], Luis Bello, Francisco Fortún, Juan Luis Pacheco. Pacheco, posteriormente participó en la organización de varias expediciones a las que nos iremos refiriendo en próximos capítulos.

JOSÉ MARÍA AURRECOECHEA Y JOSÉ DE JESÚS PÉREZ

Ya está José de Jesús cumpliendo las instrucciones recibidas.

Dio el Brigadier buena organización a aquellas fuerzas; nombró al francés León Bejorto jefe del campamento, ordena a Matías Vega[151] que se retire con sus tropas hacia las montañas de Gotablan-

[148] Isidro Benítez, participó en el ataque y toma de Bayamo del 18 al 20 de octubre de 1868. Su grado de Coronel le fue ratificado por el Presidente el 4 de abril de 1870. Murió en 1871.

[149] Manuel Codina Polanco alcanzó el grado de Coronel peleando junto a Modesto Díaz y Máximo Gómez. Murió el primero de abril de 1871 en Loma Alta, Camagüey.

[150] A Rafael Rufino, al igual que Benítez, su grado de Coronel le fue ratificado por Céspedes en abril de 1870.

[151] Matías Vega Alemán, nacido en La Palma, Islas Canarias, se incorpora a las fuerzas de la Brigada Cambute, el 30 de enero de 1870 defiende con éxito el ataque a su campamento de Tempú. Estará junto al Mayor General Calixto García en su segundo ataque a Guisa. A fines de 1873 marcha hacia Camagüey para unirse a Máximo Gómez donde es herido en Naranjo-Mojacasabe el 11 de febrero de 1874. Participó en la Guerra Chiquita y en la de la Independencia.

ca y que *«las partidas de insurrectos franceses capitaneados por Colombé, sucesor del difunto Cureau, se fijen en la loma del Gato, cerca del Cobre, en la costa sur, en las que sostuvieron reñidas acciones con las columnas volantes y guerrillas de los cafetales»*[152].

OTROS HECHOS. DIFERENCIAS INTERNAS

El 16 de agosto al frente de poderosas fuerzas, el Gral. Manuel de Quesada ataca la sitiada ciudad de Tunas. Ante la acometida de Quesada las tropas españolas abandonan la ciudad que es tomada por los insurrectos. Inesperadamente, el Gral. Quesada ordena retirarse de la ciudad permitiéndole a las fuerzas españolas regresar a ella y calificar la acción, y renominar la ciudad, Victoria de las Tunas.

Una derrota convertida en triunfo.

Otros historiadores dan una versión distinta de las razones que motivaron a Manuel de Quesada a atacar la ciudad de Tunas afirmando que el General Vicente García, jefe de aquella división, considerando que era oportuno atacar la población para tomarla, puso su propósito en conocimiento de Quesada, General en Jefe, *«pero este Jefe, dando muestras de una ambición desmedida, comprendiendo la facilidad de obtener un laurel a poca costa, previene a García de que se abstuviera de llevar a cabo la operación sin estar él presente»*[153].

Será Manuel de Quesada quien realice el ataque y creyendo que su sorpresa había fracasado consideró necesario retirarse. Tal vez haya sido ésta una de las muchas razones que esgrimiría Rafael Morales (Moralitos) para pedir la sustitución de Quesada de su alto cargo.

---

[152] Antonio Pirala. Obra citada.

[153] Fernando Figueredo Socarrás, «La Revolución de Yara», página 146.

Agramonte no estuvo de acuerdo con ese ataque[154] porque consideraba que no era el momento de exponer al Ejército a un fracaso ya que la villa tenía unos 6 mil habitantes y la defendían más de 500 voluntarios con trincheras y fortines auxiliares. Consideró el gallardo camagüeyano que Quesada se precipitó en dar orden de retirada.

Rafael Morales (Moralitos) es uno de los más persistentes críticos del Presidente Céspedes y del General Manuel de Quesada. Compensaba su débil constitución física con su sobresaliente dominio de la palabra y es quien presenta la proposición de sustituir a Quesada en el cargo de General en Jefe del Ejército Libertador. Meses antes había comenzado Moralitos a publicar su periódico *La Estrella Solitaria.* En receso la Cámara se incorpora a las fuerzas que luchan en Las Villas y, luego, pasa a Camagüey bajo las órdenes del entonces Coronel Luis Magin Díaz Zayas-Bazán.

Tras sus frecuentes enfrentamientos con la Cámara de Representantes por lo que él consideraba intromisión de los diputados en asuntos militares, Manuel de Quesada era depuesto por la Cámara el 17 de diciembre de 1869.

La destitución de Manuel de Quesada fue el inicio de continuas diferencias entre el Presidente de la República y la Cámara de Representantes. El día 17 de diciembre de 1869 la Cámara había recibido la dimisión de Quesada pero ya había sido destituido.

Al ser depuesto Manuel de Quesada como general en jefe es sustituido por Thomas Jordan.

Volvamos al Perrit. Luego del accidentado desembarco ataca Jordan, sin éxito, el cuartel español de La Cuaba en las cercanías de Holguín.

El General Thomas Jordan había, como hemos dicho, atribuido el fracaso del desembarco de aquella expedición al hecho de no haber recibido la necesaria cooperación del General Grave de Pe-

[154] Gerardo Castellanos G., «Pensando Agramonte», Estudio Histórico, citado por Francisco García Cisneros.

ralta, que estaba encargado de cubrir el camino de Holguín. Esta negligencia, cierta o no, le costó a Julio el cargo[155].

Se van agudizando las diferencias entre Ignacio Agramonte y Thomas Jordan sobre tácticas militares, que llevaron a Jordan a afirmar que el poco favorable resultado en uno de los encuentros con las tropas del general español Goyeneche se debió a que las tropas camagüeyanas no siguieron las instrucciones impartidas por

[155] Porque Julio Grave de Peralta aparece con frecuencia en distintos momentos importantes en la historia de la Guerra de los Diez Años es conveniente, para su mejor comprensión, relacionar, en orden cronológico, algunos de ellos (Sus acciones de guerra se mencionan en este texto):

1868	
14 de octubre	Se alza en la ribera del río Cauto
18 de octubre	El presidente Céspedes lo designa jefe de la jurisdicción de Holguín
17 de noviembre	Sitia la ciudad de Holguín
1869	
13 de marzo	El General Marcano lo nombra jefe de la Brigada de Holguín
13 de junio	Es destituido por el General Thomas Jordan. Lo procesan. Es absuelto.
11 de agosto	El General Máximo Gómez le da el mando de la División de Holguín y la Brigada Occidental
1870	
14 de junio	Por decreto presidencial es nombrado Jefe Interino del Distrito de Holquín
22 de julio	El Secretario de la Guerra lo destituye del cargo
1871	
8 de marzo	Parte al extranjero a organizar una expedición. Prepara la expedición del *Fanny*.
1872	
9 de junio	Desembarca en Sagua de Tánamo
20 de junio	Muere en el combate de La Cebolla.

él[156]. Luego de la espectacular victoria de las fuerzas cubanas en las Minas de Guáimaro sobre las tropas del General Puello y su triunfo en las Lomas de Imías sobre el refuerzo del General Goyeneche, se agudizan las discrepancias entre Agramonte y Jordan por algunos aspectos de la *«dirección general de la guerra»*[157]. Estas diferencias llevaron a Jordan a presentar su renuncia[158]. (Febrero, 1870).

El 24 de abril de 1870 es definitivamente nombrado el General Federico Fernández Cavada[159] en sustitución de Jordan como General en Jefe del Ejército Libertador fecha en la que se designa a Julio G. de Peralta como Primer Jefe Interino del Distrito de Holguín[160].

Al renunciar Jordan la jefatura de Oriente lo sustituye Francisco Vicente Aguilera quien, poco después, abandona la isla al comisionarlo el gobierno revolucionario para que se traladase a Estados Unidos para mediar, allá, en la lucha que en el exterior se ha entablado entre partidarios de Aldama y de Quesada. Es Donato Mármol quien reemplaza a Vicente Aguilera en la jefatura militar.

Poco ha durado Jordan en la posición de General en Jefe en la que había sustituido a Manuel de Quesada quien al perder el cargo

---

[156] Vidal Morales y Morales. «Rafael Morales y González».

[157] Carlos Márquez Sterling, «Agramonte», Editorial Cubana.

[158] Carta dirigida al representante por Las Villas, Antonio Lorda, amigo del Presidente Céspedes y quien luego formaría parte del gobierno como Secretario de Guerra.

[159] Federico Cavada había peleado en la Guerra de Secesión de los Estados Unidos. Por su experiencia militar fue designado en 1869 jefe superior de las fuerzas insurrectas que operaban en Las Villas. A sus órdenes, en la campaña de diciembre de 1869, sirvió Juan B. Spotorno que llegaría a ser designado presidente de la República en Armas. En 1870 organiza la columna que, desde Cienfuegos partirá para invadir la región de La Habana.
Hecho prisionero, el Gral. Federico Cavada fue fusilado en Camagüey el primero de julio de 1871.

[160] A. Pirala. Obra citada.

había salido hacia Nassau de donde se trasladó a Nueva York como representante del Presidente Céspedes. Esta designación de Quesada creó serias fricciones con la Junta Cubana de Nueva York encabezada por Morales Lemus y Miguel Aldama[161] que dividía más seriamente a la emigración entre «aldamistas» y «quesadistas», estos últimos contando con el respaldo de los «Clubs de Artesanos».

No había gozado Manuel de Quesada de simpatías en el campo insurrecto durante el corto tiempo en que ocupó la más alta posición en las fuerzas armadas. Su nombramiento como Agente en el Exterior tuvo serias y desfavorables consecuencias para el presidente Céspedes. Su designación para sustituir a Miguel de Aldama fue uno de los más graves errores cometidos por Céspedes y le acarreó al mandatario cubano funestas consecuencias[162].

Ya se habían producido, a la llegada de Manuel de Quesada a Nueva York, las pugnas internas en la emigración cubana de aquella ciudad. La presencia de Quesada las exacerbará.

FEDERICO FERNÁNDEZ CAVADA: EL GRAN ESTRATEGA DE LA GUERRA DE LOS DIEZ AÑOS

Nacido en Cienfuegos el 8 de junio de 1831, luego de permanecer en su ciudad natal durante su juventud, se trasladó a Filadelfia donde el 20 de junio de 1861 ingresó en el Regimiento 23 de Pennsylvania obteniendo el grado de capitán al iniciarse la sangrienta guerra civil.

A finales de 1861 formaba parte del Cuerpo de Ingenieros y, meses después, ascendía a comandante por su valiosa participación en la segunda batalla de Bull Run que se había prolongado del 29 al 30 de agosto de 1862.

---

[161] Al morir Morales Lemus el gobierno de la Revolución nombró a Miguel Aldama para sustituirlo.

[162] «Este nombramiento fue el error más grave con que habían de contar los enemigos de Céspedes». Enrique Collazo. «Desde Yara hasta el Zanjón».

Aquella batalla representó, a pesar del coraje de sus tropas, una derrota para las fuerzas federales. Varios meses después, en diciembre de aquel año, recibía el grado de Teniente Coronel destacándose en las batallas de Chantilly y Atientam.

Hecho prisionero en la gran batalla de Guettysburg el 10 de julio de 1863, en enero de 1864 fue liberado mediante un canje de prisioneros. De inmediato, se reincorporó a las tropas y combatió hasta el final de aquella guerra en abril de 1865.

SU REGRESO A CUBA

A su regreso a Cuba se establece en Trinidad donde, desde octubre de 1868, organiza la sublevación y prepara militarmente a los hombres comprometidos a respaldar el alzamiento de la Demajagua.

El 6 de febrero de 1869 ya tenía establecido su campamento en la Macagua, Sierra de Siguanea. Un mes después era nombrado jefe de la División de las Villas, con grado de Mayor General. El 21 de abril toma la ciudad de Trinidad.

El 27 de junio da a conocer un manifiesto dirigido a los hacendados cubanos llamando a la guerra de exterminio, mediante la tea incendiaria contra las propiedades de los criollos que apoyaban a España. Tan exitosa fue la aplicación de la tea incendiaria que le valió a Federico el sobrenombre de «General Candela». Aquel mismo año librará los combates de Calagán, Cabaiguán y el Caguajal.

El 4 de abril de 1870 lo nombran Jefe del Estado Mayor General del Ejército de Liberación y días después, el 21, era designado para sustituir al Mayor General Ignacio Agramonte quien había renunciado al cargo de jefe de la División de Camagüey. Fernández Cavada es el primer cubano en poner en práctica la idea de la invasión a occidente que luego Máximo Gómez llevará a efecto y, posteriormente, en la Guerra de Independencia la efectuará el Mayor General Antonio Maceo.

Mary Ruiz de Zárate
EL GENERAL
CANDELA
biografía de una guerrilla

En junio ordena realizar otro intento de invasión a occidente junto con el entonces Coronel Bernabé (Bembeta) Varona pero se ve obligado a renunciar a su alta posición por discrepancias con los camagüeyanos que no querían estar subordinados a un jefe que no fuera de su propia provincia.

Con el mismo cargo de jefe del Estado Mayor General del Ejército de Liberación continuó Fernández Cavada demostrando su capacidad como estratega militar operando en las regiones de Remedios y Sancti Spiritus.

En 1871 la Cámara le aprueba su solicitud de viajar a los Estados Unidos para, por sus buenas relaciones, organizar nuevas expediciones. Marcha hacia la costa norte de Camagüey y, ya en Cayo Cruz, delatado, es sorprendido el 30 de junio de aquel año por una patrulla española. Conducido a Nuevitas es fusilado el primero de julio[163].

Sería Fernández Cavada el tercero, y último de los que ostentarían el cargo de General en Jefe creado por la Constitución de Guáimaro[164], ninguno de los cuales pudo ejercitar a plenitud esa función por el regionalismo y la oposición de muchos a concederle tanto poder a un solo hombre.

José de Jesús sigue combatiendo con intensidad. El 21 de agosto (1869) pone *«en fuga una sección de infantería enemiga»* después de hacerles *«unas cuantas bajas»*[165].

Junto al Brigadier Pérez se encuentra el santiaguero Camilo Sánchez que el propio 21 de agosto de 1869, siendo ya Comandante, ha rechazado el ataque enemigo a su campamento. Días después, el 11 de

---

[163] Debemos destacar que Federico Fernández Cavada escribió el primer texto sobre lucha guerrillera, «Breve Instrucción de Guerrilla», un siglo antes que Ernesto (Ché) Guevara escribiera su Manual de Guerrilla.

Otra de sus obras, «Guía para Jefes y Oficiales en Campaña», aprobada por la Cámara de Representantes el 29 de mayo de 1870 fue empleada en la instrucción de oficiales y tropas en la Gran Guerra de 1868.

[164] Los otros dos habían sido Manuel de Quesada y Thomas Jordan.

[165] El Cubano Libre, Camagüey, 15 de diciembre de 1869, año 2, número 11. (Archivo Nacional de Cuba, Caja 58, número 28).

septiembre, formando aún parte de la División Cuba, atacará un convoy español que se movía entre Santa Rita y el Ingenio Burenes.

El 24 de febrero de 1870 se crea por el Poder Legislativo el cargo de Vicepresidente de la República para el que fue designado, por unanimidad de votos, Francisco Vicente Aguilera. Pero en esa misma sesión se tomó otro acuerdo unánime por el que quedaba especificado que las facultades concedidas al presidente por la ley del 21 de abril de 1869 que le autorizaban a tomar las medidas que creyeran necesarias le impedían autorizar aquéllas que se considerasen inconstitucionales. Se hacía patente el distanciamiento entre los legisladores y el Poder Ejecutivo.

Ya en marzo se ha hecho de público conocimiento la promoción de los más altos oficiales de las fuerzas insurrectas. En la edición de *«El Cubano Libre»,* periódico oficial de la República de Cuba, aparece la confirmación del grado de Coronel de José de Jesús Pérez[166].

CAMBIOS EN EL GOBIERNO ESPAÑOL

Mientras, en España un movimiento militar depone a la Reina Isabel II. El gobierno provisional del que pronto el General Juan Prim sería primer ministro alentó por muy breve tiempo la esperanza de una mejor comprensión de la metrópoli al derecho a la independencia del cubano.

Juan Prim, el ahora jefe de gobierno, había establecido una cordial amistad con Carlos Manuel de Céspedes en Barcelona cuando el futuro Padre de la Patria cubana era un estudiante y Prim iniciaba su inquieta vida política siendo ya diputado a las Cortes. Barcelona era, entonces, centro de perturbación en las luchas dinásticas de aquel reino. Juan D. Prim se familiarizará con los problemas antillanos al ser designado en 1847, gobernador de Puerto Rico, y al pasar por La Habana, años después, comandando fuerzas españolas con destino a México.

---

[166] Archivo Nacional de Cuba, Caja 52, número 28. «El Cubano Libre», Camagüey, 4 de marzo de 1870, Año 2, Número 15.

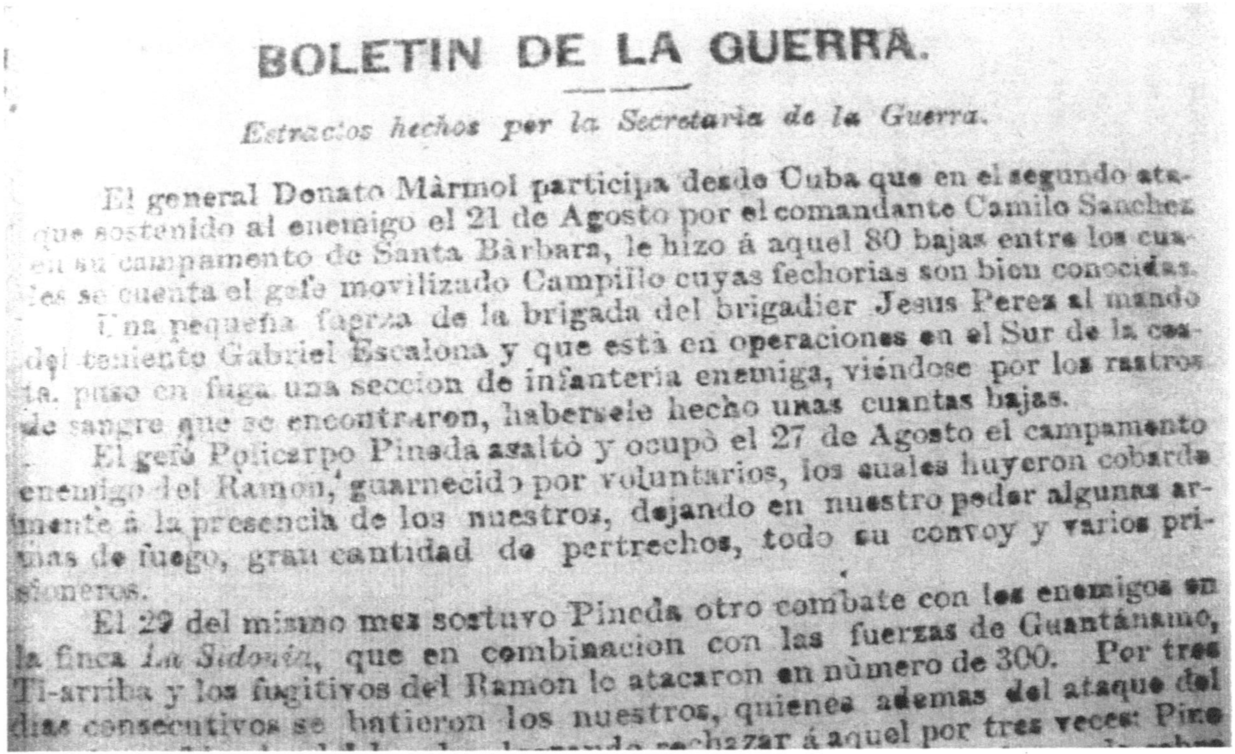

BOLETIN DE LA GUERRA.

Estractos hechos por la Secretaría de la Guerra.

El general Donato Màrmol participa desde Cuba que en el segundo ataque sostenido al enemigo el 21 de Agosto por el comandante Camilo Sanchez en su campamento de Santa Bàrbara, le hizo á aquel 80 bajas entre los cuales se cuenta el gefe movilizado Campillo cuyas fechorias son bien conocidas.

Una pequeña fuerza de la brigada del brigadier Jesus Perez al mando del teniente Gabriel Escalona y que está en operaciones en el Sur de la costa. puso en fuga una seccion de infanteria enemiga, viéndose por los rastros de sangre que se encontraron, habersele hecho unas cuantas bajas.

El gefe Policarpo Pineda asaltò y ocupò el 27 de Agosto el campamento enemigo del Ramon, guarnecido por voluntarios, los cuales huyeron cobardemente á la presencia de los nuestros, dejando en nuestro poder algunas armas de fuego, gran cantidad de pertrechos, todo su convoy y varios prisioneros.

El 29 del mismo mes sostuvo Pineda otro combate con los enemigos en la finca *La Sidonia*, que en combinacion con las fuerzas de Guantánamo, Ti-arriba y los fugitivos del Ramon le atacaron en nùmero de 300. Por tres dias consecutivos se batieron los nuestros, quienes ademas del ataque del ... rechazar á aquel por tres veces: Pine-

Boletín de Guerra de 1869 del General Donato Mármol reconociendo a la Brigada de Cambute y el asalto del Coronel Policarpo Pineda al «Ramón» el 27 de agosto de 1869.

Su breve gobierno (Prim murió el 30 de diciembre de 1870 víctima de un atentado) en nada modifica la política española hacia Cuba.

DONATO MÁRMOL ASUME LA JEFATURA DE ORIENTE

En Cuba se sigue peleando. Se reorganiza la División Cuba dividiéndola en 4 columnas. La primera mandada, como primer jefe, por Camilo Sánchez[167], teniendo a Paquito Borrero[168] como su segundo; la segunda columna tenía al frente a Policarpo Pineda y como segundo a Guillermo Moncada; la tercera, dirigida por Juan Luis Pacheco[169] y Silverio del Prado como segundo; y la cuarta comandada por Antonio Maceo secundado por su hermano José.

Donato Mármol quiere tener bajo su mando sólo a hombres probados y con experiencia militar. Por eso sustituyó de inmediato al médico Figueredo y nombró, en su lugar, al Brigadier Aurrecoechea para que se encargue interinamente del mando. El 27 de agosto de 1869 las fuerzas de Mármol toman el campamento de El Ramón.

Se reúne el 24 de octubre con el brigadier Calixto García en Altagracia. De allí parte hacia el Aguacate, donde pasa revista a

[167] El entonces Comandante José Camilo Sánchez participó en el auxilio a los expedicionarios del vapor Perrit el 11 de mayo de 1869. Era jefe de un batallón, con grado de Teniente Coronel, cuando Máximo Gómez asumió el mando de la División en julio de 1870. Ascenderá a coronel en junio de 1872 tras el combate de Rondón de Baguanos. (Diccionario Enciclopédico de Historia Militar de Cuba, *obra citada*).

[168] El Mayor General Félix Francisco Borrero Lavadí (Paquito) se había incorporado como soldado raso a las fuerzas de Donato Mármol en los comienzos de la guerra. En junio de 1870 fue designado por Máximo Gómez jefe del tercer batallón. Desde agosto de 1871 a mayo de 1872 participó en la campaña de Guantánamo con grado de Teniente Coronel. Participará en los combates de Cafetal de la Indiana, Dos Amigos y el Zarzal antes de partir hacia Camagüey.

[169] El coronel Juan Luis Pacheco Céspedes, participó luego, a las órdenes de Máximo Gómez en varios encuentros entre ellos en el ataque a una columna en Las Arenas. En noviembre de 1872 fue enviado a Nueva York por el Presidente Céspedes.

500 veteranos de los que 300 estaban a las órdenes del Coronel José de Jesús Pérez y 200 a las del Brigadier García[170].

Entre el 2 y el 5 de febrero de 1870 participa el venezolano Aurrecoechea en los combates cercanos al ingenio Tempú, ocasionándole numerosas bajas a las tropas españolas; y en mayo, al frente de las fuerzas del teniente Antonio Maceo ataca y toma el ingenio «Armonía» en cuya acción Maceo recibe su segunda herida. Son los días en que queda asentado el grado de Coronel a José de Jesús Pérez en el escalafón del Ejército Libertador.

El Mayor General Luis Marcano, aún no repuesto de las graves heridas recibidas por asesinos de la metrópoli, atacó el 4 de marzo a Vicana pero no pudo tomar la población por haber incumplido sus órdenes el ya Coronel Juan Hall, el segundo al mando. Como Marcano lo censuró por cobardía, *«Hall, enemigo suyo desde la toma de Bayamo»,* lo asesinó vilmente a los pocos días[171].

El 4 de abril (1870)[172] el presidente Céspedes designa a Mármol primer jefe del Distrito Cuba, teniendo como segundo al Mayor

---

[170] Junto a Pérez permanece Gómez hasta fines de julio de 1870 fecha en la que, por fallecimiento del Mayor General Donato Mármol, se hace cargo del mando militar del Distrito Cuba. Fallece Mármol el 26 de junio de 1870.

[171] Francisco Ponte Domínguez. «Historia de la Guerra de los Diez Años».

[172] Ese día el presidente de la república designa a quienes habrán de formar el Estado Mayor del Ejército y aquéllos que ocuparán los distintos distritos militares. El Jefe del Estado Mayor General del Ejército Libertador será el Mayor General Federico F. Cavada; del distrito de Oriente el primer jefe sería el mayor general Francisco Vicente Aguilera, y su segundo el Mayor General Luis Marcano; del Distrito de Cuba su primer jefe sería el Mayor General Donato Mármol y su segundo el Mayor General Máximo Gómez; del de Bayamo, su primer jefe: Mayor General Modesto Díaz y su segundo General de Brigada Luis Figueredo.

Del Distrito de Holguín su primer jefe interino será el Mayor General Julio G. de Peralta, y su segundo el General de Brigada Calixto García Íñiguez; de Camagüey su primer jefe el Mayor General Ignacio Agramonte Loynaz y su segundo el Mayor General Manuel Boza; del Distrito de Las Tunas el primer jefe Mayor General Vicente García, y el segundo el General de Brigada Francisco B. Rubal-

General Máximo Gómez[173]. El 26 de mayo el Teniente Coronel Antonio Maceo, cuyo jefe superior era en aquel momento Donato Mármol, ataca con éxito al Ingenio Santa Cruz. Piensa ahora Donato llevar a vías de hecho su plan de avanzar hasta Guantánamo. No podrá realizarlo. Atacado de viruela cae en estado comatoso y muere el 26 de junio 1870 en su campamento de El Calabazal, a orillas del río Barigúa. Se improvisa una caja en el tronco de una palma ahuecada. Una tosca cruz de cedro marcará, por un largo tiempo, el sitio donde quedaba enterrado aquel hombre excepcional que fue Donato Mármol.

Mediaba el año 1870 cuando Oscar, el hijo de Carlos Manuel de Céspedes es hecho prisionero de las fuerzas enemigas. El Capitán General español le dirige una comunicación al presidente de la República en Armas. Recibe Céspedes la indecorosa oferta de Caballero de Rodas de perdonar la vida de su hijo, Oscar, si Céspedes abandonaba la lucha. Respuesta de aquel gran cubano:

> ***«Oscar no es mi único hijo; lo son todos los cubanos que mueran por nuestras libertades patrias».***

Días después, Oscar de Céspedes y Céspedes era fusilado, el 3 de junio de 1870, en Puerto Príncipe. Carlos Manuel se convirtió en padre de todos los cubanos. En Padre de la Patria.

¿Cómo cayó preso Oscar de Céspedes, que había desembarcado el 19 de enero (1870) junto, entre otros, con Juan Rius Rivera, Melchor Agüero y William O'Ryan? Así lo describe un historiador español:

---

caba. Se nombran también los de Las Villas, Colón, Cienfuegos, Villaclara y Sancti Spiritus.

[173] Gómez había sido enviado allí, dice Ramón Infiesta en su biografía de Máximo Gómez, para meter en cintura a la gente del General Julio Peralta, «joven valiente, simpático, alegre, conocido y querido por todos cuyo arrojo y despejo natural iban aparejados con la más deliciosa inconsciencia del arte de la guerra».

«Dos guerrillas, la de la Unión y la de San Quintín, siguiendo órdenes del Coronel Benegasi cercaron el 15 de mayo el potrero «La Caridad» donde estaba enclavada una casa y tras breves disparos capturaron a varios insurrectos. Uno de ellos era Oscar de Céspedes... En el potrero recogieron 16 personas entre las cuales se hallaba la esposa de Oscar de Céspedes»[174].

LA DIVISIÓN CUBA

Grandes figuras se formaron militarmente en la División Cuba que comandó hasta su prematura muerte el santiaguero Mármol.

Del historiador Felipe Martínez Arango son estas palabras que reflejan lo que su gloriosa División Cuba representó para la patria cubana:

«Allí se iniciaron en el camino de la gloria, los Maceo, Moncada, Máximo Gómez, Calixto García, Silva, Crombet, Collazo, Pineda, Camilo Sánchez, José de Jesús Pérez, Borrero[175]*, «Mayía» Rodríguez, Lacret, Garzón*[176]*, Planas*[177]*,*

---

[174] D. Eleuterio Llofriu, «Historia de la Insurrección en Cuba», Madrid 1871.

[175] Félix Borrero Lavadí, natural de Palma Soriano, se incorporó como soldado a las fuerzas de Donato Mármol en la División Cuba bajo las órdenes de Camilo Sánchez. En Julio de 1870 Máximo Gómez lo nombra jefe del Tercer Batallón. Se destaca en varios combates. Al frente del Regimiento Jiguaní dirige la batalla de el Zarzal en junio de 1873. Cumpliendo las órdenes de Antonio Maceo lucha en Camagüey. Se une luego a Vicente García en Tunas y, al considerar éste pasar a Las Villas, asume la jefatura de la jurisdicción de Tunas. Participará luego en la guerra del 95.

[176] Victoriano Garzón nació en Santiago de Cuba el 23 de marzo de 1847, será un combatiente en las tres guerras, peleando en la región de Baracoa en la Guerra de los Diez Años, recibiendo varias heridas en distintos combates. Estuvo junto al Mayor General Antonio Maceo en la Protesta de Baraguá.

[177] El santiaguero Joaquín Planas Ulloa formó parte de la División Cuba a las órdenes de Donato Mármol. Ya para abril de 1873 era Capitán y, como ayudante del

Pío Rosado, Bandera, Santa Cruz Pacheco, del Prado, Pepe Cortés, los Medero, sus hermanos Leonardo, Justo y Francisco Javier y muchos otros.

Los sobrevivientes de esta gloriosa División, serían las figuras militares más brillantes del 95. Tales: Máximo Gómez, Antonio Maceo, Calixto García, «Mayía» Rodríguez, Lacret Morlot, Enrique Collazo, José Maceo, Victoriano Garzón, Joaquín Planas, Quintín Banderas y otros».

Un testigo ocular que alcanzó los grados de general en las guerras emancipadoras describe los pasos tomados ante el fallecimiento de Mármol, la confianza depositada por sus oficiales en el Brigadier José de Jesús Pérez, y la encomiable modestia de éste. Dice así el Gral. Enrique Collazo[178]:

...«Su muerte (la de Donato Mármol) paralizó la División entera, cuya dirección asumieron sus ayudantes, al frente de los cuales estaba el encontes capitán José María Rodríguez (Mayía). Estos convocaron una junta de jefes para que entre ellos eligieran el que debía suceder a Mármol hasta que el gobierno resolviera. En las dos juntas que tuvieron no pudieron ponerse de acuerdo y resolvieron oficiar al Coronel José de Jesús Pérez. Éste contestó que no se encontraba con aptitudes para desempeñar el puesto y que creía debía avisarse al General Máximo Gómez, para que viniera a asumir el mando. Así se hizo, viniendo el General, que estaba en Jiguaní.»

General Calixto García, participa en la acción de San Antonio de Baja, el 6 de septiembre de 1874, en que Calixto intentó suicidarse y Planas fue herido en ambas piernas. Participará en la Guerra de Independencia ostentando el grado de General de Brigada.

[178] Enrique Collazo. «Cuba Heroica», Imprenta La Mercantil, La Habana, 1912.

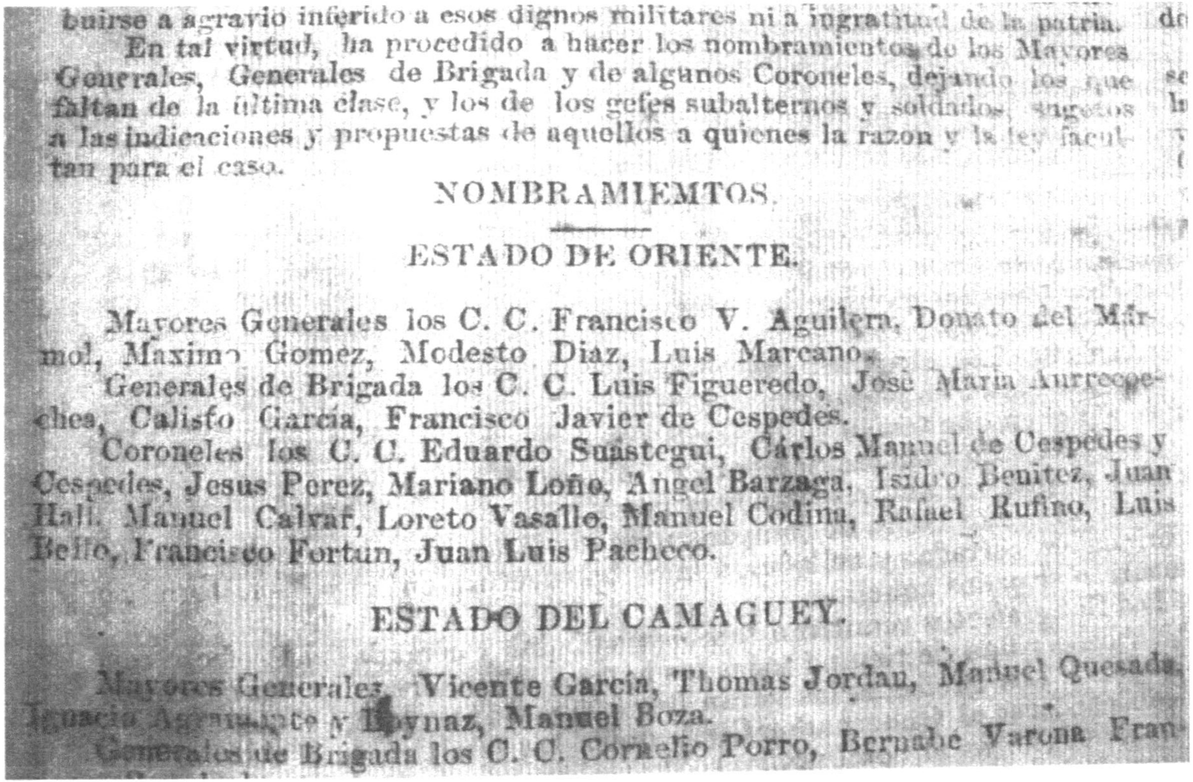

buirse a agravio inferido a esos dignos militares ni a ingratitud de la patria.

En tal virtud, ha procedido a hacer los nombramientos de los Mayores Generales, Generales de Brigada y de algunos Coroneles, dejando los que faltan de la última clase, y los de los gefes subalternos y soldados, sugetos a las indicaciones y propuestas de aquellos a quienes la razon y la ley facultan para el caso.

NOMBRAMIEMTOS.

ESTADO DE ORIENTE.

Mayores Generales los C. C. Francisco V. Aguilera, Donato del Mármol, Maximo Gomez, Modesto Diaz, Luis Marcano.

Generales de Brigada los C. C. Luis Figueredo, José María Aurrecoeches, Calisto García, Francisco Javier de Cespedes.

Coroneles los C. C. Eduardo Suástegui, Cárlos Manuel de Cespedes y Cespedes, Jesus Perez, Mariano Loño, Angel Barzaga, Isidro Benitez, Juan Hall, Manuel Calvar, Loreto Vasallo, Manuel Codina, Rafael Rufino, Luis Bello, Francisco Fortun, Juan Luis Pacheco.

ESTADO DEL CAMAGUEY.

Mayores Generales Vicente García, Thomas Jordan, Manuel Quesada, Ignacio Agramonte y Loynaz, Manuel Boza.

Generales de Brigada los C. C. Cornelio Porro, Bernabe Varona Fran-

Boletín de Guerra del General Donato Mármol designando a los jefes militares de las distintas regiones. Después morirá Mármol sustituyéndolo Máximo Gómez como Jefe del Departamento Oriental.

MÁXIMO GÓMEZ AL FRENTE DEL DEPARTAMENTO ORIENTAL

Donato Mármol, aquel santiaguero de temperamento fogoso y valor temerario, idolatrado por sus tropas como expresara Martínez Arango[179], ha muerto. Para cubrir su vacante como Jefe del Departamento Oriental (División Cuba) que cubre Jiguaní, El Cobre, Cuba (Santiago) y Guantánamo, se designa a Máximo Gómez[180]. Estará al frente de arrojados combatientes:

> *«A su servicio estaban los mejores soldados de Oriente: los Maceos, Moncada, Flor Crombet, Borrero y Jesús Pérez, entrelazados por la miseria y curtidos con la sangre en que había pretendido ahogarlos Valmaseda. Gigantes, y naturaleza gigantesca»*[181].

El aguerrido general dominicano celebró de inmediato la pujanza de la brigada de Cambute que, comandada por Jesús Pérez, recién regresaba de librar vigoroso combate. Lo confirma el Gral. Collazo.

> *«A la muerte del General Donato Mármol, se había hecho (Gómez) cargo del mando de aquellas fuerzas que aunque escasas de organización eran aguerridas y valientes y estaban mandadas por jefes que como Antonio Maceo, Policarpo Pineda, Nicolás Pacheco, Camilo Sánchez, y las fuerzas de Cambute, mandadas por el Coronel José de Jesús Pérez, que a su llegada acababan de batirse de un modo brillante en el Hondón de Majaguabo»...*[182]

---

[179] Felipe Martínez Arango. «Próceres de Santiago de Cuba».

[180] Será el 7 de julio cuando recibe el parte oficial del fallecimiento del Gral. Mármol y pasa, de inmediato al campamento de Giro a entrevistarse con el brigadier Pérez. (Máximo Gómez. Diario de Campaña).

[181] Ramón Infiesta «Máximo Gómez». Obra premiada por la Academia de la Historia de Cuba, La Habana, Cuba, 1936.

[182] Enrique Collazo. Obra citada.

El mismo reconocimiento lo ofrece el historiador Ramiro Guerra en el capítulo «Jefes salidos de las filas en Oriente» de su obra «Guerra de los Diez Años» al señalar que los jefes orientales habían salido de las propias filas de los soldados anónimos, y *«llevados a lo alto por su coraje, su audacia, sus actitudes inteligentes y de mando y su arrojo, en primera línea, frente al enemigo. Antonio y José Maceo, Guillermo Moncada, Flor Crombet, Francisco Borrero, Leoncio del Prado, José de Jesús Pérez y otros, eran las figuras cimeras, pero no las únicas»*[183].

JOSÉ DE JESÚS PÉREZ Y LA BRIGADA CAMBUTE

Al pasar el mando de la División Cuba a Máximo Gómez de inmediato procedió éste a reorganizar las tropas en compañías y batallones. Todos estarán comandados por oficiales que ya han probado su capacidad militar y su coraje:

Primer Batallón: José de Jesús Pérez; Segundo Batallón: Camilo Sánchez Rivas; Tercer Batallón: Francisco Borrero[184]; Cuarto Batallón: Antonio Maceo; Quinto Batallón: Guillermón Moncada[185]; Sexto Batallón: Silverio del Prado[186].

Excluye a Félix Figueredo. Quedará éste resentido con Máximo Gómez, con Jesús Pérez, con otros.

---

[183] Formando parte de la División Cuba las tropas comandadas por el entonces Teniente Coronel Antonio Maceo y el Brigadier Jesús Pérez se enfrentan, juntas, a las fuerzas enemigas durante los meses de abril, mayo y junio. Así, en los primeros días de junio rechazan el ataque de tropas de los batallones de Reus y León y las guerrillas de Guantánamo, al campamento de Antonio Maceo en Hondon de Majaguabo, forzando a retirarse a las fuerzas del Coronel Borges.

[184] José L. Franco menciona a Antonio Maceo comandando el Tercer Batallón.

[185] Había sido, meses atrás, Policarpo Pineda, Rustán, quien le presenta al Mayor General Máximo Gómez a Moncada con estas palabras: «General, aquí le presento al capitán más valiente de mi regimiento, Guillermo Moncada, bueno entre los buenos» (1870). (Pirala, página 515).

[186] Ramón Infiesta «Máximo Gómez». Obra premiada por la Academia de la Historia de Cuba, La Habana, Cuba, 1936.

Agrega a estas fuerzas 300 hombres de la Brigada de Jiguaní al mando del Brigadier Calixto García.

Las fuerzas con que cuenta Gómez son las siguientes[187]:

Coronel José de Jesús Pérez	300 hombres;
Teniente Coronel Antonio Maceo,	137 hombres;
Coronel Policarpo Pineda[188],	150 hombres;
Coronel Juan Luis Pacheco[189],	87 hombres;
Teniente Coronel Camilo Sánchez[190],	102 hombres
TOTAL	841 hombres.

[187] Máximo Gómez. Diario de Campaña.

[188] José Policarpo Pineda (Rustán), nació en el Corojo, Guantánamo, en 1839. Incorporado a la Revolución desde los primeros días asaltó, con su grupo, la hacienda de Puerto Escondido en noviembre de 1868 y el poblado de Baitiquirí el 6 de diciembre de aquel año. En junio de 1869 acudió en ayuda de los expedicionarios de la goleta Grapeshop que habían sido sorprendidos al desembarcar precisamente en Baitiquirí. Valiente hasta la temeridad su carácter agresivo e indisciplinado, le ocasionó gravísimos conflictos con Máximo Gómez. A ellos nos referiremos en estas páginas.

[189] El Coronel Juan Luis Pacheco Céspedes, nacido en Manzanillo, era sobrino de Carlos Manuel de Céspedes. Participó en el ataque a Bayamo el 18 de octubre de 1869. Formó parte, junto a José de Jesús Pérez, de la División de Cuba bajo el mando del Mayor General Donato Mármol. Participó el 20 de mayo de 1869 en el ataque al ingenio Aurora junto al entonces Teniente Coronel Antonio Maceo. El 20 de octubre de 1870 atacó una columna española en Las Arenas. Mostró siempre en el campo de batalla su pericia y su valor.

En noviembre de 1872 Céspedes envió a Juan Luis a Nueva York para organizar una expedición. De 1873 a 1877 realilzó varios viajes desde Jamaica en la costa sur de Cuba. Al terminar la Guerra de los Diez años Pacheco Céspedes se radicó en Perú y participó en la Guerra con Chile (1879-83). Murió en Perú el primero de enero de 1895.

[190] Camilo Sánchez, nacido en Santiago de Cuba se había incorporado a la insurrección desde los primeros días formando parte de la División Cuba a las órdenes del Mayor General Donato Mármol. Participará, junto con el Brigadier Jesús Pérez en el auxilio de la expedición del Perrit en mayo de 1869. Morirá Camilo Sánchez por las heridas sufridas en el combate de Rejondón de Baguanos el 29 de junio de 1872.

Esas fuerzas, repetimos, las organizará en compañías y éstas en 6 batallones. Los numerará de acuerdo a la antiguedad de los hombres que estarán al mando.

Primer Batallón:	Coronel José de Jesús Pérez
Segundo Batallón:	Teniente Coronel Camilo Sánchez
Tercer Batallón:	Teniente Coronel Francisco Borrero
Cuarto Batallón:	Teniente Coronel Antonio Maceo
Quinto Batallón:	Capitán Guillermo Moncada
Sexto Batallón:	Teniente Coronel Silverio del Prado

Fuente: Diario de Campaña de Máximo Gómez, Página 47, Instituto del Libro, La Habana, 1969.

Quedaba reconocida la antigüedad de José de Jesús Pérez, Jefe de la Brigada Cambute que, con el grado de General de Brigada, moriría en combate el 8 de febrero de 1878, dos días antes del Pacto del Zanjón.

Al organizar las fuerzas que recién pasan a su mando, tiene en cuenta Gómez el coraje, la decisión y la antiguedad de los hombres que habrá de comandar. Las divide en los seis batallones, que hemos mencionado, numerándolos por orden de antiguedad.

Agrupa los seis batallones en tres brigadas y crea dos unidades independientes.

La brigada de Jiguaní quedó a cargo del brigadier Calixto García, segundo jefe de la División; la de Cuba, al mando del propio Gómez; y la de Cambute, bajo la jefatura del coronel Jesús Pérez. Las unidades independientes de infantería fueron asignadas al coronel Paquito Borrero y al teniente coronel Policarpo Pineda.[191]

Se hace más estrecha la identificación de Máximo Gómez con el Coronel José de Jesús Pérez con quien, en marcha hacia el Distrito Cuba por la línea de Cambute, se reúne en el Campamento de Giro donde le imparte algunas instrucciones.

[191] Gustavo Pedroso Xiqués. Bohemia, de Julio, 1986.

HISTORIA

DE LA INSURRECCION Y GUERRA

DE LA

ISLA DE CUBA.

Escrita en presencia de datos auténticos,
descripciones de batallas, proporcionadas por testigos oculares, documentos oficiales,
y cuantas noticias puedan facilitar el exacto conocimiento
de los hechos.

POR D. ELEUTERIO LLOFRIU Y SAGRERA.

EDICION ILUSTRADA
con los retratos de los principales personajes que figuran
en dicha guerra, vistas de batallas, de poblaciones, campamentos, etc., y cuanto pueda
contribuir á dar interés á esta notable obra.

TOMO I.

MADRID:
IMPRENTA DE LA GALERÍA LITERARIA,
calle de la Colegiata, 6.

1870.

Al hacerse cargo de la División Cuba Gómez debe trasladarse con la mayor prontitud a aquella zona. Lo hará tomando el camino seguro que le ofrece la fuerza disciplinada y aguerrida del brigadier Pérez; así lo menciona Máximo Gómez en su Diario de Campaña: *«Emprendí mi marcha para el Distrito de Cuba por la línea de Cambute. Visité ese campamento, pasé después al de Giro, donde me avisté con Pérez dándole algunas disposiciones».*

En la tercera semana de agosto sostuvo varios encuentros con el enemigo que culminan en el ataque al campamento español situado en el ingenio «Songuito» en el que el enemigo sufrió diez bajas a machete.

No se ha dejado de combatir de Cauto Abajo a Charco Redondo, *«donde Gómez, García y Jesús Pérez resisten las poderosas columnas despachadas contra ellos, combatiendo del 20 de junio al 4 de julio sin que pudieran ser desalojados»*[192].

Continuará Gómez su marcha durante el mes de agosto.

El 7 de agosto participa Flor Crombet junto al Coronel José de Jesús Pérez respondiendo el ataque que una columna enemiga realiza sobre el campamento de Cambute; el día 9 la Brigada hostiliza en Manacas a una columna causándole 25 bajas entre muertos y heridos[193].

Máximo Gómez se hace eco de estos encuentros al informar sobre los partes de guerra de José de Jesús[194].

Nueve días después otra columna española de unos 200 hombres procedentes de Manacas, y otras que llegaban de La Palma atacan sin éxito al campamento de Giro cerca de Palma Soriano,

---

[192] Juan Jerez Villarreal «Oriente (Biografía de una Provincia)».

[193] Parte Militar del Coronel José de Jesús Pérez de la Guardia. Fuente: El Archivo Nacional de Cuba. Caja 542, Número 28.

[194] Comunicación del Mayor General Máximo Gómez, Jefe Superior del Distrito, de fecha 7 de noviembre de 1870, publicada en El Cubano Libre, del 17 de enero de 1871 (Año 3, número 9).

defendido por Pérez, el Coronel Cintra[195], el Capitán Vega y Flor Crombet.

Asaltan los insurrectos el 12 de aquel mes el cafetal de La Resolución, tomando las trincheras, algunos pertrechos de guerra y boca, seis fusiles y cinco machetes haciéndoles sufrir al enemigo una pérdida de 19 muertos[196]. El 22 es el entonces Comandante Crombet quien repite el ataque al cafetal.

Durante los frecuentes e intensos encuentros del mes de agosto, José de Jesús Pérez, Flor Crombet, Cintra, y Vega se mantienen estrechamente unidos asistiéndose los unos a los otros. Sus nombres aparecen en los partes de guerra que cada uno emite.

El 23 y el 24 de agosto ataca Gómez el Mijial, Pinalito y todos sus alrededores con tropas bajo el mando de Antonio Maceo. El 29, al amanecer, ataca el campamento enemigo situado en el ingenio[197] «Songuito» produciéndoles 10 bajas a machete y ocupándoles armas y animales. Songuito de Wilson, ubicado a unos 12 kilómetros de Ti Arriba (donde hoy se encuentra Alto Songo) es atacado por las fuerzas de la División Cuba el 29 de agosto de 1870 comandadas por Máximo Gómez.

En todos estos encuentros (La Resolución, Giro, Mijial, Pinalito, Songuito, Cristal) que se suceden en los meses de agosto y septiembre participan las fuerzas de Gómez, Maceo, Jesús Pérez, Guillermón Moncada, Calixto García y Juan Cintra. Éste último

---

[195] Juan Cintra Domínguez se integra a la Revolución en la División Cuba subordinado a Donato Mármol, Jefe de la División Cuba. En 1870, cuando Máximo Gómez se hace cargo de esta División, Cintra queda incorporado a la Brigada Cambute bajo las órdenes del Brigadier José de Jesús Pérez. Luego combate junto a los entonces tenientes coroneles Antonio Maceo y Guillermón Moncada. Participó en la Guerra Chiquita. Preso, fue enviado a las prisiones Chafarinas. Murió en 1882 aunque algunas fuentes afirman que murió en la cárcel de Mahon en 1888.

[196] Parte Militar del Coronel José de Jesús Pérez de la Guardia. Archivo Nacional de Cuba.

[197] El 24 tropas de los regimientos Reus, Rera y Corona atacan el campamento de Máximo Gómez en Pinalito y son rechazados.

rechaza el 16 de agosto de 1870 el ataque a su campamento de Palma Soriano realizado por dos columnas españolas.

Máximo Gómez reconocía en estos ataques relámpagos el valor y la experiencia de Calixto García, de Maceo, de Moncada, de Jesús Pérez y de Cintra.

Pronto a Modesto Díaz, que por meses se ha mantenido combatiendo tesoneramente, lo sustituirá al mando de las fuerzas de Bayamo, Luis Figueredo.

Continúa Gómez con Pérez en la primera semana de septiembre hasta volver a *Giro* donde permanece hasta el día 12. Con 200 hombres de la brigada Cambute, marchan sobre la zona de los cafetales atacando el campamento del Cristal regresando al día siguiente nuevamente a Giro[198].

En el asalto de Arroyito el Brigadier Pérez y Francisco Camargo entran con Maceo. (Fuente: «Máximo Gómez: Tras las Huellas del Zanjón», Yoel Cordori N.). Luego, el primero de septiembre, 1870, dice Gómez: *«me separé de las fuerzas de los tenientes coroneles Maceo y Pineda después de dejarles órdenes de instrucciones sobre operaciones.... Y me reuní con la columna al mando del Coronel José de Jesús Pérez que operaba sobre aquella línea»,* y termina rindiéndole el mayor elogio a José de Jesús y a las fuerzas a su mando: *«Estoy satisfecho del valor y arrojo de los jefes, oficiales y soldados de aquella columna»*[199].

Durante el mes de septiembre de 1870 prosigue la Brigada de Cambute participando en continuas acciones. *«El 6,* dice Gómez en su Diario de Campaña, *continué mi marcha y el 7 rendí en «Giro» sin novedad; allí permanecí reunido con Pérez hasta el 12, que con 200 hombres de su brigada marché sobre la zona enemiga de los Cafetales y en la mañana del 13 ataqué el campamento enemigo del Cristal...».* El 22 incendia el cafetal Fomento; el 23, es una guerrilla de Valmaseda quien lo ataca en «Arroyo Grande» soste-

[198] Máximo Gómez. «Diario de Campaña».

[199] Informe de Máximo Gómez, del 7 de noviembre de 1870 antes citado.

niendo la Brigada Cambute el fuego durante más de una hora y causándole al adversario unas 25 bajas.

El 26 de septiembre de 1870 combatió contra una columna española que atacó su campamento. A finales de 1870 libró la acción de Charco Azul y participó en el combate de la Socapa el 18 de diciembre. (Diccionario Enciclopédico)

En los últimos días de este mes Luis Figueredo, cuyas fuerzas acompañan al Presidente Céspedes, ataca Yara[200], y, junto a las de Modesto Díaz, combaten en La Escondida, el Palenque, Tunas de Guajacabo y Bocas de Gallegos.

El 22 de octubre (1870) una columna enemiga en Bijagual avanza sobre el campamento de Jesús Pérez; los exploradores de Guaninao la han visto pasar y la han seguido de Bijagual a la Ceiba, donde la dejan vigilada por los exploradores. Están allí, también, las tropas de Flor Crombet.

Al día siguiente se produce el encuentro de Ti Arriba, centro defendido por 300 hombres protegidos por trincheras. Participarán en el combate los batallones de Antonio Maceo y Policarpo Pineda[201] donde es herido Guillermo Moncada. Días antes, el cinco de octubre es Antonio Maceo quien, en Majaguabo, resulta herido[202].

No dan tregua los mambises. No han pasado 24 horas cuando las fuerzas del Mayor General Máximo Gómez se enfrentan en Santa María, situado a unos 35 kilómetros de Santiago de Cuba, a

---

[200] Otro valeroso combatiente, dolorosamente ignorado por nuestra historia, participa con sus fuerzas en el ataque a Yara: el general Salomé Hernández que recién regresaba de haber estado combatiendo en Las Villas y quien se incorporará a las fuerzas del general Calixto García.

[201] Había sido en Ti Arriba, dos años antes, el 12 de octubre de 1868, donde Antonio Maceo se enfrentó por primera vez a las fuerzas españolas y, por su valentía fue ascendido a sargento.

[202] Será atendido de las heridas recibidas en el Palenque de las Mujeres, «en las alturas casi inaccesibles de Mayaguabo. Y allí conoció a Mariana Grajales y María Cabrales y demás miembros de la tribu heroica». José L. Franco: «Antonio Maceo. Apuntes para una historia de su vida».

una columna española que pierde a cinco de sus hombres y cuyo jefe, un capitán, cae prisionero.

Durante aquellos días de octubre han batallado en distintos puntos de la región oriental las fuerzas comandadas por muchos de los más prestigiosos combatientes: Máximo Gómez, Antonio Maceo, Luis Figueredo, José de Jesús Pérez, Modesto Díaz y Guillermón Moncada.

POLICARPO PINEDA. «RUSTÁN»

Se repiten meses de continuo batallar en Jiguaní. El Coronel Policarpo Pineda había quedado gravemente herido en las inmediaciones de su campamento de Bruñí en el mes de octubre (1870). Cuando Máximo Gómez se puso al frente de la jefatura de la División Cuba, a la muerte de Donato Mármol, chocó con el carácter violento de Policarpo Pineda (Rustán)[203].

Pineda había servido a las órdenes de Mármol. Al salir éste de la zona de Sagua de Tánamo y Guantánamo en agosto de 1869 dejó a Rustán –*«nativo de estos parajes, en los que se había alzado desde 1863– con instrucciones de actuar sobre Guantánamo y Bara-*

[203] «Rustán era un hombre en estado primitivo, sin sombra de educación, ni freno, no teniendo más ley que sus instintos; valiente como si no tuviera conciencia del peligro, en el combate era feroz y sanguinario a veces y otras compasivo en exceso; religioso hasta el fanatismo, llevaba siempre un cristo colgado del cuello, como amuleto para ser respetado por las balas: tenía una que, resbalando por las costillas, se había quedado detenida entre el cuero y la carne; se palpaba perfectamente por encima de la piel.

Era de mediana estatura, ancho de hombres, fuerte y recio, piernas y brazos nervudos.

Atezado el rostro, pelo negro, fino y crespo, ojos grandes y negros, de mirada viva, ágil en sus movimientos.

Había nacido en la montaña, entre Guantánamo y Baracoa, con poco trato de gentes: durante su juventud trabajaba colmeneando; había frecuentado poco los pueblos; muy joven empezó a perseguirlo la justicia: lo acusaban de cuatrero, aunque muchas de las faltas que le cargaban no eran suyas». (Enrique Collazo, «Cuba Heroica»).

coa»[204]. El 27 de agosto Pineda tomó el Cuartel del Ramón y dos días después rechaza el ataque de tropas españolas a su campamento en la finca Sidonia.

Sobre el carácter y el valor de Policarpo Pineda[205] se conocen múltiples anécdotas.

A *Rustán,* –dice Ramón Infiesta– «que es un bruto valiente, Gómez lo conquista con una valentía intencionalmente brutal. Le ordena tomar una trinchera, entregándole tres cartuchos a cada soldado. Rustán se niega. «¡Con tres tiros por hombre no se lleva a nadie al matadero!». Es un pretexto. Muchas veces los suyos han peleado con machetes no más y, él mismo, hasta con las manos. Lo que pretende es no obedecer. Gómez, que lo sabe, se limita a quitar un cartucho a cada soldado y, dejándolos con dos, ataca, él a su cabeza, la trinchera. *Rustán* se hubiera dejado matar antes que ceder, pero no resiste la tacha de cobarde y, arrancándose la camisa, carga detrás del general, tomando junto con él la posición».[206]

Abundan los testimonios sobre el carácter rebelde, con frecuencia insolente, de Rustán.

> «...hombre de tanta autoridad como Gómez tenía que tropezar algún día con subalterno tan arrogante y díscolo como Rustán. Por no sé que motivos chocaron al fin. Rustán, que ya era Coronel, insultó a Gómez. Sometido a consejo de guerra... (éste) tuvo que condenarlo y lo condenó a degradación... Por entonces, baldado de las piernas de resultas de algunas heridas, le trasladaban de un punto a otro en

[204] Pedro Pablo Rodríguez. «La Primera Invasión».

[205] José Policarpo Pineda (Rustán) comenzó a operar en Puerto Escondido y Baitiquirí en los dos meses finales de 1868. En junio de 1869 ayuda a los expedicionadios del Grapeshot, combatiendo en Mayarí Arriba y se incorpora en agosto de ese año a la División Cuba, alcanzando en diciembre el grado de Teniente Coronel. Tras sus combates en Santa Rita, Las Chivas, El Mijial, Majaguabo, Ti Arriba, Sabana Abajo, Filipinas, La Caoba y los Cafetales de Yateras alcanzó el grado de Coronel.

[206] Ramón Infiesta. «Máximo Gómez».

su hamaca, a hombros de su escolta. Cuando supo la sentencia parecía una fiera; apenas era un hombre ya y aún metía miedo la intensidad de su cólera brutal, insultando, amenazando, desafiando con insolencia indecible al general Gómez. Cinco días después murió, extenuado, quizás de un buche de bilis» (Manuel Sanguily, *Rectificaciones históricas: Policarpo Pineda,* en *Hojas Literarias,* año I, t. I, agosto 31 de 1893, p. 37). (Citado por Infiesta).

Céspedes nos ofrece una vívida descripción del aspecto de Rustán al ser degradado por el consejo de guerra:

> *«Rustán, mulato, bajito, algo picarazado de viruelas, mirada turbia, errante; no puede andar por sus heridas. Acaba de ser degradado en un consejo de guerra por haber hecho matar a un oficial sin formación de causa y haber insultado al general Gómez»*[207].

El 24 de noviembre marcha Gómez con el brigadier Calixto García desde Altagracia a Aguacate *«donde el primero de diciembre tuvo la satisfacción de pasar revista a 500 veteranos, de los cuales 300 estaban a las órdenes del Coronel José de Jesús Pérez y 200 a las del brigadier García».*

El primero de diciembre, bajo un fuerte temporal, se pone en marcha el Cuartel General con dirección a la línea Sur del Distrito con objeto de practicar un movimiento sobre las posiciones enemigas de aquella línea cursándose órdenes al General de Brigada Calixto García y al Coronel José de Jesús Pérez para que concentrasen sus fuerzas en El Aguacate[208]. Lo confirma Gómez: *«Allí se incorpora el coronel Jesús Pérez con 300 hombres; pasé revista, y con las fuerzas de Calixto García tengo quinientos hombres»*[209]. Ya, en pocos días, tiene pensada la acción de la Socapa.

---

[207] Carta de Carlos Manuel de Céspedes a su esposa, de Julio 10, 1872.

[208] Diario de Campaña de Flor Crombet.

[209] Máximo Gómez. Diario de Campaña.

LOMA DEL GATO Y LA SOCAPA

Las tropas avanzan para ocupar posiciones en la «Loma del Gato» produciéndose un combate al amanecer del 14 de diciembre.

En la batalla de Loma del Gato contra las fuerzas del Coronel Daza se hermanan en el combate José Maceo, José de Jesús Pérez y Flor Crombet.

En Charco Azul las fuerzas de José de Jesús Pérez, en pugna terrible, hicieron retroceder al Coronel López del Campillo y a los batallones de San Quintín y la Corona[210].

En aquel mes de diciembre de 1870 demuestran su coraje estos combatientes. El día primero se enfrentan a una columna enemiga en el camino hacia Altagracia; el 3 y el 4 José Maceo toma parte en el ataque e incendia al ingenio Santa Rosa de Griñán y a los cafetales Candelaria y Recurso[211]; el 12, en el combate de Nuevo Mundo muere Julio Maceo, el más joven de los Maceos en caer combatiendo; el día 14 participan todos en la operación de Loma del Gato que les merece a los ya capitanes Nazario Silva y Flor Crombet una felicitación de Jesús Pérez, jefe de su brigada.

El 15 realizan Silva y Crombet una oportuna y hábil maniobra de diversión para atraer la atención del enemigo. El día 18 no es sólo el brigadier José de Jesús quien exhalta la labor de Flor y Nazario sino Máximo Gómez. El 21 siguen combatiendo ocasionándole daño considerable al enemigo que se ve forzado a retirarse dejándole paso libre a los cubanos, que dejan en el ataque dos muertos y cinco heridos de gravedad[212].

El Brigadier Pérez hace constar en su parte militar este reconocimiento: *«En esta jornada es de elogiar el valor y arrojo de los capitanes Nazario Silva y Flor Crombet»*. En la Socapa, de la que

[210] Benigno Souza, *obra citada.*

[211] Abelardo Padrón. «El General José. Apuntes biográficos». Editorial de Arte y Literatura, La Habana, 1973.

[212] Archivo Nacional de Cuba, Parte Militar del Coronel José de Jesús Pérez de la Guardia.

hablaremos ampliamente, se vuelven a distinguir Crombet y Nazario Silva quienes, solos, cubriendo la retirada, combaten contra una compañía española. En su parte de guerra el Brigadier Pérez hace constar el reconocimiento del General Máximo Gómez al valor y habilidad mostrada por los dos combatientes.

Gómez al mando de la División Cuba, a la muerte del general Donato Mármol pone en práctica su ambicioso plan, varias veces discutido con José de Jesús, de avanzar hacia Guantánamo.

Marcharán junto a él los hombres de valor en quienes siempre ha confiado: Antonio y José Maceo, Juan Cintra, José de Jesús Pérez, Flor Crombet, Guillermón Moncada, Silverio del Prado y otros.

Gómez se ha propuesto librar batallas en todos los rincones de Oriente. El general Calixto García toma Jiguaní causándole grandes bajas a las tropas españolas.

Organiza Gómez sus fuerzas, desde julio de aquel año, en compañías y, luego, por batallones que enumera por orden de antiguedad de sus respectivos jefes. El primer batallón, ya lo hemos mencionado, era comandado por el más antiguo de los altos oficiales que componen sus fuerzas, el brigadier José de Jesús Pérez. El segundo, Camilo Sánchez; el tercer batallón, Borrero; el cuarto batallón, Maceo; Guillermo Moncada comandará el quinto, y el sexto batallón, Silverio del Prado[213].

En varias ocasiones Máximo Gómez ha escrito a Jesús Pérez con instrucciones militares. Esto lo confirma Carlos Manuel de Céspedes en su diario el domingo 13 de octubre:

> *«He visto una comunicación de Gómez a Jesús Pérez, fecha 16 de mayo, en que, para la operación sobre Gibara, sólo le previene que lleve su fuerza bien pertrechada; en honor de la verdad, así la llevó Pérez».*

La Campaña de Charco Azul la está realizando, con todo éxito, el brigadier de Cambute bajo la dirección superior del general

---

[213] Máximo Gómez, Diario de Campaña.

Máximo Gómez. Al día siguiente de uno de los encuentros en Charco Azul llegan por el tren de San Luis a Santiago 108 heridos, noticia que recogen los periódicos locales que no hacen mención de los que han perecido. Al frente de las fuerzas de José de Jesús, y teniéndolo a su lado, Máximo Gómez se acredita, correctamente, esta gran victoria. Aquella cruenta batalla «hizo retroceder al Coronel López del Campillo y a los batallones de San Quintín y la Corona»[214]. En Tí Arriba, Gómez y Policarpo Pineda (Rustán) *«pasaron a cuchillo la guarnición toda, compuesta de 82 hombres y redujeron totalmente a cenizas el poblado»*[215]*;* en el Cristal la guarnición deja abandonados 14 cadáveres.

Mientras, Valmaseda, que quería regresar a España como militar victorioso, proclama que la revolución ha sido vencida y la provincia de Oriente se encuentra pacificada. Para hacer resaltar tal afirmación ordena que se cante un Te-Deum en celebración de la paz el 18 de diciembre de 1870 en la catedral de Santiago.

Otros, muy distintos, eran los planes de los insurrectos.

Por las zonas de Tempú y «Aguacate»[216], cerca de Santiago, se movían las tropas de Máximo Gómez y de José de Jesús Pérez. Así describe el biógrafo del general Calixto García Íñiguez los planes de Gómez:

> *Un día Gómez, en su campamento, comentando la actitud de los españoles le dice a García: «Calixto hay que hacer una hombrada. La gente de Santiago va a pensar que estamos muertos. ¿Qué opinas tú del asalto y toma de la Socapa?».*

La prudencia de Calixto le contesta:

---

[214] Benigno Souza. Máximo Gómez. El Generalísimo.

[215] Benigno Souza «Máximo Gómez».

[216] En Aguacate, localizado al suroeste de Guantánamo, el 12 de diciembre de 1870, una agrupación de tropas cubanas fue atacada por una columna española. El ataque fue rechazado.

«Hombre, le echaríamos a perder el Te-Deum a Valmaseda, pero, a mí me parece una operación muy peligrosa».

Le responde Máximo Gómez:

«Bueno, pues yo te digo que la tengo estudiada, resuelta, y mañana mismo salgo para allá con José de Jesús Pérez, el regimiento de Guaninao y la gente de Cambute».

Así sucedieron los hechos

«Días atrás visitaba el General Máximo Gómez a su compañero de armas José de Jesús Pérez y platicando de sobremesa ambos generales refirió el Brigadier Pérez que según había anunciado Valmaseda, hacía cantar un Te Deum en Santiago de Cuba en celebración de estar pacificado el departamento Oriental. Oído lo cual contestó el General Gómez: «pues es preciso hacer ver que estamos vivos, necesitamos dar un golpe de efecto».

«Podemos hacerlo enseguida si usted quiere», dijo el general Pérez. «La Socapa está a la entrada de la Bahía de Santiago; tiene un fuerte con 40 hombres y está bajo los fuegos de Castillo del Morro; no habrá barco extranjero que no vea el hecho». «En el acto fue resuelto el golpe» (Narración textual de Federico Córdova en «Flor Crombet. El Sucre Cubano»).

Dejemos a Benigno Souza[217] describir la acción:

«Para los que no lo saben, advertimos que la Socapa es un caserío situado en la misma bahía de Santiago, frente por frente al Morro y bajo sus fuegos, separados de éste por la entrada angostísima del fuerte, y viene a ser, como Casa Blanca de La Habana, un barrio de la ciudad de Santiago y lugar de temporada entonces para sus habitantes. Estaban, naturalmente, tan lejos de toda previsión y posible ataque por los insur-

[217] «Máximo Gómez», El Generalísimo.

gentes, que sólo comprendía en su recinto un mal cuartel, con cuarenta o cincuenta hombres de guarnición.

Para llevar a cabo su sorpresa, partió Gómez de los Aguacates, el día 13 de diciembre, obligado a describir un semicírculo de más de 20 leguas, para contornear a Santiago y el Cobre y abordar la Socapa por el sur, marchando con una columna de 600 hombres de infantería y un mal cañón, por enmedio de cafetales fortificados, en aquella zona montañosa, donde hormigueaban las guerrillas y destacamentos.

Máximo Gómez no tuvo rival en eso de marchar engañando a su enemigo; sin embargo, el día 14 fue descubierto por la guerrilla y ésta, sin atreverse a atacarlo, dio aviso al teniente coronel Fernando Gaza; quien con una fuerte columna de artillería se pone en su persecución, pero Gómez elige, para detenerlo y separarlo de su rastro, la Loma del Gato, farallón casi inexpugnable, cruzado por los viejos senderos en zigzag de los cafetales franceses, derruidos por la guerra, por los cuales según Collazo, asistente a la operación, sólo podían marchar los hombres en fila india.

Máximo Gómez colocó él mismo, en persona, sus emboscadas y esperó. Hacía mucho frío en la mañana del 15 de diciembre y densa niebla envolvía la Loma del Gato, tan denso desfiladero, la descubierta de Gaza se tropezó de manos a boca, con la primera emboscada mambisa, mandada por los capitanes Macario Silva y Flor Crombet; sorprendida y atacada aquella se dispersa, abandonando un teniente y varios soldados muertos.

Gaza, con el recuerdo de Pino de Baire, despliega sus hombres, emplaza sus piezas, cañonea la loma y es detenido todo el día por los retenes y parejas de Gómez. Cuando llegó la noche, para engañar a Gaza, cubrió Gómez de fogatas toda la Loma del Gato, dejó al comandante Fonseca con un fuerte destacamento para detener al ejército español con la fácil defensa de la entrada del farallón, y a marcha forzada, por la noche, el mismo 18, fecha fijada para el *Tedeum*, cae sobre la Socapa, donde entra a sangre y fuego a la una de la madrugada, asalta el descuidado cuartel, pasa a cuchillo la guarnición, saquea e incendia el poblado y se retira a las tres de la mañana, cañoneado por el Morro y el *Juan de Austria,* y la presencia de los barcos extranjeros de guerra y mercantes, súbitos a corta distancia del caserío».

La presencia de mambises en las cercanías de Santiago ha reunido a muchas familias que los observan, sorprendidos y entusiastas, pero que representan un serio impedimento militar. Así lo comprende el gran dominicano que da las órdenes necesarias que nos describe Collazo que participó en el combate:

«La gente, procurando pasar, se había amontonado sobre nosotros, ensordeciéndonos con sus gritos y sus vivas».

«Hagan que se retire esa gente –dijo el General Gómez; y al General Pérez que la forme y tome posiciones más allá del campamento, por si el enemigo intenta avanzar».

Pero Gaza no puede avanzar. Las fuerzas del Brigadier de Cambute continúan hostigando al coronel español y no se lo permite. Valmaseda ha sido derrotado.

Tratando de ocultar su humillación Valmaseda no suspendió el Te Deum dedicándolo ahora, no a la paz que no había logrado, sino a la elección del nuevo rey Amadeo de Saboya, mientras –no podía ocultarlo el que pronto sería Capitán General– la ciudad presenciaba el entierro de soldados y voluntarios muertos en la Socapa.

Desde que Gómez se hizo cargo, en julio de 1870, de la División Sur, ha estado Pérez a su lado hasta culminar en diciembre de aquel año con esta espectacular acción de la Socapa.

En Camagüey se está combatiendo. Augusto Arango ocupa Guáimaro y días después San Miguel. Agromonte ha sitiado a Puerto Príncipe. Vence en Altagracia al Brigadier Goyeneche. Junto al bayardo luchan valiosos hombres.

Luis Magín Díaz, otra de las figuras olvidadas de nuestra historia, fue de los primeros en alzarse en Camagüey, participando en el ataque del poblado de Guáimaro y, poco después, bajo el mando de Ignacio Agramonte, en el asalto a Puerto Príncipe y en los combates de Arroyo de Piedras, La Horqueta, San Ramón de Pacheco (noviembre 11, 1871), Jacinto (Julio 25, 1872). Ya con el grado de General de Brigada murió combatiendo una columna enemiga en la sabana de Guanayú.

Otro que se distingue es Moralitos que en el combate de Sebastopol de Najasa (Noviembre 26, 1871) es gravemente herido al recibir un balazo que le atraviesa la boca dejándolo sin habla. Y así permaneció durante 10 meses hasta su muerte el 15 de septiembre de 1872.

LAS PRIMERAS EXPEDICIONES: EL GALVANIC Y OTRAS

Al desembarcar el Conde Valmaseda por Vertientes para dirigirse a Puerto Príncipe y Nuevitas ya Manuel de Quesada[218] se encontraba en Nassau organizando la primera expedición que llegaría luego a playas cubanas.

Adquirió Quesada de su primo Enrique Loynaz el pailebote *Galvanic*[219] matriculado en Nassau que enarbolaba la bandera inglesa, situación que aprovechó el Comité Revolucionario de La Habana para enviar a Nassau a un grupo de jóvenes entre los que se encontraban Julio Sanguily, José María Aguirre, Ramón Pérez Trujillo, Francisco La Rúa, Cristóbal Mendoza, Rafael Morales, José Payán, Antonio Zambrana y los hermanos Betancourt para que se incorporaran a las fuerzas de Quesada. El *Galvanic* desembarcó en

[218] Manuel de Quesada y Loynas se había expatriado y servido en el ejército mexicano junto al Presidente Benito Juárez enfrentándose a los invasores franceses que respaldaban al emperador Maximiliano.

[219] En el *Galvanic* se cargaron 2,540 fusiles, 150 rifles Spencer, 500,000 tiros, 200,000 cápsulas metálicas, un cañón mediano, 300 granadas y mucha pólvora. El Cónsul de España denunció la intentona del *Galvanic* «*pero los ingleses se limitaron a poner una fianza de 10,000 pesos al pailebot, importe que fue abonado por Martín Castillo*» (Fuente: Jorge Navarro Custin, Revista Rumbos, mayo-junio, año 2001).

la Guanaja, en la costa norte de Camagüey, el 28 de diciembre de 1868.

Días después, el 17 de enero de 1869, con el capitán Alberto Agüero como jefe de tierra, llega el *Galvanic* nuevamente a las costas cubanas. Desembarca en Cayo Romano pero al acercarse una nave de guerra española sólo pueden desembarcar 9 de los 33 expedicionarios entre los que se encontraba Manuel Sanguily. Varios de éstos pudieron incorporarse a las fuerzas insurrectas.

Doce meses después, desde Nueva York, la Junta Revolucionaria organiza otra expedición comandada por Francisco Javier Cisneros, en el vapor *Mary Lowell,* que no puede desembarcar al ser apresada en Las Bahamas. Venía en ella Thomas Jordan que pronto ocupará, por muy breve tiempo, el más alto rango militar en el Ejército Libertador.

Continúan los esfuerzos. Una expedición de gran importancia desembarca en mayo de 1869 por la costa sur de Oriente comandada, precisamente por Jordan, y la que es recibida por José de Jesús Pérez. Es la expedición del *Perrit* a la que nos referimos separadamente. En la misma fecha, por la Guanaja, en la costa norte de Camagüey, arriba sin contratiempos, en el vapor *Salvador* la expedición del Coronel Rafael de Quesada que había partido de Nassau con 129 hombres, entre ellos William A. Ryan con experiencia militar en la Guerra de Secesión norteamericana. Los expedicionarios se incorporaron a las fuerzas insurrectas.

No tuvo la misma suerte la expedición del *Grapeshot*, que antes habíamos mencionado, organizada por la Junta Central Republicana de Cuba y Puerto Rico comandada por el Coronel Francisco León Tamayo que el 31 de mayo llegó a Baitiquirí, en Guantánamo pero sorprendidos por tropas españolas perdieron gran parte del material de guerra que habían desembarcado. No tuvo éxito tampoco la próxima expedición organizada por aquella institución que estaría al mando de Domingo Goicuría cuyo barco, el *Catherine Whiting*, fue detenido por las autoridades norteamericanas en New Haven; pero sí llega felizmente el 10 de agosto a un punto cerca de Cabo Cruz el pailebot comandado por Ignacio Alfaro en operación organizada también por la Junta Central Republicana.

Se prepara ahora una nueva expedición. Una de las mayores, que culminará en un doloroso desastre. Es la de *Lillian*, con más de cuatrocientos hombres y cuatro mil armas, artillería y parque. Estará al frente de ella Domingo Goicuria y frente a Holguín, en la costa norte de Cuba, agotado el combustible, deciden no realizar el desembarco. Regresan a Nassau, dejando en uno de los cayos cercanos al mayor número de expedicionarios, donde los recogerían al volver el *Lillian* con destino a Cuba; pero al llegar a Nassau el barco es apresado y se pierde gran parte del cargamento. (Una goleta rentada allí pasó al cayo a recoger a los expedicionarios que allá se encontraban).

Va finalizando el año 1869 y sigue aquella Junta Central mostrándose como la más tenaz organizadora de expediciones hacia Cuba, algunas de ellas fallidas, como ésta que el 23 de octubre partió de Jacksonville en el *Lillian* con 410 hombres que representaría la mayor de las expediciones de la Guerra de los Diez Años. Venían en ella Juan Clemente Zenea, Ramón Roa[220], Juan Arnao[221], Ricardo Trujillo[222]. Por falta de carbón fue apresada por las autoridades de Nassau sin poder llegar a Cuba.

---

[220] Ramón Roa Traviera, nació en Cifuentes el 22 de noviembre de 1844. Después del *Lillian* desembarcó por Casilda en septiembre de 1870 en la expedición del Salvador, luchando en Las Villas y, luego en Camagüey. Participó en el encuentro de Jimaguayú donde murió Ignacio Agramonte. Peleó después a las órdenes de Máximo Gómez y de Julio Sanguily. Participó en las negociaciones del Pacto de Zanjón y, posteriormente, aceptó una posición en el gobierno español. Su libro «A Pie y Descalzo» le ocasionó una seria diferencia con José Martí que fue luego superada. No participó en la guerra del 95.

[221] Juan Arnao Alfonso nacido en Matanzas el 17 de septiembre de 1812 cooperó con las conspiraciones y expediciones de Narciso López. De regreso de la frustrada expedición del *Lilliam* siguió trabajando con los emigrados cubanos en Nueva York pero no participó en la lucha armada en la isla.

[222] Ricardo Trujillo de Armas, nacido en Las Villas el 13 de septiembre de 1853, luego de la frustrada expedición del *Lilliam*, formó parte de la fatal tercera expedi-

Goicuría contrata una nueva embarcación, febrero 10, 1870 el *Herald de Nassau,* desembarcando cerca de Gibara donde se enfrenta, de inmediato, con fuerzas españolas y logra, con media docena de expedicionarios, incorporarse a las fuerzas cubanas.

EXPEDICIONES DE 1870

Domingo Goicuría[223] organiza por tercera vez una expedición; ésta, con 35 hombres, entre ellos, Domingo Mora y Manuel Bello a bordo del *Herald de Nassau* que puede desembarcar, el 10 de febrero, tras grandes dificultades, en Gibara, donde, delatada por vecinos españoles, algunos son hechos prisioneros y otros, entre ellos Goicuría, logran incorporarse a las fuerzas libertadoras.

No fue nada fácil la organización de esta expedición ni la travesía del *Herald of Nassau* (comprada por el propio Goicuría) que traía 35 hombres[224], 43 fusiles, municiones y otros pertrechos. Habían utilizado a la goleta *Azorian* para trasladarse a Nassau en los momentos en que el buque de guerra inglesa *Darte* traía a re-

ción del *Virginius* pero pudo escapar, incorporándose a las fuerzas del Teniente Coronel Cecilio González. Luego participó en la Guerra de Independencia.

[223] Domingo Goicuría Cabrera nació en La Habana el 23 de junio de 1810. Ayudó financieramente a Narciso López en su expedición a Cuba. En enero de 1855 se relacionó con el aventurero norteamericano William Walker en el proyecto de invadir Nicaragua, pero rompió con Walker cuando éste trató de reimplantar allí la esclavitud. De regreso a los Estados Unidos, Goicuría trató de llegar a Cuba en las frustradas expediciones del *Catherine Whiting* y del *Lillian.* Finalmente arribó en la del *Herald of Nassau.* Semanas después el Presidente Céspedes le pidió viajar a México en una nueva misión.

Apresado es conducido a Puerto Príncipe, donde accidentalmente se encontraba el Capitán General Caballero de Rodas, quien ordena su traslado a La Habana. Es ejecutado el 14 de aquel mes.

[224] Entre los expedicionarios se encontraban Domingo Mora, sobrino político de Goicuría; José de Lamar, Manuel Bello, Juan Santos, Federico Incháustegui y otros.

molque al *Anna* que había sido apresado a su regreso de la costa norte de Oriente, y la nave *Conde de Venadito* de la armada española fondeaba junto al *Azorian.*

Con autorización del gobierno de la República en Armas parte Goicuría de nuevo hacia el norte pero su embarcación es apresada y Goicuría conducido a La Habana donde será ejecutado.

Un vapor, que ya ha hecho antes otras travesías a la isla, es utilizado por algunos de los expedicionarios del Lillian para una nueva operación desembarcando en el puerto de Casilda, al sur de Las Villas y logran incorporarse a las fuerzas cubanas.

1870 comienza con más suerte para los esforzados cubanos cuando el 19 de enero el *Anna* que había zarpado de Nueva York, desembarca en Punta Brava, cerca de Manatí, en la costa norte de Oriente a 21 combatientes entre los que se encuentran Oscar Céspedes (hijo del presidente de la República en Armas), Melchor Aguero, el puertorriqueño Juan Rius Rivera, el coronel William A. Ryan[225] y Emilio Mola.

Quien llega también en esta expedición es el colombiano José Rogelio Castillo –que alcanzará el grado de Coronel en las filas del Ejército Libertador– y quien en su autobiografía da el nombre de *Hornet* al barco expedicionario que traía de regreso a Melchor Agüero a quien el Padre de la Patria había enviado a los Estados Unidos para *«a la mayor brevedad conducir a Cuba artículos de guerra»*[226].

[225] William A. Ryan volverá en la fatídica tercera expedición del *Virginius* (31 de enero de 1873) y morirá fusilado con Bernabé Varona (Bembeta), Pedro de Céspedes (hermano del presidente), Jesús de Sol y medio centenar de patriotas.

[226] Fuente: Carta de Melchor Agüero a Carlos Manuel de Céspedes, de fecha junio 15 de 1871 publicada en «Manuel de Quesada y Loynaz» por Carlos Manuel de Céspedes y Quesada, Imprenta Siglo XX, La Habana, 1925.

Academia de la Historia

MANUEL DE QUESADA Y LOYNAZ

POR

CARLOS MANUEL DE CÉSPEDES Y QUESADA

HABANA
IMPRENTA «EL SIGLO XX»
REPÚBLICA DEL BRASIL, 27
1925

La expedición que le había sido ofrecida a Melchor Agüero («quesadista») fue finalmente efectuada por Francisco Javier Cisneros («aldamista»), lo que mostraba la dañina división entre las dos facciones.

La expedición del Anna, enero 19, 1870, trae armas y municiones con las que Gómez y Calixto García atacan, nuevamente, a Jiguaní. La expedición fue dirigida y financiada por la Junta Central Republicana, de Nueva York, y organizada por Francisco Javier Cisneros, que vino como jefe de mar, y el Coronel William A. Ryan, canadiense, como jefe de tierra[227].

De los 33 expedicionarios que venían, desembarcaron sólo 9, uno de ellos Manuel Sanguily, pero no pudieron alijar pertrechos al acercarse el vapor de guerra español Conde de Venadito. Los que desembercaron, ayudados por vecinos de la zona, se trasladaron hasta La Guanaja y se incorporaron a las fuerzas insurrectas.

Otro grupo de estos expedicionarios fue apresado en alta mar, juzgado y condenado a 8 años de prisión.

Han pasado unos días cuando el Coronel Mariano Loño y Antonio Hernández, zarpando de Jamaica, el 27 de aquel mes desembarcan hombres y materiales en la costa sur de Oriente. El coronel Mariano Loño Pérez, nacido en Holguín, es uno de los tantos tenaces combatientes muchas veces ignorados por la historia. Habiendo servido en Marruecos en el ejército español, regresa a Cuba el 3 de febrero de 1869 en unión del venezolano José Aurrecoechea. Juntos se unen a los cubanos que están combatiendo en Soroa, Pinar del Río.

Se traslada después a Nueva York y participa en la organización de la expedición del *Perrit* viniendo al frente de uno de los cuatro grupos en que se dividieron los expedicionarios. Destinado a la División Cuba bajo las órdenes del Mayor General Donato Mármol, combate en Blanquizal, La Sidonea y en la Jagua, cerca de Guantánamo. En enero de 1870 embarca hacia Ja-

[227] Diccionario Enciclopédico de Historia Militar Cubana. *Obra citada.*

maica para conducir una expedición a la costa sur de Cuba. Realizada ésta, vuelve a Nueva York y desde Panamá regresará a la isla en la expedición del Upton que desembarca por La Herradura en la costa norte de Holguín. Menos suerte tendrá Loño dentro de seis meses.

Gaspar Agüero organizará la próxima expedición que partiendo de Nassau llegará a la costa norte de Camagüey el 22 de febrero con 10 combatientes que se unirán a las fuerzas insurgentes. Le seguirá a ésta la dirigida por Francisco Javier Cisneros y Gaspar Betancourt quienes, a bordo del *Upton* desembarcarán en Punta Brava, Manatí, en Oriente con 177 expedicionarios entre los que se encontrarán Rafael de la Rúa, Emilio Loret de Mola, Juan de Castro Palomino y Luis Eduardo del Cristo.

Francisco Javier Cisneros formó parte también del primer viaje del vapor *George Upton*, que zarpó el 14 de mayo de 1870 de Sandy Hook, Nueva York, y desembarcó el día 23 por Punta Brava, entre Nuevas Grandes y Manatí, en Oriente; y en el segundo viaje de ese barco que salió el 4 de junio de 1870 del Puerto de Colón, Panamá y desembarcó 8 días después por Punta Jamás, en la costa norte de Holguín, Oriente. Volvería nuevamente en la expedición del vapor Hornet, que partió el 31 de diciembre de 1870, también del Puerto de Colón y desembarcó el 7 de enero de 1871 por Punta Brava en Oriente.

Veamos como Antonio Pirala, el conocido historiador español, narra esta «filibustera expedición» y la siguiente:

> *«Fue un poco afortunada las que, casi seguidas, efectuó el vapor «Upton». Si logró desembarcar en Punta Brava, entre Manatí y Nueva Grandes, se vieron los expedicionarios sacados por los artilleros de la cañoneras «Eco» y «Yumurí». Les derrotaron, y todo el material, muy considerable, se llevó a Nuevitas con doce prisioneros, incluso el capitán confederado Hawkins pagó su delito con la vida». (Pirala, página 761).*

Pirala se refiere también a la siguiente expedición del Upton, aportando un dato de interés:

> *«La segunda expedición procedente de Colombia, con valioso depósito de armas y municiones, fue batida en Herradura por López del Campo, y consumó la derrota Obregón con las circunstancias de que los aprehensores habían servido antes en las filas insurrectas y, presentados, les confió Caballero (de Rodas) las armas de que tan mal uso hacían».*

Volverá pronto el *Upton* a servir a la causa cubana. Apenas tres semanas después, dirigida por la diligente Junta Central Republicana de Nueva York y el persistente Francisco Javier Cisneros, partirá de Colón, en Panamá, el Coronel Mariano Loño con cerca de 30 expedicionarios que desembarcan en Punta Samá, en la costa norte de Holguín. Descubiertos son atacados por fuerzas españolas pereciendo gran número de los expedicionarios cayendo prisioneros ocho de ellos. En un encuentro posterior cae combatiendo el propio Coronel Loño. Los ocho prisioneros, oriundos de Santiago de Cuba, fueron fusilados en Holguín por las tropas comandadas por otro cubano, el General Félix Ferrer, que servía en las fuerzas españolas.

Algunas expediciones traen pocos hombres pero abundante material. Una de ellas la comandada por Melchor Agüero en el vapor *Mambí* contando con 11 hombres que pudieron desembarcar cerca de Santa Cruz, al sur de Oriente 1,000 fusiles, dos ametralladoras, dos cañones y 300,000 cápsulas el 28 de julio de 1870. No tuvo esa buena fortuna el General Manuel de Quesada, en su segundo intento (el primero había sido la exitosa operación del *Galvanic),* cuando el vapor *Florida,* que recién había adquirido y se disponía a zarpar con abundante material, fue detenido por autoridades portuarias en Nueva York. Duro golpe para los «quesadistas». Mayor para la causa cubana.

Pero la Junta Central Republicana organiza otra expedición que dirigirá Luis Ayestarán[228] que regresaba de cumplir en los Estados Unidos una misión del gobierno de Carlos Manuel de Céspedes. Parte de Nassau en el *Guanahaní* el 17 de septiembre y desembarca en Cayo Romano con varios marineros. Es sorprendido por tropas enemigas. Hecho prisionero fue conducido a La Habana y el 24 de septiembre de 1870 ejecutado en el garrote.

Dos nuevas expediciones se organizarán antes que termine aquel año de 1870.

Vuelve a prepararse otra heroica pero catastrófica expedición. Ésta partirá desde Nassau a bordo del *Salvador*. La segunda, y última, expedición de aquel viejo cascarón de hierro, cuya quilla estaba corroída por el óxido. Será el Coronel Fernando López de Queralta el jefe de la expedición que ha sido costeada, principalmente, por Juan Ossorio.

Los expedicionarios del *Salvador* han estado en contacto con el General Federico Fernández Cavada que está combatiendo en la zona de Trinidad a donde intentan llegar los nuevos expedicionarios. Antes de llegar a la costa ya está haciendo agua el barco. Perdido el rumbo se acerca el *Salvador* a Tallabacoa. Ya, de noche, desembarcan el capitán y los 16 tripulantes cerca de Casilda, a pocas leguas de Trinidad.

---

[228] El apellido de este mártir habanero se ha escrito por muchos historiadores como «Ayesterán» y otros como «Ayestarán». Documentos fidedignos muestran que es esta última la acepción correcta de su apellido. Así como Ayestarán lo menciona Enrique Gay-Calbó en discurso pronunciado ante la Academia de Historia de Cuba el 23 de abril de 1946, en el centenario de su nacimiento donde, en la edición de aquel discurso aparece copia fidedigna de la carta que el 23 de septiembre le escribía desde el Castillo del Príncipe a su madre minutos antes de morir y donde su firma aparece con absoluta claridad como Ayestarán.

III

Castillo del Príncipe Stbre 23/70

Mamá queridísima:

De vuelta de un viaje desgraciado por todos estilos llegué á Cayo Romano el día 14; fuimos asaltados por los cañoneros "Gael" y "Soldado". Estuve perdido por espacio de 4 días; cuando caí en poder de dichas fuerzas, ya estaba completamente rendido pues mucho tiempo que no ni bebía. Trasladado á bordo de la Cañonera "Cauto" esta mañana á las 8 llegué á este puerto; hace media hora se reunió el Conde

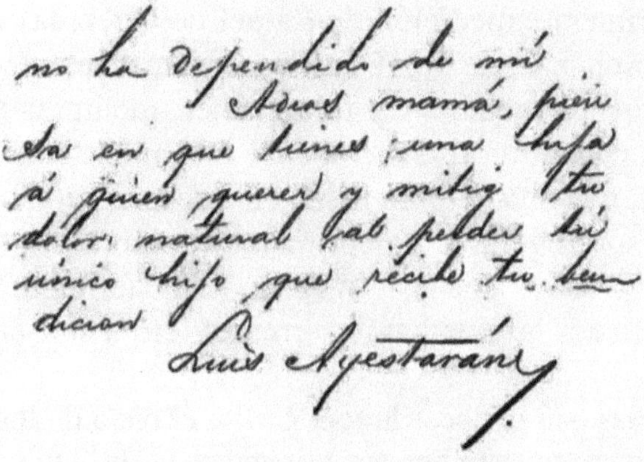
no ha dependido de mí. Adiós mamá, piensa en que tienes una hija á quien querer y mitiga tu dolor natural al perder tu único hijo que recibe tu bendición
Luis Ayestarán

IV

EXPEDIENTE DE ESTUDIOS DE MIGUEL LUIS DE AYESTARAN Y MOLINER

1. Comunicación firmada en La Habana a 23 de septiembre de 1864 acreditando haber sido graduado de Bachiller en Artes el 12 de julio de 1864, al objeto de inscribirse en los estudios de la Facultad de Jurisprudencia.
2. Informe de la Secretaría diciendo que aprobó el 2º año de Filosofía y cursado en el académico de 1863-64 las asignaturas de la 2ª enseñanza; graduándose de Bachiller en Artes y probando las del período preliminar respectivo, por lo que estaba en aptitud de poderse matricular en 1er. año de Derecho Civil y Canónico, según la 5ª de las disposiciones transitorias del Instituto de 2ª Enseñanza (septiembre 23 de 1864).
3. Sufrió los ejercicios para el grado de Bachiller en Artes el 12 de julio de 1864, con la nota de Aprobado, según resulta del asiento al folio 18, número 60, del libro 1º de grados de Bachiller en Artes.

Su objetivo era enviar armas y suministros para reforzar las fuerzas del General Fernández Cavada en Las Villas. Parten Ramón Roa, Juan B. Osorio y otros junto con López de Queralta en el viejo barco *Salvador* (que en mayo del pasado año había traído la primera expedición de Rafael de Quesada) con un cargamento compuesto de 1,612 fusiles, 110 machetes, varias decenas de cartuchos metálicos y fulminantes, monturas y otros medios. Al no encontrar al General José Inclán que estaba supuesto a recibirlos, tras una demora de dos días desembarcan en Casilda donde son sorprendidos. Los primeros exploradores[229] son aprehendidos y pasados por las armas en Trinidad. Unos pueden escapar y unirse a las fuerzas insurrectas, otros son capturados y fusilados.

Sin guías, sin conocer la topografía, el resto de los expedicionarios caminan sin rumbo, sin alimentos y sin agua. Apresados, todos, con excepción de cinco, murieron; unos, fusilados; otros, ahorcados; otros, combatiendo; otros, de hambre.

Las últimas expediciones de 1870 –el año que termina con la temeraria y espectacular acción de la Socapa que cubrió de gloria a Gómez y a la Brigada Cambute comandada por José de Jesús Pérez– las realiza el Capitán Lorenzo Jiménez, representante en Nassau de la Junta Central Republicana que en pequeños barcos llegaba a la Guanaja y a Sabana la Mar trayendo efectos de guerra y correspondencia[230].

Ha sustituido Caballero de Rodas al renunciante Domingo Dulce y le expresa a los Ministros de Guerra y Ultrmar su satisfacción por los éxitos que considera haber alcanzado:

«Mi plan ha dado excelentes resultados –los rebeldes completamente dispersos– presentados en todas partes; con ellos se

[229] Andrés Pimentel y Vicente Rodríguez Pérez.

[230] Fuentes sobre estas expediciones: Diccionario Enciclopédico de Historia Militar de Cuba, Jorge Navarro Custín, Ramiro Guerra, R. Pérez Landa, Calixto Masó y otros investigadores.

forman compañías de voluntarios en Cascorro y SiBanícu. Reconocida la Sierra de Najasa y muertos tres cabecillas –el general americano Jordan se ha embarcado para los Estados Unidos–. La insurrección está moralmente terminada. Creo que pronto lo estará por completo». «Puerto Príncipe, 3 de abril. Caballero»[231].

Durante todo aquel año los cubanos han dado muestras de valor y heroísmo; los españoles, de crueldad y ensañamiento. Perucho Figueredo, el autor de nuestro himno, capturado cuando, inválido, descansaba en su rústico lecho, es llevado a Santiago, paseándolo por las calles de la ciudad, antes de fusilarlo[232]: Sus hermanos, Emiliano y Leonardo son también pasados por las armas. Fusilan también, ese tétrico año, al Brigadier Aurrecoechea, aquel valiente venezolano que sustituyó a Grave de Peralta[233].

El nuevo año, 1871, no será distinto.

[231] Justo Zaragoza, *obra citada* (Página 824).

[232] Muere Pedro Figueredo el 7 de agosto de 1870.

[233] Aurrecoechea había derrotado a las fuerzas del General Ferrer, cubano al servicio de España, en las inmediaciones de Holguín, pero traicionado por el Sargento Antonio Balta fue hecho prisionero en los montes de «La Faja». Sometido a Consejo de Guerra fue condenado a muerte y fusilado el 11 de diciembre.

CAPÍTULO IV

VALMASEDA, CAPITÁN GENERAL. SOBORNOS. EXTERMINIO

FRACASA POLÍTICA DE SOBORNO

Comienza el año con victorias militares pero con malos augurios para la causa cubana.

El sanguinario Blas de Villate, Conde de Valmaseda, había sucedido en la capitanía general de la isla el 13 de diciembre a Antonio Caballero de Rodas. Dos semanas después, el General Juan Prim, presidente del consejo de ministros español, era asesinado en Madrid, y llegaba al trono de España el nuevo rey Amadeo de Saboya. Como nuevo ministro de ultramar es designado Adelardo López de Ayala, partidario de la política de exterminio de Valmaseda[234].

Presionado por el ministro López de Ayala para que, utilizando cualesquiera métodos que creyese conveniente terminase la guerra en corto tiempo, el Conde de Valmaseda intenta, empleando cuantiosos sobornos, atraerse a importantes jefes insurrectos para que entregasen las fuerzas bajo sus mandos y saliesen de Cuba.

El 11 de marzo de 1871 escribió a Guillermo Moncada ofreciéndole mil pesos si se presentaba. Antes había hecho similar ofrecimiento por 15 mil pesos a Policarpo Pineda, y a Camilo Sánchez y a José de Jesús Pérez por diecisiete mil. *«El propio Capitán General también ofreció lo mismo respecto a Máximo Gómez a cambio de que se marchara fuera de la isla»*[235].

---

[234] Adelardo López de Ayala, políticamente vinculado a Valmaseda, mantiene con él las más estrechas relaciones de amistad. Su hermano Ramón es, en La Habana, capitán de voluntarios.

[235] Pedro Pablo Rodríguez. «La Primera Invasión».

Ponte Domínguez en su «Historia de la Guerra de los Diez Años. Desde la Asamblea de Guáimaro hasta la destitución de Céspedes»[236] hace mención al rechazo de los coroneles José de Jesús Pérez y Policarpo Pineda a este vituperable sistema de soborno que quiso implantar el Conde de Valmaseda. Menciona Ponte Domínguez que Valmaseda *«despachó emisarios para seducir a los coroneles José de Jesús Pérez y Policarpo Pineda, jefes subalternos de Máximo Gómez, pero ambos rechazaron con indignación y desprecio semejantes proposiciones».*

Francisco Borrero[237] fue otro de aquellos mambises que el ministro López de Ayala pretendió sobornar utilizando a Martínez Campos y a Valmaseda[238].

Y en marzo, concibe nuevos arreglos infames para que algún revolucionario asesinase al Presidente Carlos Manuel de Céspedes y alguno de sus generales. A ese efecto comisionó a Juan Francisco Lazó proveyéndolo de los oportunos salvoconductos[239].

---

[236] Obra laureada en el concurso extraordinario al premio Rodolfo Rodríguez de Armas en 1964 de la Academia de la Historia de Cuba.

[237] Francisco Borrero Lavadí, nacido en Palma Soriano el 30 de marzo de 1846 se incorporó como soldado a las órdenes del mayor General Donato Mármol al inicio de la guerra formando parte de la División Cuba teniendo como jefe inmediato al entonces Teniente Coronel Camilo Sánchez. Tomó parte de la invasión hacia Guantánamo de agosto de 1871 a mayo de 1872, participando en los combates en la Indiana y Dos Amigos. Estuvo al frente del regimiento Jiguaní en el encuentro de El Zarzal el 4 de junio de 1873 bajo las órdenes del mayor General Calixto García. Dos años después, bajo órdenes del entonces General de Brigada Antonio Maceo, nuevo jefe de la División Cuba, combatió en la zona de Guantánamo. En 1876, junto con el Coronel Francisco Estrada Céspedes, combatía en Camagüey y, posteriormente estuvo al mando de las tropas de Tunas cuando el Mayor General Vicente García intentaba avanzar hacia Las Villas.

[238] Carta de López Ayala a Martínez Campos de enero 27, enviada a través del Capitán March. (A. Pirala. Tomo II, Pág. 68).

[239] Del libro de Francisco J. Ponte Domínguez «Historia de la Guerra de los Diez Años. Desde la Asamblea de Guáimaro hasta la destitución de Céspedes» en la página 288 bajo el título de Imposible Transacción.

Las fuerzas de los brigadieres Calixto García y José de Jesús Pérez bajo el mando superior del General Gómez han vencido en la Loma del Gato, en Santa Rosa de Griñán, en los cafetales de Candelaria y Recurso. En La Socapa.

INVASIÓN HACIA GUANTÁNAMO

En ese nuevo año Gómez confía una vez más en sus dos lugartenientes.

El primero de enero emprende Máximo Gómez su marcha acampando en la *Alianza* donde *«dividí las fuerzas para que salieran en operaciones en distintas direcciones a discreción de los respectivos jefes (José de Jesús) Pérez y (Calixto) García»*[240].

El día 3, acompañado únicamente de su estado mayor y escolta pasa Máximo Gómez a «Jumpe» manteniéndose durante más de 8 días en la zona del *Aguacate.* El 24 de enero marcha Gómez para Barrancas donde establece su Cuartel General. Allí prepara la *«comisión para el extranjero de (J.M.) Izaguirre –que salió para la costa el 9 de marzo– en compañía de Julio Grave de Peralta».* Peleará Gómez en Barrancas, y en Catunda, moviéndose con frecuencia durante el mes de abril en la amplia zona del Cauto. En la madrugada del 19 de ese mes ataca el campamento enemigo de La Vuelta donde tuvo que sufrir algunas bajas antes de retirarse a «Cauto La Vega».

Gómez, aprovecha el dominio y conocimiento que tiene Jesús Pérez sobre la costa sur, cercana a Jamaica, para enviar distintos emisarios al exterior en busca de pertrechos. Así sale también el coronel Manuel Lico Codina que pronto regresa desde Haití en junio con una expedición que, conducida por el Comandante José de J. Martínez, arribó a Aserradero en la costa sur de Oriente, con pertrechos y correspondencia, la primera semana de junio de 1871. Todo el material fue entregado por el jefe de la línea Sur, el Brigadier José de Jesús Pérez, al General Máximo Gómez que está al frente de la División Cuba.

---

[240] Máximo Gómez. Diario de Campaña.

No comienza bien el año 71. Perucho ha caído prisionero y luego fusilado. También Ayestarán, preso y fusilado. En abril son dos diputados los que pierden la vida: Arcadio García y Miguel Jerónimo Gutiérrez. En junio muere Donato Mármol[241].

En julio continúa Jesús Pérez junto a Máximo Gómez:

> *«El 21 de julio se me incorpora el Teniente Coronel Pérez con 150 hombres; emprendo marcha ese mismo día y pernocto con «Arroyo Martín»; el 22 continúo hasta la «Perseverancia», el 23 al «Corojo», donde descanso hasta el 25».*

Otra misión realiza José de Jesús en el mes de julio. El 25, acompañados del General Calixto García, llegan Aguilera y el Licenciado Ramón Céspedes Barrero al Campamento Cambute. Los dos últimos para ser trasladados a Jamaica por el confiable jefe que conoce, como pocos, la peligrosa ruta.

Encomiable, pero con muy pocas posibilidades de éxito, la misión encomendada a una de las más nobles figuras de aquella gesta. Nos lo dice Manuel Sanguily:

> *«Dos épocas de la vida patriótica y revolucionaria de Aguilera, son, a mi juicio, el fundamento de su gloria, por haber en ellas revelado la grandeza de su carácter y la energía de su virtud; cuando en los primeros días del alzamiento, noble y sencillamente asumió el carácter subalterno que las circunstancias le impusieron, sin que él procurase en lo más mínimo contrarrestarlas o modificarlas; y, sobre todo, cuando en la emigración se vió envuelto un torbellino de miserias, intrigas y discordias.*
>
> *Durante muchos años fue su vida, en aquel medio, un cotinuado martirio en que apuró hasta las neces, el cáliz de la amargura»*[242]

[241] Pánfilo D. Camacho en su obra «Aguilera: El Precursor sin Gloria» comenta la secuencia de estos nefastos hechos.

[242] Manuel Sanguily: «Brega de Libertad», La Habana, 1950.

A la misión encomendada al prócer Aguilera nos referiremos en próximas páginas.

SE AHONDAN LAS DIFERENCIAS EN LA EMIGRACIÓN

La detención y ejecución en Cuba de Juan Clemente Zenea, a la que nos referiremos más adelante, acusado por muchos de haber llevado proposiciones de paz autorizadas por funcionarios de la metrópoli pero que no fueron aceptadas por la autoridades españolas de la isla, agudizó, aún más, las profundas diferencias de los dos bandos.

Han renunciado los miembros de la Junta Cubana que opera en Nueva York –Aldama, Mestre y Echeverría– cuando arriba Francisco Vicente Aguilera acompañado de Ramón Céspedes investidos de amplios poderes para mediar en la agria disputa[243].

La desunión era ya de dominio público. Aguilera asumió las funciones de Agente encargado de organizar las expediciones a la isla pero, aunque siempre trató con respeto a Manuel de Quesada no le concedió a éste la dirección de ninguna expedición.

En la prolongada ausencia de Aguilera la Cámara de Representantes de Cuba urgía su regreso a la isla «haciéndole presente

[243] Francisco Vicente Aguilera Tamayo el 24 de febrero de 1870 fue designado Vicepresidente de la República en armas. Un año después, el 15 de junio de 1871 el Presidente Céspedes lo comisionó para trasladarse a Nueva York para mediar entre las facciones de Miguel Aldama y Manuel de Quesada. Partió de Jamaica en un pequeño bote, arribando a Nueva York el 26 de julio. Tras la deposición de Carlos Manuel de Céspedes no aceptó regresar si no lo hacía al frente de una gran expedición armada. Intentó hacerlo en abril de 1875 en la expedición del Charles Miller pero problemas de navegación se lo impidieron. Volvió a intentarlo, siempre sin éxito, al siguiente mes en el E.B. Warton y en dos nuevas ocasiones. El 14 de abril de 1876 la Cámara de Representantes dio por extinguida la vicepresidencia de Aguilera. Enfermo de cáncer murió, pobre, en Nueva York el 27 de febrero de 1877.

(al presidente Céspedes) la conveniencia del regreso» del vicepresidente[244].

Así lo aceptó, de inmediato, Céspedes en comunicación dirigida a Ramón Céspedes, Comisionado Diplomático: *«es absolutamente indispensable que el mayor general Francisco Vicente Aguilera retorne inmediatamente a Cuba porque su carácter de Vice-Presidente de la República así lo exige....»*[245].

No tuvo éxito Aguilera en sus gestiones conciliatorias con las fracciones en pugna en la emigración.

Para el primero de julio de 1871 Máximo Gómez se ocupa de organizar las tropas para invadir Guantánamo, propósito intentado varias veces durante los tres primeros años de la guerra y que siempre había resultado en un fracaso. Era aquella una zona riquísima en cafetales e ingenios pero protegida por destacamentos de criollos franceses que eran grandes tiradores, por tropas españolas de amplia experiencia y guarnecida la zona, también y principalmente, por las escuadras del temible Miguel Pérez que pronto serán aniquiladas.

Algunos grupos arriban por el sur hacia la zona del Cobre y Niquero. Uno de ellos, que parte de Jamaica, estará dirigido por el Coronel Lico Codina[246] y el Capitán Emilio Dupino.

Proteger la costa sur, esencial para el avituallamiento, desde Jamaica, del ejército mambí es tarea vital que ha sido asignada al hombre más hábil y conocedor de aquella zona.

---

[244] Comunicación de la Cámara de Representantes de abril 14, 1872 dirigida a Carlos Manuel de Céspedes.

[245] Comunicación del Dr. Miguel Bravo Sentíes, Secretario de Relaciones Exteriores a Ramón Céspedes, Comisionado Diplomático, de fecha mayo 5, 1872.

[246] Manuel Codina Polanco (Lico). Nació en Manzanillo, se alzó en la Demajagua junto a Céspedes, participa en la toma de Bayamo. En 1871 está a las órdenes de Máximo Gómez, Jefe de la División Cuba. Cumpliendo instrucciones de éste parte hacia Jamaica para agilizar envío de armas y municiones. Regresa con armas por el Aserradero el 13 de junio. Volvió a salir al extranjero y participó en la organización de distintas expediciones.

Al brigadier Pérez le señalan, además, entre otras responsabilidades, ésta de atender y proteger los desembarcos de la costa sur de su territorio. Así, a principios de junio de 1871 recibe la primera expedición que llegaba luego de un año en que los insurgentes estuvieron privados de recibir armas llegadas del exterior. Era el cargamento del barco comandado por el Coronel Manuel Codina Polanco que llegaba desde Jamaica hasta cerca del Aserradero.

En julio aquellas fuerzas de Gómez, que no descansan, destrozan una columna enemiga; el 6 marchan para el Pilón; el 9 recibe la noticia del arribo de la expedición de Codina; el 21 desembarca Rafael de Quesada, y empieza Gómez a avanzar hacia Guantánamo. Realiza varias acciones, y *«recibo un refuerzo que debe enviarme el jefe de la línea del sur (Jesús) Pérez».* Le llega el teniente coronel Cintra con 150 hombres.

LA INDIANA, LA GALLETA, LOS CAFETALES

Ha enviado Gómez hacia la «Loma de la Galleta» parte de sus tropas que son hostilizadas, el 6 de junio, por el Batallón de San Quintín. Pero el gran dominicano, que esta vez no quiere arriesgar la victoria planeada, espera el refuerzo que debe enviarle el brigadier Pérez, jefe de la línea sur[247].

Ya el 21 se encuentra allí, también, el teniente coronel Cintra con 150 hombres. El 28 de julio rinde jornada en la Loma de la Galleta donde piensa formar el núcleo de las fuerzas invasoras y donde ya se combatió el 6 de aquel mes. Junto a él está José de Jesús Pérez.

[247] Así narra Pirala la acción de «La Galleta»: «El 6 de junio, fuerzas del Batallón de Cazadores de San Quintín, al mando de su primer jefe, encontraron al enemigo superior en número, posesionado convenientemente en los montes de la estacada y lomas de la Galleta, donde se habían reunido todas las partidas de la jurisdicción; atacaron vigorosamente con dos cargas a la bayoneta, trabose reñida acción que duró cinco horas, al cabo de las cuales tuvieron que retirarse los españoles a Santa Rosa».

Acampado en La Galleta, por la zona de la Demajagua, con su Estado Mayor y escolta, el batallón de la brigada de Cambute al mando de Juan Cintra, los tres batallones de Cuba bajo las jefaturas de Maceo, Moncada y del Prado, y las dos unidades independientes de infantería, Gómez dio cuidadosos pasos para organizar la difícil marcha sin que esta fuera detectada. El factor sorpresa era el elemento decisivo[248]. Marcha el primero de agosto, a las dos de la madrugada hacia Corralillo, río arriba hasta llegar al Arroyo de la Ayúa.

Una de las primeras batallas se produce el 12 de agosto de 1871 en el cafetal *La Indiana*, defendido por hombres de las Escuadras de Guantánamo. Fuerzas de la División Cuba, bajo el mando de Gómez, atacan este cafetal a 28 km de Sagua de Tánamo. Eran los tenientes coroneles Francisco Borrero, Antonio Maceo, José María Cortés, bajo las órdenes del Teniente Coronel Juan Cintra. Muchos cubanos murieron o fueron heridos en combate. En el encuentro muere el teniente coronel mambí José María (Pepe), Cortés[249] y cae herido el teniente coronel José Maceo, quien estará convaleciente hasta enero de 1872.

Silverio del Prado –que, junto a José de Jesús Pérez, sirviendo a las órdenes de Máximo Gómez había participado en el importantísimo encuentro de la Socapa y, meses antes en la toma de Bayate, donde fue gravemente herido– combate en la jurisdicción de Sagua de Tánamo; y Guillermo Moncada, en Monte Ruz; el brigadier Pé-

---

[248] Pedro Pablo Rodríguez. Obra citada.

[249] El ataque a la Indiana fue iniciado por Pepe Cortés al frente de su caballería. Como «joven de apuesta figura, recio de cuerpo, educado, afable y de valor personal a toda prueba» describe Felipe Martínez Arango al santiaguero Cortés.

Antonio Maceo describe así la muerte de Pepe Cortés: «En la Indiana salió Pepe Cortés, al frente de dos o más batallones, a tomar la casa blindada guardada por cincuenta grandes tiradores; y a pocas varas del punto de partida cayó muerto, y sus soldados también cayeron a granel». Relato recogido en la obra de Leonardo Griñón Peralta «Antonio Maceo, Análisis caracteriológico».

rez se bate en San Pedro, mientras el coronel Camilo Sánchez[250] toma el ingenio Yarayabo, al tiempo que Pérez, luego del encuentro de San Pedro continúa su fuerte acometida, al frente de la brigada de Cambute, sobre los cafetales *Magdalena, el Cristal, Bello Desierto y Diamante.*

Todo estuvo preparado para la planeada acción de la Indiana[251]. Sigamos aquí a Benigno Souza en su biografía de Máximo Gómez:

> *«El día 4 de agosto acampan en la Armonía y ordena a José de Jesús Pérez, como diversión, el ataque a la zona de El Cobre, para caer el día 12, como un alud sobre la zona de cafetales de Monte Tauro, tomando la Indiana, heroicamente defendida por su guarnición, compuesta de cubanos, de los cuales sólo se salvó uno, y donde tanto se distinguieron el teniente coronel Antonio Maceo, el teniente coronel Cortés, muerto en la acción; Paquito Borrero y José Maceo, gravemente herido».*

José Maceo, herido de un balazo en el pecho quedó tendido en las aspilleras, luego de haber quemado, siguiendo a su hermano Rafael, la puerta por la cual entró la tropa. Máximo Gómez da la orden de retirada y Antonio pide una última oportunidad para rescatar el cuerpo de su hermano, y arremete con tal fuerza que la resistencia cede. José permanecerá convaleciente hasta enero del próximo año en que, gracias a su complexión física, logra sobrevi-

---

[250] José Camilo Sánchez luchó a las órdenes de Donato Mármol, Jefe de la División Cuba. Participará, junto con su estrecho colaborador, José de Jesús Pérez, en la protección y ayuda a los expedicionarios del Perrit, que trajo a la isla al General Thomas Jordan. Comandó una de las seis columnas que el 18 de julio de 1871 atacaron Jiguaní. Murió de las heridas causadas, un año después, en el combate de Rejondón de Baguanos el 29 de junio de 1872.

[251] En la Indiana (agosto 4, 1871), bajo la dirección de Máximo Gómez, participan Antonio Maceo, José de Jesús Pérez, Flor Crombet y José Maceo (Ver Abelardo Padrón «El General José» y «El General Flor», y Benigno Souza «Máximo Gómez»).

vir[252]. El día 13 invade Silverio Prado la zona de Sagua de Tánamo; el 18 el coronel Maceo quema los ricos cafetales de Monte Líbano. Ha participado también en varias de estas batallas, Flor Crombet.

Los continuos encuentros de La Indiana se prolongan por una semana. Jesús Pérez, de regreso de El Cobre, se distingue en la toma e incendio de los múltiples cafetales que rodean La Indiana. Dirá Máximo Gómez:

> *«La destrucción del famoso campamento de La Indiana dejaba franco y seguro nuestro centro de operaciones y nuestro ejército provisto de todo lo más necesario de que había carecido en absoluto»*[253].

A mediados de septiembre (1871) al recibir el brigadier Martínez Campos la noticia del ataque a Yarayabo por las partidas del Cobre y las incursiones de los insurrectos a Monte Líbano, (Guantánamo) se dirigió a esta región (Pirala, Página 251, Tomo II).

Tras la victoria conseguida por Gómez contra las tropas españolas comandadas por el coronel Carlos Palanca, en La Indiana, al iniciar su campaña de Guantánamo, siguieron otras con los hermanos Maceo, Camilo, Sánchez, Guillermón, Juan Cintra, Paquito Borrero y otros.

GUANTÁNAMO: LAS TEMIDAS ESCUADRAS DE MIGUEL PÉREZ

El avance hacia Guantánamo se dificultaba por estar la zona guarnecida por destacamentos de franceses criollos, expertos tiradores, así como por tropas españolas, guerrilleros que sirven a la metrópoli y, principalmente, las célebres escuadras de Guantánamo y Yateras diestramente mandadas por Miguel Pérez y Céspedes.

---

[252] Abelardo Padrón. «El General José. Apuntes biográficos». Instituto Cubano del Libro. La Habana, 1973.

[253] Máximo Gómez. «Eduá».

Los ricos cafetales de Yateras estaban protegidos por las escuadras organizadas en 1869 por el Teniente Coronel español Enrique Berges, compuestas por 300 indios yateranos dirigidos por Miguel Pérez[254]

Al iniciarse la campaña en 1868 Miguel Pérez ostentaba los grados de Capitán de Partida y se jactaba de haber destruido numerosos palenques de cimarrones. Su cuadrilla estaba compuesta, primordialmente, de hombres fuera de la ley o con antecedentes penales. Era aquella cuadrilla el principal obstáculo al que se enfrentaría Gómez en su propósito de invadir Guantánamo. Por eso al ordenarle a Guillermón Moncada iniciar la marcha le da las siguientes instrucciones:

«Va usted a recibir órdenes, Comandante Moncada, para invadir la zona de Guantánamo. Sepa que es una labor dura y difícil, pero conozca, que nuestro triunfo está ahí. Considero de gran efecto moral esta acción.

Usted irá al mando de la vanguardia: nuestras fuerzas irán detrás, y no olvide, que el aniquilamiento de Miguel Pérez, es para nosotros cuestión vital».

Guillermón quiere provocar a Miguel Pérez. Lo hace aplicándole la tea incendiaria a los cafetales que Miguel Pérez debe defender y comienza, precisamente en Tiguabos, donde ha nacido Miguel. Ese mismo día sale el cuadrillero feroz a perseguir las tropas mambisas. Era eso lo que esperaba Guillermón. El encuentro se produce en Yateras.

Miguel Pérez, temido por tantos, había dirigido un reto a Guillermón:

«A Guillermo Moncada. En donde se encuentre: Mambí, no está lejos el día en que pueda, sobre el campo de la lucha, bañado por tu sangre, izar la bandera española sobre las trizas de la bandera cubana.

Miguel Pérez y Céspedes»

[254] Juan Jerez Villarreal. Obra citada.

Guillermón responde al reto:

«A Miguel Pérez y Céspedes: En donde se hallare: Enemigo, por dicha mía se aproxima la hora en que mediremos nuestras armas. No me jacto de nada; pero te prometo que mi brazo de negro y mi corazón de cubano tienen fe en la victoria. Y siento que un hermano extraviado me brinde la triste oportunidad de quitarle filo a mi machete. Mas, porque Cuba sea libre, hasta el mismo mal es bien.

Guillermón»[255]

El primero de septiembre comienza Gómez el incendio de varios ingenios empezando por Isla de Vano y los cafetales Visitación, San Sebastián, la Barbarita, el Oasis y otros. Guantánamo, en la oscuridad de la noche aparecía iluminada con los incendios de aquellos cafetales. La operación la describe así el New York Times:

«El tema principal es la invasión del distrito de Guantánamo, muy desastrosa para la propiedad, y que, ocurrida al tercer año de la insurrección, desacredita en alto grado al gobierno. Hasta la fecha, ha destruido Gómez 26 cafetales».

Ha sido un triunfo total. El ejército español ha sido derrotado, los ricos cafetales destruidos y se ha diezmado la guerrilla del terrible Miguel Pérez y perdido éste la vida. Veámoslo:

El batallón de San Quintín ha quedado destrozado dejando, en los enfrentamientos de La Galleta y La Estacada, numerosas bajas. Muere, a manos de Guillermón Moncada, el tristemente renombrado Miguel Pérez. Lo comunica Gómez a Manuel Codina:

«Ya ha principiado la invasión a Guantánamo y en los primeros encuentros (los españoles) han perdido a sus principales jefes. Ya no existe González... y el famoso Miguel Pérez también cayó...».

[255] Regino E. Boti, Guillermón, Guantánamo. (Citado por Ramón Infiesta. «Máximo Gómez»).

Así describe Regino Boti los últimos momentos del temido jefe de la escuadra:

> *«Miguel Pérez partió del pueblo de Tiguabos en busca de* ***Guillermón*** *con sus escuadras y una pieza de artillería. Abandonado inexplicablemente por el capitán español Cartajenera se vió copado en el corazón del monte, tras cinco horas de combate, por los insurrectos. Huyendo furtivamente, de uno en fondo, en la noche, fue detenido a los gritos de «¡Se va Miguel Pérez! ¡Que se escapa Miguel Pérez!». Después de una lucha desesperada, «a disparos, a machetazos a puñaladas, a golpes, a mordidas» cayó, con su asistente, su mulo y su perro, que no le abandonaron».*

La caída del jefe de las Escuadras fue valorada como un suceso notable por ambos bandos. Los españoles llevaron sus restos en hombros de los voluntarios hasta el cementerio de Guantánamo, donde usó de la palabra el teniente gobernador, mientras el periódico integrista La Quincena recogía la información (6-15-71) bajo el titular «Muerte de un héroe»[256].

La prensa española informa la muerte del «Jefe de las Escuadras de Guantánamo, Don Miguel Pérez y Céspedes que en 71 años de edad, llevaba 54 de numerosos servicios a España».

Mientras, en la emigración, José Joaquín Palma escribía a Hilario Cisneros, el 5 de junio, desde Kinston, Jamaica: *«La muerte de Miguel Pérez en la jurisdicción de Guantánamo ha sido un gran triunfo para los patriotas pues ese era el jefe más importante que ellos tenían y tal vez el que más daño nos ha hecho en aquella demarcación».*

Gómez, por su parte, ascendió a Guillermón a teniente coronel[257].

Los españoles, dice Pirala, consideraron que ellos habían peleado con total desprecio a sus vidas salvando el honor del batallón

---

[256] Pedro Pablo Rodríguez. Obra citada.

[257] Ibidem.

ganándose así el alto prestigio, para España, de recibir «*la Corbata de San Fernando*»[258] para su bandera que colocó el Gral. Martínez Campos el 13 de junio de 1871 en Santiago de Cuba con la debida solemnidad.

Esa fuc la gran importancia que le concedieron las fuerzas españolas a la victoria de los insurrectos cubanos en la Galleta.

JOSÉ DE JESÚS PÉREZ IMPIDE EL AVANCE DE LAS TROPAS ESPAÑOLAS

Impresionantes son las fuerzas peninsulares a las que tienen que enfrentarse los insurrectos.

Para mediados de 1871, España mantenía en la isla de Cuba 62 batallones de infantería, 8 escuadras de caballería, 20 de milicias y voluntarios y dos regimientos de artillería[259].

En la jurisdicción de Cuba, el general español Carlos Palanca, jefe del Departamento desde el 26 de febrero de ese año, contaba con tres batallones de cazadores, tres de infantería de línea, uno de infantería de marina y uno de ingenieros. Además, disponía de los voluntarios de Vicana y Santiago, varias fuerzas de contraguerrillas y las Escuadras de Guantánamo.

Cada batallón tenía una plantilla de 750 hombres, la infantería de marina estaba constituida por 130, y el batallón de ingenieros lo formaban 8 compañías de 100 hombres cada una. Las tropas regulares eran, pues, 5,430 hombres por plantilla, a los que se sumaban más de un millar de integrantes de los diversos cuerpos de voluntarios. En total, posiblemente oscilaran en unos 7 mil hombres.

El general Palanca, jefe de la jurisdicción de Cuba, ordena al regimiento de la Corona mantenerse en El Cobre como base de operaciones para enfrentarse al batallón de Jesús Pérez, mientras envía a Sagua de Tánamo parte del batallón León para evitar nue-

[258] La Corbata de San Fernando era la condecoración que más honraba a los jefes , oficiales y cuerpo del ejército de la isla (Pirala, Tomo II, Página 189).

[259] Justo Zaragoza. Obra citada.

vas incursiones desde el norte de Guantánamo[260]; mueve, también, hacia allá al batallón de cazadores de San Quintín.

La acometividad del brigadier Pérez en el área de El Cobre le impidió –era este el objetivo de Gómez– al fogueado regimiento español de la Corona y al batallón San Quintín entorpecer el avance hacia Guantánamo de las fuerzas insurrectas.

Esta tenaz oposición del brigadier cubano forzó al propio Martínez Campos a moverse hacia el sur hasta El Cobre a enfrentarse a José de Jesús y a su entonces subordinado Matías Vega[261]. El primer encuentro se produce el 30 de septiembre, el segundo el primero de octubre en Brazo Malo, el tercero en Pinchito el día 2 y vuelven a chocar ambas fuerzas el 3 de octubre en Alto de la Estrella, en la jurisdicción de El Cobre[262].

El 10 de octubre recibe Máximo Gómez, en Montoru, a Calixto García. El 15 el gobierno llega al Pilón y marcha Gómez a conferenciar con él. En esa fecha le da a Maceo nombramiento de Coronel en Jefe de Operaciones de Guantánamo y le ofrece al gobierno su plan de invasión a occidente; *«poco se discute y al fin se rechaza y elige otro, en que yo no tomo parte, pero se me da el nombramiento de Jefe del Ejército invasor»*[263].

Gómez ha desarrollado una hábil y eficiente estrategia en su avance hacia Guantánamo. Mientras él se bate allí, Calixto García lo hace en Cuba y Jiguaní; José de Jesús Pérez le impide el avance por El Cobre a los refuerzos que Martínez Campos necesitaba, y Antonio Maceo hostiga desde su campamento, con las fuerzas de Flor Crombet y Teodoro Laffite, a las tropas del

[260] A. Pirala. Obra citada.

[261] Matías Vega Alemán ascendió rápidamente en su brillante carrera militar. Ya con el grado de Coronel, es gravemente herido en el combate de Naranjo-Mojacabase. Posteriormente se unió a las fuerzas del General Vicente García. Participó en la Guerra Chiquita y en la Guerra de Independencia.

[262] Los encuentros son recogidos por «La Gaceta» de La Habana, del 31 de octubre de 1871. (A. Pirala).

[263] Máximo Gómez. Diario de Campaña.

mariscal de campo español. Maceo se acercaba a la ciudad de Guantánamo pero al ver reforzadas sus defensas se movió en dirección a Baracoa.

Se han batido en Pinalito las fuerzas del Brigadier Jesús Pérez y las comandadas por el Brigadier Arsenio Martínez Campos:

> *«El 2 de octubre de 1871, fuerzas de la División Cuba, bajo el mando del Coronel José de Jesús Pérez, combatieron contra una columna dirigida por el Brigadier Martínez Campos en Pinalitos, en la zona de El Cobre»*[264].

¡Todo un futuro mariscal de campo combatiendo a un brigadier!

Se produce una fricción entre el Gral. Calixto García y el Brigadier José de Jesús Pérez al ignorar aquel una comunicación de éste sobre una extrema acción tomada por García contra un soldado (Juan de la Rosa) de las fuerzas de José de Jesús. Ante el reiterado silencio de Calixto García se dirige el Brigadier Pérez a Máximo Gómez solicitando una investigación[265]

Para entonces José Lacret ha regresado clandestinamente al suelo patrio parcialmente recuperado de su herida. En Kingston había sido atendido por familiares cercanos. Permanece primero en el campamento Santa Ana de Lleo junto a Cisneros y a Ramón Céspedes Fornaris pasando luego al hospital de guerra enclavado en la Subprefectura de Piedra Blanca[266].

Ya se siente recuperado el joven oficial y, nuevamente pasa a integrar las fuerzas bajo el mando de quien, más que su superior, es su amigo, el Brigadier José de Jesús Pérez quien, conociendo su limitación física lo nombra capitán prefecto de Guaninao donde

---

[264] Diccionario Enciclopédico de la Historia Militar de Cuba. *Obra citada.*

[265] Comunicación de José de Jesús Pérez a Máximo Gómez de agosto 22, 1871. Archivo Nacional de Cuba.

[266] Rolando Álvarez Estévez. «General José Lacret Morlot».

está enclavado San Lorenzo. Pronto compartirán, allí, comunes preocupaciones.

En agosto, Guillermo Moncada, Jesús Pérez, Antonio Maceo y Silvario del Prado batallan en Mayarí, pasan a la zona de los cafetales, la Indiana, Guaci, Montoru y siguen para unirse al gobierno en Pilón y, luego, en Miranda. *«Doy a Maceo nombramiento de Coronel, Jefe de Operaciones de Guantánamo»,* anota Gómez en su Diario de Campaña.

Regresa el Coronel Prado de su operación en Sagua de Tánamo a fines de agosto, y el 30 los comandantes Laffite y Ortiz *«salen en operaciones sobre los ingenios, con 160 hombres»,* que regresan la primera semana de septiembre *«después de haber tomado un ingenio, extraído buenos efectos, y liberado la dotación»*[267].

DENUNCIA DE CÉSPEDES. TENSIONES ENTRE LA CÁMARA Y CÉSPEDES

El 20 de enero había dirigido Carlos Manuel de Céspedes una comunicación al «Supremo Gobierno de España» denunciando los crímenes cometidos por el Coronel Acosta y Arreal quien, al mando de una columna española, asesinó a mujeres y niños que transitaban de Camagüey a Ciego de Ávila[268].

Valmaseda se encontraba desde los primeros días de aquel mes en La Habana. Será el 18 de febrero que parte hacia Las Villas para iniciar la que sería conocida como la «Trocha de Júcaro a Morón», intentando dividir la región Oriental de la Occidental.

Por Oriente se siguen produciendo continuos enfrentamientos. El 14 de febrero el ya capitán Flor Crombet al mando de 26 hombres se enfrenta al teniente de partido Marcelino López y su patrulla, destruyendo el fuerte del «Ermitaño», en la línea férrea del Co-

---

[267] Máximo Gómez. Diario de Campaña.

[268] El Cubano Libre, Camagüey, marzo 22, 1871. Citado por Fernando Portuondo del Prado. «Carlos Manuel de Céspedes. Escritos».

bre; en abril asalta un tren que trasladaba voluntarios fusilando a varios de ellos. Después incendia los cafetales al tiempo que se enfrenta a una columna enemiga.

Para entonces ya se hacían evidentes las tensiones entre Céspedes y la Cámara de Representantes. La Cámara el 16 de enero (1871) se declaró en receso después de investir al presidente de poderes extraordinarios. Las «presentaciones» eran frecuentes. Será un año después, el 29 de febrero de 1872, que reanuda la Cámara sus sesiones, pero sólo hasta el primero de mayo. Hasta el 25 de septiembre de 1873 durará este nuevo receso por las circunstancias mencionadas por el General Máximo Gómez en su Diario de Campaña cuando el 29 de abril (1872) los diputados habían solicitado protección física:

> *«Le hice presente al Gobierno lo inconveniente que era que con él anduvieran más de 150 hombres que, desmoralizados, comprometían la seguridad del Gobierno; cuando éste debía reducir su personal a lo indispensable, a fin de que a mí me fuera posible atender con desahogo a su subsistencia y seguridad y moverme con rapidez cuando así lo exigieran las circunstancias».*

El «Gobierno» es la «Cámara» y considera Gómez que los hombres que lo componen *«no están a la altura de la revolución, y con ellos, no podrá nunca triunfar ésta, pues matan las aspiraciones del Ejército y carecen absolutamente de tacto para desenvolverse hasta en las cuestiones de poca entidad»*[269].

Dice (¿sugiere, ordena?): *«Que todos aquellos hombres útiles pasaran al Ejército a tomar las armas y que la Cámara recesara, pudiendo sus miembros retirarse a los puntos donde más les conviniera».*

[269] Máximo Gómez. Diario de Campaña, junio de 1872.

autobiografía
del general
JOSE ROGELIO
CASTILLO
F
1786
.C35
1973
c.2
GRAL. JOSE R. CASTILLO autobiografí
3 5051 10851 4961

1871. NUEVAS EXPEDICIONES: DEL «HORNET» AL «EDWARD STEWARD»

Sólo seis expediciones organizarán en el año 1871 los cubanos del exterior que, como mencionamos, había comenzado con victorias militares de los insurrectos y actos de soborno de Valmaseda, el nuevo Capitán General. Año que se distinguiría por la invasión hacia Guantánamo, (precursora de la que se hará hacia Occidente) y las crecientes tensiones entre el Presidente Céspedes y la Cámara de Representantes.

Es este año la etapa menos cubierta de nuestra nistoria. Aún Fernando Figueredo Socarrás comienza su muy documentada obra «La Revolución de Yara» con la reunión de Bijagual convocada en octubre de 1873, y Benigno Souza en su extensa biografía del Generalísimo Máximo Gómez dedica menos de dos páginas a este doloroso 1871.

La primera expedición del año, con fecha controversial, es la del vapor *«Hornet»* [270]. Dirigida y financiada, como varias del pasado año, por la Junta Central Republicana, de Nueva York. Y organizada por Francisco Javier Cisneros. Viene con él William A. Ryan, Melchor Aguero y José Rogelio Castillo[271].

Ryan no desembarca y Melchor Aguero asume la responsabilidad militar. Atacados por tropas españolas, varios expedicionarios

---

[270] Al relacionar las expediciones que partieron con destino a Cuba, el Diccionario Enciclopédico de Historia Militar de Cuba afirma que Oscar Céspedes (hijo del Padre de la Patria). Melchor Aguero (enviado por el Gobierno de Cuba en Armas), y el Coronel William A. Ryan, entre otros, desembarcaron en costas cubanas a bordo del vapor Anna el 19 de enero de 1870 (página 30 de la obra citada).

Pero la misma obra, ofreciendo datos similares, identifica al «Hornet» como el barco en que llegaron estos expedicionarios y el 7 de enro de 1871 como la fecha de desembarco.

El Coronel José Rogelio Castillo, que venía en esa expedición también da, en su detallada autobiografía, como fecha del desembarco la de 1870. ¿Cuál es la correcta?

[271] José Rogelio Castillo en su detallada autobiografía también menciona enero de 1870 como la fecha del arribo de la expedición.

son capturados y otros logran incorporarse a las fuerzas del General Vicente García.

Manuel de Quesada tuvo a su cargo la organización de la segunda expedición que partiría en la goleta *J. Adams* comandada por Bernardino Valdés al frente de 12 combatientes que desembarcan en la ensenada de Esperanza en Consolación del Norte el 17 de enero. Perseguidos por la Guardia Civil de aquel poblado son pronto exterminados o capturados, con excepción de dos. Uno de ellos Bernardino Valdés es trasladado a Viñales, donde muere fusilado.

Lorenzo Jiménez, aquel representante en Nassau de la Junta Central Republicana, partió esta vez de Nueva York el 9 de febrero en la goleta *Velocity* capitaneada por José Varona. Desembarcan Jiménez y Juan Floral en Cayo Cruz; el resto de la tripulación se retiró a Nassau para recoger en seis días a los dos expedicionarios. A su regreso no los encontraron. Pero Lorenzo, ya capitán del ejército libertador, volverá en 1874 a comandar expediciones. Nos referiremos a ellas en próximas páginas.

Un pequeño bote zarpa de Haití y llega el 9 de junio al Aserradero, la costa sur de Oriente. Trae pertrechos y correspondencia que fueron recogidos por las fuerzas de la Brigada de Cambute subordinadas a las de Máximo Gómez y entregadas a éste en Pilón el 13 de aquel mes.

El 21 de junio arribará a las costas cubanas una importante expedición. Organizada por el Mayor General Manuel de Quesada y dirigida por su hermano el coronel Rafael de Quesada zarpa el *Virginius* (en su primer viaje a Cuba) de Puerto Cabello, en Venezuela. Arribará a Boca de Caballo, al sur de Oriente, donde, respaldados por las fuerzas del Brigadier José de Jesús Pérez, pudo descargar los fusiles, las cajas de parque, tiros de cañón, cananas y todo el material. La mayor parte dc los expedicionarios eran venezolanos, entre los que se encontraba Manuel Garrido Paz que llegará a alcanzar el grado de General de División. (Abandonará la isla en 1873). Arribará también Miguel Bravo Sentíes que, al transcurrir algún tiempo, mantendrá una estrecha relación con el General Vicente García.

Academia de la Historia de Cuba

HISTORIA DE LA GUERRA DE LOS DIEZ AÑOS

(Desde la Asamblea de Guáimaro hasta la destitución de Céspedes.)

POR

FRANCISCO J. PONTE DOMÍNGUEZ

Obra laureada en el Concurso Extraordinario al Premio "Rodolfo Rodríguez de Armas", 1954.

LA HABANA
IMPRENTA "EL SIGLO XX"
MUÑIZ Y CIA.
BRASIL 153-157
MCMLVIII

Esta expedición del *Virginius* desembarca, repetimos, por Boca de Caballo, Punta del Turquino, costa sur de Oriente. Trae ochocientos fusiles, doscientos mil cartuchos, cuatrocientos tiros de cañon y cincuenta burros. Esperados por la partida del Brigadier Pérez, atravesaron la Sierra Maestra, y los distritos de Cuba, Holguín, Las Tunas y Bayamo[272]. Ocho días después llegan los expedicionarios al campamento de Máximo Gómez en Pilón, al sur del puerto de Contramestre, y le entregan la mitad de los fusiles[273]. Con ellos atacará Gómez a Jiguaní el 15 de septiembre.

Unos la llamaron *«la expedición de los burros»* otros *«la expedición de los venezolanos»*.

El Diario la Marina en su edición del 14 de julio (1871) informa sobre el desembarco y el posterior encuentro con las fuerzas del Brigadier Velazco. La información la ofrecía el General Palanca. Un despacho anterior hacía mención a la presencia en la expedición de Luis Figueredo y Pancho Vega, y daba a conocer que *«según los documentos capturados, Pancho Aguilera va al norte en comisión»*[274].

Viene en la expedición el médico Miguel Bravo Sentíes[275], Al inicio de la Revolución, estando en Cárdenas había sido detenido por conspiración y enviado a Fernando Poo, de donde se fugó en unión de Miguel Embil. A su llegada a Nueva York, la Junta Cubana lo envía como agente diplomático a Venezuela donde establece

---

[272] Ponte Domínguez, página 293.

[273] La otra mitad la recibieron los generales Calixto García y Modesto Díaz.

[274] Ramón Roa, «A Pie y Descalzo», Establecimiento Tipográfico, La Habana, 1890 (Página 66).

[275] A poco de llegar, el Dr. Miguel Bravo Sentíes, fue nombrado jefe de los ayudantes del presidente Céspedes; desempeñando después y sucesivamente, la subsecretaría de la presidencia, la secretaria del Interior y de la Guerra y del Estado, hasta el 29 de octubre de 1873 cuando, en Bijagual, Carlos Manuel de Céspedes fue depuesto de la presidencia por la Cámara de Diputados. Durante la presidencia del Marqués de Santa Lucía fue jefe de sanidad de Oriente. Luego fue electo, hasta el momento de su prisión, diputado de la Cámara por el mismo departamento.

contacto con los hermanos Manuel y Rafael de Quesada. (Datos ofrecidos por Bravo Sentíes al periodista que lo entrevista en febrero de 1878. Fuente: A. Saucere. «La Revolución de Cuba». 1880).

La partida del Coronel José de Jesús Pérez había recibido el alijo del Virginius y avanza con el cargamento. Pero a la entrada del distrito de Camagüey, meta final de su marcha, por estar allí residiendo el gobierno de Céspedes, unos ochocientos hombres que acompañaban a Rafael de Quesada tuvieron que librar una acción el 9 de julio, en la Ceja de Loreto, (Sabanas del Ciego), contra fuerzas muy superiores dirigidas por Ramón Menduiña López, comandante general de Bayamo quien se vio obligado a replegarse hacia Guáimaro.

El mes siguiente, en julio, en el Peladero, costa sur de Cuba, desembarca la primera expedición exitosa que en el vapor *Edward Stuart* trajo el Coronel Melchor Agüero[276]: El alijo se hizo con toda felicidad, quedando el cargamento en tierra al cuidado del Capitán Manuel Morey, con tres hombres.

Pocas horas después se hacía cargo de ello el Coronel José de Jesús Pérez. Se componía el cargamento de 100 armas de precisión y algunas municiones[277].

El 4 de agosto Melchor Agüero instruye al brigadier Pérez a que del 15 al 30 de octubre le recibiera en la costa de Babujal otra expedición por él preparada. Dos meses después no había arribado la expedición teniendo que retirarse de la costa el comandante Jacinto Durán[278] a quien –transcurrido suficiente tiempo del plazo señalado– había comisionado el brigadier Pérez la recepción de la expedición si ésta arribaba. No arribó. Vuelve el esforzado, pero poco exitoso Agüero, a fracasar en una nueva expedición.

---

[276] Había fracasado seis meses antes cuando condujo la Legión Colombiana en el segundo viaje del Hornet. (Fuente: Francisco J. Ponte Domínguez).

[277] Enrique Collazo «Desde Yara hasta el Zanjón», Página 155.

[278] Jacinto Durán, al iniciarse la guerra es pronto ascendido al grado de coronel. En septiembre de 1873 estaba subordinado al General de Brigada José de Jesús Pérez, jefe de la Brigada de Cambute. Participa en varios combates. Al iniciarse la Guerra Chiquita cae preso y condenado a Chafarinas.

La última expedición de 1871 estará a cargo, una vez más, de Melchor Aguero y estará financiada por el grupo que respalda en el exterior al Mayor General Manuel de Quesada y, por supuesto, en la isla al Presidente Céspedes. Vienen en el vapor *Edgard Steward* una docena de expedicionarios que desembarcan en el Peladero –entre Uvero y Ocujal– al sur de Oriente. Como la anterior, el cargamento es recogido (el 15 de julio) por las tropas de José de Jesús, incorporado a las fuerzas del Mayor General Máximo Gómez.

LOS CONVOYEROS

Empieza Gómez a sentirse distanciado del gobierno. Situación que se agravará en noviembre con motivo de los «convoyeros».

> «El convoyero es un soldado como cualquier otro de nuestro ejército, –dice Fernando Fornaris– con la diferencia de que no presta el servicio de las armas; presta el servicio de asistencia, al lado de los jefes y subalternos militares, y al lado de los demás funcionarios de la república. Busca recursos. Cuando se hace necesario encontrar víveres en los atrincheramientos enemigos, el convoyero va de noche, sin temor alguno, con fuerza armada o sin ella, y los toma tranquilamente, soportando a veces el fuego de las avanzadas o de alguna emboscada.
>
> Pero cuando el convoyero ostenta todo su valor, es en los momentos en que el cuartel donde se halla es atacado por sorpresa. Entonces, mientras todos corren a parapetarse, o buscan el monte para presentar resistencia, o huyen si no pueden ofrecerla, él recoge la hamaca y equipaje de su jefe y se convierte en un camello cargador, echándose a la espalda cuanto encuentra en el rancho, y sacando hasta en los dientes lo que no le cabe en las manos.
>
> El convoyero deja de serlo para empuñar un rifle, tomar puesto en una compañía y batirse como un león en todos los combates»[279].

[279] Tomada de las notas de Fernando Fornaris y Céspedes.

Lo admite así el Generalísimo:

«Marcho en regreso para el Indio; a mi separación de este lugar hay un disgusto con el Presidente, a consecuencia de que pretendía que individuos de tropa se ocuparan de buscarle los recursos de boca; yo me negué a ello; pues no parecía esto un servicio de soldado, que debíamos procurar dirigirnos por un camino donde los servicios y trabajos de la campaña vayan sellados con la gloria y el prestigio, que para aquellos se buscara gente a propósito. Esto dió lugar a una discusión acalorada»[280].

Molesto, realmente irritado, pide Gómez dos meses de licencia que le son concedidos y entrega al gobierno todo el pertrecho que habrá de dedicarse a las Tunas y a las Villas. Termina el año 1871 con este lamentable distanciamiento, pero con un Gómez cubierto de glorias militares.

Eran los días en que Céspedes mostraba su interés – jamás abusó de su poder o autoridad – en enviar al exterior a su hermano Pedro con el objeto de lograr la ayuda necesaria para la revolución. Se lo informa a Gómez quien, por otros motivos, deseaba que salieran del territorio Pío Rosado, jefe de su Estado Mayor, y su secretario José Ramón Villasana.

Quien puede ofrecerles a ambos la mayor seguridad para el riesgoso traslado es el confiable José de Jesús Pérez que por tener a su cargo las operaciones de la costa sur cuenta con los contactos necesarios. También participará en el viaje el diputado Jorge Milanés, su yerno Mariano Acosta y familiares de Jesús Pérez. Estos últimos sufrirán agobiantes estrecheces económicas[281].

---

[280] Máximo Gómez. Diario de Campaña.

[281] «La Sociedad para socorrer a los familiares pobres de los que están peleando por la independencia de Cuba» recolecta en Nueva York $127 para asistir «a la familia de Jesús Pérez y José Medina que se encuentran en la mayor necesidad en Jamaica». (Fuente: Acta de la Sociedad mencionada de fecha septiembre 25, 1872. Fondo de Donativos y Remisiones. Archivo Nacional de Cuba).

COMISION DEL ARCHIVO DE MAXIMO GOMEZ

Gómez y Báez, Máximo

DIARIO DE CAMPAÑA DEL MAYOR GENERAL MAXIMO GOMEZ

Edición Homenaje al cumplirse el
104 ANIVERSARIO del
natalicio del General Máximo Gómez
NOVIEMBRE 18 DE 1940

Impreso en los Talleres del
Centro Superior Tecnológico
Ceiba del Agua, Habana

NUEVOS ACONTECIMIENTOS. DETENCIÓN Y MUERTE DE ZENEA

En agosto (1871) se recibe información sobre una expedición que no se producirá. Se conoce, también de la muerte de un hombre cuya verdadera misión sigue siendo, aún, motivo de polémica. El 25 de aquel mes muere, en los fosos de la Cabaña, Juan Clemente Zenea. Unos, lo acusaban de ser portador de una no autorizada misión del gobierno de la metrópoli, tramitada a través del cubano Nicolás Azcarate que mantiene estrechos vínculos con el gobierno español. Otros, consideraban a Zenea como un agente de los insurrectos.

¿Cómo se había producido la selección de Nicolás Azcarate para tan delicada misión? Veamos el relato que nos ofrece José Duarte Oropesa[282]:

> *«Nicolás Azcarate, quien había sido miembro de la Junta de Información con Morales Lemus logró la autorización de Segismundo Moret, Ministro de Ultramar, para realizar gestiones pacifistas en Nueva York con los antiguos reformistas que ahora eran miembros de la Junta Revolucionaria de Nueva York. Las proposiciones de paz presentadas por Azcarate fueron rechazadas por la Junta Cubana por no creerlas bien inspiradas por la metrópoli, ni aún con la garantía del gobierno americano porque el yerno de Hamilton Fish era abogado de la Legación Española en Washington. Azcarate se comunicó con su viejo amigo, el poeta Juan Clemente Zenea, y éste con manifiesta irresponsabilidad se comprometió a viajar a Cuba en misión pacifista. Fue provisto de amplios fondos y de un salvoconducto del ministro español en Washington ordenando a las autoridades de la isla su libre tránsito».*

Criterios totalmente opuestos han sido reiteradamente expresados por distintos escritores e historiadores defendiendo la identificación con la causa de la insurrección cubana del poeta que en los

[282] José Duarte Oropesa «Historiología Cubana» Tomo I.

primeros meses del Grito de Yara se embarcó en dos expediciones (la del *Lilliam* y la del *Catherine Whiting*, narradas ambas en este libro), expresaba abiertamente su posición en el periódico La Revolución y al caer preso se negó a revelar *«el lugar en que se encontraban las partidas insurrectas»*.

Enrique Pineyro[283], que tuvo en sus manos los autos del proceso; Abilio Estévez[284], con mucha tibieza; y Cintio Vitier[285], con firme determinación, entre otros, consideran, sobre todo Vitier, que «Zenea se involucró, por su cuenta y riesgo, como separatista impaciente...en una «misión de España» ...cometiendo un error» «Error que no equivale a traición, ni implica una abyección moral». Pineyro, (de «autor elegante y elocuentísimo» lo calificó Manuel Sanguily,) analiza las causas por las que «al cabo de ocho meses de encierro en un calabozo, fue Zenea ejecutado», y considera inocente «al melancólico poeta bayamés».

Al ser apresado, Zenea llevaba cien onzas de oro (equivalentes a 1,700 pesos). ¿De quién provenían y a quienes estaban destinadas? Esta suma la había recibido Cornelio Porro, Contramaestre General de la Revolución en Camagüey, de Francisco Sánchez «tesorero de la Junta de Nueva York» y la enviaba con Zenea a José de Zayas, agente cubano en Nassau, para comprar armas y municiones. En comunicaciones enviadas por Zenea, antes de su viaje, a Ramón de Céspedes y a Carlos Manuel de Céspedes el poeta solicitaba que se prohibiera utilizar ese dinero en *«pagar pensiones, salarios o gastos personales»*[286].

La misión de Zenea ha sido uno de los puntos polémicos de nuestra historia. ¿Fue un traidor a la causa de la libertad de Cuba que, conociendo y compartiendo la misión que lo llevaba a la isla,

---

[283] Enrique Pineyro, «Vida y Escritos de Juan Clemente Zenea», París, 1901.

[284] Abilio Estévez, «La Verdadera Culpa de Juan Clemente Zenea», obra de teatro, La Habana.

[285] Cintio Vitier, obra citada.

[286] Cintio Vitier, *obra citada.*

quiso persuadir, por la estrecha amistad que los unía, al presidente Céspedes a aceptar negociaciones de paz que no contemplaban la libertad de Cuba? ¿O desconocía el contenido del sobre cerrado que llevaba proposiciones –repetimos, desconocidas por él– que antes les habían hecho a los representantes legales de la República en Armas?.

Zenea fue recibido por Céspedes y las proposiciones, leídas a miembros de la Cámara y a varios jefes militares, fueran rechazadas con indignación. Céspedes rechazó las proposiciones de paz traídas por Zenea.

Un defensor[287] de la inocencia del poeta describe esta escena:

> *«Zenea levantándose de su asiento se dirigió a los presentes explicándoles: «Ciudadanos. Yo no soy más que el conductor de esas proposiciones y, desde estos momentos, sólo un número más entre ustedes. Separatista incondicional. A no ser porque tengo que cumplimentar mi comisión, me quedaría en vuestra compañía».*

Zenea, víctima de un Valmaseda que estaba sometido a la férrea voluntad del Cuerpo de Voluntarios que eran los que, de hecho, imponían sus decisiones a éste y otros Capitanes Generales, recibió –apunta Vitier– ataques de las dos facciones de la emigración cubana. Los quesadistas lo acusaron de traición por haber ido a Cuba con un salvoconducto español para convencer a Céspedes de que no recibiría más ayuda del exterior; y los aldamistas lo acusaban de traición hacia ellos por haberles pedido cartas de recomendación sin revelarles el verdadero objetivo de su viaje a Cuba.

Al intentar regresar a Nueva York, en compañía de la esposa de Céspedes, cayó en poder de un batallón español. Conducido a La Habana moriría fusilado el 25 de agosto de 1871.

[287] José Maceo Verdecia: «Bayamo», Editorial Cubana, Miami, Florida, 1997.

LOS VOLUNTARIOS

Ante la alarma producida por la invasión en 1850 de Narciso López durante el gobierno del General Concha comenzaron a formarse los primeros Cuerpos de Voluntarios, pero su organización jurídica no se hizo efectiva hasta 1856 cuando se probó un reglamento que estableció su misión y normativa legal[288] aunque en febrero de 1855 se formaron sus primeros cuatro batallones en La Habana.

Aunque en el período que transcurre desde 1855 hasta el inicio de la Guerra de los Diez Años este organismo no mostró actividad apreciable, en distintas poblaciones de Pinar del Río y Matanzas ya se habían creado varios batallones y escuadrones de voluntarios. El Grito de Yara provoca un radical cambio en la composición y actividad de estos radicales integristas que fueron reorganizados en diciembre de 1868 en La Habana por el General Francisco Lersundi con la autorización del Ministro de la Guerra.

Se componían de batallones y compañías, en las que eran admitidos todos los sargentos, cabos y soldados licenciados del Ejército que vivieran en la isla y cualquier persona peninsular o cubana. Los batallones era comandados por un coronel y distintos tenientes coroneles, comandantes y capitanes. Las compañías tenían al frente a un capitán, un teniente, un alférez, sargentos y cabos.

Al iniciarse la insurrección en octubre del 68, el gobernador Lersundi reorganiza en La Habana este organismo en diciembre de aquel año bajo el nombre de Compañías de Guías del Capitán General. A mediados de 1869 se constituyen los Cuerpos de Voluntarios de Reserva de La Habana, presididos por el Sub-Inspector de Voluntarios, el Conde de Casa Lombillo[289]. La intención de las autoridades españolas era que éstos no actuaran por separado, sino combinados con las fuerzas del Ejército.

[288] María Dolores Domingo Acebrón, «Los Voluntarios...» *obra citada.*

[289] María Dolores Domingo Acebrón, *obra citada.*

REGLAMENTO

PARA

LOS CUERPOS DE VOLUNTARIOS

DE

LA ISLA DE CUBA.

HABANA.—1869.

Imprenta del Gobierno y Capitanía general.

El poder alcanzado por esta organización se puso de manifiesto con la forzada destitución del General Domingo Dulce, los sucesos del Teatro Villanueva, el fusilamiento de los estudiantes de medicina y la ejecución de Zenea, a los que nos estamos refiriendo en distintos capítulos.

Será en 1869 que el Estado Mayor de la Capitanía General de la Isla de Cuba dicta el Reglamento para los Cuerpos de Voluntarios de la Isla de Cuba.

Por su Artículo Primero la Fuerza de Voluntarios quedaba organizada en batallones, compañías o secciones sueltas de infantería, y en regimientos, escuadrones y secciones sueltas de caballería *«según lo permita la población de los respectivos distritos militares, como lo está actualmente»,* y bajo la dependencia inmediata de un sub-inspector nombrado por el gobierno.

El reglamento es bien detallado. Fija el número de batallones, compañías y secciones sueltas de infantería y los grados que ostentarían los que a éstos comandarían.

En su Capítulo II, el Artículo Ocho, determina que *«para el ingreso de voluntarios se requiere ser español o naturalizado tal, mayor de 18 años y no exceder de los 50, poseer renta, ejercer oficio, industria o modo de vida honroso o hallarse bajo la tutela de padres o parientes que lo mantengan».* La admisión de voluntarios correspondería únicamente al primer jefe de los regimientos y batallones, y llega el reglamento al detalle de como serán nombrados no sólo los jefes y oficiales sino hasta los sargentos y cabos[290].

¿Quiénes eran los sostenedores económicos de estos extremistas? Los peninsulares que gozaban de influencia, y se habían enriquecido, al amparo de las autoridades: Julián Zulueta, que controlaba la emigración de extranjeros, como presidente de la «Junta Central de Colonización», vehículo que amparaba la vergonzosa trata de esclavos. Otros sostenedores de los Cuerpos de Voluntarios

[290] Reglamento para los Cuerpos de Voluntarios de la Isla de Cuba. Habana, 1869. Imprenta del Gobierno y Capitanía General.

fueron Mamerto Pulido, José Baró, Ramón Herrera, Manuel Calvo e instituciones como el Banco Español de La Habana.

EL FUSILAMIENTO DE LOS ESTUDIANTES DE MEDICINA

En los meses que han transcurrido en aquel trágico 1871 mucha sangre cubana ha sido derramada. Muertos, unos en el garrote, otros por fusilamiento, Domingo Goicuría, Luis Ayestarán, la Familia Mora, los hermanos Diego y Gaspar Agüero, el poeta y patriota Miguel Jerónimo Gutiérrez, el General León Tamayo y, en La Cabaña, Juan Clemente Zenea.

En noviembre se producirá uno de los más vergonzosos crímenes perpetrados por débiles gobernantes sometidos a la sed de sangre del «benemérito Cuerpo de Voluntarios». «El asesinato en rifa de ocho estudiantes de Medicina, por la violación de la tumba de Gonzalo Castañón, que no fue jamás violada[291]».

Todo había empezado un año antes cuando en los primeros meses de 1870, Modesto Gonzalo Castañón, Director de la revista *La Voz de Cuba* que se publicaba en La Habana, por los ataques que recibía de Mateo Orozco en artículos publicados en el periódico *El Republicano*, de Cayo Hueso, retó a éste a un duelo en el propio Cayo en el que Castañón perdió la vida.

A través de su periódico *La Voz de Cuba*, Gonzalo Castañón destilaba el odio que sentía sobre todos los cubanos. Era el periodista –lo denunciaba Valdés Domínguez– que comenzaba sus escritos con ***¡Sangre y fuego!*** y que *«quería el extermino de los cubanos para repoblar la isla con nuevos españoles». «Mártir le llaman porque murió por una bala cubana, y dicen que fue asesinado, cuando también se ha probado que murió en desafío».*

La muerte de aquel agitador de las bajas pasiones de los Voluntarios provocó la mayor ira de éstos, y un día cualquiera, el 23 de noviembre del siguiente año, la clase entera de un curso de me-

[291] José Martí, periódico «Patria», de Nueva York, febrero 3 de 1894.

dicina fue acusada de haber profanado la tumba del Director de *La Voz de Cuba.*

La prensa inflamaba los bajos instintos de aquella plebe. Lanzaban una Proclama que leía:

«PROFANACIÓN.- Con una indignación sólo comparable a lo infame del atentado hemos sabido la sacrílega profanación que se ha efectuado en el antiguo cementerio. Unos miserables han roto los cristales que cubrían las lápidas de los nichos que guardan los restos mortales de Don Gonzalo Castañón, vilmente asesinados en Cayo Hueso por los que se llaman defensores de la independencia de Cuba».

> *«La justicia tiene el deber de castigar a los criminales y un Consejo de Guerra compuesto de doble número de capitanes, mitad perteneciente al ejército y mitad a los Cuerpos de Voluntarios, impondrá la pena que merecen a los perpetradores del delito; la moral los condena, la historia los llamará asquerosas hienas, los españoles sólo sabemos despreciarlos».*

No podía el Conde de Valmaseda, Capitán General de la Isla, dejar de unir su voz a los deniestos lanzados contra aquellos inocentes estudiantes:

> *«Voluntarios: la mano del laborantismo nos ha lanzado una nueva provocación profanando la tumba de nuestro malogrado compañero Don Gonzalo Castañón. Mañana, a las seis de la tarde estaré entre vosotros para hacer que la justicia representada por un Tribunal nos muestre los culpables de semejante atentado. La pena a que los delincuentes se hayan hecho acreedores, la hará cumplir con toda brevedad vuestro Capitán General, Conde de Valmaseda. Tunas, Noviembre 27, 1871*[292]*».*

[292] Fermín Valdés Domínguez: «27 de Noviembre de 1871» obra citada. Todos identificamos a Fermín Valdés Domínguez como uno de los estudiantes condenados aquel 27 de noviembre y el entrañable amigo y compañero de José Martí. Pocos conocen que, años después, se incorporó, entre los primeros, a los que lucharon

Ni podían faltar las palabras del integrista peninsular Justo Zaragoza:

«Grandes fueron los clamores de la prensa norteamericana... cuyos periódicos, partiendo del concepto erróneo de que eran unos niños irresponsables, cuando el menor de los fusilados tenía más de 18 años, los consideraban víctimas inocentes de un castigo excesivamente severo[293]*».*

El periódico *La Quincena* que se publicaba en La Habana los días de salida de correo para España escribía en el número de noviembre 30: «Sucesos Graves».

«El sábado 25 del actual circuló por La Habana la noticia de que en el cementerio habían sido profanada la tumba de Don Gonzalo Castañón, el mártir de la patria, el inolvidable director de La Quincena, tan villanamente asesinado en Cayo Hueso. Los autores de tan criminal atentado habían sido los estudiantes de primer año de Medicina de la Universidad Literaria...»

Fueron juzgados. El Consejo sólo los condenó a penas menores, pero las turbas exigían un mayor castigo. Para complacerlas se organizó otro tribunal que, sin aceptar ni siquiera testigos de la defensa ni pruebas que mostraran la inocencia de los acusados, condenó a muerte a cuatro que se habían montado, días atrás, en un carro en que se transportaban cadáveres: Anacleto Bermúdez, José de Marcos Medina, Angel Laborde y Pascual Rodríguez. Incluyeron en la sentencia de muerte a Alonso Alvarez de la Campa, cuyo delito había sido el de

---

en la Guerra de Independencia de 1895, sirviendo bajo las órdenes de Serafín Sánchez y Carlos Roloff y, luego a las de José Maceo y Máximo Gómez, de quien fue su Jefe de Despacho.

La historia militar de Fermín Valdés Domínguez fue narrada por él mismo en su publicación «Diario de Soldado» que abarca el período que va del 6 de junio de 1895 al 17 de octubre de 1898.

[293] Justo Zaragoza, *Obra citada*, Tomo II, Página 603.

haber recogido una flor en el cementerio[294]. Eran cinco. Pero la «legión de hienas» como la había calificado Martí, había exigido no menos de ocho víctimas. Se hizo un sorteo y se añadieron los nombres de Carlos de la Torre, Elio González y Carlos Verdugo.

Parte de la prensa española calificó de brutales y excesivos los criminales hechos cometidos en La Habana. Así, el periódico el *Pensamiento Español de Madrid* consideraba que el fusilamiento precipitado de los ocho jóvenes le había enajenado a la causa de España un gran número de simpatías y que aquel excesivo rigor había producido a la causa española en Cuba resultados enteramente opuestos a los que se habían propuesto los que se precipitaron en llevarlo a cabo. Igualmente otro periódico, *La Política de Madrid,* admitía que la opinión pública del mundo encontraba dura, excesiva y cruel la pena de muerte aplicada y que ha sido el resultado de una presión tumultuaria, ejercida por los Voluntarios en armas, de una coacción por ellos impuesta al General Segundo Cabo y al Consejo de Guerra.

El 27 de noviembre fue ejecutada la sentencia.

Horas antes los jóvenes escriben a sus padres sus últimas palabras.

Angel Laborde, hijo del Coronel de Milicias Eduardo Laborde, escribió a su padre: *«Muero inocente. Me he confesado».* José de Marcos, hijo del peninsular José de Marcos Llera, escribió: *«Hoy es el último día de mi vida, muriendo inocente. Adiós para siempre».* Alonso Alvarez de la Campa[295] le escribe a su madre y, también, a su padre y hermanas: *«Os quiere entrañablemente y envía su último adiós tu hijo que te verá en la gloria. Me he confesado como cristiano».*

---

[294] Le echaban en cara al joven Alonso Alvarez de la Campa la riqueza de su familia. José Triay, Director de *La Voz de Cuba* le decía que no le valdría el dinero de su padre ni la influencia de su tío para sufrir el merecido castigo. ¿Su crimen? Tomar una flor del jardín del cementerio.

[295] Aunque se ha recogido el nombre como Alonso Alvarez de la Campa, todas las cartas que ha dirigido a su madre, a su padre, hermanas y ahijadas están firmadas como Alonso Alvarez y Gamba.

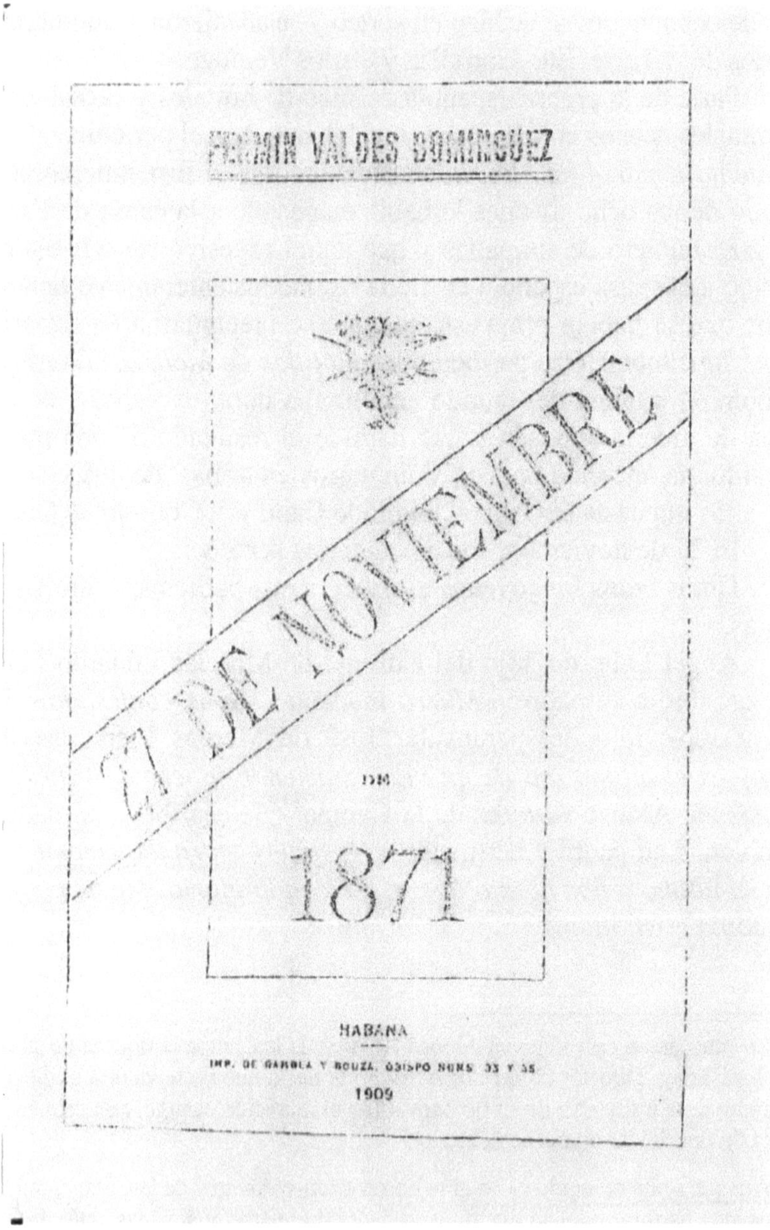

FERMIN VALDES DOMINGUEZ

27 DE NOVIEMBRE

DE

1871

HABANA

IMP. DE RAMBLA Y BOUZA, OBISPO NUMS. 33 Y 35

1909

Anacleto Bermúdez: *«Mis queridos padres y hermanos: Hoy que es el último momento de mi vida me despido de ustedes»*. Pascual Rodríguez le escribe a su padre, de igual nombre que era, como el de Ángel Laborde, Coronel de Milicias: *«Querido Papá: Muero conforme y esperando que Dios recibirá mi alma en su Santa Gracia, pues soy inocente»*[296].

¿ALONSO ÁLVAREZ DE LA CAMPA O ALONSO ÁLVAREZ Y GAMBA?

La obra de Fermín Valdés Domínguez se editó en distintas fechas. La primera, bajo el título de «Los Voluntarios de La Habana en el Aniversario de los Estudiantes de Medicina», fue publicada en Madrid en 1873; otra, inmediatamente después, en 1887, a la que siguió la edición de 1909 y otras posteriores. En la primera de estas obras, Valdés Domínguez se refería repetidamente al joven Alonso Alvarez de la Campa con ese apellido compuesto; sin embargo, hace mención expresa de la Partida de Bautismo en la que aparece el joven como *«hijo de don Alonso Alvarez, natural de Castrillón, Provincia de Oviedo, y de Doña María Cecilia Gamba, natural de La Habana»*. Y así, como hijo de Alonso Alvarez y María Cecilia Gamba firmaba el joven Alonso su carta de despedida aquel 27 de noviembre. Carta en la que, si en el encabezamiento menciona también a su padre, es evidente que está dirigida a su madre pues una y otra vez se refiere a ella en términos como éstos: *«Te dirijo ésta para decirte que me excuses de todo lo malo que he hecho... te envío con el Administrador del Correo el reloj... la sortija tuya quiero que vuelva a tu poder, como un último recuerdo. El portamonedas también te lo dejo»* y termina el joven con esta tierna despedida:

[296] Todas estas cartas están relacionadas en la obra de Fermín Valdés Domínguez «27 de Noviembre de 1871», La Habana, 1909.

«Os quiere entrañablemente y envía su último adiós, tu hijo que te verá en la Gloria» y firma: Alonso Alvarez y Gamba. Y escribe luego una postdata: *«Tu hijo que te quiere mucho y el último adiós que te doy»* y vuelve a firmar Alonso Álvarez y Gamba.

Queda para otros investigadores conocer cuando se produjo la mutación del nombre del padre, de Alonso Álvarez (como aparecía en la Partida de Bautismo) a Alonso Álvarez de la Campa con la que firma la muy comprensible solicitud para que se llevara al Supremo Tribunal de Guerra y Marina, para su revisión, la causa formada contra los estudiantes de Medicina.

LAS EXPEDICIONES DE 1872 Y 1873

Será el 3 de marzo de 1872 que Francisco Vicente Aguilera, vicepresidente de la República de Cuba en Armas logró organizar una expedición que, al mando del comandante Carlos García y el capitán Gonzalo Castillo, zarparía de Nueva York a bordo de la goleta *J. Adams*. La expedición, con sus pertrechos, pudo desembarcar en la costa norte de Pinar del Río combatiendo en el área que se extiende de Guanajay a San Antonio de los Baños.

Cuatro meses después, Aguilera, a través de José I. Mayorga, adquiere el vapor *Fanny* que, tras varios inconvenientes, zarparía de Baltimore el 9 de junio. La expedición estaría al mando de Julio Grave de Peralta y desembarcaría el 2 en la playa La Herradura en Sagua de Tánamo, costa norte de Oriente. El capitán de la nave, su tripulación y el coronel William A. Ryan (que morirá en el tercer viaje del *Virginius*) se fueron en dos botes a Nassau. En otras páginas hablamos en extenso del mártir Grave de Peralta.

La ayuda que necesitan los hombres que en la manigua exponen su vida comenzarán a recibirla de los cubanos desterrados que viven en islas vecinas.

La Sub-agencia de Cuba en la República Dominicana organiza una expedición que zarpará de Puerto Plata en agosto con un grupo de jóvenes que desembarcarán por las costas de Oriente, y cuyo transporte estuvo a cargo de Lorenzo Castillo.

El 17 de abril (1872) desembarca el capitán Morey por Babujal (costa sur) *«con el capitán Miguel Pantojas, los oficiales Florencio y Ricardo Puentes, cuatro expedicionarios y dos marineros americanos»*[297].

El 18 de aquel mes de mayo envía José de Jesús Pérez un práctico de Bayamito a recoger a los pocos expedicionarios que habían desembarcado y ya el 23 estaban en su campamento del Pinar[298].

¿Qué había sucedido? Una semana antes, el 11 de abril, el coronel Melchor Agüero, jefe de la expedición, había dado instrucciones, a los pocos expedicionarios que habían desembarcado, de practicar un reconocimiento sobre la costa. Éstos se encontraron en horas de la noche, frente a un campamento enemigo por lo que trataron de regresar al barco pero no lo encontraron porque éste había zarpado de regreso.

Por tal motivo el capitán Morey y sus pocos acompañantes regresaron a la costa donde fueron recogidos por los hombres del brigadier Jesús Pérez.

Volverá nuevamente el joven Lorenzo Castillo a transportar en septiembre otra expedición organizada por la misma Subagencia de Cuba en la República Dominicana que desembarcará el día 24, como la anterior, en las vecinas costas de Oriente.

En junio 1872 se produce el desafortunado desembarco del *«Fanny»* en el que pierden la vida el Gral. Julio Grave de Peralta y una veintena de abnegados cubanos. Grave de Peralta había regresado al extranjero el 8 de marzo de 1871.

---

[297] Comunicación del brigadier José de Jesús Pérez al Agente Diplomático en Jamaica, fechada en el Campamento el Pinar, el 13 de mayo de 1872. Fuente: Archivo Nacional de Cuba.

[298] Comunicación del brigadier José de Jesús Pérez, ya citada, que aparece en el Archivo Nacional de Cuba.

José I. Mayorga, aquel amigo de la causa cubana a cuyo nombre se había adquirido el *Fanny*, organiza en la acogedora tierra dominicana la que sería la última expedición del año 72. El barco *Brillage Brige* partirá, como los dos anteriores, de Puerto Plata con armas y pertrechos pero fue interceptado por las autoridades inglesas de Jamaica.

En esos días comienza a organizarse, con el esfuerzo combinado de la Subagencia dominicana y la Junta o Agencia de Cuba de Kingston en Jamaica, una expedición que teniendo al frente al coronel Juan Luis Pacheco[299] partió en febrero o marzo pero fue retenida con armas y parque.

Volverá Pacheco en 1873 a transportar más expediciones organizadas por la Junta de Kingston, Jamaica. Una en marzo, la siguiente en junio.

Para julio ya pudo el Mayor General Manuel de Quesada, con la ayuda de su hermano Rafael, organizar una expedición que tendría como jefe al General José Miguel Barreto[300] y partiría de Co-

[299] Juan Luis Pacheco Céspedes fue de los primeros en alzarse al iniciarse la gran guerra. Ayudante de Francisco Aguilera a los 17 años se integrará a la División Cuba bajo el mando del General Donato Mármol. Participa con el entonces Teniente Coronel Antonio Maceo en el ataque al ingenio Armonía. Toma parte de varios combates en la región oriental. En noviembre de 1872 el presidente Céspedes lo envió a Nueva York para gestionar la organización de expediciones armadas. Realiza varios viajes a Cuba. Concluida la guerra se radicó en Perú donde murió en 1895.

[300] José Miguel Barreto Pérez, venezolano, prestó servicio en el ejército de su país donde alcanzó el grado de General de Brigada. El 21 de julio se le concedió en Cuba el grado de Mayor General y el 5 de agosto el Presidente Céspedes lo nombra Secretario de Guerra. Depuesto Céspedes fue nombrado segundo jefe del Departamento Provisional de Cauto, baja las órdenes del Mayor General Vicente García. Bajo la presidencia de Cisneros se resistió a ser trasladado a Las Villas y continuó en Tunas. Junto con Miguel Bravo Senties redactó el 20 de abril de 1875 el manifiesto que luego fue proclamado en Lagunas de Varona. El 25 de octubre de 1877 fue hecho prisionero por los españoles en Las Pelonas, juzgado y condenado a muerte, pero la pena le fue conmutada por el Capitán General Arsennio Martínez Campos que ya estaba tramitando conversaciones que condujeron a la Paz del Zanjón.

lón (entonces parte de Colombia) con 150 hombres[301] desembarcando el 6 de julio por la ensenada de Mora, Pilón, en la costa sur de Oriente siendo protegidos por las tropas del Brigadier José de Jesús Pérez.

La segunda expedición del *Virginius* –a la que nos referimos separadamente– arribaba a la costa sur de Oriente, el 6 de julio de 1873. Será esperada, y su material trasladado, por el brigadier José de Jesús Pérez.

En esta segunda expedición del *Virginius*, Juan J. E. Casasús, el biógrafo del General Calixto García describe así aquella operación:

«El 6 de julio de 1873 arribaba a la costa sur de Oriente la segunda expedición del Virginius esperada por las tropas del Brigadier Jesús Pérez. Deja en tierra cubana 780 fusiles, 120 sables, 2,500 libras de pólvora, 400,000 cápsulas, ropa, zapatos y medicina. Con este formidable aporte, las tropas de Calixto libraron las más brillantes acciones».

Hay crisis en el exterior. Los «aldamistas» nada quieren saber de los «quesadistas» ni éstos de aquéllos. El asfixiante ego de las grandes personalidades que forman estos dos –hasta ahora– poderosos grupos los envuelven más en sus propios antagonismos personales que en atender a los que, con tan pocos recursos, luchan en la isla.

Incapaz Francisco Vicente Aguilera –con todo su prestigio, nobleza y desinterés– de poner de acuerdo a unos y a otros, asumió personalmente la responsabilidad de organizar las dos únicas expediciones que en 1872 saldrían de Nueva York: la de la goleta J. Adams que zarparía el 12 de marzo y la del vapor Fanny el 22 de junio. A ambas nos hemos referido.

Ante la poca efectividad de «aldamistas» y «quesadistas» los cubanos en la manigua buscarán de manos desterradas en islas cer-

---

[301] Al no recibir de la Junta Central Republicana de Nueva York los fondos necesarios Manuel de Quesada logró del gobierno de Colombia el necesario financiamiento para la expedición.

canas la ayuda que tanto necesitan. En la República Dominicana y en Jamaica encontrarán respaldo. Poco y pobre, pero, prácticamente, el único que en adición al ofrecido por Aguilera recibirán en 1872 y los primeros meses del 73.

Ha regresado el *Virginius* de su segunda incursión a las costas cubanas y en octubre ya Manuel de Quesada ha convenido la utilización de esa nave para una nueva expedición. Ésta traerá como jefe de mar a Pedro Alfaro y, como jefe de tierra, al General Bernabé Varona (Bembeta)[302] y contará con 37 tripulantes y 128 expedicionarios entre ellos Pedro de Céspedes (hermano del presidente), Jesús del Sol, Herminio Quesada (hijo del Gral. Manuel de Quesada), el Coronel William A. Ryan (que había participado en varias incursiones a Cuba), y Juan N. Boza Agramonte.

El 28 de octubre partía de Port Au Prince pero, descubierto por el barco de guerra español *Tornado* trataron por horas de evitar su captura; fueron apresados y conducidos a Santiago de Cuba. El 2 de noviembre fueron desembarcados; el 3, juzgados y condenados; el 4, comenzaron los fusilamientos. Ya habían sido fusilados 53 cuando, ante la amenaza del comandante de la fragata inglesa Niobe, expresadas a nombre de los gobiernos de Inglaterra y de los Estados Unidos, fueron suspendidas las ejecuciones.

Aquellos fusilamientos, sin distinción de nacionalidad, le costó la posición al Brigadier Juan Burriell del mando de Santiago de

[302] El camagueyano Bernabé Varona Borrero (Bembeta) en septiembre de 1868 fue detenido acusado de preparar un alzamiento. Juzgado, fue absuelto. El 11 de octubre se levantó en armas en Nuevitas. En 1869 era jefe de la escolta del Mayor General Manuel de Quesada. Ya con el grado de General de Brigada, el 11 de junio de 1870 cruzó la trocha de Júcaro a Morón al frente de 600 hombres, atacando los fuertes de Marroquí y Lázaro López. Se mantuvo en Camaguey a las órdenes de los generales Manuel Boza e Ignacio Agramonte. Fue enviado en busca de recursos económicos a México, Jamaica, Francia y Estados Unidos.

Bernabé de Varona participó en el ataque a Tunas el 20 de junio de 1869, en el de San José, en el de las Minas y en las Yaguas (Pirala, Vol. II, Pág. 5).

Cuba, y fue embarcado hacia la península el mismo mes de enero (Enrique Edo, *obra citada).* Jovellar fue relevado por el General José de la Concha que llegó a La Habana a principios de abril (Enrique Edo, página 663).

El Brigadier Burriell había recibido entusiastas homenajes de reconocimiento *«y simpatías de los más ardientes defensores de la Isla de la Integridad Nacional por la prontitud y resolución con que, rehuyendo toda injerencia o circunstancia que pudiese impedirlo, hizo funcionar los Consejos de Guerra que juzgaron a los expedicionarios del Virginius y llevar a efecto, sin demora, las penas de ser pasados por las armas, entre los que se contaban varios Jefes de reconocida importancia para la Insurrección»*[303].

Hubo manifestaciones de júbilo en distintas poblaciones aquel diciembre de 1873.

Representó este infausto tercer viaje del *Virginius* la última expedición del año 1873. Se harán algunas, muy pocas, en el 74 y, algunas en 1875. Las cubriremos en próximas páginas.

Ya las expediciones van siendo menos frecuentes. En 1875 vuelve Aldama a ocupar, nuevamente, su posición de agente de la revolución y organiza una expedición que va a resultar, como otras varias, infructuosa.

Estará a cargo del teniente coronel Pío Rosado[304] que traerá a bordo de la nave *Octavia* cerca de 30 expedicionarios. La embarcación saldría de Nueva York con destino a la isla de San Andrés donde recogería a muchos de sus hombres, armas, municiones y equipos. Las armas resultaron prácticamente inservibles y los tripulantes que habían partido de Nueva York habí-

[303] Enrique Edo, *obra citada*, página 640.

[304] El teniente coronel Pío Rosado había llegado a Nueva York, acompañado de Pedro de Céspedes, hermano de Carlos Manuel, el 14 de enero de 1872 con la misión de notificarle a Francisco Vicente Aguilera que debía regresar a la isla al no haber tenido éxito en unir a los cubanos de la emigración. la petición le fue reiterada a Aguilera en febrero por el entonces Secretario de Relaciones Exteriores, Ignacio Mora.

an desertado, teniendo que recoger otros en Puerto Limón y Colón.

El 23 de septiembre llega Pío Rosado a la costa sur, frente a Turquino, sin realizar el desembarco, regresando a Kingston.

EL JUICIO DEL GENERAL JOSÉ INCLÁN

En enero (1872) Gómez está atacando al enemigo en Bayate y Tiguabos. Semanas después es llamado por el gobierno para que forme parte del consejo que juzgará al Gral. José Inclán y sus compañeros por conato de traición[305]. Hacia fines de 1871 se había anunciado en el campamento insurrecto –expresa Pirala– la llegada de los teniente coroneles J. Guillermo Carbet y Pedro M. Freyre, quienes procedentes de Canapú, el Cuartel General del brigadier J. Inclán, en Holguín, iban a tratar en secreto con Calixto García asuntos importantes. Se referían a un proyecto de traición creado nada menos que por el jefe de Holguín, Inclán[306].

Calixto García les ordenó a los denunciantes dirigirse a la residencia del gobierno a informar allí. Freyre y Carbet marcharon a Boquerón y hablaron con el presidente Céspedes quien decidió que esperasen al General Gómez y que Carbet regresara a Holguín a seguir observando lo que estaba sucediendo mientras Pedro Freyre permanecía en el centro destinado al cuartel general. Luego Gómez volverá a la jurisdicción de Guantánamo.

El gobierno dispuso que Calixto García detuviese a Inclán[307]. En las investigaciones previas aparecieron acusaciones

[305] En El Rosario se reúne, con ese propósito, con los generales Modesto Díaz y Calixto García.

[306] El Gral. José Inclán había sido nombrado el 4 de abril de 1870 primer jefe de los distritos de Trinidad y Cienfuegos y desde principios de 1871 ocupaba la jefatura del distrito de Holguín.

[307] El brigadier José Inclán, nacido en México había servido en las fuerzas armadas de su país. Luego del juicio, cuando el primero de junio de 1872 marchaba con las tropas mambisas hacia Camagüey, es hecho prisionero de los españoles. Se le

contra otros dos oficiales: el Coronel Gabriel González y el Capitán José Payán. Se les sometió a juicio[308], *«ante un público compuesto de oficiales, clases, soldados y diputados... comparecieron los tres acusados... el defensor de Inclán fue el diputado Manuel de Jesús Peña, dominicano; y el Dr. Miguel Bravo y Senties era el abogado de los otros dos acusados. El tribunal dictó condena de muerte a Inclán, degradación a González como coronel, y Payán fue absuelto...»*[309].

El Gral. Inclán era mexicano. Fue sometido luego a un consejo de revisión compuesto de los coroneles Ignacio Guerra, de Venezuela, Benjamín Ramírez[310] y Antonio Bello[311]. Fue condenado finalmente Inclán a dos años de suspensión de mando y salida del territorio; González a un año de igual pena, y Payán absuelto. Habían sido acusados de una conspiración para presentarse y entregar su división a los españoles.

---

ofreció perdonarle la vida si aceptaba servir a la metrópoli. Se negó y fue fusilado en la ciudad de Camagüey el 15 del propio mes de junio. (Fuente: F. Ponte Domínguez. Obra citada).

[308] «El consejo de guerra se integra presidiendo Máximo Gómez y, como vocales, los generales Modesto Díaz, Calixto García y Manuel Calvar, estando presentes Céspedes y la Cámara». Fuente: Luis F. del Moral «Serafín Sánchez: Un Carácter al Servicio de Cuba». Editorial Cubana, Miami, 2005.

[309] Pirala, II Tomo, Página 415, «Interioridades del campo insurrecto».

[310] El Coronel Benjamín Ramírez es el «hombre rudo, de poca personalidad» que al ser destituido Carlos Manuel de Céspedes, sustituyó al Brigadier José de Jesús Pérez en la custodia del ya expresidente «ensañándose con el caído para granjearse la simpatía de los nuevos gobernantes» (Fernando Portuondo del Prado. Obra citada).

[311] El Coronel Antonio Bello será juzgado por un Consejo de Guerra y degradado en 1876 por participar en negociaciones de paz con el enemigo (ver «Juicio y ejecución de Castellanos y Varona», en el capítulo VIII). El bayamés Antonio Bello Rondón había participado, junto con su hermano Luis, en la reunión conspirativa presidida por Francisco Vicente Aguilera el 4 de agosto de 1867, un año antes del levantamiento del 10 de octubre. Se incorpora a la lucha cuando el 18 de ese mes Bayamo es tomada por el Ejército Libertador.

En carta del miércoles 13 Céspedes le informa a su esposa Ana que el consejo de revisión había condenado a Inclán a dos años de suspensión «a González se dio por compurgado de la prisión sufrida, y Payán fue absuelto libremente».

Días antes se le había concedido licencia temporal a I. Mora y, en su lugar se ha nombrado al Dr. Miguel Bravo y Senties, *«amigo de Manolo y que era mi Secretario Privado»,* le informa el presidente Céspedes a su esposa.

El mes de marzo encuentra a Gómez combatiendo en el Zarzal, las Calabazas y en la zona de Boca de Caoba. En abril, llamado por el gobierno, marcha hacia su residencia en el Distrito de Holguín y encuentra *«al gobierno en una fatal situación; muerto de hambre y de miedo, me hice cargo de él, y marchamos con dirección al Distrito de Cuba»*[312].

Está en Perseverancia la primera semana de mayo cuando expone al gobierno un plan sobre Holguín en que operarían no menos de 1000 hombres. Gómez está de plácemes; su plan se aprobó *«casi sin observaciones y con mucho entusiasmo, e inmediatamente dí las órdenes al respecto»* (Máximo Gómez. Diario de Campaña).

El 22 se reúnen Maceo y Gómez en Arroyo de Macurijes y el 26 llegan al campamento, Céspedes y su gabinete. Es Maceo, como segundo de Gómez, quien manda la revista militar que rinde honores al Presidente[313].

Céspedes no conocía a Antonio Maceo. Será Gómez quien los presente.

---

[312] Máximo Gómez. Diario de Campaña.

[313] José L. Franco. «Antonio Maceo».

CAPÍTULO V

DEPOSICIÓN DE MÁXIMO GÓMEZ

Estamos en junio. Acampado en Peladero el gobierno vuelve a pedirle a Gómez un número de convoyeros que éste no puede darle porque necesita de todos sus hombres para la operación sobre Holguín que le habían aprobado. No dio Gómez importancia alguna a su razonable negativa. Pero, al día siguiente, nota *«con inexplicable sorpresa que, por orden del Secretario de la Guerra, se reúnen las tropas y se les lee la orden de mi destitución»* (B. Souza. Máximo Gómez. El Generalísimo).

El gran dominicano no culpa a Céspedes por tan injusta decisión. Sabía quienes eran los verdaderos responsables.

> *«Hombres intrigantes y miedosos, unos desafectos a mí, quien sabe por qué; otros pusieron en el ánimo de Céspedes la duda o la creencia de que el movimiento iniciado, tan estupendo lo consideraban, llevaba en sí miras ambiciosas, de malos fines.... puesto que en ese plan (yo) solicitaba darme la mano con Agramonte (su desafecto personal), y, una vez unido con aquél, y al frente de un ejército triunfante, claro está que sería proclamado Jefe Militar de la Revolución...»*[314].

¿Quiénes serían los *«hombres intrigantes y miedosos»* desafectos a Gómez que, actuando como serpientes, fueron responsables de tan reprobable acción? Una más minuciosa investigación habrá de identificarlos[315].

---

[314] Carta de Carlos Manuel de Céspedes a Tomás Estrada Palma.

[315] Máximo Gómez en su «Relato de los Últimos sucesos de Cuba» que condujeron al Convenio del Zanjón expresaba que algunos jefes y oficiales «quedábamos reducidos a la nulidad» por oponerse a determinados criterios y tratar de imponer

Máximo Gómez, depuesto, siempre disciplinado, acata la decisión y acampa en Piloto de Mustelier donde sigue combatiendo. Marcha por Corralillo, en zona enemiga.

Ante la injusta medida responde Gómez con gran ecuanimidad a jefes y oficiales que lo incitaban a enfrentarse con las armas a la incorrecta decisión:

> *«La mejor muestra de simpatía que ustedes pueden darme es marchar callados y contentos a ayudar al gobierno. Yo no soy más que un soldado como lo son ustedes para servir a la Patria»*[316].

En esos días Carlos Manuel escribe a Ramón Sánchez Betancourt una carta fechada en la «Residencia del Ejecutivo, Junio 19 de 1872» exponiendo las razones para la sustitución de Máximo Gómez. La comenta con fruición Pirala:

> *«Nadie ha dicho, que sepamos, los principales motivos que impulsaron al presidente Céspedes, y tenemos la fortuna de ser nosotros quienes los revelemos. Obra en mi poder una carta número 98, dirigida al ciudadano Ramón Sánchez Betancourt, en contestación a otra de abril 9 anterior; está fechada en la «Residencia del Ejecutivo, Junio 19 de 1872»...*

Y sigue Pirala exponiendo los detalles de la carta. ¿Quién hizo llegar al historiador español esta importante comunicación?. No es difícil suponerlo.

Pirala, nos dice Manuel Sanguily[317], en sus «Anales de la Guerra en Cuba» *«aprovecha muchos papeles que le facilitaron en*

---

alguna disciplina y se quejaba de que «con motivo y a consecuencia de una discusión particular que tuve con los diputados Jesús Rodríguez y Ramón Pérez Trujillo, y por denuncia de ellos, se reunió la Cámara y, sin oírme, decretó en contra mía un voto de censura, sancionado por Salvador Cisneros», Presidente de la Cámara. (Fuente: Bernardo Gómez y Toro «General Máximo Gómez y Báez. Revoluciones.... Cuba y Hogar». Editora Alfa y Omega, Santo Domingo, Página 169).

[316] Bernardo Gómez y Toro: «Revoluciones...Cuba y Hogar».

[317] Manuel Sanguily: «Brega de Libertad», Dirección de Cultura, La Habana, 1950.

el Ministerio de la Guerra en Madrid, y noticias que les fueron enviadas manuscritas por algunos insurrectos, siendo de ellos... los más extensos que tuviera a su disposición, los apuntes muy curiosos en que entretuvo sus ocios el Dr. Félix Figueredo, hombre por lo general bien informado».

Para julio ya Gómez ha regresado a Piloto y vuelve hasta Corralillo acompañado, ahora, sólo por su escolta *«16 hombres mal pertrechados»*. El 16 continúa su marcha y acampa en Caoba, campamento del coronel Cintra. *«Allí sé que el brigadier Pérez ya ha marchado para Holguín»*, hacia donde también quiere dirigirse Máximo Gómez, pero se le notifica que *«el movimiento sobre aquel Distrito no tendrá efecto y nuestras tropas se retiran».*

Los mismos intrigantes han tratado de distanciar al general Máximo Gómez del brigadier José de Jesús Pérez, lo que incomoda al gran dominicano al afirmar *«creo que no será muy fácil reunir otra vez muy cerca de 1000 hombres como los que se han reunido en Holguín».*

CALIXTO GARCÍA SUSTITUYE A GÓMEZ

El movimiento de Holguín es cancelado. El primero que hacia allá había marchado era el Brigadier Jesús Pérez. Las tropas vuelven a retirarse para sus respectivos Distritos. Gómez acompañará al General Calixto García en breves acciones en la zona de Almarito y Mejías. Junto a ellos estarán el General Calvar y el Brigadier Pérez. Así lo describe Ponte Domínguez:

> *«El Mayor General Calixto García sustituyó definitivamente a su ilustre maestro Máximo Gómez, en la jefatura de la División de Cuba. Y tuvo como valioso auxiliar al general Manuel de Jesús Calvar, Jefe de la Brigada de Holguín, quien logró un triunfo sonado en la madrugada del 25 al 26 de julio de 1872, con el ataque al destacamento español en el caserío de Baire Abajo. Se produjo bajo un nutrido fuego de las trincheras enemigas, no obstante haber sido sorprendida la guarnición mientras celebraba, con sus habituales orgías, la festividad de Santiago Apóstol, pero Calvar estuvo secundado por el también brigadier José de Jesús Pérez, los*

teniente coroneles José María Peña, Flor Crombet y Matías Vega Alemán, y el comandante Limbano Sánchez».

Calixto García se hace cargo del Departamento Militar de Oriente y designa al Mayor General Manuel de Jesús Calvar como segundo jefe, quien estaba también al frente de la División Cuba y Holguín junto con el brigadier José de Jesús Pérez, quien ya, desde el 26 de enero de aquel año 1872, había sido ascendido a General de Brigada[318]. Y la otra División, para mantener la lucha en Guantánamo y Baracoa, fue puesta a cargo del coronel Antonio Maceo y Grajales, con Belisario Grave de Peralta como segundo jefe.

Comenzaba julio de 1872 cuando el General Calixto García ordena a Maceo que salga a batir una tropa enemiga acampada en los llanos de Yanal. A esta operación llevó Maceo a cuatro de los batallones que componían aquella división pero la escasez de parque y la posición ventajosa que ocupaban los peninsulares obligaron a Maceo a retirarse[319].

Máximo Gómez ha sido sustituido por Calixto pero, aunque decepcionado, sigue combatiendo sin descanso. El 2 de Julio (1872) ha combatido en Piloto junto al General Sanguily, *«aún a mi cargo»*... El 10 está en Corralillo donde, el 12, es atacado por el enemigo. Sigue hacia el sur. Se enfrenta el 15 a fuerzas españolas en el ingenio Jicotea. Llega a Caoba, campamento del Coronel Cintra. *«Allí sé que el Brigadier Pérez ya ha marchado para Holguín».* Hacia allá también se dirigirá Gómez. Encontrará que el jefe de la Brigada Cambute se ha batido bravamente en Baire-Abajo.

En julio del 72 entrega Valmaseda su mando de Capitán General de la isla[320]. Calixto García le había infligido días antes, en

---

[318] Diccionario Enciclopédico de la Historia Militar Cubana.

[319] En esa acción tomaron parte figuras notables como José Maceo, Paquito Borrell, Limbano Sánchez, Emilio Nogueras, Guillermo Moncada, Silverio del Prado y otros y, también, el joven Francisco Leyte Vidal (Página 16 de la obra de Francisco Leyte Vidal).

[320] Lo sustituirán, por períodos de pocos meses cada uno, Francisco Ceballos, Cándido Pieltaín y Joaquín Jovellar.

Holguín, duros golpes derrotando a sus tropas en tres fuertes combates. El 8 de julio la columna del gobernador de Holguín, coronel Juan Huertas y Sortre, famoso por su crueldad, choca con las fuerzas del Gral. García. El coronel Huertas es mortalmente herido en la batalla que se prolongó por más de seis horas[321]. Los sucesores de Blas Villate no lo harán mejor.

El 26 de julio de 1872 el ya General de Brigada José de Jesús, junto con el General de Brigada Manuel de Jesús Calvar, atacaban Baire-Abajo. Participará el ya coronel Bartolomé Masó en ese encuentro. El Presidente Céspedes que marchaba con las tropas del Jefe de la Brigada de Cambute, su fiel amigo José de Jesús Pérez, anota ese día en su Diario:

> *«Se dice que los españoles acaban de asesinar una familia entera con mujeres y niños de pecho. En cambio las mujeres de Baire-Abajo decían a nuestros soldados: «Ciudadanos, no nos maten, que somos de ustedes»*[322]*. Y ellos les respondían: «No venimos a matar mujeres, sino españoles».*

Ese día *«se separan de nosotros* –anota el Padre de la Patria en su Diario– *Julio Sanguily, Garrido J. y M. Acosta».*

Unos luchan y combaten casi a diario con las tropas españolas. Otros, intrigan y mienten. Uno de ellos Pérez Trujillo. El 30 de julio anota Céspedes en su Diario: *«Pérez Trujillo diz que anda regando que yo he venido a embarcarme».* Mientras unos pocos lo difaman, otros se esfuerzan en mejorarle sus condiciones de vida al Padre de la Patria: *«La gente de Jesús Pérez me ha construido un buen rancho. Ahora tenemos mucha fruta y poca carne».*

El primero de agosto le escribe el Presidente Céspedes al General Calixto García:

---

[321] En su Diario que acaba de regalarle el brigadier Pérez, anota el presidente Céspedes el miércoles 24 de julio: «Rumores de que Huertas, herido en Veguitía de Banes (o Cupuyal) murió en Samá y fue enterrado en Holguín».

[322] En carta a su esposa describe la escena y pone en labios de las mujeres: *«No nos maten que somos cubanas».*

«Por nuestro amigo, Brigadier Calvar, habrá usted sabido lo que se hizo en Baire-Abajo para quitarle de encima a los españoles... Como amigo y como general encarezco a usted la necesidad de que haya orden, subordinación y justicia. Es tiempo que desaparezcan los abusos y excesos, junto con los hombres que los cometan...»[323].

Tal vez, apunta su biógrafo, J.E. Casasus, este documento causó profundo disgusto *«en el espíritu susceptible del valiente holguinero»*.

En aproximadamente agosto primero –relata Pirala que revela así una fuente directa de información– consigna Céspedes en su Diario, que después del excelente resultado obtenido en Baire Abajo sepáranse Calvar en La Caoba para volverse a Holguín, mientras el gobierno se dirigía a la costa sur con las tropas del brigadier Pérez, a fin de visitar aquella zona, y si llegaba alguna expedición, vigilar las reparticiones.

Más pronto de lo que tenían pensado, entraron en el territorio de Pérez. Pasando por el Aguacate, *«encontraron el camino del Cobre enteramente tapado por la vegetación sin que los prácticos pudieran apenas hallarlo entre las malezas, yerba de guinea y paraná que habían unido las distintas fincas y las habían convertido en un inmenso potrero o en un bosque impenetrable: pasaron por El Ramón, finca donde vivía José de Jesús Pérez con su familia antes de la revolución, y no conocía ahora los senderos que guiaban a sus moradas»*. (Pirala, Volumen II).

En carta a su esposa Ana le ofrece una descripción de quien ya era un hombre de su absoluta confianza por la lealtad que siempre le ha mostrado:

«Pérez pertenece a la raza blanca; es de estatura regular. Delgado, cara oval, huesoso, trigueño, ágil, comunicativo y

[323] Juan E. Casasus: «Calixto García».

> *muy patriota. Como los demás, su educación es limitada, pero de bastante inteligencia y buen fondo»*[324].

Al tiempo que Aurrecoechea se distingue en Tempú, cerca de Palma Soriano (agosto de 1872) Máximo Gómez se acerca al Distrito Cuba atacando y apoderándose de Santa Rita con el refuerzo que le ofrece el Brigadier José de Jesús Pérez. La presencia de ambos combatientes hace resurgir la guerra en la región de Jiguaní.

El 19 de septiembre escribe Céspedes: *«Ese día, fue una columna (española) a Cambute, nuestras avanzadas le hicieron fuego, y sin contestar con un solo tiro, se retiró (la columna) después de dar muerte únicamente a una vieja de 80 años. Por aquellos días Flor Crombet atacó el fuerte y caserío de Saimo, situado a menos de dos leguas de Santiago de Cuba».*

Trasladado el primero de octubre (1872) el Campamento de Caobal a Hicoteita, y el tres a la Zarzagorda, encontraron a las fuerzas de Cambute mandadas por Jesús Pérez. Efectuada la destrucción telegráfica por Calixto García, dejaron a Zarzagorda para desorientar a los españoles y contramarcharon al alto de Figui en el Aguacate; *«pasó Mora a Cambute a ver al presidente, al que encontró en el mismo estado de siempre, animado y esperanzado en el triunfo de la revolución»* (Pirala, Volumen II, Página 501). Como vemos continuaba Jesús Pérez junto a Calixto García.

Jesús Pérez trata con el debido respeto al presidente Céspedes, cuando otros lo vejan o lo condenan al ostracismo. El Padre de la Patria, en carta a su esposa, reconoce el trato deferente y respetuoso que recibe de aquel hombre de campo y bravo soldado:

> *«El Brigadier Pérez sigue, a la par de sus subalternos portándose con el gobierno de un modo que da a conocer delicadeza, buena educación, respetuosidad y patriotismo. Estoy trabajando de momento con los demás jefes de su distrito, para que obrando en buena armonía, obtenga la causa frutos*

---

[324] «Cartas de Carlos M. de Céspedes a su esposa Ana de Quesada», Comisión Nacional de la Academia de Ciencias de la República de Cuba, La Habana, 1964.

muy distintos a los que les cosechan aquéllos que no hacen más que sembrar entre los cubanos las discordias, los celos y otras malas pasiones. De este temperamento continúa siendo el marqués, Trujillo y otros que tú conoces».

MANUEL CALVAR Y JOSÉ DE JESÚS PÉREZ: COMBATES DE BAIRE ABAJO Y BAIRE ARRIBA

Era el mes de julio.

José de Jesús Pérez está en Cascajal junto a Céspedes. El jueves 25 ya lo mencionamos en páginas anteriores, parten los brigadieres Calvar y Pérez con sus tropas para atacar Baire Abajo, pasando pirimero por Cauto la Vega y Cauquilla, operación que realizan el día 26 produciéndole varias bajas a las fuerzas españolas tomándoles reses, caballos, ropas y víveres[325].

¿Cómo y cuándo se produce el ataque a Baire Abajo?

El Mayor General Calixto García sustituía al Mayor General Máximo Gómez en la jefatura de la División Cuba. Contaba con una selecta oficialidad. Como valioso auxiliar tenía al General Manuel Calvar, jefe de la Brigada de Holguín quien triunfó en la madrugada del 26 de julio de 1872 en el enfrentamiento al destacamento español en aquel caserío de Baire Abajo. El ataque se produjo bajo nutrido fuego de las trincheras enemigas. ¿Quiénes mandaban tropas en el crucial combate?. El también brigadier José de Jesús Pérez, los teniente coroneles José María Peña, Flor Crombet y Matías Vega Alemán, y el comandante Limbano Sánchez. (Fuente: Francisco J. Ponte Domínguez «Historia de la Guerra de los Diez Años»).

Dos brigadieres, Manuel Calvar y Jesús Pérez, hermanados desde el llamado de la Demajagua, encabezaron el encuentro[326]:

---

[325] Diario de Carlos Manuel de Céspedes.

[326] «Diccionario Enciclopédico de la Historia Militar Cubana». *Obra citada.*

«En la noche del 26 de julio de 1872 fuerzas del Ejército Libertador bajo el mando de los brigadieres Manuel Calvar y José de Jesús Pérez atacaron ese poblado de la jurisdicción de Jiguaní. Los españoles estaban celebrando un baile y fueron sorprendidos. La guarnición se encerró en el fuerte, pero no pudo impedir que el pueblo fuera tomado e incendiado. El enemigo tuvo algunas bajas. Los cubanos se apoderaron de muchas reses, caballos, ropas y víveres, y se retiraron organizadamente sin ningún contratiempo».

Si, en julio, Pérez y Calvar derrotan en Baire Abajo a las fuerzas españolas, Calixto García lo volverá a hacer, en agosto, en Baire Arriba[327] y, nuevamente, en octubre, en Guisa, población protegida por impresionantes fortificaciones. Por la espectacular victoria recibe el general García una expresa felicitación del Presidente Céspedes que cuatro semanas antes (el 8 de junio) le había quitado a Máximo Gómez el mando de las fuerzas cubanas.

Al comenzar agosto el teniente coronel Juan Cintra, *«chino de más de 50 años, estatura regular, delgado, carilargo, ojos extraviados, habla tardía»*[328] a quien los españoles le asesinaron toda la familia, viene a ver a Céspedes.

Flor ataca un convoy cerca del Cobre.

En el poblado la Canoa se separa Calvar continuando Pérez y su brigada con el Presidente Céspedes. Ese día surge un desagradable incidente entre Céspedes y el General Carlos Roloff por haber éste presentado un memorial que el Padre de la Patria consideró ofensivo a la dignidad de un presidente, pero afortunadamente Roloff se retractó y dio *«explicaciones satisfactorias»*[329].

En septiembre, el brigadier José de Jesús rechaza un ataque a su campamento de Tempú.

---

[327] Durante la Guerra de los Diez Años existían en Oriente dos pequeñas poblaciones con el mismo nombre de Baire Arriba. Una en la jurisdicción de Bayamo; la otra en la de Jiguaní.

[328] Carlos Manuel de Céspedes. Diario Jueves Agosto 1, 1872.

[329] Diario de Carlos Manuel de Céspedes.

En el encuentro Rustán (Policarpo Pineda) dio muerte al teniente coronel español Crespo, y fueron muertos el Capitán Venancio Castillo y el teniente Antonio Portuondo, nacido en Cuba, pero militante en las filas españolas[330].

Se prepara ahora Calixto García para atacar a Holguín. Para ello quiere el concurso de Máximo Gómez a quien busca y trae a su campamento de Baraguá para facilitar un acercamiento del gran dominicano y del presidente de la República en Armas. Y así se produce esta reconciliación que se habrá de sellar meses después a la caída, en Jimaguayú, de Ignacio Agramonte,

Deja constancia Gómez en su Diario de Campaña[331] de la invitación de Calixto y del dolor, moral y físico, por el que está atravesando:

> *«Hasta el 11 de noviembre permanezco en este punto a donde pasa a visitarme el mayor general Calixto García –en todo el tiempo transcurrido he sufrido mucho, física y moralmente. El 15 en unión del Gral. García emprendo marcha hacia Baraguá, a cuyo punto también deberá concurrir el gobierno».*

Junto a Céspedes y José de Jesús, siguen el Comandante Limbano Sánchez y Flor Crombet.

Más cubanos prominentes llegan: el Marqués de Santa Lucía, Tomás Estrada Palma, Rafael Morales (Moralitos), Bello, (que viene a buscar pertrechos para Modesto Díaz), Juan L. Pacheco. Otros, enfermos, siguen a su lado: Modesto Díaz, Miguel Bravo Sentíes. No todos le resultan confiables al hombre de la Demajagua: *«Vega viene para embarcarse. Rafael Morales pretende lo mismo...»*[332]. Nunca se sabrá si tal suspicacia tenía algún fundamento. En un lugar distante moría Moralitos de una calentura perniciosa[333]. Había

---

330 Benigno Souza: «Máximo Gómez, El Generalísimo».

331 Máximo Gómez. Diario de Campaña.

332 Carlos Manuel de Céspedes. Diario. (Martes 17 de septiembre 1872).

333 Rafael Morales y González (Moralitos) murió el 15 de septiembre de 1872. Recién llegado a la manigua forma parte de la Corte Marcial constituida en Cama-

quedado mutilado por un disparo recibido el 20 de noviembre del año anterior que le destruyó parte de su quijada que le dificultó el habla de la que tan orgulloso siempre se había sentido.

Anota el historiador Leonardo Griñán:

«Muertos Donato Mármol (1870) Pepe Cortés (1871), Policarpo Pineda, Camilo Sánchez y Nicolás Pacheco (1872) *«quedaron Máximo Gómez, Antonio y José Maceo, Guillermo Moncada, Paquito Borrero y Silverio del Prado. Y de la Brigada de Cambute, José de Jesús Pérez, Flor Crombet, Quintín Bandera y Juan Cintra. ¡Qué hombres!... con ellos se cubrirá de gloria Calixto García en Oriente»*[334].

Y con ellos tendrá que contar Máximo Gómez para la invasión de Las Villas y poder realizar, en Camagüey en el año 1874, las proezas de Naranjo y Las Guásimas» (Leonardo Griñón. Obra citada).

Gómez se esfuerza en llevar a efecto su largo anhelo de avanzar hacia Las Villas. Lo confirma el propio Máximo Gómez:

«Salió por entonces, (noviembre 1872) con la mira de allegar recursos comisionados al extranjero, el hermano del Presidente, Coronel Pedro Céspedes, pero yo (debo ahora confesarlo) hice que lo acompañasen el Teniente Coronel Pío Rosado y mi secretario Villasaña, con la misión secreta de hablar con el General Francisco Aguilera, encargado entonces de los asuntos de Cuba en el exterior y consiguiesen hacer las cosas de modo que pudiese realizarse mi plan y que una vez arreglado me lo participase Rosado para que, sorprendiendo así al presidente, no tuviera más recurso que aceptar y dejarme llevar a efecto el movimiento».

¿En qué consistía el plan de Máximo Gómez? Consideraba Gómez que *«un millón de combatientes en Oriente, no bastarán para volver a la Revolución sus días de esplendor y se hace preciso que invadamos Las Villas»;* así lo explicaba el gran dominicano al Presidente Céspedes en los días de julio de 1871 cuando el gobierno y la Cámara de Representantes habían pasado de Camagüey a Orien-

güey; será Secretario de la Asamblea de Guáimaro, y, luego, Secretario del Interior en el gobierno de Céspedes de quien fue virulento inculpador.

334 Leonardo Griñán. Obra citada.

te y Gómez y Céspedes mantenían frecuentes y extensas conferencias. Con sus hombres de confianza –el Teniente Coronel Pío Rosado, el Diputado Manuel de Jesús Peña, su Secretario José Villasana, y el Coronel José Payán había estudiado un plan de invasión que consistía en alistar 500 hombres y conducirlos a un lugar de la costa sur donde esperarían a que *«el gobierno hiciese llegar un vapor con algunas municiones en el cual me embarcaría para verificar el desembarque en cualquier punto de las costas villaclareñas. Sorprendería así al enemigo que estaba desprevenido mientras que otro general, al frente de una columna, forzaría el paso de la línea».*

El plan no le fue aceptado al entusiasta Gómez por el Presidente Céspedes.

En las últimas semanas José de Jesús Pérez muestra interés creciente en servir en las fuerzas del Gral. Calixto García. Sobre ello, conversa con él Céspedes quien anota en su diario: *«Llegó Jesús Pérez, conferenciamos sobre los planes y proyectos de Calixto García»* (noviembre 6). El día 11 se reúnen en Caguayo, Céspedes, Pérez y otros; Calixto está cerca, en Piloto. Los últimos días de noviembre ha permanecido Calixto junto a Céspedes y Jesús Pérez. El lunes 2 de diciembre anota Céspedes en su Diario: *«Salieron Calixto García y otros jefes»,* quienes regresan el viernes 6.

El 18 de diciembre *«el gobierno, con una pequeña escolta se separa de la columna»* con la que Calixto García va a atacar Holguín.

Calixto García insiste en que parte de las tropas de la costa sur abandone el área. Objeta José de Jesús tales planes.

En carta al presidente fechada en Lejial el 10 de enero (1873)[335] expresaba el brigadier Pérez, con gran respeto hacia el mayor general Calixto García, que a su juicio *«es inconveniente lo que pretendía el mayor general García de abandonar esta parte de la costa creyendo que sólo bastaba un aviso instantáneo, caso de arribar por ella alguna expedición».*

---

[335] Carta del Brigadier José de Jesús Pérez al Presidente Céspedes. (Fuente: Archivo Nacional de Cuba).

Sabe el experimentado brigadier las dificultades que la abrupta irregularidad del terreno y la necesidad de evitar –para esos menesteres– ser detectados por las tropas enemigas impiden movilizar, instantáneamente, el material de una expedición. Lo expone con el debido respeto hacia su superior jerárquico:

«Soy incapaz de inculpar al digno general García, pero es un error creer que nosotros podemos mover instantáneamente un núcleo de fuerza como el que se necesita para esta clase de trabajo».

Las diferencias fueron amablemente superadas.

EL BRIGADIER PÉREZ COMBATE A LAS ÓRDENES DEL GENERAL GARCÍA

En el mes de enero (1873) el Brigadier Pérez le escribe al mayor general Calixto García manifestándole su deseo de acompañarlo *«en las nuevas operaciones que emprende»* (Carta de J. Jesús Pérez a C. M. de Céspedes de enero 14, 1873). Calixto acepta complacido la petición de José de Jesús.

A las órdenes del General García combatirá el Brigadier Pérez.

Varios hechos de armas en 1873 cimentaban el prestigio militar de Calixto García como jefe superior de Oriente, mientras José de Jesús sigue combatiendo con bríos cumpliendo militarmente con sus superiores –Calixto y Calvar– y siempre leal al presidente de la República en Armas. El propio Céspedes, en carta a su esposa Ana, se refiere a una de las acciones del esforzado combatiente:

«El Brig. Pérez en días atrás fue atacado por los españoles en Tempú: les dejó el campamto. y se emboscó alrededor. Cuando los enemigos se amontonaron descuidados en el claro, les rompió el fuego con unos 60. hombres. Asi narra el hecho el corresponsal refiriéndose á un coronel español: «una columna de estos 500 hombres fué atacada pr. una de cubanos de triple número (advierto a Vd. q. habla el coronel y q. pr. supuesto, cuando sufren pérdida, siempre dicen q.

era mayor el número de enemigos) y tuvieron los españoles entre muertos y heridos 157 entre oficiales y tropas: palabras textuales del coronel.»

DIARIOS DE CARLOS MANUEL DE CÉSPEDES

Mantiene Céspedes un diario que lleva desde el 24 de julio de 1872 a enero de 1873. Le ha obsequiado el cuaderno en que lo lleva, su amigo Jesús Pérez:

«Miércoles 24 de julio de 1872. Este cuadernito me lo facilitó (Jesús) Pérez...»[336].

Es José de Jesús la primera persona mencionada en su Diario por el Padre de la Patria, cuyo nombre vuelve a mencionar en la anotación del día siguiente, jueves 25: *«Nos emboscamos para ganar tiempo, y cerca de las cinco y media de la tarde salieron los brigadieres Manuel Calvar y Jesús Pérez con las tropas que van a atacar el caserío de Baire Abajo».*

Tan estrecha es la vinculación del Padre de la Patria con el antiguo capitán pedáneo que al otro día, viernes 26 escribe en su Diario: *«Seguimos con Jesús Pérez y su brigada».*

Ese día se oyen los cañonazos conque los españoles celebraban las festividades del 26 de julio en Santiago de Cuba. Sigue a su lado su amigo. *«Fue para las seis y media de la tarde que salieron los brigadieres (Manuel) Calvar y (Jesús) Pérez con las tropas que van a atacar el caserío de Baire Abajo».* El 26 se efectuó el ataque. Calvar con las fuerzas de Holguín se separa en la Canoa. *«Seguimos (Jesús) Pérez y su brigada. El 29 se cumplía un año del desembarco de Melchor Aguero»;* es decir, apunta con bastante amargura Céspedes, *«un año, en que no recibiamos ni una libra de pólvora, ni un fusil, ni un hombre».*

Días antes, el 19 de julio, desde su campamento Colorado. Céspedes le ha solicitado al Brigadier Pérez *«dejar expedito el viaje*

---

[336] Primera anotación de Carlos Manuel de Céspedes en el primero de los tres diarios que llevará hasta el mismo día de su muerte el 27 de febrero de 1874.

del ciudadano Antonio Suárez del Villar, cualesquiera que sean las órdenes que usted tenga; pues ha sido debidamente despachado por este gobierno». La petición era en respuesta a la solicitud formulada por el General cienfueguero Juan Jerónimo Díaz de Villegas.

De junio a agosto (1872) Céspedes ha movido –por motivos de seguridad– su campamento. El 11 de junio está en La Zanja, el 16 en Barajagua, el 19 en La Caña, el 21 en Los Pasos, siempre en contacto con José de Jesús Pérez; el 29 se cuentra en Rehondon de Baguano. Los primeros 29 días de julio permanecerá en el campamento de Colorado, de donde pasa al de Júcaro y, luego a Palmarito. En agosto mantiene esta movilidad que impide a las fuerzas españolas sorprender al presidente de la República en Armas. En Palmarito estará hasta el día 12. De allí a Seiba y a Ranchito.

Mantendrá esta necesaria movilidad hasta que, depuesto en Bijabual, lo condenan a permanecer inmóvil y sin escolta en San Lorenzo. En próximas páginas nos referiremos a esta triste etapa de nuestra historia y las ruines razones que la motivaron.

Volvamos a julio y agosto del 72.

Salen Céspedes y el brigadier amigo pasando por su finca Ramón, donde en 1869 habían mantenido trincheras con artillería y muchos soldados, *«cuyo abandono censura Jesús Pérez que recordaba que en su día el gobierno en armas la había considerado de gran valor estratégico».* Desde siempre el modesto brigadier trata de proteger a su admirado Céspedes: *«la gente de Jesús Pérez me ha construido un buen rancho».*

Es estrecha la amistad que ha surgido entre el presidente de la república en armas y el brigadier que lo acompaña. Es solícito el presidente con quien es uno de los pocos que le muestran lealtad en las solitarias semanas de San Lorenzo. El 8 anota que su compañero padece de jaqueca «y yo le conseguí algunos remedios»; el 12 hace mención a la gran llaga que tiene Jesús Pérez en un pie y que lo obliga a mantenerse en una litera.

Martes 6 de agosto: *«El brigadier Jesús Pérez me mandó una pierna de venado».*

Jueves 8 de agosto: *«Jesús Pérez padece de jaqueca y yo le facilito algunos remedios».*

Lunes 12: *«Jesús Pérez tiene una llaga en un pie»*.

Viernes 16: *«Se marchan Pérez, Bejotte y otros»*.

Domingo 13 de septiembre: *«He visto una carta de Máximo Gómez a Jesús Pérez, fecha 16 de mayo en la que para la operación sobre Gibara sólo le previene que lleve su fuerza bien pertrechada; en honor de la verdad, así la llevó Pérez»*.

El 27 de noviembre, al conmemorarse un aniversario del fusilamiento de los estudiantes de medicina, Céspedes escribe que no había recibido la sanción moral que el bárbaro hecho merecía:

> *«Nueve meses han transcurrido desde el asesinato jurídico de los estudiantes de medicina de La Habana. ¿Qué les ha resultado a los españoles por este acto de feroz barbarie? ¡Nada!. ¿Quién les ha exigido la reparación debida a la humanidad ultrajada? ¡Nadie!. Del grito de horror universal, de las imprecaciones, de las amenazas, sólo queda la memoria»*.

FRECUENTE CORRESPONDENCIA ENTRE CÉSPEDES Y JOSÉ DE JESÚS

Es frecuente la comunicación –y la correspondencia– entre el presidente Céspedes y el brigadier Pérez. El 27 de enero (1872) desde su campamento de Vega Ballaca el Presidente Céspedes le informa a José de Jesús que *«el Ejecutivo, cumpliendo con un deber de estricta justicia, lo ha promovido a usted al grado de Brigadier... grado para el que ha había sido usted nombrado por el difundo General Donato Mármol»*.

Días después, el 5 de febrero, vuelve a escribirse refiriéndose a la carta de José de Jesús de enero 23 y a comunicaciones anteriores de Melchor Agüero. La carta de marzo 30, mucho más personal, está dirigida a «Mi estimado amigo» acusándole recibo de su carta del 9 del propio mes y de distintas comunicaciones que le hacía llegar. El 10 de abril y el primero de mayo (1872) Céspedes se ha dirigido nuevamente a su fiel oficial. Por la segunda de estas cartas le recomienda que atienda a su buen amigo, el abogado Jorge Milanés y le anuncia la planeada visita del Presidente al campamento del Brigadier. Éste le responde el 20 de junio[337] informándole que ya Milanés ha llegado y *«se hace acreedor a las consideraciones que usted y yo le dispensamos. Es de buen carácter, ha servido, hasta ahora, a su Patria, y es probable que continúe trabajando con fruto en el extranjero en pro de nuestra causa».*

Amables expresiones de afecto aparecen en sus próximos intercambios de correspondencia: junio 20, junio 21, julio 19, agosto 27, agosto 29, septiembre 8 y noviembre 5[338].

La correspondencia muestra no sólo la muy estrecha vinculación del brigadier y el presidente sino, también, la aceptable preparación académica del antiguo capitán pedáneo.

Carlos Manuel de Céspedes y José de Jesús Pérez mantienen una copiosa correspondencia. El 16 de abril (1872) y, días después, el primero de mayo, el hombre de la Demajagua escribe al Brigadier amigo solicitándole información sobre *«las buenas noticias que haya en aquella zona».* José de Jesús le informa el 20 dc junio que:

> *«Por aquí no ocurre novedad particular digna de mencionarse con relación al movimiento del enemigo, excepto en la costa que está plagada de soldados y campamentos con ocasión de la venida de la expedición de Agüero por dos veces...»*[339].
>
> *También le comunica al presidente que «por la comunicación del Coronel J.L. Pacheco se impondrá usted de lo ocurrido a la expedición de Agüero dos veces a corta distancia de estas costas; se procurará ver si en la tercera se anda más feliz...».*

---

[337] Correspondencia de José de Jesús Pérez. Archivo Nacional de Cuba.

[338] Fernando Portuondo del Prado y Hortensia Pichardo Vinals: «Carlos Mnauel de Céspedes. Escritos». Tomo II). Editorial de Ciencias Sociales, La Habana, 1974.

[339] Carta del Brigadier José de Jesús Pérez al presidente Céspedes, fechada en Cambute el 20 de junio de 1872. (Archivo Nacional).

Céspedes le ha pedido también a José de Jesús algunos convoyeros. El 11 de septiembre éste le responde que *«respecto a los catorce convoyeros que debo enviar a ese gobierno para asistirlo, he dado las instrucciones más rectas para que a la mayor brevedad quede zanjado ese particular...».*[340].

En la misma comunicación le informa al presidente que *«procurará socorrer de la manera que usted me indica a los ciudadanos Mata, Escalona y Sánchez»* que, aparentemente, solicitaban también algunos convoyeros.

DOS ABRAZOS: CÉSPEDES Y AGRAMONTE, CÉSPEDES Y GÓMEZ

Céspedes quería hacer llegar la revolución hasta el extremo occidental de la isla. Pensó, dice Herminio Portell-Vilá, en varias de las grandes figuras de aquella gran contienda: En Manuel de Quesada, e Ignacio Agramonte y, más tarde en Máximo Gómez y Calixto García; también en Antonio Maceo. Desechó a *«otros jefes que pretendían hacer la guerra sin salir de sus comarcas nativas, a excepción de Manuel Calvar y de aquel Jesús Pérez que debía de serle fiel en su desgracia al caudillo de Yara»*. Igualaba el respetado historiador Portell-Vilá al Brigadier José de Jesús Pérez con las más grandes figuras militares de la Guerra Grande[341].

En Camagüey, Agramonte se cubrirá de gloria en la toma del fuerte «La Llamada» junto a Quesada; en el ataque a la ciudad de Camagüey (19 de julio) donde penetra hasta el centro de la población; en el rescate del general Sanguily (8 de octubre); en el asalto a la Torre Óptica de Colón; en Uretania enfrentándose a las fuerzas del teniente coronel Báscones. En Imías, Punta Pelón, La Redonda, Palmarito, La Matilde.

[340] Carta del 11 de septiembre de 1872. (Archivo Nacional).

[341] Dr. Herminio Portell-Vilá. «Carlos Manuel de Céspedes. El Padre de la Patria».

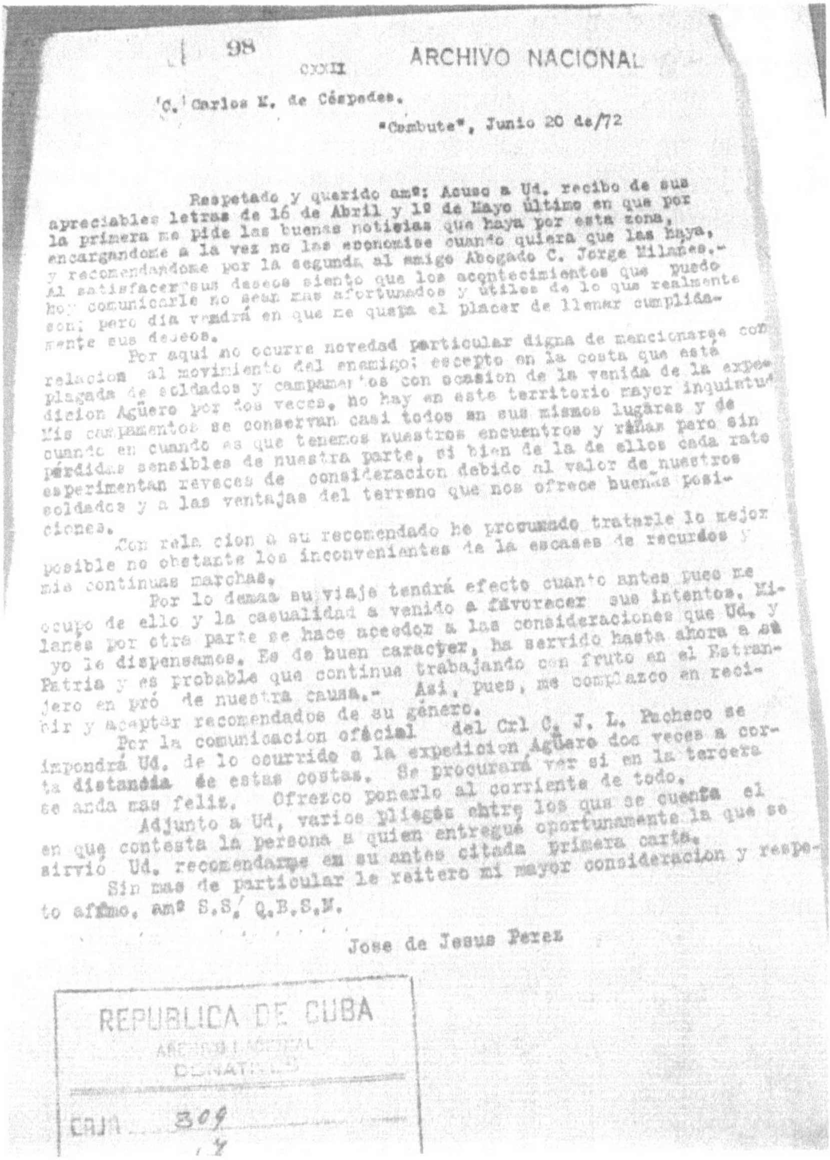

98

CXXII

ARCHIVO NACIONAL

C. Carlos M. de Céspedes.

"Cambute", Junio 20 de/72

Respetado y querido amº: Acuso a Ud. recibo de sus
apreciables letras de 16 de Abril y 1º de Mayo último en que por
la primera me pide las buenas noticias que haya por esta zona,
encargandome a la vez no las economise cuando quiera que las haya,
y recomendandome por la segunda al amigo Abogado C. Jorge Milanes.-
Al satisfacer sus deseos siento que los acontecimientos que puedo
hoy comunicarle no sean mas afortunados y útiles de lo que realmente
son; pero dia vendrá en que me quepa el placer de llenar cumplida-
mente sus deseos.

Por aquí no ocurre novedad particular digna de mencionarse con
relacion al movimiento del enemigo; escepto en la costa que está
plagada de soldados y campamentos con ocasion de la venida de la expedicion Agüero por dos veces. no hay en este territorio mayor inquietud
mis campamentos se conservan casi todos en sus mismos lugares y de
cuando en cuando es que tenemos nuestros encuentros y riñas pero sin
pérdidas sensibles de nuestra parte, si bien de la de ellos cada rato
esperimentan reveces de consideracion debido al valor de nuestros
soldados y a las ventajas del terreno que nos ofrece buenas posiciones.

Con rela cion a su recomendado he procurado tratarle lo mejor
posible no obstante los inconvenientes de la escases de recursos y
mis continuas marchas.

Por lo demas su viaje tendrá efecto cuanto antes pues me
ocupo de ello y la casualidad a venido a favorecer sus intentos. Milanes por otra parte se hace acreedor a las consideraciones que Ud. y
yo le dispensamos. Es de buen caracter, ha servido hasta ahora a su
Patria y es probable que continue trabajando con fruto en el Estranjero en pró de nuestra causa.- Asi, pues, me complazco en recibir y aceptar recomendados de su género.

Por la comunicacion oficial del Crl C. J. L. Pacheco se
impondrá Ud. de lo ocurrido a la expedicion Agüero dos veces a corta distancia de estas costas. Se procurará ver si en la tercera
se anda mas feliz. Ofrezco ponerlo al corriente de todo.

Adjunto a Ud, varios pliegos entre los que se cuenta el
en que contesta la persona a quien entregué oportunamente la que se
sirvió Ud. recomendarme en su antes citada primera carta.

Sin mas de particular le reitero mi mayor consideracion y respeto affmo. amº S.S. Q.B.S.M.

Jose de Jesus Perez

REPUBLICA DE CUBA

CAJA 309

Carta de junio 20, 1872 del Brigadier José de Jesús Pérez al Presidente Céspedes.

El 10 de mayo (1872) con el beneplácito de Céspedes es nombrado Agramonte Jefe del Ejército de Las Villas. Había terminado el enfriamiento de las relaciones de estos dos grandes hombres. Nueve días antes había ascendido a Calixto García a mayor general.

Ya se han superado las serias diferencias que distanciaban al Bayardo de la Revolución del Padre de la Patria.

¿Cuáles habían sido aquellas diferencias? Desde el inicio de la épica lucha no había reinado la armonía entre estos grandes de la nación cubana. En Guáimaro, ausente Céspedes, había triunfado la tesis de Agramonte –respaldada por Rafael Morales y Zambrana, entre otros, de la formación del gobierno y la conducción militar de las operaciones. Luego, poco después de Guáimaro, el prócer camagüeyano había renunciado a su alta posición por discrepancias con la distribución de las armas llegadas en una expedición. El desembarco se había realizado por «Nuevas Gracias» en las costas del territorio camagüeyano. Protesta Agramonte enérgicamente porque días atrás, en el combate de «Alta Gracia» donde con sólo 300 hombres había derrotado dos columnas compuestas de 3,000 soldados comandados por los brigadieres Lesca y Goyeneche lo han dejado sin pertrechos. Y de la expedición no ha recibido ni una sola arma[342].

Por tercera vez se produce una desavenencia cuando Céspedes, de visita en uno de los talleres del mando camagüeyano, dispuso calzar a su escolta con zapatos rústicos que allí se producían[343], lo que produjo seria queja de Agramonte por no haberle sido comunicada esta decisión.

Un cuarto incidente motiva un reto a duelo del camagüeyano al bayamés. ¿Razón? Separado Agramonte del mando de sus fuerzas había cesado la asignación a su futuro sueldo por lo que Céspedes ordenó que de los haberes que, un día se le abonaría a él (Céspedes), se le pagase a la familia del Mayor General Agramonte que residía en Nueva York. El Bayardo lo consideró como una afrenta

---

[342] Carlos Márquez Sterling: «Agramonte».

[343] Rolando Rodríguez: «Bajo la Piel de la Manigua». Basado en la obra «Rasgos de la Guerra de Cuba» de Fernando Fornaris.

personal y retó a duelo al presidente de la República en Armas. Con altura e inteligencia, Céspedes respondió que el lance sólo podría tener lugar cuando concluyera su cargo[344].

Comenzaba el año 1873.

En enero Carlos Manuel de Céspedes le envía al mayor Agramonte, con una muy amable carta, un informe sobre las acciones militares del año que recién terminaba. A este gesto responde con gentileza al Bayardo:

> *«Ciudadano Presidente: Lleno de satisfacción devuelvo a Ud. cordialmente el saludo de Año Nuevo que se sirve enviarme al terminar en su circular número 27-B la reseña de los acontecimientos de la guerra que tuvieron lugar el pasado año. Los hechos citados no pueden menos de robustecer la fe de todos los buenos en el triunfo de nuestra bandera, y si algún obstáculo pasajero se presenta, él solo sirve para hacernos redoblar nuestros esfuerzos. Grato me es asegurar a Ud. Que las fuerzas del Camagüey se hallan en el mejor espíritu, siempre dispuestas a cooperar en la obra de nuestra redención, sosteniendo el prestigio del gobierno de la República».*

Superadas sus diferencias con el Presidente de la República continúa Agramonte su espectacular campaña. Najasa, San Ramón de Pacheco, Santa Ana, El Salado (donde es herido); el Cocal del Olimpo.

En Buey Salado se enfrenta Agramonte el 5 de enero (1873) a una columna española[345]. El 21 detiene en el Jobo el avance del coronel Macías y vuelve a chocar con esas fuerzas tres días después.

Siguen las acciones de Ciego de Najasa, y aquellas en que son gravemente heridos el Comandante Reeve (el Inglesito), el comandante Antonio Rodríguez (Madriñales), y el capitán José Miguel Párraga.

---

[344] Íbidem.

[345] Columna comandada por los oficiales Cortés y Santander (Fuente: Carlos Márquez Sterling. «Ignacio Agramonte»).

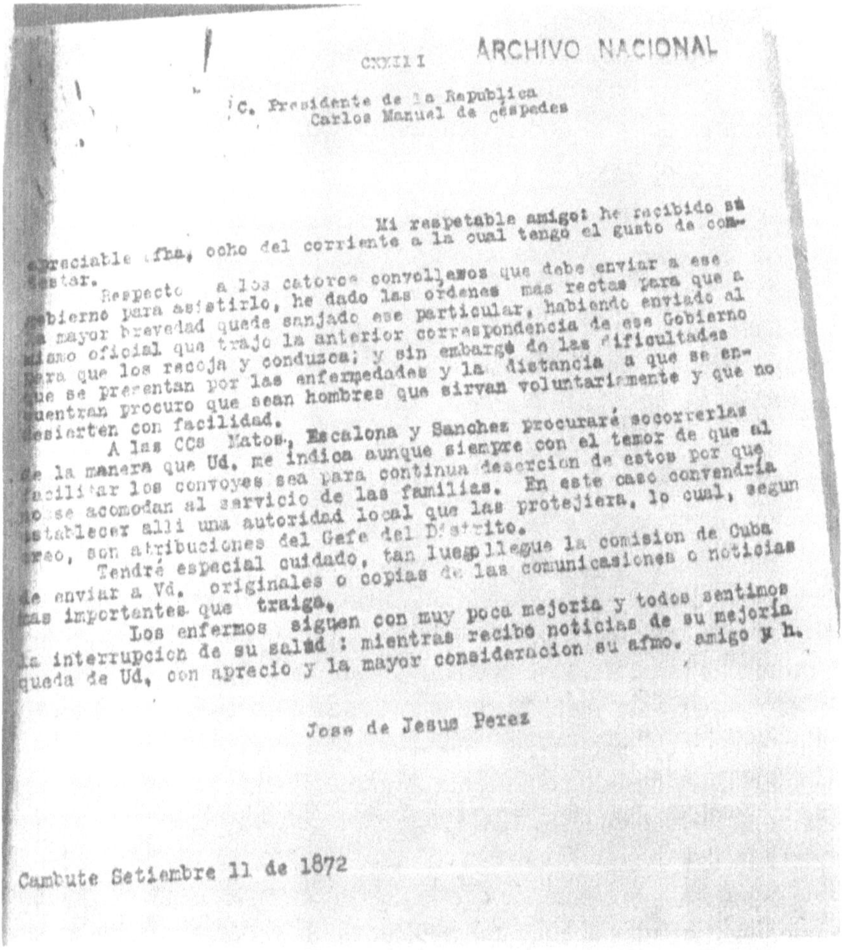

CXXII I ARCHIVO NACIONAL

C. Presidente de la Republica
Carlos Manuel de Céspedes

Mi respetable amigo: he recibido su apreciable fha, ocho del corriente a la cual tengo el gusto de contestar.

Respecto a los catorce convolleros que debe enviar a ese Gobierno para asistirlo, he dado las órdenes mas rectas para que a la mayor brevedad quede sanjado ese particular, habiendo enviado al mismo oficial que trajo la anterior correspondencia de ese Gobierno para que los recoja y conduzca; y sin embargo de las dificultades que se presentan por las enfermedades y la distancia a que se encuentran procuro que sean hombres que sirvan voluntariamente y que no deserten con facilidad.

A las CCs Matos, Escalona y Sanchez procuraré socorrerlas de la manera que Ud. me indica aunque siempre con el temor de que al facilitar los convoyes sea para continua desercion de estos por que no se acomodan al servicio de las familias. En este caso convendría establecer alli una autoridad local que las protejiera, lo cual, segun creo, son atribuciones del Gefe del Distrito.

Tendré especial cuidado, tan luego llegue la comision de Cuba de enviar a Vd. originales o copias de las comunicasiones o noticias mas importantes que traiga.

Los enfermos siguen con muy poca mejoria y todos sentimos la interrupcion de su salud: mientras recibo noticias de su mejoría queda de Ud, con aprecio y la mayor consideracion su afmo. amigo y h.

Jose de Jesus Perez

Cambute Setiembre 11 de 1872

Carta del Brigadier José de Jesús Pérez al Presidente Carlos Manuel de Céspedes de septiembre 11, 1872.
(Coincide con la petición de los convoyeros).

En mayo estará Agramonte en Jimaguayú. Días antes había sido citado para que concurriera el 25 de aquel mes a una reunión de jefes militares en Las Tunas donde se iba *«a cubrir el cargo de General en Jefe de las tropas revolucionarias»*[346].

¿Podrá ser él, lleno su expediente de espectaculares batallas, el designado? Así lo espera con ilusión.

Avanza Agramonte hacia Puerto Príncipe. Acampa, para reorganizar sus tropas, cerca de Jimaguayú. Se enfrenta, allí, a las tropas que componen la sexta compañía del Coronel José Rodríguez de León al mando del comandante español Secundino García Pastor.

Ha arremetido con tan súbito impulso que sólo lo han podido seguir sus cuatro ayudantes[347]. Cae peleando como un titán, el Bayardo de la Revolución Cubana *«que era el primero entre los primeros, y el más valiente entre los valientes»*[348].

Pero la lucha tiene que continuar.

No demoró Céspedes en el reemplazo de Agramonte; de inmediato llamó a Máximo Gómez quien recibió la cita el 30 de mayo.

El 8 de junio de 1873, aniversario de su deposición, llegaba Máximo Gómez en el Purial de Naranjo a la tienda de campaña de Carlos Manuel de Céspedes. El presidente que, un año antes, lo había privado del mando de las fuerzas. Pero eran dos hombres superiores. Por eso el encuentro comenzó con un fuerte y emocionado abrazo cuando el gran dominicano envuelve en sus brazos a Céspedes y le dice:

«Aquí tiene usted otra vez a su viejo soldado»[349].

Sobre la designación de Máximo Gómez le escribe Céspedes a Betancourt en estos términos:

---

346 Carlos Márquez Sterling. Obra citada.

347 Diego Borrero, Ramón Agüero, Lorenzo Varona y Jacobo Díaz de Villegas (Fuente: Carlos Márquez Sterling. Obra citada).

348 Carlos Márquez Sterling. Obra citada.

349 Carta del General Máximo Gómez a Tomás Estrada Palma, Santiago de los Caballeros, 1893 (citado por Ponte Domínguez, página 333).

«Para reemplazar a Agramonte, en alguna manera, ha sido nombrado el General Máximo Gómez, cuyas dotes militares nadie puede poner en duda, y que espero sabrá aprovechar el valor y patriotismo del ejército de ese departamento, secundado por usted y los otros hombres de influencia que se interesan por el triunfo de nuestra patria».

La muerte en Jimaguayú de Ignacio Agramonte afectó hondamente a Céspedes quien se siente abatido y acongojado. Respondiendo a una carta de su esposa le escribe el nueve de agosto:

«Yo estoy satisfecho con lo que tengo. Vivo en una choza a la intemperie. Como lo que me dan. Ando calzado y vestido de una manera grotesca pero honesta. No tengo necesidades. ***Hasta ahora me defienden la lealtad de los que me rodean; el día que me falte, sabré morir****».*

¿Quiénes son estos hombres probos cuya lealtad defienden al Padre de la Patria?[350]. Uno de ellos es el Brigadier José de Jesús Pérez que siempre estará a su lado.

Un sábado anota en su diario:

«Escribí a Javier. Llegaron Pérez, Crombet, y otros, con armas y parque. Luego llegaron Calixto García, Calvar y otros».

El martes 5 anota con tristeza: *«Se marchó Pérez»*. Continúa sus anotaciones en las que, con tanta frecuencia, menciona con afecto al Brigadier que tanto vela por él.

[350] Leonardo Griñón Peralta en su obra, en la que describe con gran simpatía a Céspedes, y en la que hace un serio análisis de la personalidad del Padre de la Patria, relaciona como fieles amigos del Mártir de San Lorenzo a doce grandes figuras de nuestra historia. Entre ellos a Perucho Figueredo, como Céspedes, primogénito de familia muy pudiente de Bayamo y ambos estudiantes de Derecho en la Universidad de Barcelona; Fernando Figueredo Socarrás, el primer ayudante y secretario del Padre de la Patria; Miguel Bravo Sentíes, médico, que fue secretario particular de Céspedes, desempeñando, bajo su presidencia, distintas posiciones en el gabinete de la república en armas; José de Jesús Pérez quien lo protegió y cuidó, con gran afecto, en su largo calvario de San Lorenzo; y José Lacret Morlot, quien, junto con el brigadier Pérez, se consagró a la atención del depuesto presidente.

Gobernaba la isla el Capitán General Cándido Pieltaín que se quejaba de no haber recibido de la metrópoli la ayuda necesaria. Lo reemplazaría a fines de septiembre el General Jovellar.

Continuamos en Oriente. Ocupaban los insurrectos el campamento de Baire Abajo, a 6 leguas de Jiguaní. El territorio de operaciones de los mambises se iba ampliando. Estaban preocupados por el salvamento de la expedición de Agüero: se temió su pérdida por la actividad o desaparición de Manuel Betancourt *«pero llegó Jesús Pérez de la costa con parte de lo desembarcado, y aseguró que el sobrante estaba bien escondido»* (Pirala, Volumen II, Página 542). Resurgió la animación y alegría en el campo insurrecto.

Céspedes se siente aislado. Los diputados arrecian sus ataques sobre el itinerante presidente que, en marzo, se halla, con muy escasa protección, en un rústico campamento cuando recibe una sorprendente visita.

UNA INESPERADA VISITA

A fines de 1872, nos narra Fernando Ortiz, en el prólogo de la edición en Cuba del libro «La Tierra del Mambí», The New York Herald envió a Cuba a un corresponsal con misión de burlar las autoridades españolas, llegar hasta Carlos Manuel de Céspedes y remitir informes de la verdadera situación de la rebelión separatista. Ese corresponsal, Mr. Henderson, no tuvo el valor ni la astucia que reclamaba una empresa semejante.

El prestigio del periódico quedó en entredicho. Para lograr el triunfo periodístico se pensó en James O'Kelly como *«corresponsal de guerra»*. El Capitán General de la isla, Francisco de Ceballos, le hizo precisas advertencias: podía recorrer la isla y entrevistar a insurrectos que se han rendido. *«Todo otro camino que usted adopte deberá entenderse a su exclusivo riesgo»*. Fue ese el camino que tomó el periodista irlandés.

El 19 de febrero de 1873 salió de Santiago de Cuba y se encaminó a la tierra del mambí. Así le escribe Céspedes a su esposa Ana:

> *«Mr. O'Kelly se ha comunicado con la familia de uno de mis oficiales para obtener información acerca del modo de llegar hasta nuestras fuerzas. He dado órdenes para que sea recogido y acompañado por una escolta hasta Cambute y de allí hasta nuestro campamento».*

Cambute, territorio seguro, la tierra controlada por su fiel amigo, el brigadier José de Jesús Pérez.

«Todo mi deseo –escribe el periodista en su libro «La Tierra del Mambí»– *era llegar a Cambute, que estaba distante, como más, cinco o seis leguas. Tempú, un campamento importante, al mando del Coronel Matías Vega, se hallaba también a dos leguas».* Hacia allá se dirigió el corresponsal que encontró *«un campamento cubano regularmente organizado, donde todo el mundo estaba completamente a las órdenes del Jefe».* Conversaron el mambí y el periodista. Vega le informó que el Brigadier Pérez no se encontraba en esos días en Cambute. Tendría que dejar para días próximos esa importante visita que era el paso esencial para entrevistarse con el Presidente Céspedes. Lo menciona así en su libro.

> *«Jesús Pérez, general comandante del distrito, había partido para la costa, a asuntos importantes de servicio, no debiendo estar de vuelta sino dentro de dos semanas».*

Para ganar tiempo se dirigirá, entonces, primero al campamento Dos Bocas del Mayor General Calixto García distante sólo a tres días de marcha. El Coronel Vega le facilitó 30 hombres para que lo acompañaran como escolta. *«El campamento en Dos Bocas ocupaba un claro rectangular en el bosque. Consistía de una multitud de bohíos formando calles regulares y muy bien alineadas».* Conversan largamente.

Ya habían transcurrido los días para dirigirse a Cambute a la muy importante entrevista con el presidente Céspedes.

Había llegado O'Kelly a Cuba Libre a las 4 de la tarde del 21 de febrero. Demora algunos días la llegada de O'Kelly al campamento de Céspedes. Desde el 5 de marzo (1873) lo esperan en la Residencia del Ejecutivo. Le han preparado «una casita con bastante gusto». Finalmente llega el día diez. *«O'Kelly es un joven alto, rubio, buena figura, de modales finos, muy amable y cariñoso con todos».* (Carta de Francisco Estrada Céspedes a su esposa, Marzo 10, 1873). Para el 21 aún se encontraba en el campamento.

James J. O'Kelly, corresponsal del The New York Herald[351] ha arribado al modesto bohío que le sirve de mansión presidencial *«que no contaba con más muebles que una hamaca, una mesa toscamente construida... y unos cuantos libros y paquetes de papel colocados con orden...»*[352].

Para su sorpresa *«un hombre de buen talante, algo robusto de cuerpo y estatura mediana se levantó para recibirme».* Hablaron en el idioma del corresponsal. Céspedes le habla, con firmeza, de la justa razón de su causa. La paz sólo podría aceptarse sobre la base de la independencia.

Así describe el corresponsal al «hombre de mármol»:

> *«Aunque el presidente Céspedes es un hombre de corta estatura, posee una constitución de hierro. Nervioso por temperamento, permanece siempre en posición erecta. Los rasgos de su fisonomía son pequeños, aunque regulares. De frente alta y bien formada, y ojos entre grises y pardos, aunque brillantes y llenos de penetración».*

---

[351] El periodista irlandés James J. O'Kelly había formado parte años antes de una expedición francesa que en respaldo al emperador Maximiliano desembarcó en México. Luego acompañó al emperador brasileño Don Pedro en su viaje de Río de Janeiro a Estados Unidos. A fines de 1872, el capitán general de Cuba autorizó el ingreso a la isla de O'Kelly para recorrer el país. «A su exclusivo riesgo» para escribir lo que desee de las «indisciplinadas hordas de la insurrección». (Fuente: James J. O'Kelly, «La Tierra del Mambí»). James O'Kelly, defensor de la causa del separatismo de Irlanda, fue, luego electo diputado al parlamento por el condado de North Roscommon. (Fuente: Fernando Ortiz. Prólogo de la edición de 1934 de «La Tierra del Mambí».)

[352] James O'Kelly. «La Tierra del Mambí», Pág. 229. (Edición con prólogo de Fernando Ortiz).

Lo encontró informado de los acontecimientos internacionales por los ejemplares de la prensa que su correo le hacía llegar. Se expresaba correctamente en inglés, francés e italiano.

Terminada la entrevista, Céspedes alienta al corresponsal a que parta hacia la costa, a Santiago, *«para que sea conocido,* dice O'Kelly, *lo que yo había visto».*

El periodista visitante no podría haber pasado por alto *«el manifiesto contraste entre la falta de recursos de resistencia del Ejecutivo, y las grandes fuerzas y los elementos de boca y guerra a no mucha distancia, rodeado por centenares de hombres –dos mil o más–... bien armados y disciplinados...»*[353] que componían las tropas de Calixto García.

La compañía del presidente, anota el acucioso corresponsal, se componía de ocho miembros de su gabinete, *«incluso el señor Miguel Bravo y Senties que desempeñaba el cargo de Ministro de Guerra»,*[354] ¿Quiénes son los otros siete hombres que acompañan al presidente en éstas, sus horas amargas?:

Su hijo, C.M. de Céspedes, el mayor Fernando Figueredo, *«el capitán José Ignacio Quesada, cuñado de Rafael Caymari»*[355]. Y expresa con admiración el corresponsal: *«Estos caballeros no sólo desempeñan los puestos del gabinete, sino que forman la guardia de honor del presidente».*

[353] Ramiro Guerra. «Guerra de los Diez años».

[354] James O'Kelly: «La Tierra del Mambí».

[355] Rafael Caymari Pérez, nacido en Manzanillo, participó en la reunión conspirativa del ingenio Rosario el 6 de octubre de 1868. Se alzó junto con Céspedes en la Demanagua actuando, después, como su ayudante hasta la deposición del presidente.

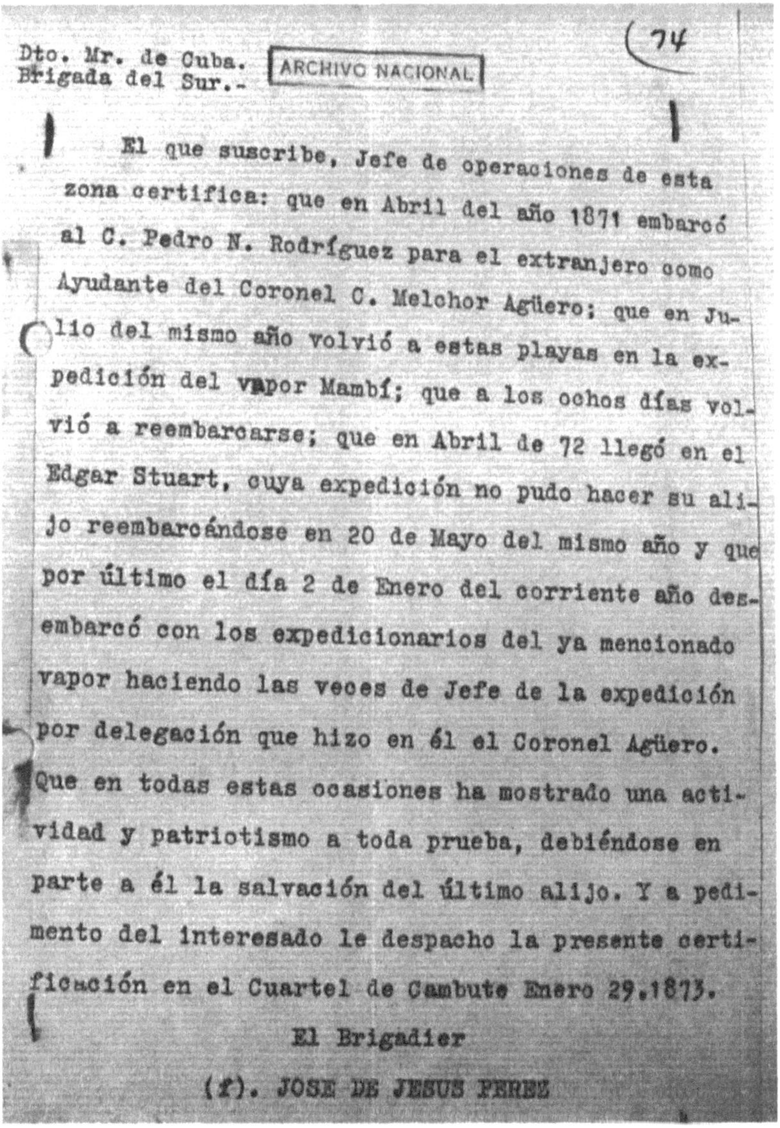

(74

Dto. Mr. de Cuba.
Brigada del Sur.-

ARCHIVO NACIONAL

El que suscribe, Jefe de operaciones de esta zona certifica: que en Abril del año 1871 embarcó al C. Pedro N. Rodríguez para el extranjero como Ayudante del Coronel C. Melchor Agüero; que en Julio del mismo año volvió a estas playas en la expedición del vapor Mambí; que a los ochos días volvió a reembarcarse; que en Abril de 72 llegó en el Edgar Stuart, cuya expedición no pudo hacer su alijo reembarcándose en 20 de Mayo del mismo año y que por último el día 2 de Enero del corriente año desembarcó con los expedicionarios del ya mencionado vapor haciendo las veces de Jefe de la expedición por delegación que hizo en él el Coronel Agüero. Que en todas estas ocasiones ha mostrado una actividad y patriotismo a toda prueba, debiéndose en parte a él la salvación del último alijo. Y a pedimento del interesado le despacho la presente certificación en el Cuartel de Cambute Enero 29.1873.

El Brigadier

(f). JOSE DE JESUS PEREZ

Comunicaciones del Brigadier José de Jesús Pérez
de distintas fechas.

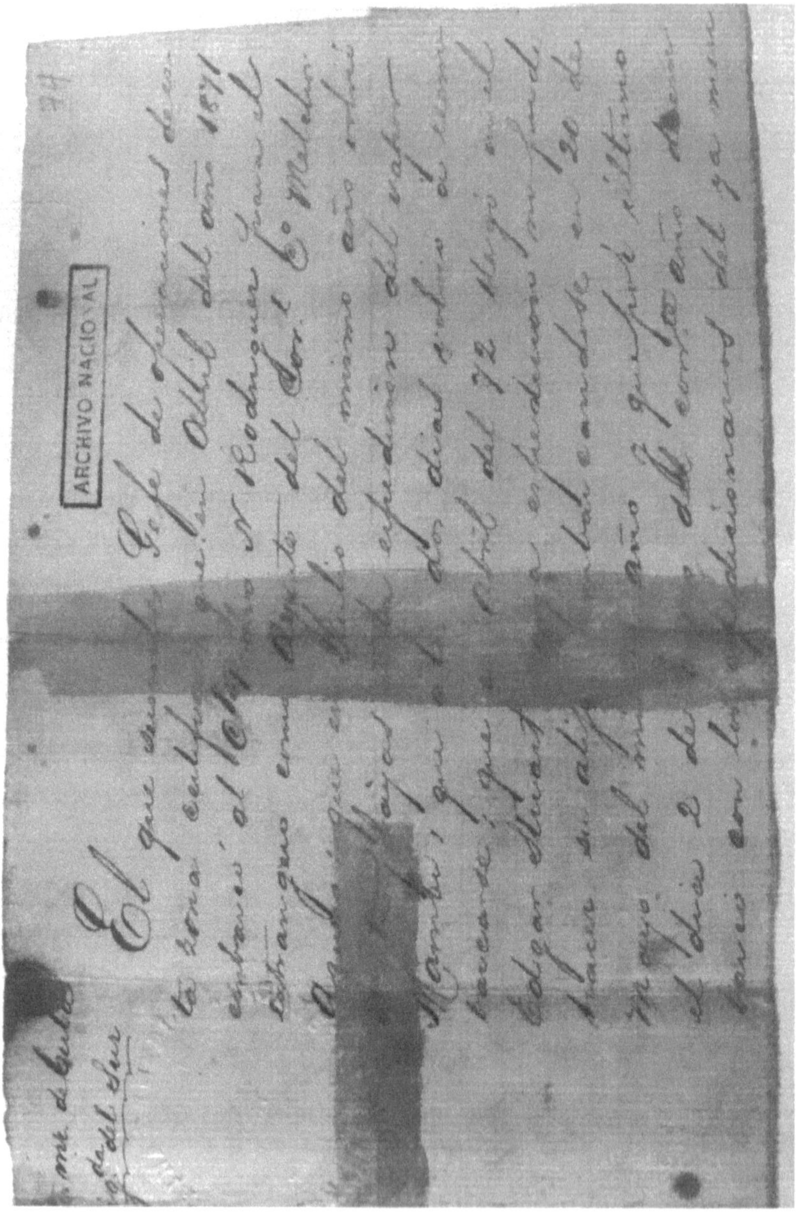
ARCHIVO NACIONAL

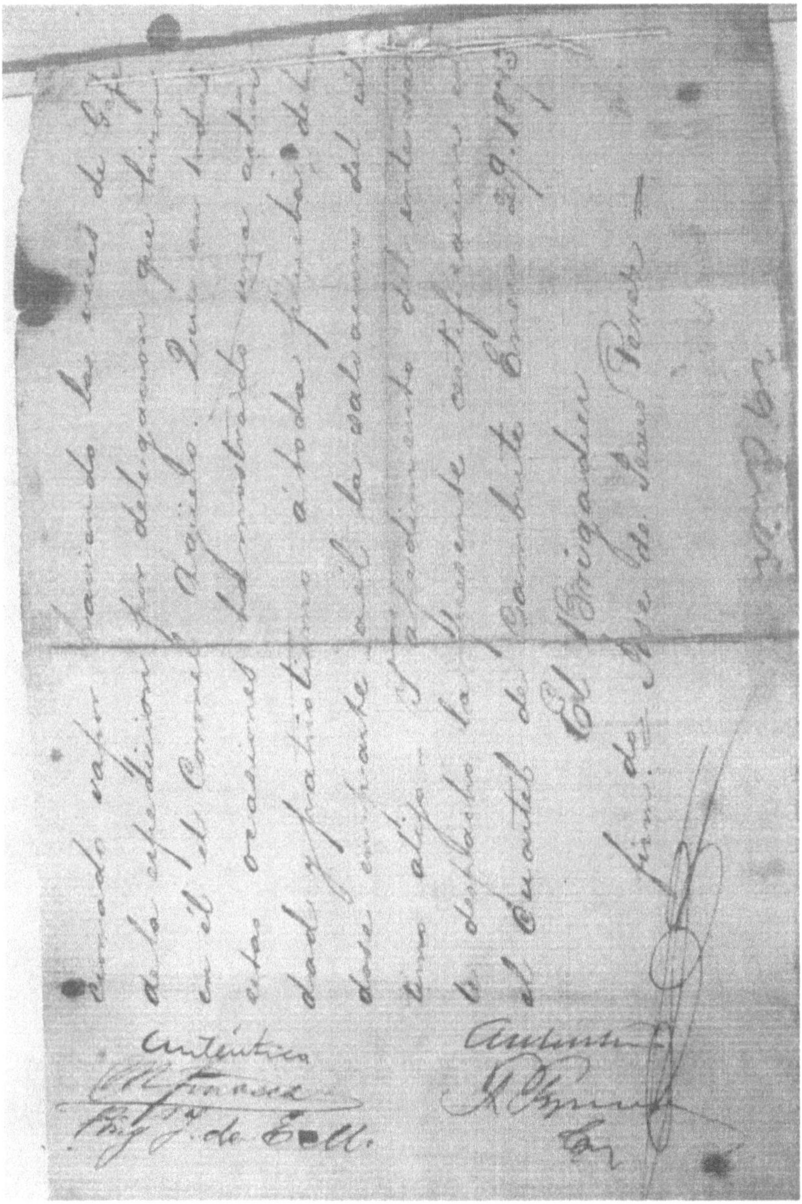

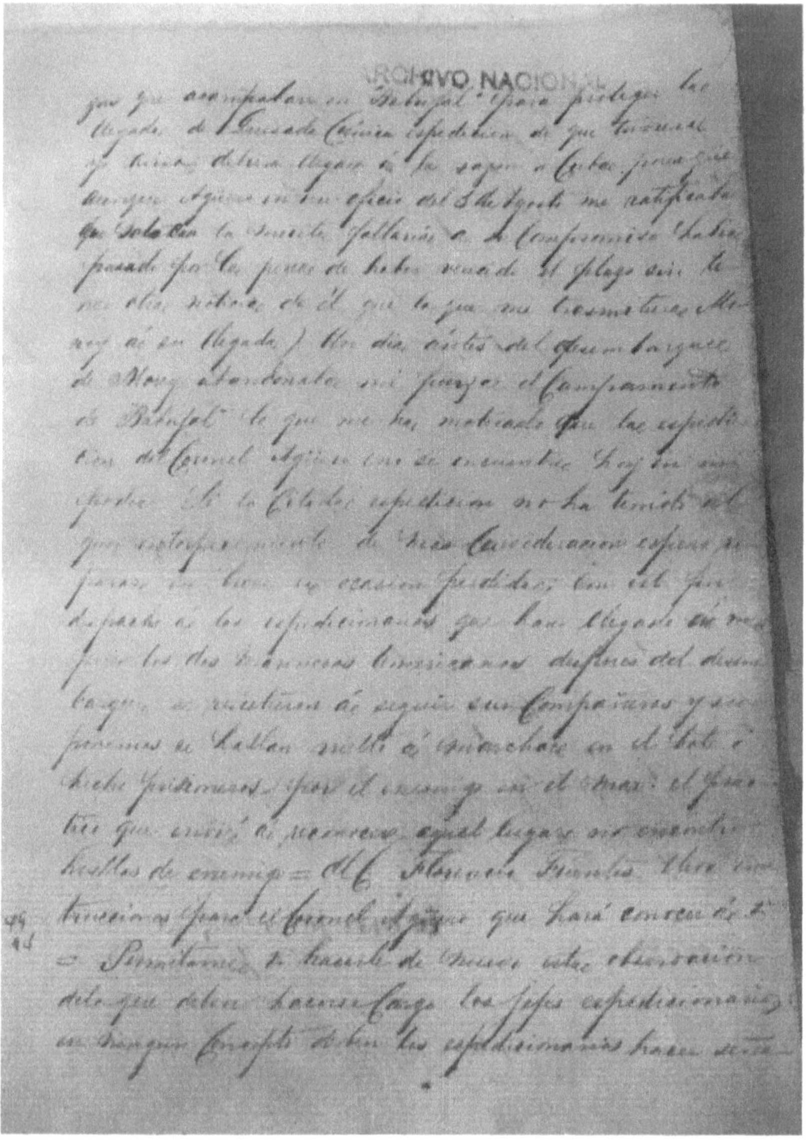

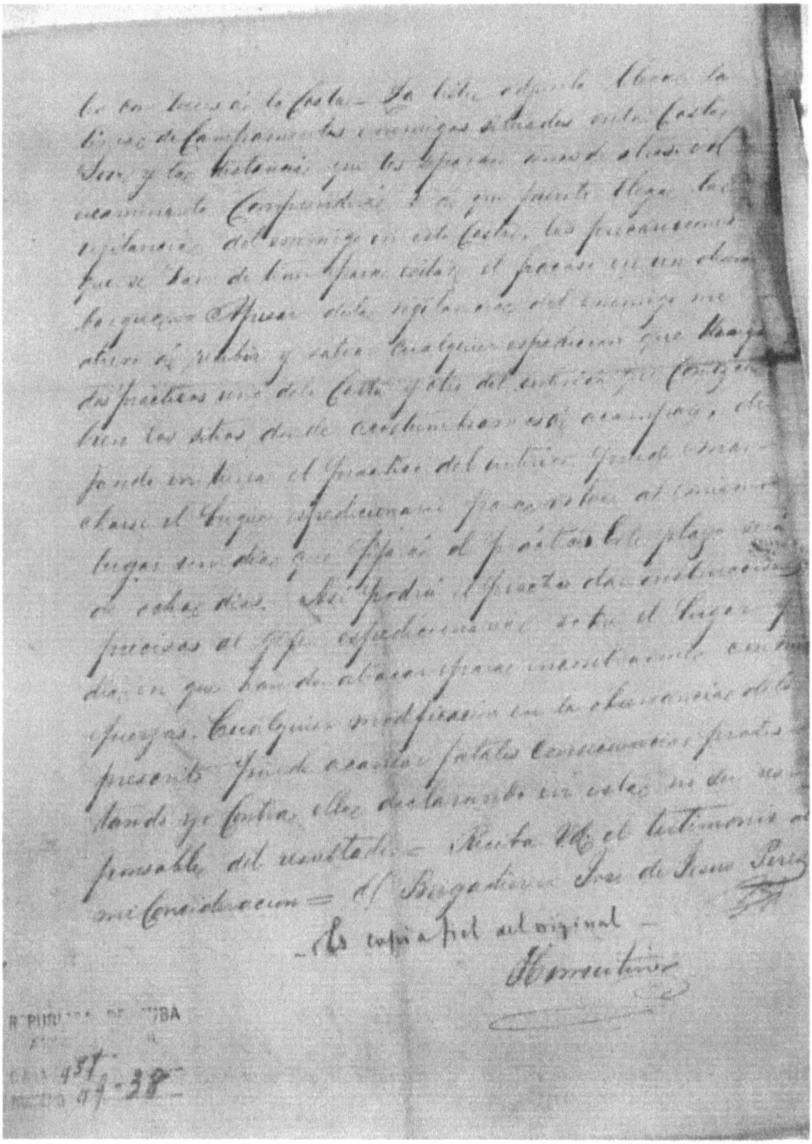
mi consideración = El Brigadier José de ... Pérez

Es copia fiel del original —

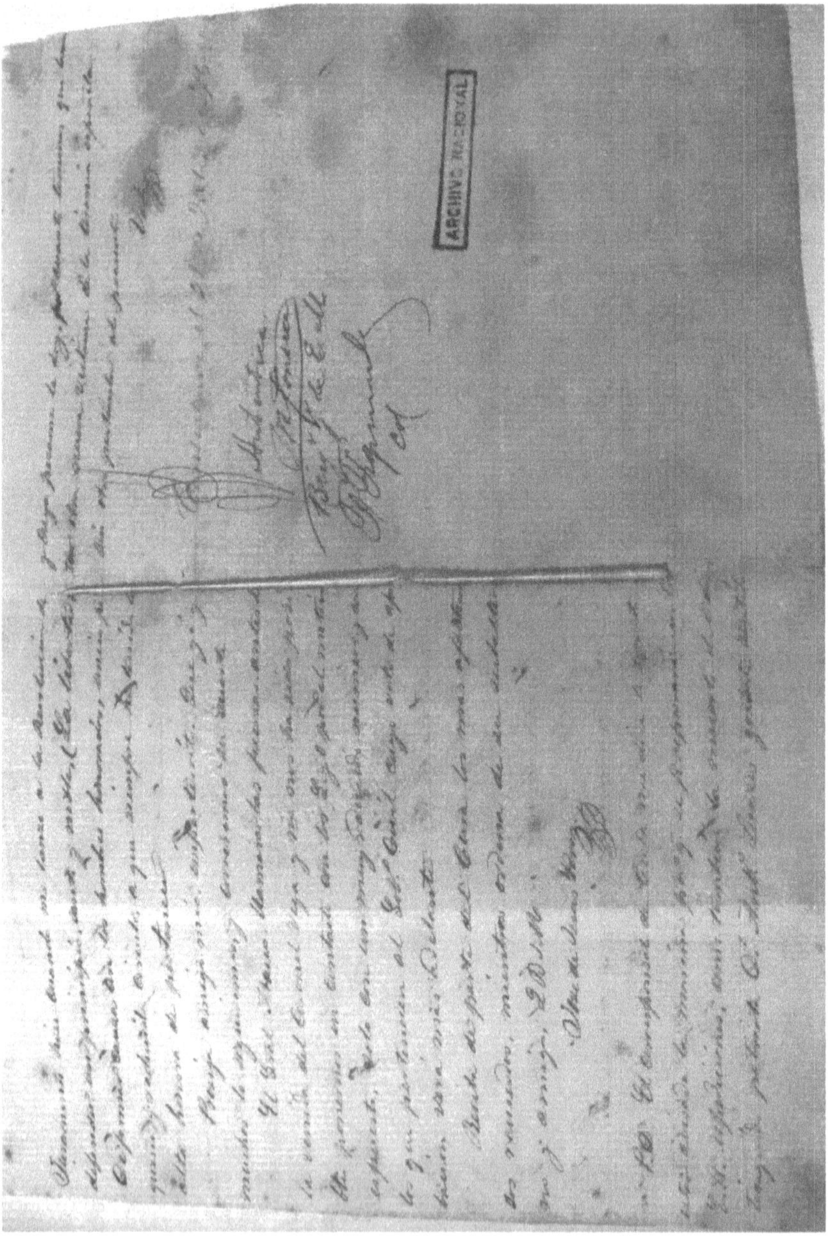
ARCHIVO NACIONAL

CAPÍTULO VI

DESTITUCIÓN DE CÉSPEDES

NUEVOS COMBATES Y ENFRENTAMIENTOS POLÍTICOS. PALO SECO. EL NARANJO. EL PURIAL. JIMAGUAYÚ

Alentados los insurrectos por el aumento de incorporados y más armamentos, se produjeron, en marzo de 1873, nuevos combates. Fuerzas cubanas atacaron el 6 de aquel mes los poblados de Sevilla Arriba, Aguacate y Alegría en Bicana.

Céspedes llegó al campamento de Cambute el día 12 y reunió el 14 en El Corojo a los hombres de Emilio Nogueras que lo aguardaban. El cinco de abril el gobierno cubano, reunidas las fuerzas de Holguín, Jiguaní y algunas de Guantánamo, y dos compañías de Cambute, emprendió la marcha. El seis estaba en Colorado. El 8 en el Guayabal, a tres leguas de Holguín. El 9 inician su recorrido sin que muchos conocieran el destino final. El mismo día habían llegado al poblado de Auras (Gibara). El gobierno cubano llegó el 12 a la Bermeja, adelantándose Modesto Díaz a recibirlo.

El General Gómez *«enfermo de un pie y de fuertes calenturas»* no puede marchar para unirse al gobierno. Lo hará luego en unión de García. Seguirá aquejado hasta principios de mayo precisamente cuando muere Ignacio Agramonte.

Coinciden Gómez y Calixto García en Naranjo el 19 de mayo (1873) para continuar hacia Las Coloradas y Curabo donde el 25 se reúnen con el gobierno y las fuerzas de Bayamo. Estará allí, junto a ellos, el Gral. Modesto Díaz quien ya, por haber renunciado, no tiene tropas a su mando; su lugar lo ocupa su segundo, el brigadier Javier Céspedes.

CAMBIOS EN LA PENÍNSULA REPERCUTEN EN LA ISLA

Días antes del inicio de la Guerra de los Diez Años se habían producido cambios radicales en las estructuras políticas de la nación española. Isabel II, que había reinado desde 1843 bajo un gobierno presidido en los últimos años por el general Leopoldo O'Donnell, antiguo gobernador de la isla, fue destronada en septiembre de 1868 por un incruento golpe militar encabezado por el General Prim.

Reemplazada su dinastía por la muy breve de Amadeo, Duque de Acosta, al abdicar éste (1873), la monarquía se convirtió en una República que despertó alguna esperanza en la mente de muchos cubanos. Cuatro débiles presidencias se alternaron en la efímera vida (sólo duró once meses) de la República: Estanislao Figueras, que formó un gobierno de coalición, Francisco Pi y Margall, Nicolás Salmerón y Emilio Castelar quien representaba, dentro del republicanismo español, las ideas moderadas. El poder lo tenía el general Manuel Pavía que había ocupado militarmente Madrid en el golpe de estado que disolvió las Cortes el 3 de enero de 1874.

Cuando años atrás triunfó la revolución de Prim, cambios similares se produjeron en la gobernación de la isla. El General Francisco Lersundi, identificado plenamente con los voluntarios y los más recalcitrantes sectores integristas, es sustituido por el General Domingo Dulce quien ofrece, ya demasiado tarde, una amplia amnistía no aceptada por los cubanos alzados en armas, pero que enardeció, aún más, a los voluntarios e integristas.

Los sucesos del Teatro Villanueva, provocados por los voluntarios que exigían una mayor represión por parte del Capitán General Dulce fueron uno de los factores que llevaron a la forzada renuncia de éste. Los peninsulares extremistas, respaldados por los que se enriquecían con la trata de esclavos, eran los que con más furor demandaban la destitución del Gobernador. El General Ginovés Espinar le envió una carta al Ministro de Ultramar expresando las más severas críticas contra Dulce. La presión aumentaba por días en las calles de La Habana. El 25 de abril sus opositores[356] se dirigieron a la Capitanía General, en la Plaza de Armas, la residencia de Dulce, y al frente de aquella multitud aparecían los Generales Ginovés Espinar, Clavijo y Vernet, que le plantearon sus grandes preocupaciones pidiéndole que dimitiera a su cargo. Éste envió su renuncia a Prim y le fue aceptada. Tres días después Dulce salía hacia Cádiz a bordo del «Guipuzcoa».

Forzada la renuncia de Dulce éste es reemplazado por Antonio Caballero de Rodas, a quien reemplaza el Conde Valmaseda que es sustituido por Joaquín Jovellar y éste, por Cándido Pieltaín.

VALMASEDA. CAPITÁN GENERAL

El Conde de Valmaseda se hacía cargo del mando superior de la isla al comenzar el año 71 cuando el nuevo rey Amadeo juraba en Madrid la Consticución. Durante enero y febrero recorría Valmaseda, en plan de festejos, distintas poblaciones de la provincia central.

En abril de 1872 Francisco Ceballos ocupó, interinamente, la Capitanía General de la Isla (Edo, página 599).

Francisco de Ceballos, Gobernador Interino de Cuba, había sido, también, Gobernador de la ciudad de Cienfuegos y era Gobernador Interino de la isla en enero de 1873 y, sustituido temporalmente, a Valmaseda.

En abril de 1873 llega, como gobernador de la isla Cándido Pieltaín. Durará muy poco. Es sustituido en noviembre de aquel año (1873) por el General Jovellar, cuya designación coincide con la visita a La Habana del Ministro de Ultramar del gobierno de la República, Santiago Soler y Plá (Edo, página 641).

No había sido bien recibido el gobernador Pieltaín.

---

[356] Brigadier Malcampo, Jefe de la Marina; López Roberts, Gobernador Político de La Habana; General Vernet, Inspector de Voluntarios; y el General Clavijo, Jefe de Artillería. Fuente: María Dolores Domingo A. Cebrón *obra citada.*

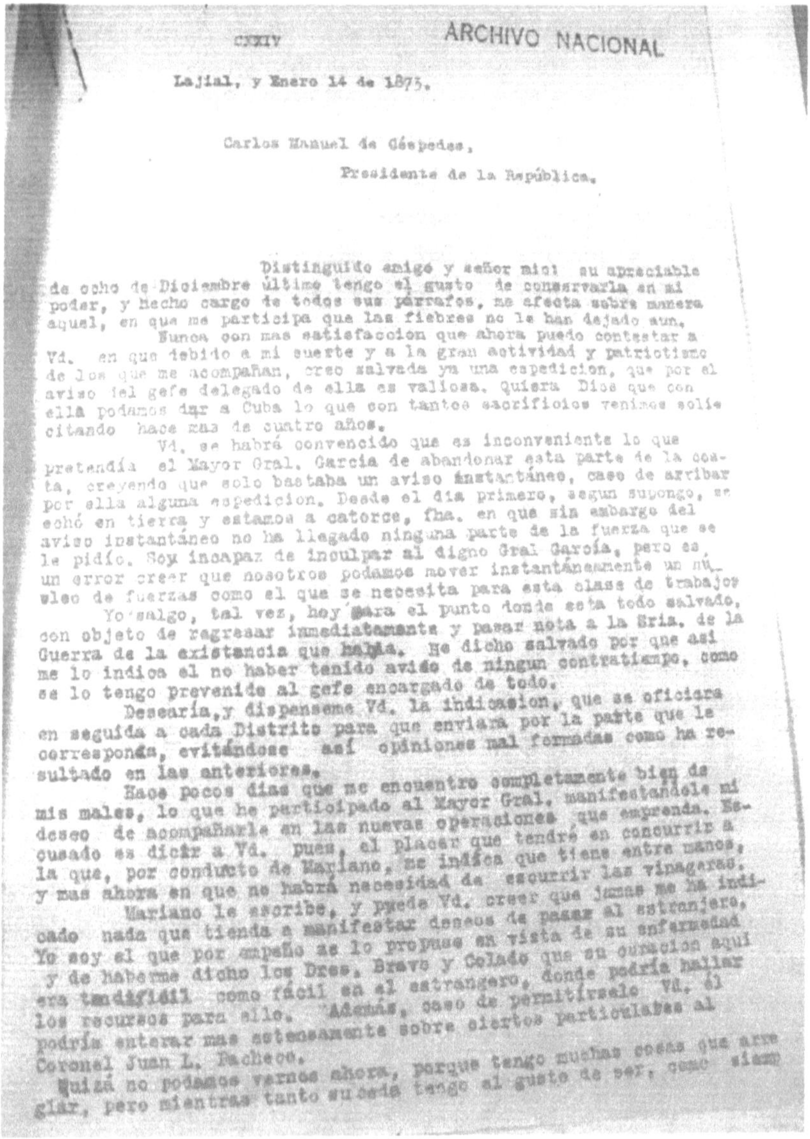

CXXIV ARCHIVO NACIONAL

Lajial, y Enero 14 de 1873.

Carlos Manuel de Céspedes,

Presidente de la República.

Distinguido amigo y señor mio: su apreciable de ocho de Diciembre último tengo el gusto de conservarla en mi poder, y hecho cargo de todos sus párrafos, me afecta sobre manera aquel, en que me participa que las fiebres no le han dejado aun.

Nunca con mas satisfaccion que ahora puedo contestar a Vd. en que debido a mi suerte y a la gran actividad y patriotismo de los que me acompañan, creo salvada ya una espedicion, que por el aviso del gefe delegado de ella es valiosa. Quiera Dios que con ella podamos dar a Cuba lo que con tantos sacrificios venimos solicitando hace mas de cuatro años.

Vd. se habrá convencido que es inconveniente lo que pretendía el Mayor Gral. García de abandonar esta parte de la costa, creyendo que solo bastaba un aviso instantáneo, caso de arribar por ella alguna espedicion. Desde el dia primero, segun supongo, se echó en tierra y estamos a catorce, fha. en que sin embargo del aviso instantáneo no ha llegado ninguna parte de la fuerza que se le pidió. Soy incapaz de inculpar al digno Gral García, pero es un error creer que nosotros podamos mover instantáneamente un núcleo de fuerzas como el que se necesita para esta clase de trabajos.

Yo salgo, tal vez, hoy para el punto donde esta todo salvado, con objeto de regresar inmediatamente y pasar nota a la Sria. de la Guerra de la existencia que habia. He dicho salvado por que asi me lo indica el no haber tenido aviso de ningun contratiempo, como se lo tengo prevenido al gefe encargado de todo.

Desearía, y dispenseme Vd. la indicasion, que se oficiara en seguida a cada Distrito para que enviara por la parte que le corresponda, evitándose así opiniones mal formadas como ha resultado en las anteriores.

Hace pocos dias que me encuentro completamente bien de mis males, lo que he participado al Mayor Gral. manifestandole mi deseo de acompañarle en las nuevas operaciones que emprenda. Escusado es decir a Vd. pues, el placer que tendré en concurrir a la que, por conducto de Mariano, me indica que tiene entre manos, y mas ahora en que no habrá necesidad de escurrir las vinagreras.

Mariano le escribe, y puede Vd. creer que jamas me ha indicado nada que tienda a manifestar deseos de pasar al estranjero. Yo soy el que por empeño se lo propuse en vista de su enfermedad y de haberme dicho los Dres. Bravo y Colado que su curacion aqui era tandáficil como fácil en el estrangero, donde podría hallar los recursos para ello. Además, caso de permitírselo Vd. él podría enterar mas estensamente sobre ciertos particulares al Coronel Juan L. Pacheco.

Quizá no podamos vernos ahora, porque tengo muchas cosas que arreglar, pero mientras tanto su ceda tengo el gusto de ser, como siem

Comunicación del Brigadier de Cambute José de Jesús Pérez
al Presidente Céspedes, enero 14, 1873

No verán pasivamente los voluntarios y los elementos más integristas la política liberal y moderadora del nuevo Capitán General. *«Los jefes de voluntarios inmediatamente acordaron deponer a quien se negaba a ser su instrumento, y, al efecto, fraguaron una conspiración para privar a Pieltaín del mando y reemplazarlo con los generales Portillo y Chincilla mediante una sublevación que iniciaría Portillo con dos batallones de voluntarios y, triunfante la cual, el Capitán General sería enviado a España a bordo del vapor que saldría el 15 de abosto. Pieltaín, sin embargo, al ser advertido del complot, destinó a Portillo a Cienfuegos, envió los dos batallones a Santiago de Cuba y desbarató la conjuración sin dejarse imponer por las protestas de los jefes de voluntarios».*

Llega Pieltaín, uno de los más desconocidos gobernadores españoles, a la Capitanía General en los días en que Carlos Manuel de Céspedes se siente asediado por los diputados cubanos. Y conoce *«por correo de Raquín*[357] *que... el Marqués (Salvador Cisneros Betancourt) tiene formada una conspiración con Villegas para deponerme y entrar él en mi puesto...»* (Diario de Carlos Manuel de Céspedes, jueves 11 de septiembre de 1873). Una semana después menciona la visita que el 8 de junio hizo el Ministro Español en los Estados Unidos a su esposa Ana en nombre del Capitán General Pieltaín. Conoce el Padre de la Patria el domingo 21 de septiembre que *«Castelar es Presidente del Ejecutivo en España. ¿Cuántos van ya?».*

CAMBIOS EN CUBA DE LOS MANDOS MILITARES ESPAÑOLES

El capitán general Cándido Pieltaín asume el mando en el mes de mayo (1873) y nombra al general Juan Burriel (aquel que dentro de cinco meses consentirá los fusilamientos de los expedicionarios del *Virginius)* comandante general del Departamento

---

[357] Leonidas Raquín es el seudónimo de Calixto Acosta Mariño, confidente de Céspedes que residía en Santiago de Cuba. (Diario de Carlos Manuel de Céspedes de Julio 1872 a Enero de 1873. Biblioteca del Congreso, Página VI).

Oriental. Descansará en los jefes de las brigadas de operaciones militares que se han enfrentado a las fuerzas insurrectas: los brigadieres Sabás Marín, que pronto estará envuelto en proposiciones de paz, una y otra vez denunciadas; Ramón Merduiña y Adolfo Morales de los Ríos. Contará también con el coronel Alejandro Rodríguez Arias.

Estará en los mandos españoles el coronel Ángel Gómez Diéguez que combatirá en septiembre con las tropas de Calixto García junto al río Santa María, en sangrienta batalla en la que Gómez Diéguez pierde la vida.

Tendrá Pieltaín a sus órdenes a 54,000 hombres y gran número de guerrilleros y voluntarios que se encargan de proteger los pueblos y fincas. Las filas de los libertadores apenas ascendían a 7,000 hombres pobremente armados.

Combaten los mambises en el Zarzal, cuyas fuerzas incluían los regimientos de Bayamo, Holguín, Jiguaní, Guantánamo y Las Villas, bajo el mando del Mayor General Calixto García, contra una columna española. Las tropas de Bayamo estaban dirigidas por el Coronel Emilio Nogueras, las del regimiento Jiguaní por el Coronel Francisco Borrero, y las de Guantánamo por el Teniente Coronel Silverio del Prado. Las fuerzas españolas eran comandadas por el Teniente Coronel Sostrada, jefe del batallón de San Quintín. Éstas siguen combatiendo con tenacidad.

El 4 de junio las tropas españolas han atacado y vuelto a ocupar el Zarzal enfrentándose al entonces Coronel Maceo. Mientras éste sale a proveerse en Bueycito para la próxima acometida, Gómez y Calixto marchan hacia al Purial donde, como antes Maceo, son atacados. Coincide este duro enfrentamiento con la designación de Gómez como Jefe del Departamento Provisional de Cauto y el ascenso a Brigadier de Antonio Maceo.

Jimaguayú. Días antes en la mañana del 11 de mayo las tropas españolas, al mando del Teniente Coronel José Rodríguez de Aragón, avanzan hacia el potrero de Jimaguayú. Impetuoso, se lanza sobre ellas Agramonte; lo siguen sus cuatro asistentes Diego Borrero, Ramón Agüero, Lorenzo Varona y Julio Díaz de Villegas. Un disparo destroza el cráneo del bayardo cubano. Demorará unos días conocer su trágico final.

JIMAGUAYÚ: GÓMEZ SUSTITUYE A AGRAMONTE

Debe Gómez ocuparse de su nueva posición comenzando por la División de Tunas y marchar, si fuese cierta la muerte de Agramonte, a Camagüey para sustituirlo. Se confirma la caída del Bayardo de la Revolución Cubana y hacia la región central se dirige Gómez el 14 de junio. En camino, esperará en Santa Rosa, jurisdicción de las Tunas, por el Gral. Vicente García con quien se reúne antes de penetrar por los Fueyes en la jurisdicción de Camagüey.

Termina el mes de junio (1873).

¿Cuáles son los primeros pasos del Gral Gómez al llegar al territorio en el que el Gral. Agramonte era, tan justicieramente, admirado y respetado? Contacta a los aguerridos hombres que allí combaten. Por su Diario de Campaña conocemos sus pasos. Cita al Gral. Sanguily *«en un punto en la zona de Najasa»; continúa hasta la Aurora, cuartel general del «Coronel Enrique Reeve, muy digno de ocupar puesto más elevado»* y deja constancia en su Diario que *«su valor a toda prueba, su infatigable constancia en el servicio a la causa lo hacen un cumplido militar».*

Había servido Henry Reeve en Camagüey primero a las órdenes del General de Brigada Cristóbal Acosta. En marzo del 71 estará subordinado, directamente, a la caballería del Mayor General Ignacio Agramonte. Herido en Potrero, combate en la Entrada y el Mulato y participa en el glorioso rescate del entonces General de Brigada Julio Sanguily (8 de octubre de 1871).

Junto a Agramonte participa en los encuentros de San Ramón, La Redonda, la Matilde, San Tadeo. El 29 de noviembre del 72 es herido en el combate de El Carmen. Recuperado toma parte en los primeros meses de 1873 de los combates de Ciego de Najasa, Soledad de Pacheco y Cocal del Olimpo y acompañaba a Ignacio Agramonte cuando éste caía en Jimaguayú. Tomará el mando de la División para entregarlo ocho días después a Sanguily. En julio estará a las órdenes de Máximo Gómez, nuevo jefe de Camagüey.

Se hace cargo Gómez el 9 de julio del mando militar del Departamento del Centro, posición que Agramonte desempeñó por más de 27 meses.

Al volver Gómez al mando dispuso el gobierno de la República en Armas una nueva distribución de fuerzas, dividiéndolas en tres cuerpos. Llama al primero, Ejército Provisional del Cauto, cuyo territorio comprende Jiguaní, Bayamo, Manzanillo y Tunas; el segundo cubrirá Holguín, Cuba, Guantánamo, (de éste será el brigadier Jesús Pérez el segundo jefe de la primera división), y el tercero, Camagüey.

El 6 de julio las tropas del brigadier José de Jesús Pérez reciben por la Ensenada de Mora, costa sur de Oriente, todo el material bélico que desembarcaba la segunda expedición del vapor Virginius. Era un valioso cargamento[358] que el brigadier de Quesada Loynaz condujo desde Colón, Panamá, burlando la estrecha vigilancia de los cruceros españoles. La distribución de este cargamento por Calixto García a los demás jefes departamentales constituyó vivo acicate para la ardua lucha por Cuba.

Para entonces se debilitaba Céspedes *«en su alto cargo, atacado por los intrigantes en su empeño de arrebatarle el poder y buscarle como sustituto un personaje de contextura más dúctil: su viril figura sin par los borraba a todos y eso era intolerable»*[359]. Al mismo tiempo *«los enemigos del General Gómez usaron de seguro con el presidente, suspicaz, toda clase de armas para derribar a Gómez»*[360].

El respaldo del presidente Céspedes al General Manuel de Quesada y el anuncio de que éste pronto regresaría al frente de una poderosa expedición llenó de preocupación a los miembros de la Cámara de Diputados. La Cámara Legislativa había apro-

---

[358] La expedición del *Virginius* traía 500 fusiles Remington, 250 fusiles de aguja, 30 fusiles Winchester, 400 mil cápsulas, 120 sables, 215 machetes (Carlos Manuel de Céspedes y Quesada «Manuel de Quesada y Loynaz», Página 124).

[359] Benigno Souza. «Máximo Gómez. El Generalísimo».

[360] Ibis.

bado distintas leyes; una sobre la organización militar (20 de abril de 1872) que fue vetada por el Presidente Céspedes. Otra, la decisión de la Cámara de que, estando ausente en el extranjero el vicepresidente Aguilera, fuese el Presidente de la Cámara quien se hiciese cargo del Poder Ejecutivo en ausencia del Presidente. La Ley Electoral aprobada el 13 de abril por la que se reducía a 16 el número de representantes (4 por cada departamento en armas de la república) fue, también, vetada por el hombre de la Demajagua. Veto éste, soslayado con frecuencia por muchos historiadores.

EL «DIARIO PERDIDO» DE CARLOS MANUEL DE CÉSPEDES

25 DE JULIO, 1873 AL 6 DE DICIEMBRE, 1873
6 DE DICIEMBRE, 1873 AL 27 DE FEBRERO, 1874

El Padre de la Patria era preciso y meticuloso en las anotaciones que hacía en su Diario. Fueron, realmente, cinco Diarios. Del primero, que lo comenzó en 1871, sólo se conoce de su existencia por la carta que le escribe a su esposa Ana en la que le dice que se lo hará llegar.

El segundo, del 24 de julio de 1872 al primero de enero de 1873, el único por años conocido y que ya comentamos, le fue regalado por su fiel amigo el Brigadier José de Jesús Pérez, y ha sido mencionado por distintos historiadores, pero no se conoce, aún, el que llevó de enero de 1873 al 24 de julio de ese mismo año.

Por cerca de 120 años no se habían dado a conocer los dos más importantes de estos Diarios llevados con tanta minuciosidad por el Presidente Céspedes. ¿Cuáles eran éstos a los que no tuvieron acceso los historiadores durante los 72 años que siguieron a la constitución de la república?

El Diario escrito desde el 25 de julio de 1873 hasta el 6 de diciembre de 1873 que cubre, precisamente, el período en que el Padre de la Patria conoce que se está fraguando su destitución y la fecha en que, ya depuesto, vuelve a demandar de su verdugo, el Dr. Félix Figueredo, el médico de Jiguaní, Secretario de Guerra que *«por no ser ya funcionario público y no tener carácter militar alguno»*, se le permita como simple ciudadano *«abogar por el libre ejercicio de sus derechos»*. Pide este ejemplar ciudadano –a quien se ha convertido en su inquisidor– que se le extienda un pasaporte con el que pueda salir –con toda dignidad– al extranjero.

Ni se conocía el Diario que cubre del 6 de diciembre de 1873 al 27 de febrero de 1874, horas antes de su muerte.

Sólo se sabía de la existencia de estos valiosos documentos y que habían sido adquiridos por el General Julio Sanguily de un militar español *«como botín de guerra»* y obsequiados a su hermano Manuel. Pero el contenido de los mismos no fue hecho público hasta 1974.

Sobre los hechos ocurridos algo se conocía a través de personalidades cercanas al mandatario y de otras distantes o adversarias. Pero no con el detalle que los exponía, diariamente, el Padre de la Patria. Mucha de esta fidedigna información la estamos ofreciendo en este libro.

Lo escrito por Céspedes, de su puño y letra, sobre su largo calvario que se extiende del 25 de julio de 1873 hasta el mismo día de su muerte el 27 de febrero de 1874, no fue conocido por los más serios historiadores que han cubierto esta dolorosa etapa sufrida por el Padre de la Patria.

En aquellos días, tan dolorosos para Céspedes, se hacen, aún, más estrechas las relaciones del Brigadier José de Jesús Pérez con el presidente. Lo vemos en las anotaciones que hace éste en su diario:

> *«Agosto primero (1873): Llegaron Pérez, Crombet y otros con armas y parque». Agosto, martes 5: «Se marchó Pérez». Agosto 10: «Llegaron Pérez, Odio y otros. Mi revólver tiene un tornillo flojo... Pérez se lo llevó para componerlo». Jueves 21: «Volvieron Pérez, Torres y otros. Se arregló con aquél cierto negocio de asistente de gobierno...». Sábado 23: «Ayer se marcharon Pérez y sus compañeros». Viernes 29 «El Brigadier Pérez, que estuvo aquí algunas horas nos trajo noticias... que los carlistas y alfonsistas han hecho fusión, casando a Alfonso con Blanca, hija de Carlos».*

Esa estrecha relación se mantiene en septiembre. El primero de aquel mes *«el coronel Durán vino con Pérez. Se marcharon enseguida»*. El viernes 5 vuelve el Brigadier Pérez por el campamento del Presidente Céspedes. Ya conoce *«por correo de Raquín... que el Marqués (Salvador Cisneros Betancourt) tiene formada una conspiración para deponerme y entrar él en mi puesto»*.

Esos días José de Jesús visita con frecuencia al presidente pero también combate: El lunes 29 de septiembre anota Céspedes en su diario: *«Los españoles quitaron el campamento del Cauto. Jesús y Crombet les interceptó un pequeño convoy»*. Ya el 8 de octubre vuelven Pérez y otros militares amigos al campamento del presidente.

SERIOS ADVERSARIOS DE CÉSPEDES

Se está creando Céspedes serios adversarios. Algunos rectificarán su posición demasiado tarde. Vicente García, grande en otros momentos, propone a Máximo Gómez y a Maceo la destitución de Céspedes por los jefes militares, invitación al motín que es rechazada enérgicamente[361]. José de Jesús mantiene, como Gómez y Maceo, su lealtad al Presidente. Con Céspedes seguirá, luego, hasta San Lorenzo.

La Cámara sufría sus propios problemas. Algunos representantes abandonaban sus cargos y marchaban al extranjero sin autorización de la Cámara. Uno fue el habanero Antonio Zambrana; otro, el dominicano Manuel de Jesús Peña. Ambos fueron expulsados el 28 de septiembre por moción presentada por Cisneros Betancourt y Tomás Estrada Palma[362].

EL EJÉRCITO LIBERTADOR EN ORIENTE

¿Cómo se compone la División Militar de Oriente cuando los miembros de la Cámara de Representantes se reunían para la destitución de Céspedes?

---

[361] José L. Franco. «Antonio Maceo».

[362] Francisco Ponte Domínguez. Obra citada.

Aquella División comprendía dos departamentos militares, subdivididos en otros tantos distritos. El más importante Departamento se componía de dos distritos: a) de Cuba y Holguín y b) de Guantánamo y Baracoa.

El Departamento Provisional del Cauto se subdividía en otros dos distritos: a) Jiguaní y Bayamo y b) Manzanillo y Tunas.

El Mayor General Calixto García, dividió su Departamento en los dos distritos mencionados, y tenía bajo su mando al frente de la División de Holguín y Cuba, al Mayor General Manuel Calvar. Al de la División de Guantánamo y Baracoa, al Brigadier Antonio Maceo.

En el Departamento Provisional del Cauto, el distrito de Tunas estaba bajo la autoridad del Mayor General Vicente García. El distrito de Jiguaní y Bayamo tenía como jefe superior al General Francisco Javier de Céspedes con el Brigadier José de Jesús Pérez al frente de la División de Jiguaní, y los mayores generales Modesto Díaz y Luis Figueredo comandando las tropas de Bayamo-Manzanillo. (Fuente: Ramiro Guerra, «La Guerra de los Diez Años», página 209).

Se han sufrido, también, graves percances. En octubre de 1873 es apresado el vapor Virginius con 360 hombres a bordo a las órdenes de Bernabé Varona que, habiendo zarpado de Nueva York se había detenido en Kingston para completar su cargamento en armas y municiones. Al partir hacia Cuba su salida es informada por el cónsul español de Jamaica. El Gral. Burriel, gobernador general de Santiago de Cuba, quedaba prevenido.

COMBATE DE PALO SECO

En lo más reñido del combate de Palo Seco[363] había caído en manos de los insurrectos el archivo del batallón de Valmaseda. Por

[363] En Palo Seco las tropas españolas del batallón de Valmaseda estaban dirigidas por el Comandante Martilegui, y las cubanas por los brigadieres Rafael Rodríguez y José González. Rendidas las fuerzas españolas el Gral. Máximo Gómez ordenó se les proveyera de un salvoconducto para que no fueran hostilizadas de regreso a Guáimaro.

uno de los documentos encontrados conocieron las fuerzas cubanas del fusilamiento de Bernabé Varona, Pedro de Céspedes, Washington O'Ryan[364], Jesús del Sol y de tantos otros expedicionarios del *Virginius*.

Meses antes, el 12 de octubre (1873) las fuerzas bajo el mando del General Vicente García habían atacado y tomado el fuerte español «La Zanja» al sur de la población de Jobabo, apoderándose de numerosos alijos de armas que fueron guardados en el potrero de Guramanao. Tratando de recuperar este botín avanzaba el Teniente Coronel Vilches al frente de una columna de 600 hombres de infantería y caallería.

Fracasado su intento regresaba la columna española cuando, en Palo Seco fue interceptada por una columna de 300 hombres al mando del Mayor General Máximo Gómez que había partido de Guáimaro precisamente para impedir que las tropas de Vilches recuperaran aquellas armas que habían sido tomadas en La Zanja pro el Mayor General Vicente García.

En su Diario de Campaña Gómez anotaba que su retaguardia estaba formada por 40 jinetes bajo el mando del Teniente Coronel Baldomero Rodríguez que esperó más de cinco horas en contactar la columna española a la que ataca e inicia una falsa retirada para atraer a las tropas de Vilches hacia donde se encontraba el grueso de los insurrectos. Tarde se percató Vilches del error cometido cuando la caballería camagüeyana atacó con gran impulso y, en muy poco tiempo, la columna española fue aniquilada muriendo el Teniente Coronel Vilches en aquella cruenta batalla.

Trataron las fuerzas peninsulares, ahora bajo el mando del Comandante Martitegui de guarecerse en un viejo fortín pero, atacadas por los coroneles Rafael Rodríguez y José González Gue-

[364] Conocido también como William Ryan nació el 28 de marzo de 1843 en Toronto, Canadá, emigró con su familia a los Estados Unidos y participó en la Guerra de Secesión.

rra[365], los cinco oficiales y 5 soldados se vieron obligados a rendirse. Las bajas hispanas ascendieron a más de 300 muertos y 70 prisioneros; las de los cubanos, 3 muertos y 17 heridos[366].

Desfavorables consecuencias tendrá para el alto mando español la batalla de Palo Seco (diciembre 2, 1873). No sólo ha sido despedazada la columna del Teniente Coronel Vilches, donde éste pierde la vida, sino, aún más grave para la opinión pública, ha caído prisionero Martitegui, figura altamente conocida en la península que –luego de ser generosamente liberado por Gómez– llegará a ser Teniente General y Ministro de la Guerra en España.

Mientras Gómez, con las pocas fuerzas que comanda, pelea denodadamente en tierras camagüeyanas (Yaguas, Atadero, San Felipe, Boza, Nuevitas (Septiembre 1873) y Santa Cruz del Sur) –con Henry Reeve (el Inglesito) al frente– (octubre 28) y La Sacra (noviembre); otros, alegando patrióticas razones, contribuyen a sembrar la discordia en las fuerzas libertadoras.

ENFRENTAMIENTO ENTRE LA CÁMARA Y EL PRESIDENTE

El enfrentamiento entre el Presidente Céspedes y la Cámara de Representantes se agudizó en octubre de 1873 con aquella disposición de la Cámara designando al presidente de ese organismo

[365] José González Guerra, nacido en Santa Clara, siendo miembro del Cuerpo de Voluntarios, se pasó a las filas insurrectas a los cuatro meses de haberse iniciado la Gran Guerra, incorporándose a las fuerzas mandadas por el Mayor General Juan Díaz de Villegas y, poco después, subordinado a las comandadas por el Mayor General Adolfo Fernández Cavada. Posteriormente marchará a Camagüey como segundo jefe de las fuerzas villareñas que luchaban en esa provincia y, luego, estará combatiendo en Bayamo, Guantánamo, Santiago de Cuba y Holguín. En 1872, González Guerra, de regreso a Camagüey servirá a las órdenes del Mayor General Ignacio Agramonte.

[366] Quedaron en manos de los insurrectos 208 fusiles, 12 mil cartuchos, 58 caballos con su equipo, acémilas cargadas con machetes, medicamentos, ropas, víveres y otros efectos.

legislativo como encargado interino del Poder Ejecutivo en ausencia temporal del vicepresidente.

Céspedes impugnó esta extralimitación de la Cámara que conduciría, expuso con visión profética, *«a grandes trastornos, causa quizás de rebeliones y banderías»*[367]. No vio tal peligro el cuerpo legislativo que, *«sin esgrimir razonamientos jurídicos, rechazó la exposición»* de Céspedes.

Pero el mandatario cubano tenía una más clara comprensión del conflicto que tal decisión acarrearía. Y, el 22 de aquel mes de octubre responde a la Cámara que ante ***«el diverso parecer de los dos Poderes... se reserva sus derechos, y, tranquilo, espera el veredicto que el pueblo, a quien apela, en su día pronuncie»***.

Todas esas discrepancias y enfrentamientos condujeron a la triste reunión de Bijagual.

Podemos seguir aquellos dolorosos momentos a través de la tierna correspondencia de su sobrino Francisco Estrada Céspedes[368] con su esposa Adolfina.

Al presidente de la República en Armas lo han despojado de su escolta *«dejándolo a merced del enemigo»*, le informa Francisco desde Brazo Escondido en el Distrito Cuba el 6 de julio de 1873 cuando recién salido de Cambute le han muerto el caballo que malamente le había servido por largo tiempo. Pero lo reconforta *«una oferta del Brigadier José de Jesús Pérez de proporcionarle uno mejor»*[369], y en

[367] Comunicación del 18 de octubre de 1873, cuyo íntegro texto aparece en «Anales de la Guerra en Cuba» de Antonio Pirala (página 863 a 869).

[368] Francisco Estrada Céspedes. «Cartas Familiares». Hijo de Luisa de Céspedes y del Castillo (cuñada y prima hermana del Padre de la Patria) con quien apenas convivió. Será quien le lleva a Pedro de Céspedes (hermano de Carlos Manuel) la orden de alzarse el 10 de octubre.

Se había casado con Adolfina (la hija mayor de Pedro de Céspedes) en junio de 1870 en un campamento insurrecto. Un año después nace su hijo. Adolfina y el niño, detenidos, serán desterrados a Jamaica. Francisco no volverá a verlos.

[369] Francisco Estrada Céspedes. «Cartas Familiares». El 13 de octubre de 1868 se une en Nagua, junto con su suegro y 400 hombres, a las fuerzas de Carlos Manuel de Céspedes. El 13 de mayo de 1870 es ascendido a Comandante, subordinado al Mayor Ge-

otra misiva a su esposa fechada el 21 de julio recuerda que en enero Melchor (Agüero) le había enviado al Brigadier Pérez dos maletas con ropas, dice con afecto, *«de mi grato hermano Filiberto»*.

El 9 de agosto escribe Francisco Estrada desde la Residencia del Ejecutivo, Distrito Cuba a su suegro Pedro Céspedes[370] que se encuentra en Kingston, Jamaica una carta informándole sobre la composición del ejército mambí que ahora *«está dividido en tres cuerpos. Es la composición que ya conocemos en la que el Segundo Cuerpo, Oriente, lo componían Cuba y Holguín en el que aparece como segundo jefe de la primera división (Cuba) el Brigadier José de Jesús Pérez»*.

Ignora que su suegro está en esos momentos organizando, en la isla vecina, una expedición armada.

El primero de septiembre llega el Marqués de Santa Lucía al campamento. Pocas horas antes había pasado Jesús Pérez a saludarlo. El martes 9 se aleja el Marqués. Así lo consigna Carlos Manuel de Céspedes:

> *«Martes 9. Se marcharon el Marqués y Machado. Dícese que aquí estuvieron induciendo a Barreto para que no siguiera en la Secretaría de la Guerra, y a mis amigos para que me aconsejasen que renunciara a la Presidencia; porque nadie me quería en Cuba. ¡Ay, pobre de mí, y yo que a todos los quiero!»*.

neral Modesto Díaz hasta comienzos de 1873 en que es nombrado ayudante y secretario del presidente de la República en Armas. Depuesto Céspedes sirve a las órdenes del Mayor General Calixto García y, luego, es incorporado a las fuerzas invasoras del Mayor General Máximo Gómez. Se destaca en la batalla de las Guásimas y es herido en dos encuentros (San Miguel de Nuevitas, 12 de abril, 1874, y San Agustín a fines de ese año). En 1875 combatirá a las órdenes del Mayor General Vicente García. El 23 de febrero de 1876 ataca a Puerto Padre junto a las tropas del Mayor General Francisco Borrero. Herido gravemente en 1877 cerca de Puerto Príncipe, pasa a Las Tunas donde, convaleciente, es sorprendido por tropas españolas y asesinado a machetazos.

[370] El coronel Francisco Estrada Céspedes, hijo de una prima hermana de Carlos Manuel de Céspedes, mantiene frecuente correspondencia tanto con su esposa Adolfina como con su suegro Pedro de Céspedes, hermano del Padre de la Patria.

Francisco de Estrada y Céspedes fue uno de los grandes luchadores de nuestra guerra independentista y como nos dice Ricardo Repilado en el prólogo: Hay algo que coloca estas cartas en una clase distinta de muchos epistolarios, diarios de campaña y otros documentos del mismo tipo: el rango de testimonio que les da su carácter absolutamente íntimo y familiar. Esto permitió a Estrada expresarse con entera libertad, y así nos proporciona valiosos apuntes para el cuadro sociológico tanto del campo insurreccional como de los cubanos exiliados en Jamaica. Este último es particularmente interesante pues, aunque bastante usual entre las aristocracias empobrecidas en la emigración, es un aspecto de algunos episodios de nuestra historia que apenas ha sido estudiado. No menos valioso es el retrato de la vida interior del mambí que tan eficazmente nos pinta Estrada al confiar a su esposa casi todo cuanto pasaba por su mente.

En el campo cubano Máximo Gómez va marchando hacia Camagüey y Las Villas (1873). Céspedes formaba su nuevo gabinete del que queda excluido Lucas Castillo por estar enfermo, pasando el Dr. Bravo Sentíes a desempeñar la Secretaría de Estado y el General José Miguel Barreto, venezolano, a la Secretaría de Guerra (septiembre 1873)[371]. Días después, en Bijagual, finca abandonada junto a la confluencia de dos ríos, en el camino de Baire, los diputados discuten la deposición de Céspedes.

Cada día le llegan nuevos rumores, *«seguramente el Presidente de la Cámara debe ponerlos»*.

Con fecha 26 de septiembre –no sabe que un barco, el Virginius, está al partir nuevamente hacia Cuba– le informa Francisco a su suegro como ha quedado constituido el Cuerpo Legislativo: Presidente, Salvador Cisneros; Secretario, Eduardo Machado; Representantes: Tomás Estrada, Fernando Fornaris, Jesús Rodríguez, Luis V. Betancourt y Ramón Trujillo. Ve *«el horizonte muy lleno de nubarrones»* y teme *«que haya un gran conflicto cuya consecuencia la sufrirá el país; porque aunque hasta ahora no se ha tratado de la deposición del Presidente Céspedes, la alharaca sigue...todo es chisme e intriga»*.

LOS PASOS PREVIOS

Temprano en la mañana del 10 de abril de 1869, en un ambiente de franca camaradería en la primera sesión quedaba la isla dividida en cuatro estados: «Oriente, El Camagüey, Las Villas y Occidente. La Cámara constará de 25 miembros. El estado de Oriente enviará 10, y cinco cada uno de los otros. Pero los votos de los representantes de Camagüey, Las Villas y Occidente valdrán doble que los de los orientales». «De esta manera, Céspedes y sus amigos quedan en franca minoría». «La carta fundamental aprobada contiene todos los resortes necesarios para obligar al presidente

[371] Los nombra el 5 de agosto de 1873. «El Diario Perdido».

a someterse al régimen democrático»[372]. Afirmación expresada por Pánfilo de Camacho, uno de los historiadores más críticos del Presidente Céspedes.

Los diputados van marchando de una población a otra. El 12 de mayo están en Berrocal. Para el 4 de julio tiene su residencia en el Ingenio Sabanilla, cerca de un caserío de Sibanicú. El 26 de julio Victoriano Betancourt, Ramón Pérez Trujillo y Rafael Morales pasan a formar parte de la Cámara junto con Luis Ayestarán, amigo de estos últimos. En agosto los cuatro diputados por Occidente ratifican la Constitución. En octubre la Cámara se ha trasladado a Sabanilla, en diciembre está en Palo Quemado. Surgen diferencias con Manuel de Quesada, General en Jefe del Ejército. Quesada quería mayor independencia para el poder militar; la Cámara consideraba que tal planteamiento dañaría el sistema democrático implantado en Guáimaro.

Han pasado unos días y el 14 de enero (1870) ingresan como diputados por el estado de Camagüey Eduardo Agramonte y Miguel Fortún en los puestos que han desempeñado Francisco Sánchez Betancourt e Ignacio Agramonte. El 24 de febrero, cuando sesionan en Palmar de Guáimaro, la Cámara aprueba una trascendental modificación al texto constitucional: crea el cargo de Vicepresidente de la República, quien debe asumir el Poder Ejecutivo, interinamente, hasta que la Cámara designe al nuevo presidente. Comienzan a darse otros pasos que conducirán al enfrentamiento de los diputados con el presidente de la República. El 28 de febrero los diputados Antonio Lorda y Rafael Morales cesan sus cargos en la Cámara y, ese día la Cámara acuerda recesar hasta el 10 de abril. Para el 4 de junio la Cámara se encuentra reunida en Santa Ana y al día siguiente acuerda que en las «Graves Cuestiones», el quórum será, por los menos de diez miembros, en lugar de los siete que antes habían señalado. Recordemos que de acuerdo a la Constitución de Guáimaro la Cámara constaría de 25 miembros.

Ya se está hablando de la deposición del Presidente.

[372] D. Camacho. «Biografía de la Cámara de la Guerra Grande».

El 7 de enero de 1871 los diputados, junto a los Generales Roloff y Casanova, se unen en Maravillas de Porcayo y deciden que se celebren elecciones generales el 15 de marzo en todo el territorio de la República. Para el 4 de abril han muerto los diputados Luis Ayestarán, Arcadio García y Miguel Jerónimo Gutiérrez. En enero de 1872 muere Rafael Morales, crítico severo de Céspedes.

Las elecciones de diputados del 15 de marzo del 71 fueron suspendidas.

Estamos en enero de 1872. Vienen algunos representantes a reunirse en Monte Oscuro para deponer al Presidente pero se les informa que no pueden reunirse sin el quórum que establece la Constitución. Y el 3 de abril se encuentran en Tartajó y vuelven a modificar la Constitución de Guáimaro: la Cámara se compondrá ahora, de 16 miembros. Por tanto en lo sucesivo el quórum estará constituido por 9 diputados, pero el 13, sesionando en Colorado de Mayarí vuelven a modificar el texto constitucional y resuelven y confirman que, a falta del Presidente y del Vicepresidente de la República, el Presidente de la Cámara ocupará el cargo. Pero a esa importantísima sesión, sólo concurren siete representantes. No han logrado quórum. El Presidente Céspedes no acepta que pueda modificarse la Constitución designando un Vicepresidente en una sesión que no contaba con el quórum necesario. La Cámara acuerda nombrar Mayor General a un prestigioso militar pero ha tomado esa decisión con la presencia de sólo seis diputados. Es decir, de nuevo sin quórum. La Cámara está de hecho disuelta.

Se fija una nueva fecha: el 15 de junio de 1873 en Bayamo pero no será hasta el 25 de septiembre que llegan a Guinea de Arroyón de Jiguaní los diputados Pérez Trujillo y Betancourt para ponerle fin a la inacción del cuerpo legislativo desde mayo de 1872.

Para facilitar el quórum han expulsado de su seno a los diputados Zambrana y Peña porque se han trasladado al extranjero sin la autorización de la Cámara. Menos número de diputados exige un menor quórum. Ya, confiados, marchan los diputados a Bijagual con impresionante número de fuerzas militares para deponer al Presidente.

CAMINO DE BIJAGUAL

Céspedes conoce que ya se ha tramado su deposición. El 24 de septiembre visita el campamento donde se encuentran los diputados a la Cámara: *«por lo que entreví, a pesar de la cordialidad aparente, algo indudablemente se trama. Trato de hacer mi renuncia, porque no quiero que se me veje innecesariamente, pero para no atropellar los acontecimientos no la tendré más que preparada y sólo la presentaré cuando vea que están resueltos a deponerme».*

Sabe el Presidente que los diputados no descansan en su intención de aislarlo: *«Dicen que la Cámara trata de anular los grados que yo he dado, entre ellos, los de García, Pérez, Maestre, González Flores y otros que se reputan amigos míos»,* anota el viernes 26 de septiembre.

Todos saben que se trama la deposición del Presidente, pero sus amigos, muy pocos, le ofrecen muestras de solidaridad.

Le tranquilizan un poco su espíritu las palabras de su amigo al llegar éste al campamento el 8 de octubre:

> *«Pérez me ratificó lo que antes me había manifestado; esto es, que considera muy perjudicial mi separación del gobierno y que su Brigada no ha oído a nadie decir que la desea».*

Había llovido copiosamente; al escampar se erigió una tribuna adornada con los colores nacionales *«y en ella usaron la palabra aquellos que llamaba la concurrencia; entre los cuales figuraron Bravo, Barreto*[373]*, (Bartolomé) Masó y (José de Jesús) Pérez. To-*

---

[373] José Miguel Barreto Pérez alcanzó el grado de Mayor General en la Guerra de los Diez Años. Nacido en el estado de Managas, en Venezuela, vino a Cuba como jefe de la expedición del *Virginius* que desembarcó en junio de 1873 por la costa sur de Oriente. Por su experiencia militar en Venezuela le fue reconocido un alto grado militar y designado por Céspedes, Secretario de la Guerra. Al ser depuesto Céspedes fue trasladado como segundo jefe del Departamento Provisional del Cauto, bajo las órdenes del Mayor General Vicente García. Junto a Miguel Bravo Sentíes redactó el manifiesto que fue proclamado en Lagunas de Varona y, poco después lideró la sedición de Santa Rica. Luego del Pacto de Zanjón regresó a Venezuela donde falleció.

dos se explicaban en términos loables y algunos encomiaron mis servicios. Entonces me obligó el pueblo a ocupar la tribuna, a la que me acompañó un gran número de los personajes más distinguidos, vitoreándome todos al presentarme. Les hablé de las emociones que me agitaban en las vísperas del 10 de octubre de 1868 y de la resolución final que tomamos en ese gran día cuando consideramos que, a pesar de todo, de ella iba a brotar la libertad de más un millón de esclavos blancos y negros».

El 20 estaban concentradas en el Campamento del Bijagual *«numerosas fuerzas insurrectas de Oriente, unos 3000 hombres, bajo el mando del Mayor General Calixto García, con los jefes a sus órdenes de divisiones, brigadas y batallones, en plan de ataque a una fuerte posición española mantenida en secreto cuidadosamente»* (Ramiro Guerra. «Guerra de los 10 Años»). En el mismo lugar está reunida, en sesión, la Cámara de Representantes; «Céspedes estimó fundadamente que ésta habría de proceder a deponerlo»[374]. Aquel día decide dar a conocer su posición y lo hace en un «Manifiesto al Pueblo y al Ejército de Cuba». Es forzoso, anota en su diario, instruir al Pueblo y al Ejército de lo que se trata para que formen su juicio.

En sus notas autobiográficas, el General Máximo Gómez se refiere a la entrevista que el 24 de octubre de 1873 sostiene, a petición de éste, con el General Vicente García en la que el alto oficial tunero le plantea *«la imperiosa necesidad en que estábamos los jefes militares de tomar la iniciativa para la deposición de Carlos M. de Céspedes como Presidente de la República».*

Esta fue la respuesta del General Gómez:

«Le contesté que no podía estar de acuerdo; que de cualquier modo que se hiciese aparecería como un motín militar; y que debía dejarse a la Cámara que obrase en libertad sobre ese asunto»[375]

[374] Ramiro Guerra. Obra citada.

[375] Bernardo Gómez y Toro: «Revoluciones...y Hogar», *obra citada.*

El lunes 27 sabe Céspedes que la Cámara habrá de pedir su renuncia. *«Pero no debo hacerlo, porque me echaría la responsabilidad... estoy tranquilo».*

BIJAGUAL. DESTITUCIÓN DE CÉSPEDES

El 27 de octubre (1873), se constituye la Cámara en sesión extraordinaria. Son ocho; con el marqués serían 9.

Quedaría destituido el primer presidente de la República en Armas, Carlos Manuel de Céspedes, el Padre de la Patria.

Así describen la escena Carbonell y Santovenia:

> *«Rodeada de unos 2 mil soldados al mando de Calixto García celebró sesión extraordinaria en Bijagual de Jiguaní. Presidió Salvador Cisneros y asistieron los diputados Tomás Estrada Palma, Jesús Rodríguez, Juan Bautista Spotorno, Luis Victoriano Betancourt, Ramón Pérez Trujillo, Marcos García, Fernando Fornaris y Eduardo Machado. Fue depuesto Céspedes, designado Cisneros Betancourt como presidente, pasando Estrada Palma a ocupar la presidencia de la Cámara. Lo sustituyó como presidente de la Cámara Jesús Rodríguez»*[376].

¿EXISTIÓ QUÓRUM PARA LA DEPOSICIÓN DEL PADRE DE LA PATRIA?

Seis o nueve hombres, tan sólo, asumieron ante la historia la enorme responsabilidad de deponer de su alto cargo al Presidente de la República en Armas. ¿Quiénes eran estos «diputados que ocupaban asientos de cujes en un bohío transformado en Capitolio Nacional?». Eran «el camagüeyano Salvador Cisneros Betancourt, en funciones de Presidente; Tomás Estrada Palma, Jesús Rodríguez Aguilera y Fernando Fornaris Céspedes, por Oriente; Eduardo Ma-

[376] Nestor Carbonell y Emeterio J. Santovenia: «Guaimaro».

chado Gómez, Juan B. Spotorno y Marcos García Castro[377], por las Villas; y Ramón Pérez Trujillo y Luis Victoriano Betancourt Salgado, por Occidente. Faltaban Francisco Sánchez Bustamante, quien quería permanecer ajeno a la cuestión debatida; así como Bartolomé Masó Márquez, Antonio Hurtado del Valle y Rafael Castellanos, que no habían tomado posesión del escaño popular».[378]

La destitución fue acordada sin el voto de Camagüey cuyo Departamento había sido el que más se había opuesto a distintas medidas de Céspedes, en las juntas anteriores al comienzo de la insurrección, en la asamblea en que se acordó la constitución del gobierno y durante todo su período presidencial[379].

Presidía la reunión, convocada exclusivamente para destituir al Presidente de la República, el hombre que, de acuerdo a la Ley –convenientemente aprobada varios meses antes– ocuparía ese alto cargo. Salvador Cisneros Betancourt, Marqués de Santa Lucía.

José M. Peña y Antonio Zambrana –dos de los cuatro representantes que, en febrero, se habían opuesto al ascenso a General de Francisco Javier de Céspedes– habían marchado al extranjero sin autorización de la Cámara. Sólo nueve hombres cargarán con la histórica responsabilidad de haber depuesto al Padre de la Patria.

---

[377] Marcos García Castro nació el 30 de junio de 1842 en Sancti Spiritus donde se alzó el 6 de febrero de 1869 atacando la capitanía de Banao, ocupando después Siguanea y Guinia de Miranda. En 1870 era designado segundo jefe del Distrito de Villa Clara bajo las órdenes del Mayor General Calos Roloff. En 1873 fue elegido Representante a la Cámara por Las Villas. Fue un persistente crítico de Carlos Manuel de Céspedes. En 1874 dirige las fuerzas villareñas pertenecientes a la División de Camagüey. En mayo de 1875 al frente del Regimiento Caonao rechazó un ataque a su campamento, y en 1876 fue designado Secretario de la Cámara de Representantes, oponiéndose el siguiente año a la sedición de Santa Rita. Luego del Zanjón ingresó en el Partido Liberal (autonomista) y se distanció de los esfuerzos libertadores del 95 sirviendo a la metrópoli como gobernador civil de Las Villas en 1897.

Eduardo Machado, uno de los más severos críticos de Céspedes, influyó grandemente sobre los otros representantes villareños en su destitución.

[378] Ramiro Guerra. «Guerra de los Diez Años».

[379] Ramiro Guerra. «Guerra de los Diez Años».

Muchos jefes y ciudadanos le ofrecieron sus respetos. *«A todos he recomendado a la prudencia y que sigan defendiendo a Cuba, como yo lo haré mientras pueda... pobre Cuba! En cuanto a mí, sólo diré que estreché la mano del que me trajo la deposición, diciéndole: «Gracias, amigo mío! Me ha traído usted mi libertad!»*. Era el martes 28 de octubre.

Pirala describe, con precisión, a cada uno de los representantes y cita palabras textuales pronunciadas por muchos de ellos:

> *«Propongo, exclamó Trujillo con voz sonora, pero pálido el rostro y trémulas las manos, que la Cámara en uso de las facultades que le concede el Artículo Noveno de la Constitución, deponga a Carlos Manuel de Céspedes del cargo de Presidente de la República». Habló después «Eduardo Machado, manifestando que se adherían a los que pedían la deposición de Céspedes, porque éste había inferido graves ofensas a la patria, atacando sistemáticamente el sagrado derecho de sufragio...».*

Tomás Estrada Palma deploró la necesidad que lo llevaba a pedir la deposición de Céspedes.

> «El ciudadano Fernando Fornaris demostró la necesidad triste de deponer al primer magistrado, y narró la historia sucinta de la inconveniente administración de Céspedes... y de la tolerancia conque la Cámara de Representantes la había contemplado para evitar contrariedades...».

> «Se aprobó la proposición de Marcos García, culpando al presidente de las desgracias del cuerpo del ejército de Las Villas, pues la mayoría de los patriotas villareños sublevados en 1869, arrastrando peligros y privaciones terribles, se presentaron en Camagüey solicitando armas y pertrechos para continuar la guerra, y no les dieron por parte del Ejecutivo, sino una criminal indiferencia».

> «Jesús Rodríguez dijo estar también de acuerdo con la proposición, por haberse arrogado el presidente la jurisdicción extraordinaria de Guerra».

> «Pronunció después Luis Victoriano Betancourt, elocuente y largo discurso en el que repitió el famoso y conocido apóstrofe: «Hasta cuando el presidente abusará de nuestra paciencia. ¿Hasta cuando será su nombre símbolo del desorden, de la injusticia y de la tiranía?».

Muy bien informado está Pirala de las palabras pronunciadas en la modesta casa de Bijagual a la vera del camino de Baire[380].

Entre los más encarnizados adversarios del presidente Céspedes, dice Griñán, figuraban los tres jóvenes habaneros que, recién llegados a Camagüey, formaron la Corte Marcial, creada por el Comité Revolucionario de esa provincia para juzgar los delitos políticos. A la Corte Marcial pertenecieron Luis Victoriano Betancourt y Rafael Morales González, presidente y secretario respectivamente. Ramón Pérez Trujillo ocupó en ella el cargo de vocal; y, como casi todos los jóvenes habaneros que el general Quesada condujo a Cuba desde Nassau a fines del año 1868, –continuamos citando a Griñán– carecía de vocación para las armas.

Por su constitución física, su educación y sus hábitos, Pérez Trujillo sentía repugnancia y desprecio por los militares. Para él, también, todos los militares eran déspotas; por esta razón, desde su constitución la Cámara de Representantes fue reducto de los intelectuales que, desdeñando la carrera militar y subestimando a los que la ejercían, vinieron, sin embargo, al campo de la Revolución. Al describir a los asambleístas de Guáimaro, Martí pintó a Pérez Trujillo *«disputando, flagelando, acusando, arguyendo»* (Griñán «Carlos Manuel de Céspedes»)[381].

---

[380] Afirma Leonardo Griñán que fue al Dr. Félix Figueredo «a quien debió Antonio Pirala, historiador español, su información sobre las interioridades de la Revolución de Yara» (Leonardo Griñán Peralta. Obra citada).

[381] Más tarde aparecerá Ramón Pérez Trujillo, junto a Spotorno, interesado en la aceptación de las promesas de Zanjón, como vocal del Comité que sustituyó a la Cámara de Representantes. Se refiere Griñán a las cartas cruzadas entre Pérez Trujillo y el brigadier español Juan Pascual Bonanza en el mes de junio del año 1877.

Antonio Zambrana y Ramón Pérez Trujillo, los despiadados fiscales de Carlos Manuel de Céspedes, ingresarían, años después, en las filas del autonomismo.

LA REVOLUCIÓN
DE
YARA
1868-1878
CONFERENCIAS
HISTÓRICAS
POR
FERNANDO FIGUEREDO
SOCARRÁS
CON UN
PRÓLOGO
DE
PEDRO MARTINEZ
FREIRE

Algunos historiadores han afirmado, sin aportar prueba alguna, que Carlos Manuel de Céspedes fue depuesto por aquellos representantes contando con el quórum necesario. Otros lo niegan.

El Hombre de la Demajagua es de los que impugnan tal afirmación.

En carta que aparece en el Archivo Nacional. Fondo Academia de la Historia, se encuentra el relato de Céspedes, sin firma, sobre su petición a Salvador Cisneros, Presidente de la Cámara para *«darle solución legal a las apremiantes disposiciones que la patria reclama»*. Cisneros acepta y acude *«con los representantes que se hallaban en Bayamo»* los que *«inmediatamente iban a reunirse en Cámara»*. Eran seis. Y dice Céspedes *«con este número no tuviese yo conocimiento se hubiese nunca celebrado sesión, ni oficialmente se me hiciera saber si habían tomado acuerdo o disposición alguna para legalizar la reunión con el número de seis diputados. Desde luego, que no podía considerar legal la reunión con este número, para despojarme del Poder que, por la Cámara en su día, se me confiriera ante una que no estuviera, por lo menos, constituida con igual número de diputados que aquella que de ese poder me invistiera»*.

En Bijagual ha sido destituido el Presidente Céspedes.

Juan B. Casasús, el biógrafo de Calixto García, al referirse a «este lamentable y doloroso acontecimiento cita la descripción que sobre el mismo hacía Enrique Collazo y que hemos citado. Menciona a Manuel Márquez Sterling diciendo que los diputados: ***«Parecían locos... impugnaron a Céspedes como fanáticos jacobinos. Luis V. Betancourt, convirtió su vida en vaso de hiel... ninguna de las acusaciones hubiera tenido fuerza si, más serenos, hubieran pesado las circunstancias en que Céspedes ejercía el mando»***. Afirmaba Casasús que ***«allí, en Bijagual, asomó por la ventana del regionalismo ese monstruo de cien cabezas de la abominable militancia; fueron, en realidad los jefes militares y no la Cámara los que consumaron la deposición infortunada»***. Palabras muy ciertas del respetado biógrafo de Calixto García.

De los 15 miembros que componían la Cámara de Representantes, sólo 7 asistieron y sólo 5 votaron por la destitución, lo que hizo evidente que esa decisión –tan nefasta para el futuro de la guerra emancipadora– no contó con la mayoría requerida.

En la biografía sobre Serafín Sánchez, «Un Carácter al Servicio de Cuba», su autor Luis E. del Moral califica así aquel acto que ensombrecía la lucha insurreccional:

«Entretanto un hecho tristísimo ensombrece la marcha institucional de la República en Armas», y concluye afirmando: *«Jefes villareños habrá en las fuerzas del General Gómez, que lloren amargamente a consecuencia de un acto en que se borran los méritos del hombre de la Demajagua y se le condena al aislamiento y a una muerte que no se hará esperar».*

El entonces capitán Fernando Figueredo Socarrás presencia en Bijagual la deposición y parte de inmediato al campamento de la Brigada Cambute donde se encuentra Céspedes, para informarle de la acción tomada por los nueve (?) diputados. Junto al destituido presidente se encuentra José de Jesús Pérez, su fiel amigo y jefe de su escolta. Querrá Fernando Figueredo, previa autorización del nuevo gobierno, acomopañar a Céspedes. Se le concede la autorización pero antes de 24 horas es notificado de su designación como Jefe del Estado Mayor del Mayor General Manuel Calvar y tiene que partir a cumplir esta responsabilidad[382].

El martes ya conoce Céspedes la triste realidad. *«Al levantarme se me presentó José Cabrera con un acuerdo de la Cámara fechado ayer en el que se me deponía de la Presidencia, y otro de la misma fecha en que designaba al «Marqués» para reemplazarme».*

En Bijagual, los representantes a la Cámara (los elementos civiles), se apoyaron en la presencia militar (el Mayor General Calixto García), para la destitución del Presidente. En Lagunas de Varona y Santa Rita se invierten los papeles: un militar (el Mayor General Vicente García) forzará a los representantes a la Cámara a destituir al nuevo Presidente. Frutos amargos de Bijagual.

Luego de conocer la decisión de la Cámara, Céspedes el 31 dictó y firmó su último manifiesto «al Pueblo y al Ejército de Cu-

[382] Fernando Figueredo Socarrás, «La Revolución de Yara». *Obra citada.*

ba» en el que exponía y manifestaba su acatamiento a la resolución de la Cámara, terminando con estas generosas palabras:

> *«Deseo sinceramente que el actual gobierno dé, en breve, feliz término a la obra del 10 de octubre de 1868, confirmada por cinco años de continuo trabajo.*
>
> *Como antes, como ahora y como siempre, estoy consagrado a la libertad e independencia de Cuba. Prestaré con todo corazón mi débil apoyo a cualquier gobierno legítimo en esta misma línea; en ella sé que estaré al lado de los buenos cubanos».*

La decisión que en Bijagual se tomó aquel mes de octubre de 1873 por la Cámara de Representantes era esperada.

Para el Brigadier Jesús Pérez era injusta.

José Maceo Verdecia[383] describe en estos términos la mesurada respuesta del Padre de la Patria y la impetuosa reacción del Brigadier amigo:

«Cuando la Cámara le comunicó a Céspedes el acuerdo por ella tomado, su contestación fue la siguiente:

> *«Doy las más expresivas gracias a ese cuerpo por haberme librado del gran peso que ha gravitado sobre mí, mientras he estado hecho cargo del gobierno, sin que pueda decirse que he abandonado mi puesto, ni atribuirse a cansancio o debilidad mía».*
>
> «No le faltaron a Céspedes elementos bélicos para rebelarse contra el acuerdo de la Cámara. Entre esos elementos, estuvo el Brigadier José de Jesús Pérez, quien presentándose con sus fuerzas al Padre de la Patria lo exhortó a desobecer el acuerdo de dicho cuerpo legislador».
>
> «Céspedes oyó el ofrecimiento, agradeciendo aquella adhesión entusiasta en momentos de tribulación patriótica. Sin embargo, su espíritu sereno y grande, comprendió el abismo que se abría ante la revolución si él no aceptaba el fallo. Se

[383] José Maceo Verdecia. «Bayamo».

dio cuenta de que un cisma separaría a los revolucionarios y que sería una obra antipatriótica provocarla. Por eso, a la proposición del Brigadier Pérez, respondió:

> *«No, de ninguna manera. No seré yo el que dé el ejemplo y cause la muerte de la revolución. Acatemos la ley, respetemos la constitución que hemos proclamado; antes que mi provecho personal, está la vida de la revolución, está la vida de la República».*

Céspedes sólo pidió que se le facilitase un pasaporte para reunirse con su esposa e hijos. La Cámara no accedió a esta petición. Céspedes se retiró a San Lorenzo.

Depuesto el Padre de la Patria, camino de San Lorenzo, rechaza con gratitud la petición de José de Jesús Pérez y Pablo Beola[384] de que permanezca en Cambute donde tendrá más protección.

Pirala recoge la dura crítica de Enrique Collazo a la deposición del hombre de la Demajagua.

«Entre los juicios que se formaron por la deposición de Céspedes, sobresale el de su correligionario Collazo, que calificó el hecho como el más culminante de la Revolución Cubana y el punto de partida de nuestras desventuras». Dice Collazo: *«Si la reunión en Bijagual hubiera sido afecta a Céspedes, ni allí deliberarían aquellos representantes, ni se habrían atrevido a dar aquel golpe de estado, de cuyo cumplimiento tenían la seguridad»*[385].

El primero de noviembre da a conocer Francisco Estrada a su esposa Adolfina la deposición del presidente por la Cámara de Representantes «en uso de las facultades que le concede el Artículo

---

[384] Pablo Beola Almarall, nacido en Santiago de Cuba, se incorpora al Ejército Libertador a fines del 68 a las órdenes del Coronel Pío Rosado en la División Cuba. Cuando Céspedes es depuesto se encontraba sirviendo en la Brigada Cambute. Opuesto a la sedición de Lagunas de Varona, (marzo 26, 1875), fue elegido representante a la Cámara en mayo de 1875. Sirvió, con el grado de coronel, junto al Mayor General Antonio Maceo, a cuyo lado estuvo en la Protesta de Baraguá, formando parte, como vocal, en el gobierno provisional allí creado.

[385] A. Pirala. Tomo II. Página 660.

Noveno de la Constitución» y le dice que estará *«al lado de Carlos hasta tanto el nuevo gobierno lo destine donde lo estime conveniente»*. Y le pide a su esposa que las próximas cartas sean dirigidas en la siguiente forma: «Diputado Tomás Estrada, para entregar al Teniente Coronel Francisco Estrada».

Depuesto Céspedes, el gabinete quedó formado por Francisco Maceo Osorio como Secretario de Estado, y Subsecretario Antonio Hurtado del Valle; Secretario de Guerra y Hacienda, el general Vicente García (interinamente ocupada por Félix Figueredo Díaz), y Secretario del Consejo Federico Betancourt. La figura sobresaliente era Maceo Osorio (Gerardo Castellanos, «La Búsqueda de San Lorenzo»).

El día 5 recibe Francisco orden del nuevo presidente para pasar a disposición del General Calixto García. Cumple de inmediato su orden llegando junto a Calixto el 8 y «el 9 en la noche atacamos la ciudad de Manzanillo». Iba Francisco Estrada Céspedes con las tropas del General Antonio Maceo, «que llevaba órdenes de tomar el cuartel de infantería», y dice con justificado orgullo: *«Tanto el Mayor General García, Maceo y demás jefes al siguiente día me abrazaron felicitándome por mi buen comportamiento en el ataque y haber desempeñado con el mejor acierto lo que se me confiaba, por cuya razón hoy estoy al frente del batallón Holguín número 20. No hice más que cumplir con mi deber. Yo siempre sabré llevar sin mancha el glorioso apellido de mi querida madre»*[386]. Le pide a su esposa que envíe ahora la correspondencia al General Calixto García para que le llegue a él con mayor seguridad.

El ahora ex-presidente, con su hijo y su sobrino, se retiró a la Prefectura de San Lorenzo, en las alturas de la Sierra Maestra, que estaba a cargo del joven José Lacret Morlot. Era peligrosa la indefinida permanencia de Céspedes en San Lorenzo, prácticamente indefenso, sin custodia ni protección alguna. No podía ya trasladar su campamento, como en el pasado, de un punto a otro. Su triste final era predecible.

[386] Francisco Estrada Céspedes, «Cartas Familiares».

El Brigadier José de Jesús Pérez, fiel a Céspedes, era el jefe de la zona de San Lorenzo. El gobierno consideró que era riesgoso dejar junto a Céspedes a tan fiel amigo por lo que fue sustituido por el coronel Benjamín Ramírez, «*hombre rudo, de poca personalidad, que trató de granjearse la simpatía de los nuevos gobernantes, ensañándose con el caído, al que, en vez de proteger tomando medidas para su seguridad, lo dejó indefenso al quitarle a Lacret las pocas armas de que disponía para la protección de la Prefectura*»[387]. «*Al conocer el Brigadier Pérez las disposiciones de Ramírez, pronosticó que el ex-presidente sería asaltado y muerto por los españoles antes de que transcurriesen dos meses. Y así fue*»[388].

Céspedes permanecía prácticamente indefenso en San Lorenzo esperando la llegada de Manuel Calvar y del Brigadier Pérez que le traerían su pasaporte y detalles de su viaje. El pasaporte le fue negado y, como consecuencia, suspendido su viaje.

«La deposición de Céspedes es el hecho culminante de la Revolución Cubana, punto de partida de nuestras desventuras. Se llenaron los requisitos legales, respetaron los principios, quedó en pie la Constitución, se salvó la disciplina militar pero, se echó al aire la semilla que había de germinar más tarde en Lagunas de Varona. La Cámara no tuvo nunca fuerza propia. Cuando depone a Quesada es porque a sus espaldas está Agramonte. Cuando combate a Céspedes es porque está apoyada o empujada por Calixto García»[389].

La destitución de Céspedes afectó grandemente a las tropas del Departamento comandado por el Mayor General Vicente García que formaban los distritos de Jiguaní y Bayamo, y Manzanillo y Tunas. Quedaba Céspedes, el depuesto presidente, como simple ciudadano. Junto a él se mantendría el Coronel Jesús Pérez y, al

[387] Fernando Portuondo del Prado y Hortensia Pichardo Viñals. Obra citada.

[388] Íbidem.

[389] Enrique Collazo: «Desde Yara hasta el Zanjón» *obra citada.*

retirarse Céspedes a la Prefectura de San Lorenzo lo acompañaría, también, José Lacret Morlot.

Depuesto Céspedes, el Coronel Benjamín Ramírez –que había sido nombrado sustituto de Jesús Pérez, debido al trato deferente de Pérez a Céspedes– requisó la mayoría de los escasos armamentos utilizados para la custodia del Padre de la Patria. (Álvarez Estévez, *obra citada*).

«La deposición de Céspedes es el hecho culminante de la Revolución cubana y el punto de partida de nuestras desventuras» (Enrique Collazo, obra citada). Con ella –dirá otro historiador– comenzó el Zanjón.

Otro historiador afirma que: *«En Bijagual fueron, en realidad, los jefes militares y no la Cámara, los que consumaron la deposición infortunada; fueron ellos los que, sin causa justificada, como afirma Gómez, removieron al primer mandatario y esa semilla, odiosa y odiada, echada a boleo en Bijagual, prendió de tal manera en los surcos de la conciencia cubana».*

FÉLIX FIGUEREDO: IMPLACABLE PERSEGUIDOR DE CÉSPEDES

El 28 de octubre se le ha notificado a Céspedes su deposición. Apenas transcurren 24 horas, y ya Félix Figueredo –«de quien se dice que no es peor un bandido calabrés»– comienza su abusivo hostigamiento al Padre de la Patria.

El Secretario de Guerra, interino, le extiende, al día siguiente, el 29 de octubre de 1873 una comunicación en la que pedía *«al gobierno que recojan los números (soldados) que se encuentran en la residencia del ciudadano Carlos Manuel de Céspedes para incorporarlos al Ejército en Operaciones, trasladándose (Céspedes) a la residencia del gobierno«.*

Una *«vejaminosa indicación atentatoria a su dignidad. Imposible que Céspedes, que acababa de recibir la más dura censura a su Administración y a su persona fuese a resignarse a ser un cordero, uno más, detrás de la comitiva del gobierno. Estas vejaciones fueron concebidas por Félix Figueredo, poniendo en práctica y retorciendo del modo más caprichoso leyes y órdenes».* (Gerardo Castellanos G., página 155. *Obra citada.*)

Cuando llega a su pobre rancho junto con el Marqués, la Cámara y el Secretario Maceo Osorio, narra así el día 30 su indignada reacción a lo que se le ha planteado:

> ***«Creo que el Ejecutivo trata de coartar mi libertad, no sólo negándome mi pasaporte, sino obligándome a estar en el lugar de su residencia. Tuve sobre esto serias explicaciones con Félix y le dije que no sufriría esa opresión...».***

Querían convertirlo en un prisionero a las 48 horas de haberlo depuesto del más alto cargo de la República en Armas. *«Grato es llevar a los vencidos detrás de su carro de vencedor»,* escribe en su Diario el lunes 3 de noviembre. Ha llegado correspondencia para él y no se la entregan. *«Esas pequeñas miserias» no le causan «indignación, mortificación, ira o rencor, sino asco, asco. ¡Pobre Cuba!».*

Veinticuatro horas después el Dr. Félix Figueredo le está solicitando el 30 de octubre que entregue el inventario de *«documentos y enseres pertenecientes al estado que se hallan en su poder»* y que esa entrega se haga *«mañana 31 en Consejo de Gabinete y en el local de la presidencia»* (Gerardo Castellanos «En Busca de San Lorenzo»). El ya ex-presidente entrega lo solicitado pero, de inmediato le piden nuevos documentos: *«la colección de* ***El Cubano Libre****; las últimas correspondencias del agente Mr. Davis y las de otros individuos que por medio de ella sirven la causa de la Revolución»* Esta solicitud firmada por Federico Betancourt la responde el Padre de la Patria diciendo: *«La colección de* ***El Cubano Libre*** *que de mí se solicita, es de mi propiedad particular; este periódico se repartía gratis, yo, como otros ciudadanos, fui coleccionando los números que me pertenecieron para conservarlos como un recuerdo de nuestras glorias históricas».*

Siguen las peticiones.

El primero de noviembre se le ordena que *«mientras se decide acerca de las entidades pendientes con relación a usted deberá permanecer en el campamento del gobierno».* A esta arbitraria orden responde con dignidad Carlos Manuel de Céspedes:

> *«Creo que esa orden coarta mis derechos de ciudadano libre, obligándome a trasladarme y a viajar sin que lo reclame mis intereses, lo pida mi voluntad, ni lo exijan mis deberes».*

Y para fundamentar su criterio le pide a su inquisidor, al Dr. Félix Figueredo, que se remita a *«la ley dada por la Cámara de Representantes en Palo Quemado, el 25 de diciembre de 1869, que no ha sido derogada, y que dice... que todo ciudadano está en pleno goce de sus derechos mientras que por decreto judicial, ajustados a las leyes, no se le prive de alguno».*

Siguen cuatro, cinco, siete comunicaciones más. El 17 de diciembre le piden, entre otros asuntos, que «manifieste la Comisión que llevó el Diputado Antonio Zambrana al exterior...; y el carácter con que nos ha representado en el exterior el General Manuel Quesada antes de ser nombrado agente confidencial». «La fecha en que se le expidieron los grados de teniente coronel y coronel al Comandante Melchor Agüero... la fecha de la concesión del grado de teniente coronel a Rafael Milanés, así como las fechas en que se le concedió el de brigadier a José de Jesús Pérez y Rafael Quesada, y de coronel a Cruz, Guevara, Maceo, Pineda y Moncada, y los de brigadier a los coroneles Manuel Calvar y Francisco Vega» y así la de otros militares (a Arcadio Leyte Vidal, Enrique Reeve, Belisario Grave de Peralta, José M. Barreto y otros). Piden más. Quieren saber si «Al expedirle pasaporte para el extranjero al General Garrido[390] le encomendó alguna comisión y si es así, el tiempo que tardará para volver a Cuba».

El 26 de diciembre de 1873 le comunica Félix Figueredo al Hombre de la Demajagua *«que este gobierno no está conforme con la respuesta evasiva que ha dado a las últimas reclamacio-*

[390] Este «General Garrido» era el Mayor General Manuel María Garrido Páez, venezolano que llegó en la expedición del primer viaje del Virginius, que enfermo había embarcado en junio de aquel año y murió en Caracas.

nes que se le hicieron»; a lo que, con toda dignidad, éste responde a su verdugo: *«No he dado ninguna respuesta evasiva, ni tenía motivos para darla, ni soy capaz de darla. En mi concepto he contestado* **categóricamente** *a las distintas comunicaciones de ese Centro en todo lo que podía y debía contestar».* No tuvo respuesta.

GRADOS MILITARES A LOS QUE HAN COMBATIDO

El Dr. Félix Figueredo, el médico de Jiguaní, es un hombre resentido y vengativo ¿Por qué entre tantas pueriles peticiones, también le pide al Padre de la Patria que informe la fecha en que fueron otorgados determinados grados militares? La explicación es bien sencilla.

En los primeros días de iniciada la cruenta y larga lucha, Carlos Manuel de Céspedes fue pródigo, generoso, otorgando los más altos grados militares. Los más, probaron con el filo del machete, la confianza depositada en su valor y su pericia. Otros, fallaron miserablemente la prueba.

Se le había concedido al médico Figueredo, en aquellos primeros días, el grado de General, pero no participó en batalla alguna. Entró al Cobre cuando ya había terminado la lucha y el pueblo estaba pacificado.

Para hacerle justicia a aquéllos que, de veras, habían combatido en las fuerzas mambisas envía Carlos Manuel de Céspedes a la Cámara de Representantes para su aprobación, la relación de los ciudadanos que consideraba meritorios para obtener los grados del ejército. He aquí esa relación:

> «Mayores Generales a los ciudadanos Tomas Jordan, Francisco V. Aguilera, Manuel Quesada, Mateo Casanova, Donato del Mármol Máximo Gómez, Modesto Díaz, Luis Marcano, Vicente García, Manuel Boza.
>
> Para Generales de Brigada, los ciudadanos Luis Figueredo, José María Aurrecoechea, Calixto García, Francisco María

Rubalcaba, José Inclán, Manuel Peña, Francisco Javier Céspedes, Cornelio Corro, Bernabé Varona.

Para Coroneles, los ciudadanos Eduardo Suástegui, Carlos Manuel de Céspedes y Céspedes, Mariano Loño, Ángel Bárzaga, Isidro Benítez, Juan Hall, Manuel Calvar, Manuel Codina, Rafael Rufino, Luis Bello, Loreto Vasallo, Francisco Vega, Francisco Cortún, Juan Luis Pacheco, Manuel García, Manuel Torres, Andrés Uztoa, Jesús del Sol, José González, Juan Spotorno, Pedro Recio Agramaonte, Julio Sanguily, Margén Díaz, Alejandro Mola, Cristóbal Mendoza.

Para Jefe Superior de Sanidad el ciudadano Don Serapio Arteaga Quesada.

Para Jefe de Sanidad de Camagüey, ciudadano Don José R. Boza.

Para Jefe de Sanidad de Oriente, ciudadano Don Antonio L. Luaces.

Para Jefe de Farmacia del Camagüey, ciudadano Manuel Valdés.

Para Jefe de Farmacia de Oriente, ciudadano Pedro Maceo Chamorro»[391].

No aparece el nombre de Félix Figueredo. No ha estado entre las combativas huestes que han luchado. Sólo aparecen aquéllos que han derramado su sangre o que han corrido ese riesgo al frente de las fuerzas que comandan.

Pero el Dr. Félix Figueredo no le perdonará a Carlos Manuel de Céspedes la omisión de su nombre en esa relación que es un timbre de gloria para todos los que en ella aparecen.

Sobre Félix Figueredo dice Gerardo Castellanos: *«Será hasta el final el perseguidor de Céspedes más encarnizado, más cruel, sistemático e injusto. Utilizará su cargo como el más inflexible fiscal contra un procesado. Sus oficios al Padre de la*

[391] Archivo Nacional de Cuba. Academia de la Historia. Caja 451. Número 56.

Patria serán duros y malévolos. Porque Figueredo era, además de culto, sumamente astuto y maquiavélico. Figueredo abusaba de su poder»[392].

Su amable biógrafo, Rodríguez Expósito, arguye que no se puede considerar al Dr. Félix Figueredo como *«responsable único de la persecución injustificada que se siguió contra Céspedes, inmediatamente después de su deposición»* (Página 161).

Pero Céspedes ha elevado distintas instancias al presidente Cisneros que son ignoradas y, alguna, respondida no por el presidente a quien va dirigida sino por el Secretario de Guerra, Félix Figueredo.

Escribe Céspedes, una vez más, el 9 de noviembre, expresando que ya no es funcionario público y que no tiene carácter militar alguno y que, como simple ciudadano *«al abogar por el libre ejercicio de sus derechos, aboga por el derecho de todos los ciudadanos»*. Pide, tan solo, este insigne cubano, que se le dé un pasaporte con el cual pueda salir –con toda dignidad– al extranjero. Petición inútil.

Al fin, el Dr. Figueredo se digna responderle al Padre de la Patria. La respuesta es otro agravio: Será necesario que *«el ciudadano Carlos Manuel de Céspedes» devuelva al gobierno una caja de pinturas y un estuche de matemáticas...*[393] *«a reserva de hacerle todas las demás reclamaciones que se presenten»*[394]. Ignora su petición de un pasaporte.

---

[392] Gerardo Castellanos. Obra citada.

[393] Por comunicación Número 53 del 21 de noviembre de 1873, el Dr. Félix Figueredo pide a Céspedes entregar al gobierno la colección del Cubano Libre, propiedad de Céspedes, una caja de pinturas y un estuche de matemáticas. Rufino Pérez Landa. «Bartolomé Masó».

[394] Herminio Portell Vilá. «Céspedes. El Padre de la Patria».

Dejemos a Herminio Portell-Vilá quien califique una de las últimas comunicaciones que el médico de Jiguaní envía a Céspedes:

> ***«El Dr. Figueredo, extremando la persecución a aquella maltratada figura, con cuya vida jugaban las pasiones y las rencillas, le escribió la más insultante de sus cartas, cuya primera cláusula tenía esta prevención:***
>
> > ***«Queda usted libremente autorizado a hacer uso de los derechos que puedan asistirle donde más convenga, cuya medida, si usted la toma, llenará completamente los deseos del gobierno, porque con ella la Historia lo colocará a usted en el lugar que debe corresponderle».***

Con la misma severa firmeza enjuicia a Figueredo otro historiador:

> *«Figueredo* –apunta Gerardo Castellanos– *abusaba de su poder. Redoblaba despiadadamente las solicitudes. Pedía más aclaraciones... Figueredo escondía su ira bajo el palio del gobierno».*

Céspedes se mantiene digno, sereno, firme.

El 27 de diciembre le notifica Félix Figueredo que *«el gobierno no puede facilitarle una escolta.... y si desea acompañarnos, puede verificarlo...».*

Pretende que Céspedes marche con ellos, con el gobierno, como un prisionero, para exhibirlo como un trofeo de guerra!.

El día 20 el Brigadier Jesús Pérez le pide que se retirase de San Lorenzo, ofreciéndole su escolta[395] informándole que por los alrededores se movían constantemente columnas españolas. Lo mismo le recomendaban el hijo del Padre de la Patria y Lacret. Pero el ex-presidente aducía que tenía que esperar por el regreso al

[395] Carlos Manuel de Céspedes y Quesada. Fuente: «Carlos Manuel de Céspedes».

Lajial del General Manuel de Jesús Calvar[396] con quien, junto con el Brigadier Pérez, quería ultimar asuntos de importancia.

Su amigo Jesús Pérez se mantiene en contacto con el expresidente. El 31 de diciembre, bajo un temporal de agua, el Brigadier Pérez vuelve a conversar para advertirle, una vez más, el peligro que corre la vida del ex-mandatario. De esto deja Céspedes constancia en su Diario:

> *«Vino Pérez a verme y le manifesté que pensaba quedarme en esta zona, que no lo comprometería en nada ni lo molestaría sino en lo que él buenamente quisiera hacer en mi obsequio. Volvió a repetirme su oferta, pero no sabemos si quedará en este mando; hay rumores de lo contrario. Le aconsejé mucho que tuviese paciencia; que se manejara prudentemente, y que llenara con exactitud sus deberes».*

El que iba a recibir consuelo es quien consuela y aconseja a su humilde amigo.

Así describe el Coronel Fernando Figueredo Socarrás, ayudante y secretario del Padre de la Patria, las medidas tomadas por el nuevo gobierno:

> *«Uno de los errores del Presidente Cisneros o de sus consejeros, fue el dejar cesantes en el acto de la deposición a aquellos jefes que eran notados por su afecto o simpatía hacia Céspedes, reemplazándolos por otros que le eran hostiles o indiferentes.* ***A uno de los que le cupo esta suerte fue al Brigadier José de Jesús Pérez, entusiasta partidario de Céspedes, jefe de la zona en que se encontraba San Lorenzo, a quien se ordenó su incorporación a las fuerzas que hacia occidente habían partido de Barajagua... Al retirarse el brigadier Pérez de la zona, pronosticó que Carlos***

[396] Manuel de Jesús Calvar (Titá) fue elegido presidente de la República en Armas en marzo de 1878 y fue de los protestantes de Baraguá.

> ***Manuel sería asaltado y muerto por los españoles antes de dos meses»*[397].**

Se cumplirá el vaticinio.

Ese 31 de diciembre presiente el fundador de la Patria la cercanía de su muerte. Con un valiente soldado –a veces olvidado, siempre maltratado por nuestra historia– envía a sus hijos Carlos Manuel y Gloria de los Dolores, a los que no conoció, algunos recuerdos personales y un mechón de sus cabellos. Entrega al *«Capitán Quintín Bandera*[398]*, que lleva a Vega a Jamaica, un paquetico que lleva pelos de mi cabeza y barba para mis hijitos, que están en el extranjero y tal vez sea lo único que vean de mi persona»*, escribe en su diario.

Días después, el 3 de enero, se oyen disparos cercanos. Se preocupa por el bienestar de un fiel compañero. *«Ayer se corrió que habían oído tiros en distintas direcciones. Se cree que Pérez haya tenido algún encuentro»*.

Le escribe Céspedes a su esposa Ana de Quesada:

> ***«Yo estoy satisfecho con lo que tengo. Vivo en una choza o a la intemperie. Como lo que dan, aunque sea los reptiles más inmundos. Ando vestido de una manera grotesca, pero honesta. No tengo necesidades»*[399].**

---

[397] Fernando Figueredo. «La Revolución de Yara».

[398] Quintín Bandera Betancourt nació en Santiago de Cuba el 30 de octubre de 1834. El 21 de diciembre de 1868 se unió a las fuerzas del Mayor General Donato Mármol y fue incorporado a la Brigada Cambute bajo las órdenes del General de Brigada José de Jesús Pérez. Participó en la toma del Cobre, en los combates de la Caoba, Rejondón de Baguanos, Tubacao, Sabalo, La Yaya, Hongolosongo y el ataque a Guisa. Sirvió a las órdenes del Mayor General Manuel de Jesús Calvar, de Leonardo Mármol y de Antonio Maceo en diferentes combates. Junto a este último fue parte de la Protesta de Baraguá. Combatió en la Guerra Chiquita y en la de la Independencia.

[399] Rolando Rodríguez, *«Bajo la Piel de la Manigua»*, página 164.

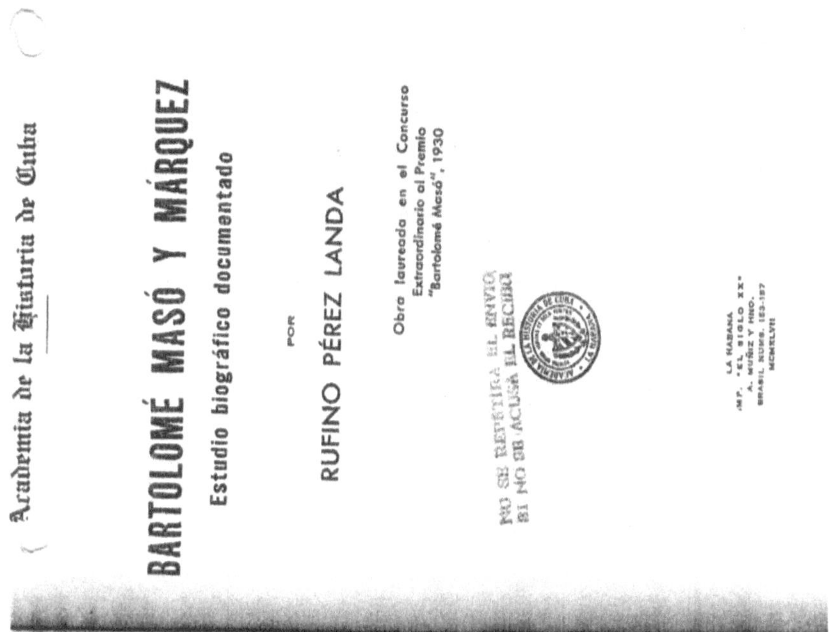

Academia de la Historia de Cuba

BARTOLOMÉ MASÓ Y MÁRQUEZ

Estudio biográfico documentado

POR

RUFINO PÉREZ LANDA

Obra laureada en el Concurso Extraordinario al Premio "Bartolomé Masó", 1930

NO SE REPETIRÁ EL ENVÍO SI NO SE ACUSA EL RECIBO

LA HABANA
IMP. "EL SIGLO XX"
A. MUÑIZ Y HNO.
BRASIL, NUMS. 153-157
MCMXLVII

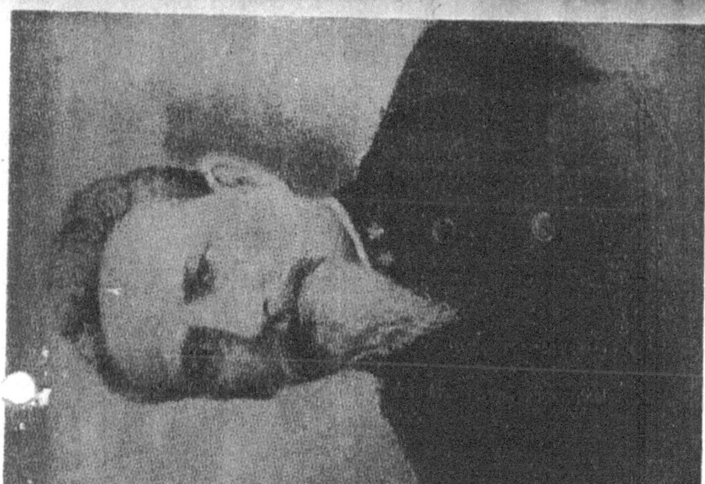

GENERAL BARTOLOMÉ MASÓ Y MÁRQUEZ

Pero el Dr. Félix Figueredo sigue tratando de inocularle a Máximo Gómez su malsana ponzoña contra Céspedes y otras figuras de la revolución. Con fecha 24 de enero de 1874 –treinta días después, hostigado y ultrajado por el implacable Figueredo, morirá en San Lorenzo el Padre de la Patria– le responde así el gran dominicano al médico de Jiguaní:

> *«Siento que en esta carta te ocuparas tanto de Carlos Manuel, es decir de* ***vituperar tanto su conducta como hombre público...*** *sacar a relucir ciertos hechos no nos hace mucho favor. Así pienso yo por el bien del país y por nuestro decoro».*

Y en otra carta del 15 de febrero le muestra Gómez su irritación ante la insistente difamación a compañeros de lucha que contienen las misivas del detractor de Jiguaní:

> *«Pero ¿a qué voy a seguir? No, no sigo, amigo Félix, pues siento que mi espada desolada tiembla en el cinto, al ver que pierdo el tiempo en divagaciones, más propias de un anacorero o un médico, que de un militar».*

Y termina respondiendo la misiva del médico, difamatoria como todas, con esta advertencia:

> *«Aguanta y no empujes. Y esta es la última vez que tratemos el asunto, pues no quiero que se manosee el nombre de un veterano distinguido».*

Las diatribas las lanza Félix Figueredo contra otro de los más sobresalientes mambises que se lanzó a la manigua el mismo 10 de octubre. Así le responde el recto Máximo Gómez:

> *«Lo del General Luis Figueredo... ¿Por qué con igual cinismo te atreves a inculparme la posición en que lo colocó la pasada administración? Hice lo que debí en su favor, para que el ciudadano, a quien tantas virtudes adornan, no se desprestigiase como militar».*

En la misma carta le responde a una insólita petición de dinero:

> *«Para tí y tus inglesitos pondré a tu disposición 10 años de paga devengados al concluir la parranda: $40,000 pesos. Yo, trasto viejo, la pasaré contándole historias a tus chiquillos».*

Vuelve el médico Figueredo a tratar de empañar el buen nombre de un patriota.

El Coronel Antonio Bello, acusado de estar en negociaciones de paz sin independencia con altos oficiales españoles, es arrestado por el Gral. Gómez.

El Dr. Félix Figueredo acusa a Bartolomé Masó ante el General Antonio Maceo de haber estado de acuerdo con Bello. Esta mancha que hace caer el médico de Jiguaní sobre Bartolomé Masó *«no se atreve a firmarla y la pone en boca del capitán Víctor Ramos, caso típico de las intrigas que dieron al traste con la Revolución del 68»*[400]. La acusación de Félix Figueredo, afirma el historiador Rufino Pérez Landa, era tan injusta como inverosímil. Exoneran a Masó de la calumniosa afirmación del médico Figueredo el entonces Coronel Manuel Sanguily, y el Coronel Fernando Figueredo Socarrás (Rufino Pérez Landa: «Bartolomé Masó y Márquez» *obra citada).*

JOSÉ DE LA CONCHA. DE NUEVO, CAPITÁN GENERAL

En España se ha producido un nuevo cambio de gobierno el 3 de enero de 1874 dirigido por el General Pavía (que coincide con la salida de Santiago de Cuba del Brigadier Juan Burriel). Jovellar que había comenzado su mandato en noviembre del 73 es sustituido por el General José de la Concha que llega a La Habana en los primeros días de abril de 1874 (Edo, página 663). Una de las primeras medidas del General Concha fue la de reducir, por

[400] Rufino Pérez Landa «Bartolomé Masó y Márquez». (Páginas 55-58).

una circular, el número de voluntarios que debía incorporarse a cada municipio sobre el que recaería el costo de su mantenimiento, cuya implantación había creado malestar en los contribuyentes, mayormente peninsulares que «*tanto se sacrificaban en pro de la Integridad Nacional*».

Como antes Valmaseda, el General Concha visitó en el mes de octubre (1874) distintas poblaciones.

En diciembre de 1874 el General Concha da a conocer a la población la proclamación, en la península, de Alfonso XII y la constitución de un gobierno Regencia presidido por Antonio Cánovas del Castillo. El ministro de Ultramar sería Abelardo López de Ayala. Coincide este acontecimiento con algo que preocupa al recién estrenado Capitán General: el 5 de enero (1875) fuerzas insurrectas «*compuestas de 1,500 infantes y 800 caballos, al mando de Máximo Gómez, Sanguily, José González y otros cabecillas consiguieron atravesar la trocha de Júcaro a Morón e invadieron el departamento de Las Villas*[401]».

Hay una pronta, realmente inmediata, reacción del nuevo gobierno monárquico de Cánovas del Castillo: se nombra al Conde de Valmaseda para que, por segunda vez, se ocupe del mando de la isla en sustitución del General Concha (Marzo 1875). En diciembre de 1875 Valmaseda en viaje de Cruces hacia La Habana presenta su renuncia y entrega el mando, provisionalmente, al Segundo Cabo Buenaventura Carbó antes de partir para la península. Para reemplazarlo volverá el General Joaquín Jovellar

[401] Enrique Edo. *Obra citada.*

CAPÍTULO VII

PRESIDENCIA DE CISNEROS

Avanza enero y el gobierno del Marqués va trasladando, uno a uno, a los pocos amigos que le quedan al Padre de la Patria. *«Pérez va de cuartel con Gómez; tal vez quede Javier con Calixto García. Hay mucho descontento por mi deposición»*[402].

Sabe Céspedes de las buenas intenciones del leal brigadier. *«Como Pérez no manda ya en esta zona, me ofreció que dispondría que me facilitasen los asistentes y la lavandera, la que él me había de entregar, para lo cual dictaría sus órdenes al Teniente Coronel Medina y al Prefecto Lacret»*. El jueves 8 *«Pérez me ofreció un rifle para Carlitos y me dijo anoche que dos* deponentes *estaban ya pesarosos de lo hecho»*. El sábado 17 cumple el brigadier amigo lo ofrecido: *«Pérez vino a verme y me mandó ñame, sal y un rifle para Carlitos»*.

El gobierno de Cisneros hace esfuerzos por distanciar al brigadier, hombre de campo, del expresidente. Ese sábado le informa el Capitán Lozano a Céspedes que el brigadier Pérez llegaba dentro de poco rato y que *«teme lo tratarán mal porque dicen que no ha aprobado mi deposición»*.

El modesto y valeroso brigadier sabe del peligro en que se encuentra Carlos Manuel. De origen campesino, habiendo vivido siempre en el monte, José de Jesús insiste con Céspedes para que éste acepte salir de San Lorenzo sin esperar por el pasaporte que nunca llega. Le ofrece preparar un pequeño bote para alejarlo de aquella zona. *«Dice Pérez que ya mandó derribar la ceiba para mi bote»* escribe en su diario el 17 de enero.

[402] Diario de Carlos Manuel de Céspedes.

Era práctico y conocedor el Brigadier Pérez no sólo en las labores del campo sino, curiosamente, en la construcción de barcos. Actividad que resultó muy útil a la revolución durante el decenio que habrá de terminar con el Pacto de Zanjón. En los pequeños barcos, hábilmente construidos por Jesús Pérez, habían salido hacia Jamaica Ramón y Pedro Céspedes y Francisco y Manuel Aguilera. Fernando Figueredo Socarrás, en su obra «La Revolución de Yara» hace constar que *«el Brigadier Jesús Pérez hizo construir un bote de piezas cuya fabricación tardó meses: en él salieron de Cuba su madre y su tía, octogenaria, su esposa y sus niñas y las familias de Beatón y Medina Prudente...».* No eran vanas ni ilusas las palabras de Jesús Pérez.

Apenas un mes le quedará de vida al *hombre de mármol*. El 22 habla Carlos Manuel de Céspedes con el Prefecto Lacret recordando a Pérez *«tan sufrido y práctico en estos terrenos»,* y con Lacret recorre los terrenos aledaños comentando con agrado los planes de aquel brigadier amigo. El objeto de Pérez, le dice Céspedes a Lacret, el día siguiente, era establecer aquí –en la extensa finca en la que ambos cabalgan–, los cultivos para luego formar una población, *«según yo le había recomendado. Ahora todo se perderá».*

Visitan al depuesto presidente vecinos y conocidos. El capitán Abreu, Medina, Torres, y algunas madres desoladas. *«Vino a verme la madre de los Matos. Su miseria se ha aumentados pues sus dos hijas están enfermas»,* escribe en su Diario el domingo 25 de enero.

Llega de Holguín J. Castellanos que ha conseguido pasaporte para marchar pero no se *«cohibe de censurar... sobre todo la porquería e ignorancia del Marqués, la terquedad de Spotorno y la remoción del Brigadier Pérez».*

Pérez ha sido definitivamente trasladado. Sólo le queda a Céspedes como amigo, en éstas, sus horas postreras, el Prefecto Lacret.

SAN LORENZO. MUERE EL PADRE DE LA PATRIA

Va sintiéndose cada vez más aislado el Padre de la Patria.

El lunes 2 de febrero le habían trasladado, definitivamente, a su fiel y leal amigo el Brigadier José de Jesús Pérez. Así lo expresa en su diario: *«Con la salida de Pérez están quitándose los convoyeros unos a otros. El desorden va a ser general en todos los ramos».*

En esa situación Félix Figueredo, Secretario de la Guerra interino, (febrero 23 de 1874) le impide definitivamente a Céspedes, cuatro días antes de morir, su salida de Cuba en la comunicación de esa fecha en la que le informa que ***«este gobierno no cree conveniente, en manera alguna, que sin causa poderosa y justificada, salgan fuera de su territorio los que en él militan y le deben, forzosamente sus servicios».*** La carta del médico de Jiguaní fue firmada en Ciego de Najasa el 23 de febrero de 1874. Sería para el Padre de la Patria su sentencia de muerte.

Desde el 6 de noviembre Céspedes había solicitado –por ser ya, tan solo un simple ciudadano– que se le extendiese un pasaporte con el que pueda salir con dignidad. Con esta decisión (febrero 23, 1874), Félix Figueredo. Secretario de Guerra, interino, le cierra a Céspedes definitivamente, cuatro días antes de su muerte, la salida de Cuba.

«Conjura sorda y perversa del gobierno, de la Cámara, dirigida por el Secretario Interino de la Guerra Figueredo, que no había dejado de aplicar su autoridad, su astucia y su rencor. Céspedes no podía soportar tan abrumadora montaña de afrentas y acoso». (Gerardo Castellanos, *obra citada*, página 319).

El 27 de febrero de 1874 cae muerto, perseguido por el Batallón San Quintín, en el campamento de San Lorenzo, Carlos Manuel de Céspedes.

Así describe el parte oficial español los hechos ocurridos aquel 27 de febrero:

> *«El capitán de la 5ta. Compañía don Andrés Alonso y el Sargento 2do. Felipe González Ferrer con cinco soldados fueron los que dieron muerte al referido Céspedes el cual disparó un tiro de revólver al Capitán y otro a dicho Sar-*

gento y sin embargo a las voces de «date prisionero» no fue posible se entregara....»[403].

Álvarez Estevez narra, citando a Fernando Figueredo Socarrás, que *«al oír disparos de revólver enviaron al sargento Simón D'Spaigne y 5 hombres a un reconocimiento en busca del Presidente». A las dos de la tarde, vimos a D'Spaigne quien llorando nos dijo en francés, el único idioma que hablaba: «El Presidente es muerto, he aquí lo único que de él he encontrado».*

La muerte del indefenso Carlos Manuel de Céspedes provocó una investigación. La orden emanaba, ¡nada menos!, que del coronel Benjamín Ramírez, aquel *«hombre rudo, ... que en vez de proteger* (a Céspedes) *tomando medida para su seguridad, lo dejó indefenso»*[404], y quien nunca hizo intento alguno por proteger a Céspedes». Comisiona el gran culpable al Comandante Martín Torres[405] para que abriera un expediente sobre los hechos acontecidos. Sin embargo, una orden del jefe de la División, Titá Calvar, paralizó de manera definitiva la investigación del caso[406]. Cuando muere Céspedes el 27 de febrero de 1874, ya Jesús Pérez también había sido destituido.

La muerte del Padre de la Patria seguirá siendo tema de debate.

José de Jesús Pérez, duro, indoblegable, fiero en el combate era, al mismo tiempo, leal amigo. Fiel a Céspedes, a quien acompañó y asistió con amorosa entrega después de su deposición, mantuvo también su afecto –surgido por meses y años de convivencia–

---

[403] Parte oficial del jefe del Batallón de Cazadores de San Quintín que fue el que llevó a cabo el asalto de San Lorenzo, cuyo documento se encuentra en el Archivo Militar de Segovia. Fuente: Fernando Portuondo del Prado y Hortensia Pichardo Viñals. Obra citada.

[404] Fernando Portuondo del Prado. Obra citada.

[405] Martín Torres González había sido ascendido recientemente (agosto 10 de 1873) a Comandante siendo jefe de uno de los batallones del Regimiento Baire. Participó, después, en la Guerra de Independencia donde alcanzó el grado de General de Brigada.

[406] Rolando Álvarez Estévez «General José Lacret Morlot».

con uno de los más ácidos críticos del propio presidente. Apreciaba el antiguo capitán pedáneo al abogado Francisco Maceo Osorio aunque éste no dio muestras de reciprocar aquel sentimiento.

Maceo Osorio se había ido distanciando de Céspedes cuando pidió permiso, que le fue negado, para salir al extranjero. Desdeñado por muchos jefes militares, el abogado de Bayamo recibió la protección y el cuidado de quien lo consideraba un amigo. *«Al lado del brigadier Jesús Pérez, cuyo cariño se había granjeado, permaceció Francisco Maceo Osorio desde enero del año actual (1873) hasta que, llamado por algunos miembros de la Cámara de Representantes, salió de su escondite y marchó a un lugar nombrado Arroyón....y de allí marchó a Bijagual... donde se llevó a cabo la deposición de Céspedes»*[407].

CARLOS MANUEL DE CÉSPEDES Y FRANCISCO MACEO OSORIO

Inestables han sido las relaciones personales de estos dos hombres que irrumpen, en el mismo momento, en nuestra historia.

Céspedes, antes de asentarse en su ciudad natal, ha recorrido media Europa: España, Italia, Francia, Alemania, Inglaterra. Escritor, poeta, abogado. Es, también, masón.

Maceo Osorio, figura admirada de la juventud bayamesa, es, como Céspedes, abogado, escritor y poeta. También, masón. Céspedes, pródigo en el otorgamiento de altos grados militares, le confiere un generalato al jovial abogado bayamés.

Recién investido Francisco Maceo Osorio del grado de general al inicio de la Revolución, se le comisiona para que tomase el poblado de Guisa hacia donde esa misma noche se dirige al frente de 200 hombres. En el ataque se apodera de las armas que se encontraban en la guarnición y regresa a Bayamo.

---

[407] Fernando Fornaris. «Rasgos de la Guerra de Cuba, Algunas Consideraciones sobre la Guerra», (Rolando Rodríguez. «Bajo la Piel de la Manigua»).

Al constituirse el Gobierno de la República en Guáimaro no se le reconoce el grado de general pero continúa Maceo Osorio desempeñando su cargo de secretario particular de Céspedes. Luego, en 1871, es designado Secretario de la Guerra y, presenta poco después su renuncia al cargo siendo, entonces, nombrado Secretario de Relaciones Exteriores en el gobierno de Cisneros. Pero ya estaba enfermo y se alejaba a las serranías de Guamá.

Maceo Osorio quien tres meses antes había sido designado Secretario de Relaciones Exteriores, enfermo de paludismo, escribe sus memorias. Ante su gravedad el presidente quiere alentarlo a que viaje a los Estados Unidos.

JOSÉ DE JESÚS Y MACEO OSORIO

Conoce el Presidente Cisneros la gravedad de su ministro y designa una comisión para que lo visite y lo persuada de que se traslade a los Estados Unidos para recuperarse en el país del norte. Será el Brigadier Jesús Pérez quien encabece la comisión.

Tomemos de la obra «Bayamo», de José Maceo Verdecia, la descripción de aquella escena:

> *«La comisión llegó a Guamá y procedió a visitarle. En ella iba el Comandante Jesús Pérez. Cuando penetraron en la habitación, Maceo Osorio estaba dormido. Los comisionados que eran tres se detuvieron ante su lecho. El que había sido árbitro y director de la juventud bayamesa yacía acostado con la cara vuelta hacia arriba. Sus cabellos, largos y oscuros, se confundían con el abandono de su barba. Su rostro, enflaquecido y pálido, era el de un Nazareno. Abrió los ojos y atraído por la presencia de los comisionados hizo por levantarse. En esos momentos se adelantó hacia él el Comandante Pérez y lo obligó a permanecer acostado. Su voz era apenas perceptible, no obstante hacía vivos esfuerzos porque se le escuchase con dificultad. Comprobado el estado de gravedad en que se hallaba, el Comandante Pérez expuso la misión que traía del gobierno:*

> *Venimos con el propósito de embarcarte para los Estados Unidos. El señor presidente así lo ha dispuesto. Allí recobrarás la salud y retornarás para que continúes en la lucha, donde nos haces falta. Pero tu partida tiene que ser cuanto antes».*

Maceo Osorio, hasta aquellos momentos tranquilo, se inclinó como pudo en el lecho y contestó con voz que todos escucharon sin dificultad:

> *«No, Comandante Pérez. Puede decirle al Señor Presidente que mi fin ya está cercano; que antes de irme a Estados Unidos prefiero morir, aquí, en Cuba libre, cuidado por estos dos ancianos. Hacer lo contrario sería abandonar mi puesto».*

«En vano fueron las objeciones del Comandante Pérez y de sus dos compañeros. No accedió a ellas y los comisionados tuvieron que abandonarlo para informarle al gobierno del estado en que se encontraba y de su resolución de no abandonar Baire».

Muere Maceo Osorio días después en «Los Homeros» de Guisa, el 11 de diciembre de 1873.

Al conocer de su muerte parte Jesús Pérez de inmediato a visitar la modesta sepultura de quien consideraba, con campesina ingenuidad, su amigo. Desde San Lorenzo deja Céspedes constancia en su diario de la noble encomienda del brigadier:

> *«Desde ayer a mediodía arreció el temporal y sigue lo mismo. Se dice que el viaje de Pérez a las Mantecas fue al enterarse de la muerte de Francisco Maceo, cuya sepultura visitó para ver si estaba bien enterrado, habiéndole mandado a hacer una cruz de hierro con su nombre».*

Días antes, el 31 de octubre, habían apresado al *Virginius*. Más de 50 de sus tripulantes son fusilados; uno de ellos, Pedro de Céspedes[408], hermano de Carlos Manuel, padre de Adolfina la es-

[408] Nacido en Bayamo, Pedro de Céspedes, hermano de Carlos Manuel y del Mayor General Juan Francisco Céspedes del Castillo, había participado en las conspi-

posa de Francisco Estrada. Éste lo conocerá cuatro meses después del doloroso hecho:

Será el 12 de marzo de 1874, estando en Camagüey. *«En este momento donde serán las ocho de la noche acabo de recibir tus sentidas y lastimosísimas cartas fecha 19 de diciembre y 16 de enero. En la primera me das cuenta detalladamente de la terrible desgracia de nuestro buen padre, ocasionada por los bárbaros españoles... yo te juro, Adolfina mía, que he de vengar la muerte de nuestro bueno y querido Pedro; la he de vengar pero de una manera digna y honrosa».*

El 13 de marzo se hace eco de algo que lo tortura desde hace algún tiempo: *«Adolfina: «aprovecho momentos antes de salir la correspondencia para hablarte de ciertos particulares a que tú, en tu última, aludes.* ***Aquí también se dice que Félix Figueredo envenenó a Pancho Maceo. Éste es el hombre más infame que he visto; es una víbora que siempre trata de hacer daño a Tío Carlos. Lo ha hecho sufrir mucho. A su tiempo lo pagará, a su tiempo».***

De víbora también calificó Máximo Gómez a Félix Figueredo en conversación con Martí (Mayo 7, 1895).

CISNEROS BETANCOURT: ¿PODER MODERADOR O INSTRUMENTO UTILIZABLE?

Depuesto Céspedes (27 de octubre de 1873), la Cámara proclama presidente interino de la república a Salvador Cisneros Betancourt[409].

raciones de 1851 y 1855 y en la reunión de la finca Rosario donde se acordó realizar el levantamiento. Combatió junto al Mayor General Máximo Gómez. En noviembre de 1872 el presidente lo envió a Nueva York junto con Pío Rosado y Juan Luis Pacheco a organizar una expedición. Meses después partía hacia Cuba en la tercera expedición del *Virginius.*

[409] Francisco Vicente Aguilera el 24 de febrero de 1870 había sido designado por la Cámara de Representantes vicepresidente de la República. El próximo año, el 25 de julio era enviado por Céspedes a Nueva York a mediar en la pugna entre los seguidores de Miguel Aldama y los de Manuel de Quesada, y restablecer el envío de expediciones a la isla. En su ausencia, depuesto Céspedes, la Cámara –en decisión previa-

El nuevo presidente integra así su gabinete: «Secretario de Estado Dr. Francisco Maceo Osorio, Subsecretario: Antonio Hurtado del Valle; Secretario de Hacienda y de la Guerra: el General Vicente García; Subsecretario: Dr. Félix Figueredo y Díaz; Canciller y Secretario del Consejo: Federico Betancourt. El gabinete, quedaba compuesto por un abogado, un literaro, un militar, un médico y un estudiante»[410]. «Hasta ese día el Dr. Félix Figueredo había sido, tan sólo, Jefe de Sanidad del Departamento Oriental»[411].

La tarea principal a la que se dedica el Dr. Félix Figueredo como Secretario de la Guerra interino fue la de crear una nueva Ley de Organización Militar derogando la que se había dictado el 9 de julio de 1869.

Por la nueva ley se divide la isla en dos Departamentos Militares (la anterior la dividía en tres departamentos); el de Oriente, que comprendía desde la Punta de Maisí al Río Jobabo en Camagüey; y el de Occidente, desde el Río Jobabo hasta Occidente incluyendo a Las Villas y Camagüey[412].

Estaba creando Félix Figueredo un problema, un motivo de fricción, porque en esa fecha existían cuatro mayores generales:

---

mente conocida- nombra al presidente de ese organismo, Salvador Cisneros Betancourt, presidente de la República en Armas.

[410] César Rodríguez Expósito. «Dr. Félix Figueredo».

[411] Fernando Figueredo Socarrás «La Revolución de Yara».

[412] En los días anteriores a la reunión de la Cámara que decidiría la destitución de Céspedes, la División Militar de Oriente comprendía dos departamentos militares, subdivididos cada uno en dos distritos: el departamento del este de Oriente estaba a cargo del Mayor General Calixto García y, al frente de los dos distritos que correspondía a ese departamento, se encontraba el Mayor General Manuel Calvar en la División de Holguín y Cuba; mientras que el Brigadier Antonio Maceo comandaba la División de Guantánamo y Baracoa.

El departamento provisional del Cauto, que se encontraba bajo la dirección del Mayor General Vicente García contaba con el distrito Jiguaní-Bayamo al frente del cual se hallaba el General Francisco Javier de Céspedes, con el Brigadier José de Jesús Pérez al mando de la División de Jiguaní, y los mayores generales Modesto Díaz y Luis Figueredo de la de Bayamo-Manzanillo.

Máximo Gómez, Calixto García, Vicente García y Modesto Díaz, y algunos quedarían sin mando. Así fué.

Había sembrado la semilla de la discordia que germinaría en Lagunas de Varona.

Fricciones y malestar originan los cambios en los mandos militares. La Cámara crea el Instituto de Inspección del Ejército, propuesta por el Presidente Cisneros, y para el que se nombra a Modesto Díaz, y se ratifica a Vicente García como Secretario de Guerra. **Eran Modesto Díaz y Vicente García los altos oficiales más antiguos en el escalafón de los mayores generales.** Los dos quedaban sin fuerzas a sus mandos. El disgusto de Vicente García no fue el único.

Por la Ley de Organización Militar redactada por el médico Figueredo se nombraba al Mayor General Calixto García Jefe del Departamento de Oriente, y al Mayor General Máximo Gómez Jefe del Departamento de Occidente; el Mayor General Vicente García, que había sido nombrado con anterioridad Secretario de la Guerra y Hacienda, quedaba sin mando efectivo de tropas, y el otro Mayor General, Modesto Díaz, se vio sin asignación a departamento alguno, por lo que se le creó la inocua posición de Inspector General del Ejército. Disgustados quedaban estos dos altos oficiales y el Brigadier José de Jesús Pérez que fue relevado del mando de la División de Jiguaní[413].

FRANCISCO ESTRADA CÉSPEDES

A los pocos días de asumir Cisneros Betancourt el 28 de octubre de 1873 la presidencia ordena que el teniene coronel Francisco Estrada Céspedes, sobrino del expresidente, pasase a las órdenes del Gral. Manuel Calvar.

[413] «El Brigadier José de Jesús Pérez, jefe de la parte sur de la División de Jiguaní, a cargo del cual se hallaba también el servicio de comunicación con Jamaica, fue relevado del mando a causa, evidentemente, de su atención a Céspedes».

Calvar es designado, poco después, jefe en comisión del primer Cuerpo del Ejército lo que le enajena la buena voluntad del Gral. Vicente García.

El General Francisco Javier de Céspedes, hermano del destituido Presidente, fue relevado de la jefatura de la División Jiguaní-Bayamo, y sustituido por el general venezolano José Miguel Barreto, a cuyas órdenes pasó. Los oficiales del Estado Mayor y la escolta de Céspedes fueron trasladados a diversas unidades militares.

El presidente Cisneros hace otros cambios en los mandos. Dispone que Miguel Bravo Sentíes[414], –que había ocupado la Secretaría de Relaciones Exteriores pero que se había ido distanciando del nuevo presidente, convirtiéndose en un opositor de su gobierno–, pase hacia Camagüey como Jefe de Sanidad Militar. Bravo, exponiendo distintas razones se mantuvo en la zona de Bayamo. De la jurisdicción de Bayamo pretendía Cisneros alejar a Leonardo Mármol ordenando que el Brigadier Juan Ruz y el Coronel Mármol permutaran sus cargos. El propósito era deponer o reemplazar a los altos oficiales que habían mostrado lealtad hacia Carlos Manuel de Céspedes.

El próximo en ser sustituido fue el Brigadier José de Jesús Pérez, quien durante un largo período de tiempo estuvo al frente de la

---

[414] Miguel Bravo Sentíes, médico, amigo fiel de Carlos Manuel de Céspedes. Llegó con los expedicionarios del Virginius a mediados de 1871 en una de las expediciones de Rafael de Quesada, procedente de Venezuela en la que se encuentra también el militar y político venezolano José Miguel Barreto que, luego, llegaría a ser general del Ejército Libertador Cubano. Pronto se convirtió en secretario particular del Presidente Céspedes cargo que ocupó hasta mayo del 72 en que pasó a ser Secretario de Relaciones Exteriores y, al siguiente mes, Secretario de Guerra; posteriormente Secretario de Estado.

Durante la entrevista del periodista O'Kelly , Céspedes estuvo acompañado por el Dr. Bravo y Sentíes, como Secretario de la Guerra y su hombre de confianza, quien había preparado la Ley de Organización Militar que mucho molestó a ciertos generales porque demandaba el orden y la disciplina en el Ejército Libertador (Portell Vila, «Carlos Manuel de Céspedes», Pág. 101).

A la muerte de Céspedes realizó esfuerzos para forzar a Salvador Cisneros a abandonar la presidencia; a cuyo fin se unió a Vicente García.

Brigada de Cuba de la División de Jiguaní. Pérez (primeramente reemplazado en la custodia del ex-presidente por el coronel Ramírez, enemigo de Céspedes), fue relevado por el Coronel Emilio Nogueras[415] en la jefatura de la Brigada. Transcurrían ya las últimas semanas de noviembre y diciembre cuando Máximo Gómez cruzaba la Trocha y entraba en Las Villas.

La invasión villareña, llevada a efecto por el General Gómez, en contradicción de la orden expresa del Gobierno, planteó al presidente Cisneros Betancourt una serie de nuevos importantes problemas[416].

Era necesario ofrecerle refuerzos al General Gómez antes de que los españoles concentraran sobre él todo su poderío militar. No le iba a resultar fácil al presidente Cisneros ofrecerle la urgente y necesaria ayuda. Poco antes se había designado como jefe del Distrito Oriental al General Vicente García que había, reiteradamente, expresado su oposición a la invasión a Las Villas a la que también se oponía el General Calixto García.

Mientras Gómez inicia en los primeros días de enero de 1875 la invasión de Las Villas, el Brigadier José de Jesús Pérez intensifica sus acciones al frente, nuevamente, de la combativa Brigada de Cuba.

Había Gómez emprendido la marcha hacia la provincia central el 4 de enero con 314 jinetes de la caballería camagüeyana y 150 de la caballería de Las Villas. Quedaban en Camagüey 400 hombres de infantería a las órdenes del General Julio Sanguily y de los brigadieres Manuel Suárez y Henry Reeve. El 7 de enero atravesaba Gómez la trocha por el sur de la provincia al tiempo que el

---

[415] Emilio Nogueras, bayamés, se incorporó desde los primeros meses de la Revolución de Yara a las fuerzas que integraron la División Cuba, sirviendo a las órdenes de quienes la comandaron: Donato Mármol, Máximo Gómez, Calixto García y Antonio Maceo. Participó en los encuentros de El Zarzal, El Yanal y en el de la Sabana de la Pihuela, en Manzanillo. Morirá el 23 de diciembre de 1876 en el asalto a un fortín en SaBanílla, Baracoa.

[416] Ramiro Guerra: «Historia de la Guerra de los Diez Años».

Teniente Coronel Cecilio González, al frente de una brigada de infantería, lo hacía por el norte.

Ya, para entonces, el Gobierno –es decir, la Cámara– había tomado dos lamentables decisiones: reducir a dos, los tres departamentos militares en que estaba dividido el territorio de la República en Armas, y trasladar a las figuras que habían respaldado la administración de Céspedes.

Por la primera de estas medidas se sentían lastimados, ya lo dijimos, los generales Modesto Díaz y Vicente García. Por la segunda, el General Francisco Javier de Céspedes que era sustituido como jefe de la División Jiguaní-Bayamo; el brigadier José de Jesús Pérez que era removido de la jefatura de la sección sur de la División de Jiguaní; los tenientes coroneles Rafael Caymai y Francisco Estrada Céspedes trasladados a las órdenes del General Manuel Calvar; y Fernando Figueredo Socarrás, que había actuado como ayudante de Céspedes, pasaba también a las órdenes de Calvar. Todos resintieron estos cambios.

INVASIÓN DE LAS VILLAS

La oposición al gobierno de Cisneros aumentaba. Se daban los pasos que conducirían a la sedición de Lagunas de Varona.

El propósito del gobierno era realizar la invasión a Occidente por lo que ordenó a Calixto García concentrar sobre el campamento de Barajagua la mayor parte de de sus fuerzas. De allí parten el gobierno, la Cámara y el propio General Calixto García a Occidente a encontrarse con el General Máximo Gómez. Se dirigen al campamento de San Diego de Buenaventura, cerca del territorio de Las Tunas, en las inmediaciones de la línea divisoria entre ambos departamentos. Se incorpora el General Gómez y se traza el plan militar de gobierno con las primeras figuras de la revolución: Máximo Gómez, Vicente García, Calixto García, Manuel Calvar, Modesto Díaz, José Miguel Barreto y Antonio Maceo.

En octubre de 1873, depuesto Céspedes, abandona Calixto García, al frente de sus fuerzas, el campamento de Bijagual, y marcha hacia Manzanillo con el propósito de atacar aquella plaza fuerte. Forma con sus 1,400 hombres, seis columnas de ataque; una, a las órdenes de Leonardo Mármol[417]; otra, bajo el comando de Antonio Maceo; la tercera la comandará Juan F. Ruz[418]; la cuarta, al mando de Manuel Calvar; la quinta estará dirigida por Guillermón Moncada y la sexta por Silverio Prado. Flor Crombet, que acaba de comunicarse con José de Jesús Pérez, forma parte de la columna de Antonio Maceo que tenía como objetivo apoderarse, a paso de carga, de dos fuertes baluartes enemigos: el cuartel de infantería y la cárcel. Integrante también de la columna será Nazario Silva, aquel joven que junto a Crombet se cubrió de gloria en la espectacular batalla de la Socapa.

Era ésta, la toma de Manzanillo, una misión aún más arriesgada. Veámosla en las palabras del biógrafo de Calilxto García:

> *«De lo difícil que consideraron los mambises la misión encomendada a la columna de Maceo, da testimonio fidedigno el hecho de que, al prepararse para la función guerrera, en las afueras de Manzanillo, los oficiales se despedían de sus amigos, convencidos de que en las calles de la ciudad atacada hallarían tumba gloriosa. Cuando el teniente coronel del estado mayor Nazario Silva, airoso mosquetero de veinte años, cruza frente al General Maceo, en los momentos que preceden al asalto, oye del héroe estas palabras: «Teniente Coronel, en la plaza de Manzanillo están sus galones de Coronel». Allí fue a buscarlos el joven mambí y de allí, atravesado por las balas, le sacaron sus compañeros consternados, para depositarlo en la entraña hospitalaria de las serranías orientales donde, poco tiempo después, abrazado*

[417] Leonardo Mármol, hermano de Donato, perteneció también a la División Cuba. El 9 de enero de 1874 combatía en Melones y, poco después ocupará la jefatura de la Brigada de Guantánamo bajo las órdenes del ya General de Brigada Antonio Maceo.

[418] Aunque todos lo llamaban «Juan Ruz» su verdadero nombre era Fernández Ruz. Participó en la Guerra de Independencia con el grado de General de División. Murió en 1896.

a su diploma de Coronel, rendía a Cuba el homenaje votivo de su vida prócer»[419].

Sufren también los cubanos otras bajas: los comandantes Blas Almirall y Juan Vega, de la División Cuba, y el Capitán Bernardo Milanés de las fuerzas de Bayamo. Pero no se amilanan los insurrectos. De inmediato atacan a Boquerón, Palmas Altas y Bueycito. Volverán los cubanos a ser derrotados por un hombre, nacido en la isla, pero al servicio de España, el Capitán Francisco Dellundé, que al mando de un destacamento de voluntarios rechaza en Santa Rita el ataque de las fuerzas cubanas. Mueren en el feroz combate el Coronel Urquiola, el teniente coronel Ladislado Saladrigas y muchos más.

Así, con acciones heroicas como ésta, va terminando aquel año. Se trazan, ahora, los planes definitivos para la invasión de Occidente. Pero continúan los enfrentamientos en la región oriental.

El coronel español Federico Esponda al frente de una brigada atendía la jurisdicción de Holguín con 670 hombres y algunas guerrillas. El 9 de enero, pasado el río Melones, se encuentra con las fuerzas de Calixto García, jefe del departamento Oriental y el militar español sufre una aplastante derrota. En Corralito se produjo un combate retirándose Calixto García a Los Melones donde reforzó la avanzada utilizando las fuerzas de Mármol y de Leyte Vidal.

En Melones, a unos 25 kilómetros de Holguín, las fuerzas del Mayor General Calixto García, se enfrentaron el 9 de enero del 74 a los regimientos España, Habana y Matanzas, que formaban la columna comandada por el Coronel Federico Esponda que había salido del caserío fortificado de Jurunún, Calixto, esperando a las tropas españolas, desplegó la caballería a las órdenes del Bigadier Belisario Grave de Peralta a ambos flancos de la vereda por donde debía pasar, colocando al centro la infantería bajo el mando del Brigadier Antonio Maceo, reforzada con hombre del Coronel Fran-

[419] Juan J. Casasús. Obra citada.

cisco Varona, del Regimiento Tunas[420]. Se inició la batalla que se prolongó por más de 8 horas sufriendo Esponda más de 200 bajas teniendo que retirarse al punto de partida.

Aquella acción de Los Melones facilitó a los insurrectos atravesar la Trocha, mientras el español Esponda se retiraba a Holguín (enero 1874). Era Jovellar Capitán General de la isla, y Cisneros, presidente de la República en Armas.

La invasión de Las Villas debía ser realizada simultáneamente por el General Máximo Gómez, por el sur vía Sancti Spiritus, y por Calixto García desde el Norte, a través de Remedios. En definitiva se acordó que Gómez estuviese al frente de la invasión, con fuerzas de los dos departamentos, lo que mereció la aprobación de todos, excepto del General Vicente García[421].

Para el 30 de enero, Calixto había hecho entrega de los 400 hombres que le habían pedido para la columna expedicionaria. Estos hombres fueron tomados de las divisiones de Cuba y Holguín comandadas por Antonio Maceo.

Las autoridades españolas se han percatado de los planes. El primero de febrero informa el Brigadier Sabas Marín, desde Santiago de Cuba, que Calixto García y Modesto Díaz habían pasado a la jurisdicción de Las Tunas con la intención de marchar a Las Villas. El día anterior acampaba Máximo Gómez en San Diego, límite del Centro y Oriente. Jovellar telegrafiaba al presidente del Consejo de Ministros en Madrid que la reconcentración de algunos insurrectos indicaba la intención del paso de la Trocha (de Júcaro a Morón) y la invasión de Las Villas que trataría de impedir. Los insurrectos no vacilaron en asumir, con éxito, los riesgos que representaba el paso de la Trocha.

---

[420] Francisco Varona González, nacido en Tunas el 15 de junio de 1831, participó en una reunión conspirativa de El Mijial (4 de octubre de 1868) y 10 días después se alzó con su primo Vicente García, combatiendo en Playuelas y la Cuarentena. Participó en el ataque a Tunas dirigido por Manuel de Quesada y, formó parte de la Protesta de Laguna de Varona. Terminó la guerra con el grado de Mayor General.

[421] Juan J. Casasús. «Calixto García», obra citada.

Ya están en Camagüey. En Naranjo será contra los Brigadieres Báscones y Armiñán –al frente de más de 1,200 hombres– que, ahora, las tropas de Gómez se enfrentarán el 10 y 11 de febrero (1874). En el encuentro son heridos Flor Crombet, Guillermo Moncada, Mayía Rodríguez y Pedro Martínez Freire[422].

Vicente García[423] en su Diario de Campaña sólo hace mención de sus tropas en el encuentro del Naranjo. Sin embargo, Gómez ofrece amplísimos detalles del enfrentamiento de sus fuerzas con el brigadier Bascones y las de los infantes orientales comandados por Antonio Maceo.

Luego, el brigadier Armiñán trata de impedirle a Gómez el paso hacia las Guásimas. Perderá gran número de soldados en el inútil empeño.

RUMORES DE CONSPIRACIÓN

No han pasado cuatro meses de la destitución de Carlos Manuel de Céspedes y ya se habla de una conspiración para deponer a Cisneros llevando nuevamente a Céspedes a la presidencia y destituir a Calixto García del mando del Frente Oriental reemplazándolo por Vicente García[424].

---

[422] Pedro Martínez Freire, bayamés, se alzó el 10 de ocbure de 1868. Acompañaba a Luis Marcano cuando éste es asesinado. Toma parte en disstintos combates. En febrero de 1874 desempeñaba la jefatura del Regimiento Guantánamo de la División Cuba. Al terminar la Guerra de los Diez Años es arrestado cuando participaba en los preparativos de la Guerra Chiquita y enviado a las prisiones de Cádiz y Alicante. Posteriormente ocupó un cargo en el gobierno español en las Filipinas. No participó en la Guerra de Independencia. Regresó a Cuba en 1900. Murió en La Habana en 1911.

[423] En su Diario de Campaña anota Vicente García el 10 de febrero (1874): «Batalla del Naranjo. –91 bajas por nuestra parte y más de 200 por el enemigo que dejó sus cadáveres y se retiró...».

[424] Carta del 3 de marzo de 1874 de Calixto García a Ramón Pérez Trujillo. Fuente: Juan J. E. Casasús. *Obra citada.*

Así lo informa el Mayor General Calixto García en carta al representante a la Cámara Ramón Pérez Trujillo en la que le da a conocer que algunos militares descontentos tramaban una conspiración encaminada a deponer al presidente Cisneros y sustituir al propio García Íñiguez del mando de Oriente, por el General Vicente García. El centro de la conspiración se encontraba en Tunas, siendo sus promotores, afirmaba el general holguinero, el comandante Pedro Ignacio Castellanos[425] y el coronel venezolano Cristóbal Acosta[426], ambos de la brigada de aquella jurisdicción.

Según la comunicación de Calixto García a Pérez Trujillo, el Comandante Castellanos, de la Brigada de Tunas, y el coronel Acosta, intentaban sublevar algunas tropas, entre ellas algunas que se encontraban en el mismo Cuartel General. Aún antes de llegar al campamento del escuadrón de Tunas[427] ya Castellanos había logrado persuadir a esa unidad a declararse en rebeldía.

CASTELLANOS Y ACOSTA: ¿CÓMO MURIERON?

El inquieto comandante Castellanos ha muerto. Se multiplican los rumores. Afirman unos que Castellanos *murió «al negarse a*

---

[425] El Comandante Pedro Ignacio Castellanos había ingresado en la División del Gral. Vicente García el 19 de septiembre de 1872 (Fuente: Diario de Campaña del Gral. Vicente García).

[426] Primo del General de Brigada Aurrecoechea quien, junto a él, había desembarcado en el Perrit, Cristóbal Acosta combatió en Cañalito (Mayo 20, 1869) bajo el mando del Brigadier Mariano Torres, asumiendo en septiembre de aquel año el mando de la jurisdicción de Sancti Spíritus, posición de la que fue destituido por su incapacidad para mantener la discriplina de sus tropas. Posteriormente pasó a Camagüey a las órdenes del Mayor General Ignacio Agramonte. Participó en los combates de Las Guásimas, La Jagua, donde comandaba las fuerzas y en cuyo encuentro resultó herido Henry Reeve, el Inglesito; y en Mucara y El Flamenco, cerca de Vertientes (mayo 16, 1871).

Luego de la deposición de Céspedes se encontraba en abierta oposición al gobierno de Cisneros Betancourt.

[427] Ramiro Guerra, «Guerra de los Diez Años».

darse preso y sacar el revólver» cuando el Coronel Limbano Sánchez fue a detenerlo. Otros daban por sentado que el Gral. Calixto García había ordenado la muerte de Castellanos[428].

Es éste uno de los momentos más difíciles de aquella prolongada lucha. Ignoraba Calixto que una semana antes, el 27 de febrero, Céspedes había muerto en San Lorenzo.

Veamos la versión de Calixto García sobre el penoso incidente:

«Tan pronto comprendieron los miembros del escuadrón que se trataba de promover un conflicto sangriento entre los cubanos, presentáronse arrepentidos al teniente coronel Limbano Sánchez» en el cuartel general. Confirmada la versión de los hechos por otros conductos, en previsión de que Castellanos intentase lo mismo con el resto de la caballería, el general García Íñiguez ordenó sin pérdida de momento, al teniente coronel Limbano Sánchez que procediese al arresto del comandante sedicioso. «*Conocedor de lo que ocurría, el teniente coronel Sánchez* ***habíase adelantado a tomar medidas contra Castellanos.*** *Seis de los hombres seducidos por éste, arrepentidos de la grave falta cometida, recibieron instrucciones de arrestarlo. Y su resistencia seguía manifestada; dispararon contra él y diéronle muerte a tiros».*

Hay otras versiones totalmente opuestas que surgían, naturalmente, del apasionamiento que había producido la destitución, abandono y muerte de Carlos Manuel de Céspedes, los cambios arbitrarios y festinados en los mandos militares, y las intrigas que promovían algunos que se movían en los dos bandos en que estaba dividido el campo insurrecto.

Los que se encontraban más cerca del general Vicente García calificaban de asesinato las muertes de Castellanos y Acosta y, se hacían eco de las palabras que, luego, el historiador Antonio Pirala ponía en labios de Ignacio Mora a quien se citaba como *«calificando de asesinato la muerte de Castellanos y Acosta por no habérse-*

[428] Afirmación de Ignacio Mora recogida por Antonio Pirala en «Anales de la Guerra de Cuba».

les formado causa ni habérseles procedido a juicio» considerando, que de este modo *«se había cometido un grave atentado contra la ciudadanía y realizado un ataque a la magistratura, pues todos presumen la verdad de que Castellanos había sido muerto por orden del cuartel general con autorización del gobierno»*[429].

El 14 de febrero (1874) aceptaba Vicente García, a instancias del gobierno, la Secretaría de la Guerra pidiendo *«algunos días de plazo para tomar posesión ya por tener varios asuntos particulares que arreglar, ya porque tratándose del despacho de la expedición a Las Villas era conveniente que el actual secretario la concluyese de expeditar sin los inconvenientes que al momento me traería a mí la falta de antecedentes en el asunto»*[430].

El Gabinete influye para que las fuerzas armadas marcharan a realizar averiguaciones sobre la muerte del Comandante Pedro Ignacio Castellanos y sobre el conato de sedición que, decían, éste intentaba, dándole a Vicente amplias facultades para proceder como representante del ejecutivo. Pero algo sucedió repentinamente porque las instrucciones y las amplias atribuciones le fueron inmediatamente reducidas.

El día 13 recién había jurado Vicente García, en horas de la mañana como Secretario de la Guerra, cuando recibía el oficio del gobierno modificándole las instrucciones y facultades conferidas el día anterior. Se le manifestaba –expresa en su diario el día 13– que no era posible facilitarle toda la fuerza armada que se había acordado en el Consejo de Gabinete reduciéndola a *«una pequeña escolta para sólo resguardo de mi persona, por limitarse mi cometido a una simple inspección»*.

El mismo día responde expresándole al gobierno su extrañeza por tales innovaciones considerando que hacían innecesario su viaje, pero que estaba dispuesto a cumplir las órdenes del Presidente de la República si así se lo ordenaba.

---

[429] Antonio Pirala. Obra citada.

[430] Diario de Operaciones del General Vicente García.

Ha aceptado el Mayor General Vicente García –con serias dudas– la Secretaría de la Guerra (febrero 1874) cuando se ha decidido, en enero, con la oposición del general tunero, la invasión a Las Villas que realizaran Gómez y Calixto García. Pronto se cambian los planes. Calixto debe regresar a Oriente.

En febrero (1874), –aplazada su invasión a Las Villa– derrota Gómez en El Naranjo y, luego en Mojacasabe, en Camagüey, a los cinco batallones del Brigadier Báscones; el 15 de marzo ataca con éxito en Las Guásimas al Brigadier Armiñana que comanda los batallones León, Rayo, Cortés, Aragón y Lealtad (Benigno Souza).

REBELIÓN DE PAYITO LEÓN

Otro hecho se produjo simultáneamente. En aquella fecha más de 60 hombres del batallón CaBaníguán habían desertado y se encontraban por Santa Ana de Llevo en franca rebeldía contra el General Calixto García.

Marchaba Calixto García hacia Tunas cuando supo que el teniente coronel de aquella jurisdicción, José Sacramento León, reunía sus tropas para exhortarlas a que no reconociesen la jefatura de Calixto. Se le creaba un nuevo y muy serio problema al presidente Cisneros Betancourt, quien, de inmediato, solicitó del general Vicente García – jefe militar y amigo de Payito León – que obligase a las tropas de éste a acatar la jefatura del holguinero Calixto. Era el tunero Vicente García, Secretario de la Guerra en el gabinete de Cisneros.

Es el 30 de marzo que, según anota en su Diario, conoce Vicente García de la deserción del mes anterior del Teniente Coronel Sacramento (Payito) León y 17 hombres. Un mes antes, el 27 de febrero, había perdido su vida el Padre de la Patria.

Con fecha 27 de marzo (1874) escribe Vicente García a su subalterno Payito León, desde Jimaguayú, y al conocer que su amigo se hallaba en abierta desobediencia ante las órdenes del jefe superior de ese departamento lo exhorta a que *«volviendo a la razón y al deber... abandone el camino de perdición al que se ha lanzado y no den ustedes, por más tiempo, el espectáculo triste de permanecer alejados de sus compañeros mientras éstos combaten a los enemigos de la patria. Espero tener pronta noticia de que, oyendo mis fraternales consejos, hayan pensado ustedes en su deplorable desobediencia»*[431].

La deserción de Payito se va conociendo por todas las fuerzas insurrectas. Todos saben de su rebelión y de las fuerzas de la jefatura que se niegan a obedecer al General Calixto García. Éste le mandó a Vicente órdenes enérgicas para que los sometiese a la obediencia o indicase a León a venir con sus compañeros a la residencia del gobierno. Aparentemente nada de esto se hizo.

Acusa Calixto García a Payito León del grave delito de sedición e insubordinación y marcha hacia Camagüey para presentar, personalmente, la grave acusación; pero antes de que llegase Calixto a la sede del gobierno había Cisneros recibido a una comisión encabezada por el propio Sacramento León solicitando la separación del mayor general Calixto García del mando en Tunas por *«el asesinato de Castellanos y de Acosta».*

No hubo enjuiciamiento, no hubo sanción. Cisneros se limitó a decretar una amplia amnistía por los delitos imputados por ambos bandos.

SE CANCELA LA INVASIÓN A LAS VILLAS

Ante las dificultades encontradas para llevar a cabo la proyectada expedición a Las Villas el Consejo de Gabinete decidió, el 2 de mayo, no realizarla y que el Campamento de Oriente volviera a su territorio.

Con posterioridad a esta decisión se presentó al gobierno el Teniente Coronel León con 50 hombres de las fuerzas de Las Tunas manifestando que *«no lo había hecho antes por haber tratado de recoger las fuerzas y de practicar algunas operaciones contra el*

[431] Carta de Vicente García al Teniente Coronel Sacramento (Payito) León, que estuvo en poder del comandante Armando Prats-Lerva, encontrada por el historiador Ramiro Guerra y publicada en la obra de Francisco García Cisneros «El León de Santa Rita».

enemigo» y manifestando no haberse separado nunca de la obediencia al gobierno. Afirmaba el Coronel León – sigue exponiendo Vicente García en su Diario – que la única causa de su separación y la de todas las fuerzas de Las Tunas, para no aceptar la obediencia al General Calixto García eran los «desórdenes y abusos de éste».

Regresan las tropas de Calixto. Casasús, su biógrafo, afirma en su libro que Calixto recibió *«con entusiasmo indescriptible, a sus hombres que regresaban después de haber actuado en los lances más gloriosos e importantes de la guerra».*

Superadas estas diferencias se reincorporan Payito León y sus hombres a las fuerzas del Mayor General Vicente García distinguiéndose, meses después, en el asalto y toma de Victoria de Las Tunas[432].

Vicente García había concentrado sus tropas el 20 de septiembre en el potrero Guaramanao a seis leguas de Tunas. El 22 se le unen las fuerzas de Juan Ramírez Romagosa, Francisco Varona, Rafael Mortero y las de Payito León y, en medio de la noche, atacan al cuartel y la armería de las tropas españolas. *«Se hicieron 285 prisioneros de tropas de línea y más de un centenar de voluntarios»*[433]. En próximas páginas volveremos a esta importante victoria de las armas mambisas.

Vuelve Calixto a Holguín para iniciar distintas acciones en varias de las cuales no puede triunfar. Fracasa en su ataque a Baire en cuyas inmediaciones, poco antes, sus tropas comandadas por el teniente coronel Pablo Amabile[434], habían sido diezmadas por la

---

[432] Septiembre de 1876.

[433] Florencio García Cisneros. «El General Vicente García».

[434] Pablo Amabile y Arambarry, nacido en Santiago de Cuba, se había incorporado muy joven a la «División Cuba» (comandada por Donato Mármol y de la que formaba parte la Brigada Cambute de José de Jesús Pérez). A la muerte de Mármol, peleó a las órdenes de Calixto García y, luego, de Antonio Maceo, comandando al Regimiento de Caballería «Santiago». Murió en el combate de «Yabazón».

guerrilla española del coronel Tizón en cuyo encuentro cayó gravemente herido el colombiano José Rogelio Castillo y Zúñiga quien alcanzará, en la Guerra Chiquita y la Guerra de Independencia, el grado de General[435].

CONVERSACIONES DE PAZ

En enero de 1875 quedaba restablecida la monarquía en la figura de Alfonso XII, tras el golpe del General Arsenio Martínez Campos quien meses después sería nombrado General en Jefe del Ejército de Operaciones en Cuba gobernada entonces por el General Joaquín Jovellar.

Para entonces se han iniciado conversaciones de paz entre algunos oficiales insurrectos y militares españoles.

El General Barreto informaba a Calixto García que el general español Sabas Marín, al frente de la región de Oriente, estaba haciendo llegar confusas proposiciones de paz a través del comandante español de Manzanillo con quien había sostenido ya dos conferencias a las que el propio General Barreto había concurrido acompañado del cubano Esteban de Varona.

Calixto García se dirigió a Bayamo para investigar personalmente estas acusaciones.

En su marcha es sorprendido por tropas españolas y, antes de caer prisionero, intentó suicidarse[436]. Mal herido, es hecho prisionero.

Su hermano, Rafael, otro de los valerosos nombres ignorados por la historia, alcanzó, a fuerza de coraje, los galones de coronel. Como Pablo, inició su carrera militar en la División Cuba.

Otro hermano, Manuel, ayudante de Antonio Maceo, pierde la vida en el combate de La Galleta, en julio de 1871, al protegerlo con su cuerpo.

[435] Amplia información sobre el General José Rogelio Castillo y Zúñiga puede encontrarse en su autobiografía, editada por el Instituto Cubano del Libro, La Habana, 1973.

[436] Información detallada sobre el Gral. Calixto García Íñiguez aparece en la obra «Calixto García» de Juan J. Casasús.

Es necesario sustituir al general holguinero. El general Vicente García, Secretario de Guerra en el gabinete de Cisneros, es designado para ocupar, interinamente, la jefatura militar de Oriente. Todo Oriente. Había quedado marginado el General Manuel Calvar, segundo del general Calixto García.

ESCALAFÓN DEL EJÉRCITO. CAMBIOS MILITARES

Para entonces ha terminado Cisneros Betancourt el Escalafón del Ejército, importante documento en el que hará descansar, junto con las informaciones que obran en su poder, sus decisiones en las cuestiones militares. Suspende al General Barreto del mando de la Primera División y lo destina a Camagüey y a Las Villas. Modifica aquella primera División uniendo a Bayamo con Holguín y Jiguaní designando al frente de la misma al General Calvar. Crea una Segunda División con Cuba y Guantánamo que coloca al mando del Brigadier Antonio Maceo, que ha regresado de Camagüey. Traslada a Camagüey, como Jefe de Sanidad Militar, al Dr. Miguel Bravo Sentíes considerado responsable de críticas injustificadas al gobierno.

JOSÉ DE JESÚS PÉREZ COMANDA DE NUEVO LA BRIGADA CUBA

Toma el Presidente Cisneros otra importante decisión: Nombra, nuevamente, para mandar la Brigada de Cuba en el Sur, de la que ya por largo tiempo había sido jefe, al brigadier José de Jesús Pérez. Reconocía, así, los méritos alcanzados en el campo de batalla por el bravo comandante de la prestigiosa Brigada de Cambute injustamente destituido por su lealtad al presidente Céspedes.

Con la designación del Brigadier Pérez al frente de la Brigada de Cuba quedaba completada la organización de Oriente. Llegaban en esos momentos, alentadoras noticias. El Gobierno conocía que el General Máximo Gómez había cruzado la Trocha de Júcaro a Morón e invadido Las Villas. De inmediato, organizada la región de Oriente, marchó el gobierno en dirección a Camagüey.

No todos habían favorecido la decisión de Gómez, respaldada por el Presidente de la República en Armas, de invadir Las Villas. Ahora, aunque inicialmente opuesto al plan, el General Vicente García debía enviarle refuerzos a su antiguo y respetado amigo el General Gómez. Pero surgirán escollos antes que cristalice ese necesario apoyo.

El general tunero tenía planeado el ataque a un convoy militar que partiendo de Cauto el Embarcadero estaba destinado a abastecer las instalaciones militares de Bayamo y Jiguaní[437]. A ese efecto concentraba Vicente García tropas en los distintos departamentos orientales; entre ellos de las que estaban al mando del Mayor General Calvar. Pero el General Vicente García cometió un grave error.

VICENTE GARCÍA SE DISTANCIA DE CALVAR

Al solicitar tropas de la división comandada por el General Calvar no las pidió a éste sino que se dirigió directamente a los jefes subalternos de Calvar. Para éste fue una nueva ofensa sobre otra anterior. Meses atrás, recordemos, Vicente García había hecho causa común con el Coronel Sacramento León (Payito) contra Calixto García de quien Calvar era su segundo.

Militar disciplinado, Calvar pide a sus subalternos que acaten las órdenes del General Vicente García al tiempo que le envía al general tunero su protesta oficial *«para que la remita al gobierno junto con mi renuncia a la jefatura de la Primera División»*. Llegará Calvar, con su justa queja, ante el gobierno; pero ya obraba en

[437] El convoy, al mando del Comandante Maranjes, se componía de «300 acémilas y 200 carretas cargadas, escoltadas por 400 soldados... Emboscado en la Sabana de Punta Gorda lo esperaba Vicente García con fuerzas de los Regimientos Holguín No. 5, al mando de Rius Rivera; Luz de Yara, con su Coronel Mariano Domínguez; Tunas No. 3 y caballería; Céspedes de Holguín; Yara No. 1 y tropas de la División de Bayamo, con el Gral. Juan Ruz.» El tren es capturado al final del sangriento encuentro. El comandante Maranjes escapó a Bayamo abandonando 300 cadáveres. (Fuente: Juan Jerez V. «Oriente Biografía de una provincia»).

poder de éste una comunicación del propio Vicente García quejándose de Calvar como subalterno. Otra querella en la que se ve obligado a intervenir el presidente Cisneros (Febrero 1875).

Para resolverla envía Cisneros, por escrito, una reprensión oficial a Calvar pero lo premia asignándole la jefatura de uno de los nuevos departamentos militares que va a crear[438].

Las Villas quedaba unida a todo Occidente para cuyo mando militar designará al General Máximo Gómez que ya se encuentra en la región villareña. Une a Camagüey con las Tunas colocando a Vicente García al frente de ese nuevo departamento. El Tercero será Oriente, sin Tunas, cuya jefatura debía estar a cargo, son los dos primeros en el escalafón, de Modesto Díaz o de Manuel Calvar. Será éste el designado en el mes de marzo. No satisfizo esta decisión al General Vicente García.

Se siente incómodo Vicente García. Peor que incómodo, se siente preterido por Cisneros. Acude a la Cámara de Representantes. Ni el poder ejecutivo, ni el legislativo, deciden sobre su reclamación. La tensión se convierte en indiferencia, ésta en discordia. Se crea un cuadro realmente confuso.

Así describe un historiador cubano aquella situación:

> *«El Dr. Bravo y Sentíes creyó llegado el momento, en vista del conjunto de circunstancias que hacían posible la realización de un plan contra el Gobierno, para forzar la renuncia de Cisneros, con un año y varios meses al frente del Ejecutivo, en una prolongada interinidad que le había venido a las manos sólo por la medida tomada en Bijagual contra el presidente Céspedes.*
>
> *Unido el doctor (Bravo Sentíes) a Barreto, lograron atraer a su lado al mayor general Francisco Javier de Céspedes,*

---

[438] El presidente Cisneros, dicen Ramiro Guerra, Pérez Cabrera, Remos y Santovenia en su obra, inclinado siempre a arreglos del momento no importa cuales fuesen las consecuencias posteriores, le dirigió una reprensión a Calvar notificándole que en lo sucesivo no podría tomar decisiones de esa naturaleza sin acudir, previamente, en queja al gobierno.

hermano del «hombre de La Demajagua». El mayor general usó de su natural ascendiente sobre el coronel Ricardo de Céspedes y otros familiares del ex-Presidente, muchos de ellos altamente estimados por el reconocido valor de los mismos, puesto de manifiesto en los más recios combates en Oriente y en Camagüey, señaladamente en los de Naranjo, Moja Casaba y Las Guásimas, a las órdenes de Gómez.

Con excepción de un solo familiar de Céspedes, sobrino del mayor general Javier de Céspedes, todos los demás cespedistas agrupáronse dispuestos a actuar también contra un gobierno que consideraban hechura de los sediciosos de Bijagual, ilegalmente prolongado»[439].

CAMINO A LAGUNAS DE VARONA

Pasada la estación de las lluvias, en enero del 75 pasa Gómez la Trocha de Júcaro a Morón y comienza a tomar fuertes y poblaciones fortificadas (Naranjo, El Estero, El Jíbaro, Río Grande –donde se apodera de 10,000 tiros y se le incorporan 60 hombres que peleaban al servicio de España–; Jicotea, Ojo de Agua; en 46 días ha ocupado fuertes, destruido ingenios y macheteado varias guerrillas. Se acerca a Matanzas, aunque no le han llegado refuerzos. Pero ha surgido, en Lagunas de Varona, un serio conflicto. Ordenan a Gómez que interrumpa su marcha triunfal. Debe regresar a tratar de mediar en los grupos en pugna.

Los partidarios y familiares de Carlos Manuel de Céspedes permanecían resentidos con el presidente Cisneros por considerarlo responsable de la muerte de Céspedes[440]; molestos están también el depuesto General Barreto y el Dr. Bravo y Sentíes trasladado como simple Jefe Militar de Sanidad a Camagüey; estos dos últimos in-

[439] Ramiro Guerra. Obra citada.

[440] Han atacado a Salvador Cisneros acusándolo de haberle negado el pasaporte para salir al extranjero y de haberlo privado de su escolta personal dejándolo indefenso en San Lorenzo.

corporan en su plan anti-Cisneros, a Francisco Javier de Céspedes, hermanos de Carlos Manuel.

Se les une Juan Ruz, que antes respondía al General Calvar. Junto a Ruz, Jefe de la Jurisdicción de Bayamo, se encontrará el Coronel Antonio Bello[441], al frente del regimiento de Yara, Número Uno. Puede decirse que Bayamo está en pie frente a Cisneros respaldando la posición del General Vicente García. Marcharán todos hacia un lugar que se convertirá en uno de los puntos más polémicos en la historia de Cuba: Lagunas de Varona.

Tendrá una repercusión negativa y una influencia nociva en la guerra que se había iniciado el 10 de Octubre. Era un pronunciamiento contra la presidencia de la República de Salvador Cisneros Betancourt. La reunión se produjo en el ingenio demolido en Lagunas de Varona, en la jurisdicción de Las Tunas, convocada por el Mayor General Vicente García González.

La sedición contó con el apoyo de jefes oficiales y tropas partidarias del depuesto presidente Carlos Manuel de Céspedes y de otras tropas orientales que no estaban dispuestas a reforzar la invasión a Las Villas que estaba dirigiendo el General Máximo Gómez.

Entre las figuras más importantes de este movimiento político militar se encontraban los Mayores Generales Vicente García, Francisco Javier de Céspedes, José Miguel Barreto, los Coroneles Ricardo e Ismael Céspedes, Jaime Santiesteban, Francisco Guevara, Antonio Bello y otros así como los diputados de la Cámara de Representantes Jesús Rodríguez (Por Holguín), Lucas Castillo, Joaquín Acosta y Miguel Bravo Senties (por Bayamo) y otros. La Junta de Oficiales fue presidida por el General de Brigada y Diputado de la Cámara Jesús Rodríguez Aguilera.

---

[441] El Coronel Antonio Bello Rondón, quien junto a su hermano Luis, había participado en las primeras reuniones conspirativas en 1867 con Francisco Vicente Aguilera, tuvo en los últimos años de la guerra un triste final al comenzar a realizar el 20 de septiembre de 1877 gestiones de paz sin independencia por lo que fue detenido por el Mayor General Máximo Gómez, juzgado y condenado a muerte. Logró fugarse mediante soborno y el 15 de octubre de 1875 se presentó en Puerto Príncipe a las autoridades españolas.

Estarán allí, junto al General Vicente García, no sólo la Brigada de Bayamo y su jefe el brigadier Juan Ruz[442]. Está el regimiento Tunas Número Tres que tiene al frente al Coronel Francisco Varona[443]; el regimiento Jiguaní Número Cuatro dirigido por el Coronel Belisario Grave de Peralta; la Segunda División del Primer Cuerpo (que Maceo había enviado en auxilio de Gómez) comandada por el Coronel Francisco Borrero[444]; el regimiento de caballería Río Blanco; parte del regimiento de caballería *Céspedes* al frente de la cual se encuentra el comandante Ferrer[445]. No participará en

[442] Todos lo llamaban Juan Ruz, pero su apellido era Fernández Ruz. Nacido en Las Tunas había participado en la reunión conspirativa del ingenio Rosario el 6 de octubre de 1868. Fue el cubano que inició el ataque a Bayamo el 18 de aquel mes, integrándose luego en la División Cuba. Sirvió a las órdenes de Donato Mármol, Calixto García y Vicente García a quien se unió en Lagunas de Varona. Se opondrá al Pacto del Zanjón. Participará en la Guerra de Independencia pero, ya con el grado de General de División, luego del combate de Alagón el 20 de noviembre de 1896 morirá de una afección pulmonar el 22 del mes siguiente, diciembre de 1896.

[443] El Mayor General Francisco Varona González mantuvo una brillante hoja de servicio en la Guerra de los Diez Años. Participó en la reunión de El Mihial incorporándose a las tropas de Vicente García, combatiendo en Playuelas y La Cuarentena. En 1869 participa en acciones en Puerto Padre y Las Tunas bajo las órdenes del Mayor General Manuel de Quesada. En 1871 es uno de los defensores del campamento Santa Rita. En el 74 toma parte del combate de Melones; en 1875 ataca un convoy en Punta Gorda. El 23 de febrero de 1876 asalta y toma Puerto Padre y será uno de los que participan en la protesta de Baraguá.

[444] Francisco Borrero Lavadí se incorporó desde octubre de 1868 a la División Cuba bajo las órdenes del entonces Coronel Camilo Sánchez. Participa, entre otros, en los combates de La Indiana, Dos Amigos, El Zarzal y el ataque a Puerto Padre. Alcanzó el grado de Mayor General. Francisco Borrero Lavadi, una de las grandes figuras de las guerras de independencia, que dio Palma Soriano, murió combatiendo en Camagüey el 17 de junio de 1895.

[445] Relación similar es ofrecida por otro historiador: «¿Quiénes se encuentran en «la protesta de las Lagunas de Varona»? Allí estaban los mayores generales Jesús Rabí, Juan Ruz, Francisco Javier de Céspedes (hermano del depuesto presidente Carlos Manuel de Céspedes), el Coronel Antonio Bello, el Mayor General Miguel Barreto, el Dr. Bravo Senties, Francisco Borrero, los coroneles Ismael y Ricardo de Céspedes, Antonio Bello y Varona (primo hermano de Vicente García y dueño de la finca «L.D.»), Francisco Guerava, los licenciados Lucas del Castillo y Joa-

aquel «Movimiento Político-Social» el ya General de Brigada José de Jesús Pérez.

Le han desertado tropas al Gral. Calvar; entre ellas el Batallón Número Dos del Regimiento de Holguín con su comandante Jesús Rabí. Están allí, los mayores generales Francisco Javier Céspedes[446] y José M. Barreto; los coroneles Francisco Estrada Céspedes y Ricardo Céspedes[447].

Se une también Ignacio Mora, el camagüeyano que en los primeros días de la Revolución se había opuesto a las entreguistas proposiciones de Napoleón Arango y que, luego quedaría a las órdenes del Mayor General Manuel de Quesada y, posteriormente, estaría bajo el Mayor General Manuel Boza cuando éste asumió el mando de la División Camagüey (enero 17, 1870)[448].

Se unen más altos oficiales. El coronel Francisco Borrero, al frente de la Segunda División del Primer Cuerpo.

Vicente García ha solicitado el respaldo de los generales José A. Maceo, Manuel Calvar y Modesto Díaz, éste último estrecha-

---

quín Acosta. José de Jesús Pérez no formó parte de aquel movimiento». Florencio García Cisneros. «El General Vicente García y la Guerra de los Diez Años».

[446] El Mayor General Francisco Javier de Céspedes del Castillo, hermano del Padre de la Patria, ocupaba la posición de segundo jefe del Departamento Provisional del Cauto del que fue destituido luego de la deposición de su hermano. Apoyó la sedición de Lagunas de Varona, y en 1877 la Cámara de Representantes lo eligió vicepresidente de la República en Armas y actuó como Secretario de Relaciones Exteriores, ocupando interinamente la presidencia hasta que la ocupó el Mayor General Vicente García.

[447] El Coronel Ricardo de Céspedes Céspedes, hijo de Francisco Javier, participó en el ataque a Yara y la toma de Bayamo en 1868; en el ataque a Manzanillo y en los combates de Naranjo-Mojacasabe y las Guásimas al frente del entonces General de Brigada Antonio Maceo. Sustituiría a Henry Reeve (el Inglesito) como jefe de la Brigada de Colón.

[448] En septiembre de 1872 Ignacio Mora Pera, se incorpora al Estado Mayor del Mayor General Calixto García participando en los ataques a Guisa, a Holguín, Auras y Jiguaní. Poco después de haber cesado la sedición de Lagunas de Varona, herido de úlceras, es sorprendido por el enemigo y fusilado el primero de octubre de 1875.

mente vinculado al Brigadier José de Jesús Pérez, pero, todos rechazan la invitación. Ninguno de ellos concurrirá a la cita.

Es grande la sedición, –que algunos califican de disidencia[449]– pero el presidente Cisneros, para su crédito, no se amedrenta; para vencerla por la persuasión y no por las armas marcha, con sólo dos ayudantes[450], a entrevistarse con el General García. Lo acompañará, enviado por la Cámara, el representante por Oriente Bartolomé Masó.

Existe gran confusión ya que algunos de los que allí habían concurrido desconocían el propósito de la convocatoria; otros, estaban conscientes del intento.

Un día antes de que llegase el presidente de la república se había iniciado la reunión bajo la presidencia del representante por Oriente Jesús Rodríguez[451] que se oponía al movimiento sedicioso; la misma posición que asumieron el teniente coronel Rius Rivera y el abogado Joaquín Acosta. En respaldo de la posición de Vicente García habló extensamente el Dr. Bravo y Sentíes que dio lectura al manifiesto del *«Movimiento Político-Social»*.

Arriba Salvador Cisneros Betancourt. Con respeto fue recibido. Pero sólo como ciudadano, no como presidente. Lo que le es informado por la comisión designada por Vicente García compuesta del Dr. Bravo Sentíes, el Mayor General José Miguel Barreto, el Lic. Lucas del Castillo y el Coronel Antonio Bello. La proposición era inaceptable para el presidente Cisneros.

---

[449] Florencio García Cisneros: «El León de Santa Rita».

[450] El coronel Mariano Polhaus, Vicesecretario de Guerra y Santiago Dellundé.

[451] Jesús Rodríguez Aguilera tuvo más relieve como parlamentario que como militar. Como delegado por Oriente toma parte de la Asamblea Constituyente de Guáimaro, electo representante, preside la Cámara de noviembre 11 de 1873 a julio de 1874. Fue uno de los que en Bijagual habló y votó por la deposición del Padre de la Patria. Presidió la junta de los que protestaron en Lagunas de Varona, pero renunció por estar inconforme con las demandas presentadas. Al terminar la guerra se acogió al autonomismo.

Se reúne la Cámara[452] para recibir el informe verbal del presidente Cisneros y el de Masó sobre lo que había ocurrido a la llegada del presidente al campamento del General Vicente García.

La Cámara designa a dos diputados[453] para reunirse con los sediciosos y conocer sus peticiones. El General Vicente García plantea cinco demandas:

a) Renuncia o deposición del presidente de la república.

b) Convocatoria para elecciones generales de diputados y senadores.

c) Elección de un Presidente Interino.

d) Elección de un Presidente en Propiedad.

e) Revisión y Enmienda de la Constitución por la Asamblea.

El 7 de mayo la Cámara acepta las cinco demandas presentadas por García, dejando abierta la designación del presidente permanente.

Se pidió que viniese el General Máximo Gómez para que intercediese en la solución del problema, por lo que Gómez tuvo que abandonar las tropas de Las Villas desde el primero de junio hasta el 16 de julio dañando seriamente los planes de la invasión.

Se producen algunas conciliadoras gestiones.

Máximo Gómez y Vicente García se reunieron en Lomas de Sevilla el 25 de junio de 1875 para darle solución a la situación que se había creado.

Aunque Gómez considera haber logrado un resultado favorable, no ha sido así porque es admitida la renuncia de Cisneros y se

---

[452] En la reunión de la Cámara celebrada en San Nicolás el 28 de abril asisten Eduardo Machado, Ramón Pérez Trujillo, Aguilar, Varona, Sánchez Betancourt y Bartolomé Masó. La sesión fue presidida por Juan Bautista Spotorno.

[453] La comisión estaría compuesta de Ramón Pérez Trujillo y Eduardo Machado.

convocará a elecciones generales. Las reformas planteadas por Vicente García *«será cuestión de la nueva Cámara»*. El gran dominicano cree que «el General Vicente García se ha dejado dominar de resentimientos particulares con Cisneros» y considera que *«este paso marchite sus laureles, hasta ahora puros, pues la política con su venenoso hábito todo lo infesta y corrompe. ¿Quién sabe?»*[454].

Vicente García aceptaba renunciar a todas las demandas presentadas, menos dejar en la presidencia a Cisneros. A los tres días, Cisneros renunciaba. Lo sustituiría interinamente, Juan Bautista Spotorno.

Fue un negativo precedente –como antes expresamos– y favoreció el surgimiento de nuevas indisciplinas. Como consecuencia de la sedición Salvador Cisneros, tuvo que abandonar la presidencia y ser sustituido por Juan Bautista Spotorno. También forzó a la elección de una nueva Cámara de Representantes que debería designar a un presidente permanente. La Sedición de Lagunas de Varona mostró la debilidad del gobierno y de la Cámara para enfrentar problemas.

Al asumir Spotorno la presidencia el 29 de junio de 1875 emitió el decreto por el que se condenaba a la pena de muerte a todo el que llevara al campo de la revolución propuestas de paz que no se basaran en la independencia.

[454] Diario de Campaña del General Máximo Gómez.

CAPÍTULO VIII

PRESIDENCIAS DE SPOTORNO Y ESTRADA PALMA

BREVE INTERINATURA DE JUAN B. SPOTORNO

Se han producido numerosas entrevistas. El primero de julio de 1875 dejaba Salvador Cisneros Betancourt de ejercer la presidencia de la república en Armas. Lo sustituía, interinamente, el Coronel Juan Bautista Spotorno[455], electo provisionalmente presidente de la República en Armas en la temporal y prolongada ausencia de Francisco Vicente Aguilera. No se conoce que en aquella lucha interna hubiese participado el Brigadier José de Jesús Pérez.

El coronel Spotorno, marcha junto a Tomás Estrada Palma, Secretario de Estado, hacia Las Villas donde ser reuniría la nueva Cámara cuyos miembros habían sido electos en los últimos días de diciembre[456].

Vacantes las jefaturas militares de Oriente y Camagüey por haber renunciado a ellas los generales Manuel Calvar y Vicente García, se apresura Spotorno en ratificar de inmediato al Mayor General Vicente García como jefe de Camagüey y Oriente, amplísimo mando que no había sido concedido a jefe alguno con anterioridad lo que produjo gran malestar, pero se esfuerza en enviarle a Gómez el refuerzo de hombres que con tanta urgencia necesitaba.

---

[455] El Coronel Spotorno es designado Presidente Interino por encontrarse aún ausente del territorio el vicepresidente Francisco Vicente Aguilera.

[456] Fueron electos por Oriente el Dr. Miguel Bravo Sentíes, José Enrique Collado, el teniente coronel Pablo Beola y Fernando Figueredo. Por Camagüey, Salvador Cisneros Betancourt, Miguel Betancourt Guerra, Francisco Sánchez Betancourt y Antonio Aguilar. Por La Villas, Juan B. Spotorno, Eduardo Machado, Manuel Pina y el coronel Marcos García. Por Occidente, Luis Victoriano Betancourt, Francisco Betancourt, y Francisco la Rúa.

El presidente Spotorno ha nombrado a Estrada Palma Secretario de Relaciones Exteriores; cubre el cargo de Secretario del Consejo de Gabinete con el coronel Fernando Figueredo Socarrás y aleja de sus contactos militares a una poco confiable figura: *«El Dr. Félix Figueredo Díaz, a quien se acusaba de político intrigante, fue alejado del Gobierno, reintegrándosele a su puesto de Jefe de Sanidad de Oriente»*[457].

CRECE OPOSICIÓN A VICENTE GARCÍA

En julio, Vicente García recorre Camagüey. Quiere ejercer el mando del Segundo Cuerpo en aquella provincia. No es entusiasta su recepción porque los camagüeyanos resienten la actuación de García con su comprovinciano Cisneros Betancourt. Intentando realizar su plan de avanzar sobre la zona occidental de Holguín ordena el alto oficial tunero, por ser ahora, también, jefe de Oriente, al General Antonio Maceo y a las brigadas de Bayamo y Holguín que se le uniesen en La Manteca adonde él llegaría en los primeros días de agosto. Sólo concurrirían al punto de reunión la Brigada de Bayamo y el regimiento de Jiguaní; no así Maceo, ni el regimiento de Holguín que se mostraba, éste, irritado por la sedición de Lagunas de Varona.

Expresó Maceo, en una exposición al gobierno, *«la amarga queja de que habiéndose la Segunda División y el Regimiento de Holguín mantenido fieles a la Constitución y a la disciplina del ejército, se dispusiese que vinieran a quedar a las órdenes del general sedicioso»*.

La queja del General Maceo y estas diferencias condujeron al General Vicente García a presentar su renuncia como jefe del Primer Cuerpo del Ejército[458]. Sin vacilar, Spotorno lo sustituye por el

---

[457] Ramiro Guerra. «Guerra de los Diez Años». Tomo II.

[458] La figura de Vicente García origina –aún hoy– grandes pasiones. De sus detractores y de sus admiradores. Fue, siempre, valiente y arriesgado. Un cubano distinguido, Néstor Carbonell Rivero, ofrece en su obra «Próceres» la siguiente imagen del León de Santa Rita:

General Modesto Díaz, con quien el Brigadier Pérez se irá vinculando más estrechamente.

En aquellos meses varias expediciones son interceptadas en puertos extranjeros. La goleta inglesa *Lauren Price*, con armas para los insurrectos, es detenida y confiscada su carga en Puerto Príncipe, Haití. El vapor *Uruguay*, antes *Octavio*, alistado en Nueva York, zarpa hacia Cuba pero, perseguido por la fragata Tornado, se vio forzado a dirigirse a Jamaica donde le confiscan su cargamento: 1,150 rifles, municiones, otros efectos de guerra y dos cañones.

MODESTO DÍAZ Y JOSÉ DE JESÚS PÉREZ

Modesto Díaz, dominicano, incorporado al Ejército Libertador luego de la captura de Bayamo, sirvió con honor a la causa de la libertad. Junto a Céspedes, Aguilera y Mármol derrota en las cercanías de Bayamo al coronel Campillo, y, junto a Jesús Pérez, en Jiguaní hace retroceder al coronel Quirós en Ventas de Casanova.

En junio (1869) Modesto Díaz y Luis Marcano reciben la acometida de Valmaseda que cuenta con las columnas de los coroneles Campillo Heredia, Ampudia y otros oficiales que impulsan **«la creciente de Valmaseda»**. Los dos generales dominicanos se mantienen firmes en sus jurisdicciones de Bayamo y Manzanillo

---

> *«Caudillo insigne a quien sus paisanos no podrán dejar de consagrar, en su día, tributo merecido. Erró una vez –¿Quién no yerra?– llevado de sus pasiones violentas, y acaso más, que arrastrado por el desmedido amor que supo inspirar a sus secuaces. Pero por encima de todo, resplandeció en él el amor por su tierra y por la libertad –bien sin el cual la vida es un tormento. Pocos jefes pelearon más, y a pocos lo acompañó más sumisa la victoria. Su hoja de servicio como militar es una sucesión de combates. Para él la revolución no fue paseo, sino lucha y sacrificio constante».*

Néstor Carbonell Rivero. «Próceres». Editado en La Habana en 1928 y reeditado en Miami por la Editorial Cubana en 1999.

pero, cuando sus esfuerzos son requeridos se mueven, solícitos, a Jiguaní, Tunas y otras regiones.

Por ello el Gral. Modesto Díaz se siente ofendido con el presidente Céspedes cuando éste lo releva del mando de Bayamo sustituyéndolo por el Gral. Luis Figueredo. Molesto, al ser asignado inesperadamente a la jurisdicción de Las Villas, pide su baja del Ejército Libertador y le hace entrega de inmediato al Gral. Luis Figueredo de sus fuerzas de más de 1400 hombres. Penosa situación que salvó Céspedes escribiéndole una afectuosa carta a quien tan estrechamente había estado siempre a su lado.

Pronto estará de regreso Modesto en las tierras orientales.

En octubre (1873) junto con las tropas de Manuel Calvar estará combatiendo en las inmediaciones de Manzanillo. Se van consolidando las buenas y personales relaciones de estos tres altos oficiales Díaz, Calvar y Jesús Pérez.

Modesto Díaz en la División de Manzanillo, José de Jesús Pérez en la de Jiguaní y Manuel Calvar en la División de Holguín integran, junto con otros jefes, los dos departamentos militares en que esta dividida la región oriental.

Pero el presidente Cisneros –lo explicamos en otras páginas– que ha sustituido a Céspedes reduce a sólo uno los dos Departamentos Militares de Oriente y sólo a dos las tres grandes Divisiones que antes cubrían el territorio de la isla.

El mayor general Modesto Díaz, que estaba antes al frente de la División de Manzanillo, quedaba sin mando y se le asignaba un cargo nominal: jefe del Instituto de Inspección del Ejército. El Brigadier Jesús Pérez que comandaba la parte sur de la División de Jiguaní fue, también, relevado de su cargo.

La democión de estos altos militares junto con las de otros esforzados comandantes, une aún más a Modesto y a José de Jesús.

El mayor general Vicente García, ya lo expresamos, también ha quedado sin mando y ha manifestado su inconformidad, pero la vinculación de José de Jesús es más estrecha con Modesto que con Vicente porque se ha fortalecido en el diario bregar.

El 14 de diciembre de 1875, pocos días antes de abandonar el cargo, dicta Valmaseda, desde Cruces, L.V., otra disposición:

> *«Todos los individuos de los campos que lleven a la cabecera, muerto o vivo, uno de esos bandidos llamados insurrectos, será premiado en el acto con diez onzas de oro y once si presenta el fusil o carabina del mismo»*[459].

En otros párrafos de la proclama ofrece Valmaseda que «al que diese muerte a un prefecto o subjefe... se le premiará con quince onzas de oro».

Había sido el 30 de abril (1875), lo vimos en el capítulo anterior, que, congregadas sus fuerzas en Lagunas de Varona, el general Vicente García asumió, abiertamente, la jefatura de su movimiento político militar, organizado bajo el lema Patria, Libertad y Reformas.

No ha formado parte el brigadier Pérez de ese movimiento ni de la reunión (¿sedición?) de Lagunas de Varona.

Será después de ese polémico evento que comienzan a cortejar al bravo soldado que permaneció, siempre, fiel al ya difunto presidente Céspedes.

Altos oficiales tratan de influir sobre José de Jesús para que se una al movimiento político-social que está promoviendo el Mayor General Vicente García quien ha delegado en el entonces coronel Matías Vega[460], subalterno del Brigadier Pérez, para tales gestiones.

Se producen continuas comunicaciones entre el coronel Vega y el Mayor General García sobre las infructuosas negociaciones.

---

[459] Emilio A. Soutere: «Historia de la Insurrección», Barcelona, España.

[460] Su ascenso a Coronel le había sido otorgado por el Presidente Céspedes el 27 de junio de 1873, cuatro meses antes de la deposición de éste, y será gravemente herido en el combate de Naranjo-Mojacasabe el 11 de febrero de 1874, trece días antes de la muerte del Padre de la Patria. Recuperado, se incorpora a las fuerzas del Mayor General Vicente García. Participó después en la Guerra Chiquita y en la de Independencia con el grado de General de División.

El 4 de mayo (1875) informa el coronel Vega al Gral. Vicente García[461] de *«la buena acogida de los patriotas reunidos en la Soledad al documento»* emitido por Vicente García, y que enviará «comisión a Maceo que se encuentra en operaciones en Guantánamo». Pero José de Jesús no está entre «los patriotas reunidos en la Soledad». Lo confirma el coronel Matías Vega en la «post data» de la carta. *«El Brigadier Pérez se encuentra en Brazo Escondido y lo veremos mañana».*

Tres días después vuelve a dirigirse el Coronel Vega al Gral. García[462] *informándole que se ha visto con el Brigadier Pérez. Aunque «por estos puntos (lugares) todo marcha bien», es evidente que José de Jesús ha puesto reparos por lo que «le mandaremos las actas de adhesión que el pueblo hace a favor del gran pensamiento patriótico iniciado por usted».*

Tratan de persuadir también al *«teniente coronel E. Nogueras, jefe de zona que se muestra con usted favorable y muy patriota».*

El 8 de mayo (1875) desde su campamento en Ranchito informa Vega al Gral. García que el brigadier Pérez se encuentra con él en su campamento; se siente Vega –sin mayor fundamento– optimista de poder convencer al brigadier Pérez.

En una comunicación de igual fecha con una apreciación subjetiva muy optimista, no fundamentada, afirma que *«el Brigadier Pérez está trabajando con nosotros y, pronto que podamos hacerlo, marcharemos juntos hacia ese punto».*

Hacen correr el rumor de que Pérez se ha unido al movimiento. No es cierto. Para confirmarlo, Antonio Maceo y Manuel Calvar quieren reunirse con José de Jesús. Se lo informa Matías Vega a Vicente García en comunicación del primero de junio: *«Al Brigadier Pérez lo han mandado a buscar Maceo y Calvar con el*

[461] Carta de mayo 4, 1875 enviada desde el Campamento Arroyón. Archivo Nacional.

[462] Carta de mayo 7, 1875 enviada desde el Campamento Ranchito. Archivo Nacional.

objeto de tener una conferencia para saber asuntos importantes...»[463].

José de Jesús Pérez no se ha unido al movimiento. Por eso un mes después de la reunión del primero de junio, el propio mayor general Vicente García, desde el Naranjal, le escribe[464] al brigadier Pérez urgiéndole a que se incorpore al movimiento porque *«la cuestión presente es de vida o muerte para Cuba»*. Vuelve a invitarlo a que participe:

> *«Conociendo su patriotismo y sus ideas estoy precavido de que oyendo el llamamiento de la Junta Provisional trabajará con todo interés en unión de los amigos que ahí contamos tales como Vega, Durán*[465] *y demás».*

En estas y similares conversaciones y comunicaciones transcurren los meses. El Brigadier Pérez sigue combatiendo. En el gobierno del campo insurrecto se producen cambios. Se ahondan las diferencias entre las más altas figuras.

El Gral. Maceo impugna en términos severos el movimiento del Gral. García. Mientras, José de Jesús continúa controlando *«la innata rebeldía del Dr. Bravo Sentíes»,* y Antonio Maceo combate en Sagua de Tánamo, camino de la tierra de Baracoa.

Ya para entonces, existía una profunda crisis. La Cámara había solicitado el cese de la prolongada interinatura de Salvador Cisneros al autorizar, en sesión del 7 de mayo, que una comisión compuesta por Pérez Trujillo y Machado, comunicara al Gral. García la aceptación de sus demandas.

---

[463] Carta de Junio 1; 1875 firmada en Ranchito.

[464] Carta de Julio 3, 1875. Archivo Nacional de Cuba.

[465] Jacinto Durán es ascendido al grado de Coronel el 5 de febrero de 1873 y queda incorporado a la Brigada Cambute a las órdenes del ya General de Brigada José de Jesús Pérez (Fuente: Dicccionario Enciclopédico de la Historia Militar de Cuba, *obra citada).*

A.P.L. No. 372

Mor. Gral. C. Vicente García. Ranchitos, 5 de Julio de 1875.

Distinguido amigo y compatriota:

Paso a contestar su apreciable carta de fecha 3 de Junio que me fué entregada por el Capitán José Balán.

La conducta observada por la Cámara de R.R. en estas circunstancias está de acuerdo con los intereses generales del País; como patriotas han sabido cumplir con su deber. Quisiera por mi parte hallarme en el teatro de los sucesos pero por motivos que por escrito no conviene exponer demoro mi reunión a V. y esos motivos se los manifestará el Coronel Matías Vega quien lleva extensas instrucciones mías.

He recibido del C. Salvador Cisneros una carta que se puede calificar de carta-circular por su semejanza con otras varias recibidas por distintos individuos de estos lugares; en ella me revela la satisfacción que ha experimentado al saber que no había tomado parte en la reunión popular que pide las reformas de los artículos viciosos de nuestra Constitución y la cesación de un Gobierno provisorio que acarrea males a nuestra querida Patria.

Hubiera sido verdadera satisfacción para mí poderle enviar algún parque para que continuara hostilizando al enemigo, pero amigo, muchas veces he tenido ocasión en reconocer cuán útil y conveniente me ha sido, en mis veces de persecución e injusticias, no haber reservado parque alguno en tiempos en que lo podía hacer, como crimen se me hubiera computado como han hecho desfigurando hechos y presentándoles bajo formas muy contrarias a las suyas propias.

Si es posible, conviene regrese el Coronel Matías Vega a estos lugares a reunirse a mí, me hace suma falta por ser hom-

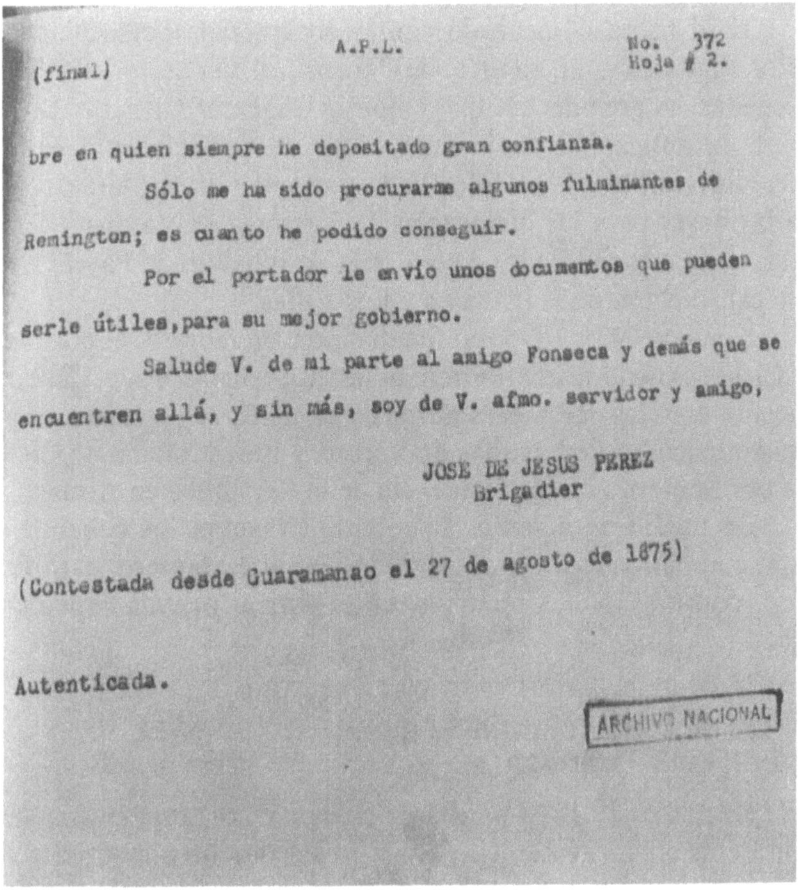

(final) A.P.L. No. 372
Hoja # 2.

bre en quien siempre he depositado gran confianza.

Sólo me ha sido procurarme algunos fulminantes de Remington; es cuanto he podido conseguir.

Por el portador le envío unos documentos que pueden serle útiles, para su mejor gobierno.

Salude V. de mi parte al amigo Fonseca y demás que se encuentren allá, y sin más, soy de V. afmo. servidor y amigo,

JOSE DE JESUS PEREZ
Brigadier

(Contestada desde Guaramanao el 27 de agosto de 1875)

Autenticada.

ARCHIVO NACIONAL

Carta del Brigadier de Cambute al General Vicente García
del 5 de julio de 1875.
Contestada desde Guaramanao el 27 de agostoo de 1875.

Se suceden los cambios en la presidencia de la república en armas; más bien de la «república en discordia»: Cisneros Betancourt, Spotorno, Estrada Palma.

1874 había comenzado con la encarnizada persecución de Félix Figueredo, el médico de Jiguaní, al depuesto presidente Céspedes, la presidencia que empieza a ejercer Cisneros Betancourt, la aplicación de la nueva Ley de Organización Militar que, al dividir la isla en sólo dos Departamentos Militares, sentaría las bases para las disidencias de Lagunas de Varona y Santa Rita; la muerte del Padre de la Patria, la rebelión de Payito León y la cancelación de la invasión a Las Villas.

El nuevo año, 1875, no fue distinto. En febrero, el presidente Cisneros tendrá que enfrentar las diferencias entre Calvar y Vicente García; dos meses después, en abril, se producen el polémico episodio de Lagunas de Varona y la sustitución de Cisneros por Spotorno en la presidencia de la República en Armas.

En medio de aquella lamentable situación los cubanos siguen combatiendo en la manigua, y, en el extranjero, esforzándose, con muy pocos recursos, en organizar nuevas expediciones.

1874 A 1878. EXPEDICIONES DE LORENZO JIMÉNEZ Y JUAN LUIS PACHECO

En marzo de 1874 partirá de Nueva York Lorenzo Jiménez, ahora con grado de capitán, aquel joven que tuvo a su cargo la última pequeña expedición de 1870 y otra en febrero del próximo año cuando no pudo ser recogido en Cayo Lobo cinco días después por sus compañeros, como habían acordado. Se dirige a Nassau para organizar la primera expedición de 1874. Al desembarcar son sorprendidos y hechos prisioneros. En septiembre Lorenzo logró escapar y salir hacia el extranjero.

Aquel mes de marzo Melchor Agüero, ya un veterano en estas actividades, prepara su cuarte incursión a la isla dirigiéndose en el vapor *Edgar Steward* a las costas de Manzanillo. Detectados cuando recién han dejado en tierra a varios marineros y expedicionarios, el *Edgar Steward* tiene que alejarse.

No tuvo éxito, tampoco, la operación preparada por Francisco Vicente Aguilera quien partiría –junto con el puertorriqueño Eugenio María de Hostos, Luis Felipe Gutiérrez y el Capitán Manuel Morey– de Boston el 30 de abril en el bergantín *Charles Miller*. Averiado seriamente el barco por una tormenta que los azotó por dos días se vieron obligados a regresar.

No tuvo mejor suerte el esforzado Aguilera en sus tres siguientes expediciones (la del pailebot *«E.B. Warton»* el 10 de junio; la de la goleta *«Eufemia»*, el 12 de septiembre y, ya en 1876, la del vapor *Anna*, en marzo de ese año).

Las que tienen éxito son las seis expediciones organizadas por Juan Luis Pacheco, el coronel oriental, sobrino de Carlos Manuel de Céspedes, a quien éste había enviado al extranjero precisamente para agilizar el envío de expediciones. Éstas, financiadas por la Agencia de Cuba de la República Dominicana y la Junta Cubana de Kingston, partían a veces de Jamaica, otras de la República Dominicana desembarcando por la costa sur de Oriente, con la protección de la Brigada Cambute, o por la costa sur de Camagüey.

El Coronel Juan Luis Pacheco, tan ignorado por tantos, fue el más perseverante, y exitoso, de todos los esforzados cubanos que, en otras tierras, prepararon y condujeron expediciones a la isla en la Guerra de los Diez Años. Se conoce de 16 de esas incursiones. Señalaremos aquí las últimas seis realizadas en los 2 últimos años de aquella gesta:

Termina 1876 cuando el 26 de diciembre, organizada y financiada por la Junta de Kingston, Jamaica, parte Pacheco de aquel punto y desembarca al sur de Camagüey con armas y municiones que entrega al General Gregorio Benítez[466].

466 A esta expedición se refiere Francisco Estrada Céspedes en la carta de enero 4, 1877) que, desde Tunas, le escribe a su esposa Adolfina: «Por (Enrique) he sabido que Juan Luis Pacheco ha llegado y me trajo dos cartas tuyas».

Dos meses después, tras dos infructuosos intentos, planeada por el Mayor General Julio Sanguily, zarpa de nuevo de Kinsgton el 15 de febrero de 1877 para desembarcar en el estero de Palizada, cerca de Santa Cruz del Sur con un alijo de armas. De regreso trae a Jamaica al Coronel Fernando López de Queralta y al Capitán Calixto Agüero.

En julio repetirá la misma operación. Llevará Pacheco 500,000 cápsulas donadas por el General Mariano Prado, que pronto será presidente del Perú, y otros materiales que, desembarcados en Palizada, les hizo entrega, a través del Coronel Betancourt a las fuerzas cubanas. En agosto y finales del año trajo Pacheco dos nuevas expediciones, ambas dirigidas por Julio Sanguily. La última, su décimosexta, enfrentará un grave percance. Azotada la nave por una fuerte tormenta, perecerán ahogados tres expedicionarios y se vieron forzados a regresar.

Además de estas expediciones comandadas por Juan Luis Pacheco, otras, muy pocas, fueron realizadas en los dos últimos años de la Gran Guerra.

Organizada por la emigración cubana en Nassau, Francisco Vargas –que había sido el piloto del Galvanic en su primer viaje– preparó distintos viajes a Cuba en su propia goleta, *Emilia,* arribando a la costa norte de Camagüey.

El 18 de julio, 1876, zarpan de Kingston el Coronel Fernando López Queralta, el Capitán Manuel Morey junto con 13 expedicionarios que formaron parte de la expedición del vapor *Anna* que había traído Francisco Vicente Aguilera hasta Nassau donde se trasladaron luego a Jamaica. Desembarcaron el 2 de agosto en Sevilla de Jobo Dulce. (López Queralta saldrá de Cuba en febrero de 1877 en la expedición de Juan Luis Pacheco).

El 2 de enero de 1876 las fuerzas de la brigada del Coronel Emilio Nogueras[467] atacan el caserío de Jesús María mientras la

[467] El Coronel Emilio Nogueras, nacido en Bayamo perteneció a la División Cuba bajo el mando de cuatro de sus grandes jefes: Donato Mármol, Máximo Gómez, Calixto García y Antonio Maceo. Participa en el combate de El Yanal el 5 de julio de 1872, en el de Sabna de la Pihuela, Manzanillo, el primero de

retaguardia de las columnas del Coronel Arcadio Leyte Vidal y las del Coronel Flor Crombet ocupaban la carretera de Holguín a Gibara poniendo al frente de las caballerías al teniente coronel P. Amabile[468]. Todas estas fuerzas estaban comandadas por Antonio Maceo quien en el Informe al Secretario de la Guerra el 10 de enero de 1876, recoge estas acciones. Quince días después de este informe de Maceo moría Pablo Amabile, el 25 de enero en el combate de Yabazón Abajo en las cercanías de Gibara. El día 11 había atacado el caserío de Fray Benito, junto a Antonio Maceo. La Brigada del Coronel Nogueras es incorporada a la columna de Leyte Vidal en Guayabales, cuyo poblado había quedado ya reducido a cenizas. Se organiza en ese punto la columna y ocupa la vanguardia la brigada de Nogueras marchando por las cercanías de Holguín (Fuente: «Batallas Mambisas Famosas». Obra citada).

En medio de querellas internas, se sigue combatiendo. El primero de mayo (1876) las fuerzas del Teniente Coronel Juan Rius Rivera atacan el poblado de Los Altos a menos de tres kilómetros de Gibara, tomando varios prisioneros y aprovisionándose de víveres. A muy poca distancia, la siguiente semana en la jurisdicción de Holguín, tropas insurrectas hostilizan a una columna española forzándola a retirarse.

junio de 1873 y el del 6 de ese mes en El Zarzal. El 10 de noviembre toma parte del ataque a Manzanillo. Opera en la región de Bayamo bajo las órdenes del Coronel Leonardo Mármol y, para 1874, ocupa la jefatura de la Brigada de Santiago de Cuba y oepra también, en 1875, en la región de Holquín. El 23 de diciembre de 1876 cae mortalmente herido en el asalto a un fortín en SaBanílla, Baracoa.

[468] Pablo Amabile Arambarry fue otro de los orientales que al inicio de la guerra se incorporaron a la División bajo las órdenes del Mayor General Donato Mármol. Durante aquellos primeros meses se mantuvo directamente subordinado al entonces Coronel Mariano Loño. Su hermano Rafael, que también se incorporó a la División Cuba, morirá de inanición en 1871.

MUERE HENRY REED (EL INGLESITO)

Nombra Jovellar al Brigadier Manuel Armiñán en la Comandancia General de Las Villas *«pidiendo la cooperación de todos para terminar la insurrección»* y solicitando *«la cooperación de todos para lograr la extinción del bandolerismo»*. Como respuesta hubo un ataque de una fuerza insurrecta en el batey del Ingenio Regla, a muy poca distancia del Fuerte Zaragoza, precisamente en los días en que llegaba a dicha zona el propio Jovellar. Mantendría Jovellar como Segundo Cabo al General Calleja.

El 4 de aquel mes de agosto moría, en las cercanías de Yaguaramas, enfrentándose a la guerrilla del *Orden* y fuerzas de Tormes Alba, Henry Reeve, el Inglesito. Así describe un historiador español a este combatiente:

> *«El famoso cabecilla de los rebeldes, Enrique Reeve, conocido como «el inglesito» que había conquistado gran renombre por su temerario valor y arrojo a pesar de tener inutilizada una pierna. Fue traído su cadáver a Las Villas, donde se le tuvo expuesto al público en un Departamento del Hospital Militar. Era dicho cabecilla de sólo 25 a 28 años de edad, de estatura baja, lampiño, de cutis muy blanco, estaba vestido con saco y chaleco blancos, botines nuevos y polainas, llevaba un buen reloj y una faja a la cintura y tenía en su cuerpo, además de un balazo en las sienes y una cuchillada en la cabeza, que fue lo que produjo su muerte, muchas cicatrices de heridas anteriores y una herida abierta en la ingle, que era la que le impedía el uso de una pierna». (Enrique Edo, Página 725, obra citada).*

ELECCIONES DE DIPUTADOS. ESTRADA PALMA PRESIDENTE

Relata un historiador:

> *«Muchos de los que habían participado en la Cámara habían muerto cuando se reunió nuevamente la Cámara el 20 de marzo de 1876:*

Honorato del Castillo, Pedro María Agüero, Eduardo Agramonte, Rafael Castellanos, Ignacio Agramonte, Fernando Fornaris, Miguel Jerónimo Gutiérrez, Antonio Lorda, Tranquilino Valdés, Arcadio García, Alejandro del Río, Antonio Hurtado del Valle, Luis Ayestarán y Rafael Morales.

Ahora la integraban hombres como Miguel Bravo Senties, Pablo Beola, Fernando Figueredo y José Henriquez Collazo por Oriente, Salvador Cisneros Betancourt, Antonio Aguilar Varona, Miguel Betancourt Guerra y Francisco Sánchez Betancourt por Camagüey y, por Las Villas, Juan Bautista Spotorno, Eduardo Machado, Marcos García y Manuel Pina; y por Occidente Francisco La Rúa, José Aurelio Pérez, Luis Victoriano Betancourt y Federico Betancourt».

Maceo continuaba combatiendo en Oriente; Gómez en Las Villas. Spotorno convoca a las elecciones de diputado cuyos miembros habrán de elegir al Presidente en Propiedad de la República. El 20 de marzo (1876) en la finca Matilde resultan electos por Oriente, Miguel Bravo Sentíes, Fernando Figueredo, Pablo Beola[469], Enríquez Collado[470]. Por Camagüey, Cisneros Betancourt, Augusto Varona, Miguel Betancourt Guerra y Francisco Sánchez Betancourt.

[469] Pablo Beola Almarral se incorpora en 1868, con apenas 20 años, a las fuerzas de Donato Mármol formando parte, junto a José de Jesús Pérez, de la División Cuba. Estrechamente vinculado a Fernando Figueredo, el coronel Beola integra con éste una comisión para evitar la sedición de Laguna de Varona. Luego del Pacto del Zanjón se une a Maceo, Calvar, Leonardo Mármol, Moncada y otros en la histórica protesta de Baraguá.

[470] El diputado José Enrique Collado pronto estará en tratos con autoridades españolas para convertir Holguín en «Cantón Independiente».

Por Las Villas, Spotorno, Eduardo Machado, Marcos García y Manuel Piña. Occidente elegirá a Francisco La Rúa, Aurelio Ferrer, Luis Victoriano Betancourt y Federico Betancourt.

De los que habían respaldado al General Vicente García en Lagunas de Varona, sólo el Dr. Miguel Bravo y Sentíes resultó electo como representante a la Cámara[471], organismo que se reúne por primera vez, aquel 20 de marzo. Nueve días después elegía, para sustituir a Spotorno, a Tomás Estrada Palma como Presidente en Propiedad.

Había sido necesario, primero, aprobar una proposición[472] por la que se declaraba vacante la Presidencia, con lo que quedaba destituido el patricio Francisco Vicente Aguilera (que continuaba en los Estados Unidos) de su cargo de vicepresidente.

Estrada Palma resultaba electo presidente de la República en Armas por once votos contra dos. Spotorno, que estuvo siempre consciente de su interinatura, volvía a ser, como antes, un representante a la Cámara.

España reacciona. Terminada la guerra civil en la península vuelve a mirar hacia la isla. Se le envía –vuelvo a citar al español Pirala– los refuerzos que necesita. En Oriente, Sabas Marín intensifica las operaciones, mientras en el Departamento Central continúa batallando el brigadier Federico Esponda.

El nuevo presidente designaría al coronel Francisco La Rúa como Secretario de Guerra, y al Teniente Coronel Ramón Roa, Secretario de Relaciones Exteriores.

El 5 de octubre ha salido hacia Oriente el presidente Estrada Palma y, a los pocos momentos, informan al General Máximo Gómez que una comisión compuesta de los coroneles Antonio

---

[471] Los otros representantes por Oriente fueron José Enrique Collado y los tenientes coroneles Fernando Figueredo y Pablo Beola. (Fuente: Juan Jerez Villarreal, «Oriente...»).

[472] Presentada por el diputado Coronel Francisco La Rúa, que meses después morirá combatiendo junto a Eduardo Machado el 16 de octubre de 1877.

Bello[473] y Jaime Santiesteban y el Capitán J. Rivero, acompañados de Esteban de Varona agente secreto cubano de Manzanillo y del práctico José del Carmen Castellanos, venían de Santa Cruz en busca del presidente Estrada Palma.

El coronel Bello había celebrado distintas entrevistas con militares españoles de alta graduación: el general Alfonso del Cortejo, y los brigadieres Antonio Dabán y Bonanza. Bello había comunicado al presidente Estrada Palma de tales entrevistas solicitando autorización para trasladarse a la residencia del gobierno que, en esos momentos, se encontraba en Camagüey. Estrada Palma, sin responder a la petición, dio instrucciones a Gómez de proceder al arresto de Bello y de cualesquiera de sus acompañantes si eran contactados.

El general Gómez sale al encuentro de la comisión, y cuando sabe que el objeto de ésta era tratar de paz sin independencia, la arresta y sigue viaje hasta alcanzar al presidente[474]. Esteban de Varona era reincidente en las proposiciones de paz. Ya antes, desde el Fuerte de Gerona, había mediado en las proposiciones del general español Sabas Marín que se le hicieron al General Calixto García pocos días antes del combate en que éste caía herido.

El presidente recibió a los comisionados y al confirmar la misión que los traía, ordenó al General Gómez que los condujera, presos, al cuartel general para que fueran juzgados con arreglo a las leyes de la república.

---

[473] El bayamés Antonio Bello Rondón participó, junto con su hermano Luis, en la reunión conspirativa presidida por Francisco Vicente Aguilera el 14 de agosto de 1867, un año antes del levantamiento del 10 de octubre. Se incorpora a la lucha cuando el 18 de ese mes Bayamo es tomada por el Ejército Libertador. Años después comenzará a realizar gestiones de paz sin independencia. Estas acciones y sus consecuencias están narradas en estas páginas.

[474] Rufino Pérez Landa «Bartolomé Masó y Márquez».

JUICIO Y EJECUCIÓN DE CASTELLANOS Y VARONA

El tribunal consultivo consideró que Varona y Castellanos[475] *«por ser espías no militares»* debían ser juzgados en consejo de guerra verbal, y, los otros, por un consejo de guerra ordinario. Varona y Castellanos fueron condenados a la horca y la sentencia ejecutada.

El Consejo de Guerra que juzgó a los militares condenó a muerte al Coronel Bello y a degradación al coronel Santiesteban y al capitán Rivero. Una apelación de pocos minutos de su abogado defensor, el diputado Marcos García[476], permitió la posposición de la aplicación de la sentencia, situación que aprovechó el coronel Bello para, en medio del combate de Cuavá, fugarse.

Polémica, después extremadamente controversial, había sido (y continuará siendo a lo largo de la Guerra de los Diez Años) la actividad de Marcos García Castro, el abogado defensor de Antonio Bello.

Nacido en Sancti Spíritus se había alzado en Banao el 6 de febrero de 1869 atacando la capitanía de esa pequeña población ocupando después Guinia de Miranda. Luego de participar en los encuentros de Hondón, Río Abajo y Loma de los Barriles se convierte en jefe del Estado Mayor del General de Brigada Cristóbal Acosta[477]. Céspedes lo nombra en abril de 1870 jefe interino del distrito de Sancti Spíritu bajo las órdenes del Mayor General Carlos Roloff

[475] No confundir a este José del Carmen Castellanos con el Comandante Pedro Ignacio Castellanos que había sido acusado en marzo de 1874 de conspirar para destituir al Gral. Calixto García.

[476] Marcos García Castro, abogado había sido el segundo en el mando, a las órdenes del Gral. Honorato del Castillo en la zona de Sancti Spiritus.

[477] Cristóbal Acosta Pérez, nacido en Venezuela, luego de breve permanencia en Cuba, partió a los Estados Unidos y regresó en la expedición del Perrit bajo el mando de Thomas Jordan. Participó en varios combates. Defendió a Céspedes y se opuso al gobierno de Cisneros Betancourt. Murió en abril de 1874 con el grado de General de Brigada.

(aquel que en noviembre del 76 forzara el retiro de Máximo Gómez de la provincia central).

En septiembre de 1873 Marcos García, como vimos en páginas anteriores, será electo representante a la Cámara y se convertiría en uno de los más extremistas opositores de Carlos Manuel de Céspedes demandando su deposición[478].

La guerra continúa. Avanzan hacia occidente las tropas mambisas y el Diario de La Marina escribe lleno de temor que *«los soldados de Máximo Gómez tocan La Habana con el pomo de sus machetes»*.

REGIONALISMO EN LAS FILAS INSURRECTAS

Al mismo tiempo se acrecienta el localismo en las filas mambisas. Los jefes villareños se negaban a obedecer al camagüeyano Sanguily. Ofendido, éste renuncia a comandar aquellas fuerzas y se dirige a su región natal. Gómez se ve obligado a designar a Calvar como jefe de la Segunda División. Inútiles fueron los esfuerzos de Estrada Palma y Máximo Gómez para resolver el conflicto.

LAS VILLAS RECHAZA A MÁXIMO GÓMEZ

La situación se agrava cuando el general Carlos Roloff[479] exige que no sólo Sanguily, que intentó regresar a Las Villas, renuncie

[478] Luego del Pacto del Zanjón se afilió al Partido Liberal (autonomista), ocupando distintas posiciones bajo el gobierno español en la isla. En 1897, fue designado gobernador de Las Villas por la metrópoli.

[479] Carlos Roloff nació en Polonia en 1842. Emigró a los Estados Unidos sirviendo en el ejército confederado. Llegó a Cuba en 1865 radicándose en Caibarién, Las Villas, donde se alzó en febrero de 1869, marchando pronto a la región oriental participando allá en varios combates. Regresó a Las Villas asumiendo el mando de la provincia. En 1870 volvió a combatir en Camagüey y Oriente. En marzo de 1875 sustituyó al General de Brigada José González Guerra en la provincia central siendo luego destituido por Máximo Gómez pero posteriormente designado a otra posición de mando en esa provincia. El primero de octubre de 1876 le manifestó al

al mando de esas fuerzas sino que renuncie a ellas, también, Máximo Gómez. Deja constancia el gran dominicano en su Diario de Campaña el 10 de octubre que Roloff le había manifestado que *«la generalidad de los jefes villareños deseaban que él, también, dejase el mando»*.

Gómez, amargado, pero disciplinado, entrega el mando de las tropas de Las Villas a Roloff. Como un paliativo a su orgullo herido es designado por Estrada Palma, el 14 de enero, Secretario de la Guerra. Su primera tarea será la de facilitar el traslado de Manuel y Julio Sanguily al exterior. A los Estados Unidos. Para entonces, el regionalismo ha minado a la revolución. Estrada Palma, en su desesperada situación le otorga a Vicente García el mando superior de las fuerzas de Las Villas, pero tampoco éste es aceptado por los jefes locales.

Días después, el 14 de noviembre, escribe Gómez con profunda amargura cuando se aleja de aquella provincia:

> *«Es mi retirada una verdadera derrota ¿cómo se explicará mañana que los villareños, de quienes me puse yo al frente para ayudarles a conquistar su territorio que habían perdido; después de que los he organizado, después que hemos puesto el enemigo a raya, me hayan despreciado y, por último, me obliguen a salir de semejante modo?»*.

SE RECOBRA EL NOMBRE DE VICTORIA DE LAS TUNAS

El inexplicable abandono de la ciudad de Tunas recién tomada en agosto de 1869 por las fuerzas victoriosas del Gral. Manuel de Quesada permitió a las tropas españolas retomar la ciudad y llamarla, sin fundamento alguno, «Victoria de las Tunas» que, luego la convirtieron en poderosa fortaleza.

Mayor General Máximo Gómez que sus soldados no aceptaban la jefatura de Gómez en aquella provincia. Aceptó el Pacto del Zanjón. Participó en la Guerra Chiquita y en la Guerra de Independencia.

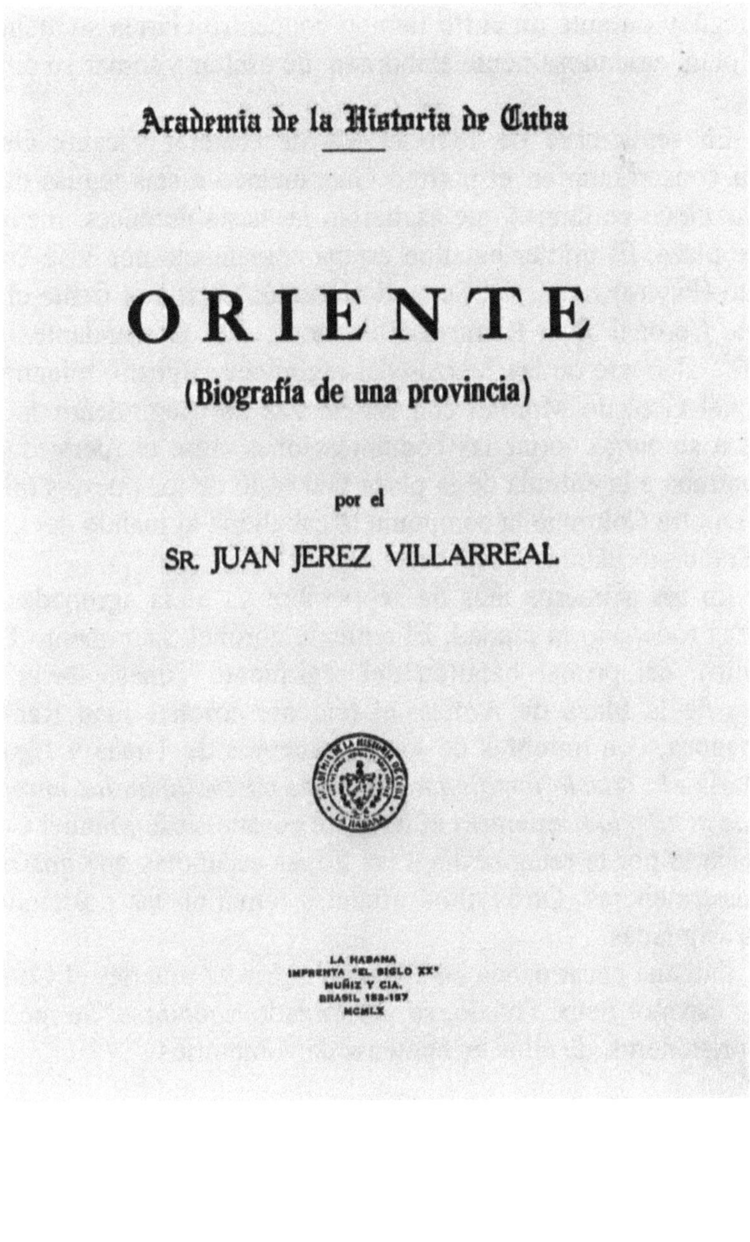
Academia de la Historia de Cuba

ORIENTE

(Biografía de una provincia)

por el

SR. JUAN JEREZ VILLARREAL

LA HABANA
IMPRENTA "EL SIGLO XX"
MUÑIZ Y CIA.
BRASIL 153-157
MCMLX

La ahora, en 1876, inexpugnable Tunas volvería a ser el objetivo de Vicente García. Luego de permanecer en la región de Camagüey durante un corto tiempo concentró García su atención a su plan, cuidadosamente elaborado, de asaltar y tomar su ciudad natal.

En septiembre de 1876 el Mayor General Vicente García había concentrado en el potrero Guaramanao a seis leguas de las Tunas cinco columnas que asaltarían la, hasta entonces, inexpugnable plaza. El primer batallón estaba comandado por José Sacramento (Payito) León, del Segundo Batallón estaría al frente el Teniente Coronel Juan Ramírez Romagosa, y el Comandante Jesús Rabí[480] al frente de las fuerzas del regimiento Jiguaní, mientras el Coronel Gonzalo Moreno con las fuerzas del Regimiento Jacinto tenía a su cargo cortar las comunicaciones entre el fuerte que se encontraba a la entrada de la plaza y el resto de los puestos militares. La otra Columna la componía la caballería al mando del Coronel Francisco Estrada Céspedes.

En los primeros días de septiembre ya tenía agrupadas sus fuerzas rodeando la ciudad. El teniente coronel Sacramento León (Payito), del primer batallón del regimiento Tunas, atacaría el fuerte de la Plaza de Armas; el teniente coronel Juan Ramírez Romagosa, con hombres de los regimientos de Tunas y Jiguaní, asaltaría *«la iglesia fortificada donde se custodiaban las municiones de artillería»;* mientras el teniente coronel José Manuel Capote atacaría por la retaguardia a las tropas españolas que guarnecían las trincheras. Otros altos oficiales tomarían las posiciones a ellos asignadas.

Fue una encarnizada batalla, tras sufrir 92 muertes el Comandante español Félix Toledo, se vio forzado a rendirse. Se hicieron 285 prisioneros, de ellos un centenar de voluntarios.

---

[480] Aunque conocido como Jesús Rabí, su verdadero nombre era José Sablón Moreno. Participó luego en la Guerra Chiquita y en la Guerra de Independencia.

El 23 de septiembre, para los cubanos, Tunas recuperaba el nombre de «Victoria de las Tunas». La ciudad había sido tomada por las fuerzas de Vicente García.

En Oriente todos pelean; combate Bartolomé Masó en el Caobal[481]. Su participación es recogida en el Parte Oficial Español de esa fecha que detalla como el «primer jefe del Regimiento Jiguaní, Coronel Bartolomé Masó»dispone que salieran inmediatamente pequeñas guerrillas a hostilizar las tropas españolas. Días después será en Cocos del Ojo de Agua que las fuerzas del Regimiento Jiguaní Número Cuatro vuelven a enfrentarse a las tropas españolas, para seguir combatiéndolas en «Los Moscones».

A finales de 1876 marcha Antonio Maceo en dirección a Sagua de Tánamo con objeto de burlar la vigilancia de las líneas españolas que pretendían impedir el paso a Baracoa de las fuerzas cubanas. El 23 de diciembre, tras una penosa marcha, las fuerzas del General Maceo se encuentran ya en el territorio en que habrán de emprender las operaciones. Abren éstas con el ataque a SaBanílla en el que toman parte el Capitán Jesús Calzada, el Teniente Rojas y Sánchez Garlobe asaltando el fuerte que defendía una de las entradas del caserío.

Diciembre (1876) es un mes de quebranto y, también, de trascendentes decisiones para el General Máximo Gómez. El día 3 el General Calvar se separa de Gómez con rumbo a Oriente, al tiempo que el Gobierno llegaba a los «Isleños», sitio cercano a donde se encontraba el campamento de Gómez quien le informa a Estrada Palma y su gabinete del mal estado en que había dejado Las Villas *«en los momentos más peligrosos en que los españoles se preparan para una campaña vigorosa, con grandes recursos que ya se sabe van llegando de la peninsula»*. Para hacerle frente a esa amenazante situación y levantarle la moral luego de las afrentas sufridas en Las Villas, se le pide que acepte la Secretaría de Guerra.

[481] Hoja de Servicios de Bartolomé Masó. Academia de la Historia, La Habana.

A los pocos días su ayudante, el Comandante Elpidio Mola[482], era hecho prisionero en el Combate de Peralejo, Camagüey. El 14 de enero (1877) Gómez acepta convertirse en Secretario de la Guerra al tiempo que Estrada Palma asume la jefatura del Ejército Libertador.

José Maceo, acampado en Palmarito, presenta el 10 de noviembre de 1876 su renuncia *«por motivos de delicadeza que me reservo, pero que estoy dispuesto a exponerle a usted verbalmente»*. La tensa situación se resuelve prontamente y ya el 24 de aquel mes desde su campamento ejecuta el falso ataque a Sagua de Tánamo y la toma de distintos pequeños pueblos fortificados para distraer la atención de los españoles, cumpliendo la estrategia trazada por su hermano el General Antonio.

El teniente Fabio Silva y el alférez Tomás Basó, con treinta hombres, atacan el barracón donde estaba acampada la fuerza enemiga, mientras que el teniente coronel Juan Rius Rivera ocupaba con su fuerza la comandancia Casa Fuerte. El teniente coronel Pedro Martínez Freire, con su regimiento, auxiliado por el también teniente coronel Teodoro Laffite, ocupa el parque del que se había apoderado el Capitán Calzada. En la operación recibe heridas el coronel Guillermo Moncada y, también, el jefe de la brigada coronel Emilio Nogueras; fallecerá días después.

El 29 de diciembre se incorpora el teniente coronel Martínez Freyre a Antonio Maceo para informarle sobre las operaciones que le habían encomendado. Termina el año con grandes decepciones y sentimientos de derrota –Gómez, rechazado en Las Villas, marcha hacia Camagüey; lo acompaña, sumido en igual frustración, el Coronel Sanguily.

[482] Su nombre era Elpidio Loret de Mola. A las órdenes Agramante participó en el rescate de Julio Sanguily en 1871. Al caer prisionero en Peralejo, en diciembre de 1876 fue puesto en libertad al siguiente año.

MARTÍNEZ CAMPOS AL FRENTE DE LAS OPERACIONES

En noviembre de 1876 llegaba a La Habana Arsenio Martínez Campos para encargarse de las operaciones de la guerra. Arribaba Martínez Campos con la aureola de haber terminado la Guerra Carlista en la península y haber sido de los primeros en la restauración de la antigua monarquía proclamando a Alfonso XII como rey de España. Continuaba Jovellar como Capitán General de la isla (enero 1877).

CAPÍTULO IX

1877: UN AÑO QUE MAL COMIENZA

Comienza un nuevo año. En 1877 en el departamento de Oriente las fuerzas comandadas por Antonio Maceo, Modesto Díaz y Flor Crombet se mantenían disciplinadas y combatientes.

El primero de enero de 1877 marcha Maceo hacia Iyagua. El día 12 acampa en la boca del río Taguarní. El primero de febrero ordena que el coronel Guillermo Moncada con su regimiento Cuba ataque al poblado de Curial e incendie el mayor número de ingenios que les fuera posible. Entre el 10 y el 11 ataca las líneas militares de Yateras a Guantánamo.

Crombet era jefe en propiedad del regimiento Guaninao #7, (Cambute) que, junto al regimiento Baire #6, constituían la Brigada de Cuba de la Primera División. Crombet era, en este momento, jefe accidental de la Brigada de Cuba de la que era jefe en propiedad el mayor general Modesto Díaz[483].

En ese mes de enero (1877) parte hacia el exterior el General Sanguily y, a los pocos días, el 5 de febrero se reúnen Gómez y Vicente García en Becerra, a poca distancia de Las Tunas con el plan de enfrentarse a las tropas españolas que desde Maniabón se dirigían a aquella ciudad, encuentro que no se produce al variar su rumbo las tropas españolas.

Las fuerzas españolas aumentan la presión en aquella región. Una columna de Holguín se acercaba en marcha hacia Maniabón para continuar hacia Las Tunas. Vicente García se prepara para hacerle frente a esas fuerzas y marcha, con su caballería, hacia Las Tunas mientras otras de sus tropas se encuentran en Becerra donde, ya de regreso de aquella ciudad se reúne Vicente García con el go-

---

[483] Ramiro Guerra, José M. Pérez Cabrera, Juan J. Remos y Emeterio Santovenia «Historia de la Nación Cubana» página 239.

bierno. Al día siguiente, febrero 6, tratan Estrada Palma, Vicente García y Máximo Gómez, en su condición de Secretario de la Guerra, de la marcha de García a Las Villas que debe realizarla con unos 200 hombres.

INNATA REBELDÍA DE BRAVO SENTÍES

El regimiento Guaninao #7 (Cambute), del que José de Jesús fue fundador, mantenía su disciplina mientras el Dr. Bravo Senties estaba creando un serio desorden en el regimiento Baire, Número 6, y en el de Jiguaní. Para tratar de mantener cierto control sobre el inquieto médico, lo incorporan a las fuerzas comandadas por el brigadier José de Jesús Pérez.

Era José de Jesús el hombre indicado para esa misión.

El Brigadier es respetado por su coraje, su capacidad de organización y su don de mando. El Brigadier Aurrecoechea había dependido de él en julio de 1869 para impedir las deserciones que debilitaban las filas del bravo oficial venezolano; Gómez lo quiso a su lado cuando inició su avance hacia Guantánamo y en el espectacular ataque a la Socapa en diciembre de 1870.

MÁXIMO GÓMEZ: SECRETARIO DE GUERRA

El 14 de enero (1877) a Vicente García le llega una comunicación del gobierno anunciándole *«el Presidente (Estrada Palma) en carta particular que ha resuelto ponerse al frente del Ejército nombrando al Gral. Gómez Secretario de Guerra»*[484].

Vicente expresa en su Diario de Campaña su profundo disgusto y el de su tropa por esa decisión. *«Me aseguran algunos jefes de Oriente, que se encuentran aquí, que en su departamento será completamente desaprobado ese pensamiento del Presidente».*

Jesús Pérez quiere distanciarse de estas luchas internas. Convence a Bravo Sentíes a continuar su marcha en busca del Gral.

[484] Vicente García. Diario de Campaña.

Modesto Díaz, aquel bravo dominicano que se ha batido, hombro con hombro, junto al Brigadier Pérez en Jiguaní, en el Cobre, en el Salado, en Ventas de Casanova y en tantos otros encuentros.

Modesto Díaz no es solo, para José de Jesús, su superior jerárquico; es, por encima de todo, su amigo. La amistad es para el recio combatiente una sagrada vinculación. Así lo probó toda su vida.

Al día siguiente marcha Vicente García con su Estado Mayor, el Teniente Coronel Juan Ramírez y unos sesenta o setenta hombres a practicar un reconocimiento por la costa del Cauto para *«atacar el vapor que viaja de Manzanillo a Cauto Embarcadero»*.

El 18 envía a Ramírez a buscar a los ciento cincuenta hombres que le había pedido al Coronel Varona.

Ante la conocida desunión de los combatientes cubanos las más altas figuras del gobierno colonial envían más tropas a la región oriental.

En marzo iniciaría Martínez Campos el avance desde Las Villas a Oriente. Así lo comunica en telegrama del 24 de marzo (1877) al Ministro de la Guerra:

> *«Colocados en sus puestos los 17 batallones, 15 escuadrones, 5 guerrillas y Guardia Civil que quedan en Las Villas y los 9 batallones y 10 piezas que guardan la trocha, empieza hoy el movimiento de avance al Príncipe y Oriente del resto de las fuerzas*[485].
>
> *Al partir hacia Oriente deja al General Armiñán al mando de la Comandancia de Las Villas».*

Se hace sentir en Camagüey y Oriente la ofensiva española. En la vasta extensión del Departamento de Oriente sólo Antonio Maceo y Flor Crombet lograban mantener sus fuerzas en buen ánimo, disciplinadas y dispuestas al combate[486]. Crombet, jefe en

[485] Enrique Ledo: «Historia de Cienfuegos». Página 736.

[486] Ramiro Guerra, Pérez Cabrera y Santovenia. «Historia de la Nación Cubana».

propiedad del regimiento Guáimaro número 7, (del que el Brigadier Pérez, su fundador, forma parte) que con el de Baire número 6, componían la Brigada de Cuba, era jefe accidental de esta brigada, a las órdenes del Mayor General Modesto Díaz.

En el otro regimiento, Baire, en unión de Jiguaní, Bravo Senties mantenía una posición de disidencia de la que trataba de persuadirlo su amigo y compañero el Brigadier José de Jesús Pérez. Incorporado Bravo Sentíes a la columna de José de Jesús, éste lo convenció de hablar con un común amigo y superior jerárquico, el General Modesto Díaz. Hacia allá marcha.

De haberse producido el encuentro con Díaz muy probablemente Bravo Sentíes hubiera abandonado su posición disidente.

El Mayor General Vicente García hace planteamientos políticos pero también, como pocos, combate. El 16 de febrero (1877) en El Rompe (Las Tunas) ataca a una fuerza española ocasionándole serias bajas y apoderándose de fusiles, cananas y municiones. En mayo es el Coronel Arcadio Leyte Vidal quien se enfrenta, en La Ayúa, jurisdicción de Jiguaní, donde opera también el Brigadier Pérez, a una columna enemiga impidiéndole avanzar a su objetivo y forzándola a retirarse hacia El Naranjo. Un poco más al sur, en el Aserradero, es el ya Coronel Flor Crombet quien, el 8 de mayo, ataca este fuerte español dividiendo sus fuerzas en dos columnas; la primera bajo el mando del Coronel Agustín Vilton y la otra comandada por su primo el Teniente Coronel Emiliano Crombet[487]. Días después estará hostilizando El Cobre, aquel poblado en el que había combatido, 8 años antes, a las órdenes del jefe de la Brigada Cambute.

---

[487] Emiliano Crombet Philipon, nacido en el Cobre, combatió en las tres guerras. Dirigió, entre otros, los ataques a los cafetales San Luis y Arrieta en 1870, y el de la Caridad (1872). Estuvo al mando del Primer Batallón de la Brigada Cuba (1875). Participó en la protesta de Baraguá (1878).

SEDICIÓN DE SANTA RITA. MAYO 11 DE 1877

La sedición se basó, fundamentalmente, en la crisis que había producido Lagunas de Varona cuando, por la renuncia del Mayor General Gómez a la jefatura de Las Villas, el gobierno de Estrada Palma designó al Mayor General Vicente García para ocupar ese cargo.

Vicente García tuvo la intención de marchar a ocupar esa posición pero luego desistió y se dirigió a Santa Rita organizando un grupo de jefes y oficiales presidido por el Mayor General José Miguel Barreto, y decidió desconocer los poderes constitucionales de la República, separar a Estrada Palma de la presidencia y disolver la Cámara de Representantes. Trataron de poner en práctica un programa de reformas políticas. Esta situación produjo la frustración final del gobierno para llevar a cabo la guerra a occidente y apresuró la descomposición de las filas revolucionarias.

Mayo (1877) es un mes en que las fuerzas orientales no descansan. Vuelve Crombet el 17 de aquel mes a luchar en Brazo Fuerte en un fuerte combate donde pierde la vida su segundo al mando, el Coronel Agustín Vilton. El 12, Juan Rius Rivera había tomado el poblado de Santa Rosalía, cerca de Gibara, apoderándose de gran cantidad de vituallas, armamentos y municiones. El 22 será el entonces Brigadier Antonio Maceo quien organiza en Los Indios, en las proximidades de Moa, una emboscada ocasionándole varias bajas a las fuerzas enemiga, y el 28 ataca a las tropas españolas en Piloto en las inmediaciones de San Luis, operación que repite al día siguiente.

Al mismo tiempo, tiene Martínez Campos que enfrentarse, también, a los ataques de Roloff, Pancho Jiménez, Serafín Sánchez, Maestre[488] y otros en Las Villas. Sustituirá a Armiñán el

[488] Ángel Maestre Corrales, nacido en Manzanillo, Oriente, participa en las reuniones de El Mijial y Rosario, toma parte, entre otras, de las batallas de Las Guásimas, Naranjo-Mojacabase y Remate de las Vueltas. Termina la Guerra de los Diez Años con el grado de General de Brigada.

Teniente General Luis Pendergast que tomaba posesión del cargo el 5 de julio de aquel año 1877 quien dispone que *«todos los individuos avecindados que cuenten de 20 a 50 años pasarán a alistarse en la prevención de voluntarios»*. Pero el mando de Pendergast en Las Villas fue de muy corta duración. El 7 del mes siguiente lo sustituía, por pasar al Estado Mayor General del General en Jefe, el Sub-Inspector de Artillería Cayetano Figueroa[489].

En octubre combate Antonio Maceo en Piloto; el primero de noviembre (1877) Vicente García se enfrenta, y derrota, en El Salvial a una columna que ataca a su campamento, y el 10 vuelve a defender su campamento en La Gallina, en las cercanías de Las Tunas. Las fuerzas de Flor Crombet combatirán, una vez más, en El Cobre el 28 de noviembre y en Baire el 7 de diciembre.

Desde Guá, en noviembre de 1877 el Coronel Bartolomé Masó escribe nuevamente al General Modesto Díaz lamentando la descomposición que ha causado en las filas mambisas la traición de Bello: *«No es extraño que después de tantas presentaciones y decepciones producidas por el terror que introdujeron en sus filas y en todas sus zonas el malhadado Bello, con la siniestra intención de ver destruido por completo la obra de todos los buenos patriotas, edificada a costa de nueve años de lucha incesante... no es extraño que la fuerza a que aludo se presentara bajo el aspecto tan poco favorable y halagüeño»*.

El 30 de noviembre de 1877 concluyéndose *«uno de loas más funestos años para la revolución de Cuba»*[490], Máximo Gómez anota, desolado, en su Diario de Campaña: *«Dispersión de la gente que me acompaña. Me quedo solo»*.

Al comenzar el año 1878, pocos continúan luchando. El 28 de enero Antonio Maceo ocupa un convoy español cerca de

[489] La posición de Cayetano González, como Capitán General Interino, es aún más corta: sólo durará tres meses.

[490] Diario de Máximo Gómez.

Palma Soriano. Al día siguiente ataca a una columna enemiga. En febrero ataca en la Llanada de Juan Mulato a la columna del batallón Cazadores de Madrid comandada por el Teniente Coronel Ramón Cabezas, quien muere en lucha personal con el capitán cubano Valentín Consuegra[491]. El Teniente Coronel José Maceo sostiene un combate en Tibisí contra la columna española del Teniente Coronel Hermógenes González quien muere en la acción[492]. Otro que sigue combatiendo, en aquellos dos primeros meses de negociaciones y presentaciones, es el brigadier José de Jesús Pérez.

Comienza febrero. El día primero llega el Dr. Bravo Sentíes al campamento del Gral. Vicente García para informarle que *«el Presidente aguarda al Gral. Gómez para seguir marcha a este lugar»*.

Si a José de Jesús se le ha impuesto la tarea de marchar junto a Bravo Sentíes es correcto asumir que venía, junto a éste, del campamento del Presidente cuando el Dr. Bravo le comunica al Gral. García que Estrada Palma y el Gral. Gómez vienen a verlo.

Algún adversario hace circular rumores sin fundamento sobre la participación de José de Jesús Pérez en el «movimiento político-social» inspirado por el General Vicente García. Así, el crédulo Salvador Cisneros le escribe al Coronel Bartolomé Masó en septiembre 16 de 1877, que *«se me ha informado que el Dr. Bravo y el Brigadier Pérez, secundados por el Padre Odio tratan de hacer un movimiento y esto puede dar por resultado nuestra desunión»*.

En lo que se refiere al Brigadier Pérez, la afirmación es completamente falsa.

El Brigadier José de Jesús Pérez no había participado en la lamentable pugna que había separado a estos grandes hombres. Marcha, cumpliendo la obligación que le han impuesto de contro-

[491] Leonardo Griñón Peralta: «Maceo, Análisis Caracteriológico», *obra citada.*

[492] Enrique Ubieta. *Obra citada.*

lar la innata rebeldía de Bravo Sentíes, junto a éste en busca del Gral. Modesto Díaz.

No hay documentación fidedigna que pruebe que José de Jesús, el abnegado jefe de la Brigada de Cambute, haya participado en los penosos conflictos que al comenzar aquel año 1878 mantienen en pugna a las más altas figuras de la Revolución de Yara.

Comienza 1878 con varios encuentros. El 9 fuerzas del entonces Teniente Coronel José Maceo se enfrentan en Tibisi, como ya dijimos, a un batallón del Regimiento de Reus, comandado por el Teniente Coronel Hermógenes González. Veamos qué sucedió en este encuentro.

El Teniente Coronel José Maceo, con una hábil maniobra de franqueo le hizo cambiar de ruta desviándolo hacia unos tupidos maniguales haciéndole un certero fuego contra su vanguardia, al tiempo que cargaba contra el centro de la columna, a la que causó muchas bajas, entre ellas su jefe. El cadáver del jefe español recibió honores militares por parte de los insurrectos[493]

El día anterior las tropas que comanda el Brigadier José de Jesús Pérez que avanzaban por las márgenes del Río Bayamo se habían enfrentado a la Brigada de Bayamo en el palenque del mismo nombre.

El 5 de febrero llega el gobierno al campamento de Vicente García. Formadas las fuerzas el presidente Estrada Palma les habló confirmándole la resolución, tomada, de ponerse él al frente del ejército nombrando al Gral. Gómez Secretario de la Guerra.

MUERE JOSÉ DE JESÚS, BRIGADIER DE CAMBUTE, PROTEGIENDO A UN AMIGO

Cuarenta y ocho horas después de haber llegado el presidente Estrada Palma y su gabinete al campamento del Gral. Vicente García, en un enfrentamiento con el enemigo al tratar de proteger al

[493] Diccionario Enciclopédico de la Historia Militar de Cuba.

Dr. Bravo Sentíes, muere José de Jesús Pérez[494] en el palenque atravesado por ocho balazos. El encuentro se ha producido en el río Bayamo[495], el 8 de febrero de 1878. Es el Jefe de la Brigada española de Bayamo quien da a conocer la noticia.

Así lo narra Enrique Ubieta en su «Efemérides de la Revolución Cubana»[496].

> «1878 – El Jefe de la Brigada de Bayamo participa este día haber dado muerte una de sus Guerrillas, en el Palenque del río de Bayamo, al Brigadier del Ejército Libertador, el compañero y amigo del inolvidable *Carlos Manuel de Céspedes, Jesús Pérez,* y de haber hecho prisionero al doctor *Miguel Bravo y Senties,* Diputado a la Cámara de Oriente.
>
> Sentíes manifestó al caer prisionero que había ingresado en la Revolución, el 21 de Junio de 1871, viniendo en la primera expedición del *«Virginius»*, siendo ayudante de Carlos Manuel de Céspedes, que había desempeñado las Secretarías del Interior, de la Guerra y de Estado, cuando el 27 de Octubre de 1873 en *Bijagual de Jiguaní* depusieron al Presidente: que durante la Presidencia del Marqués de Santa Lucía, fue jefe de Sanidad del Estado de Oriente y hasta su prisión, siendo de los deportados a Fernando Póo, de donde se fugó junto con *Miguel Embil y otros*».

Termina así, dicen los historiadores Ramiro Guerra, Pérez Cabrera, Remos y Santovenia, *«la larga carrera de servicios a Cuba de un valeroso jefe, con este sacrificio inútil pues Bravo Sentíes cayó prisionero en el mismo combate, en manos de la tropa española»*[497].

---

[494] El 8 de febrero de 1878.

[495] Francisco Ibarra Martínez. «Cronología de la Guerra de los Diez Años».

[496] Obra aprobada el 6 de enero de 1911.

[497] Ramiro Guerra, Pérez Cabrera Remos y Santovenia. «Historia de la Nación Cubana».

En forma similar, casi textualmente, describe Fernando Figueredo[498] la acción en que cae combatiendo el brigadier José de Jesús Pérez. Ya vimos como otro historiador, Enrique Ubieta[499], recoge en las páginas de su libro la muerte del bravo combatiente.

DESALIENTO Y DESORDEN EN LAS FILAS INSURRECTAS: CAMINO DEL ZANJÓN

En el momento en que pierde la vida el brigadier Pérez ya va cundiendo primero el desánimo y luego el desorden en las filas insurrectas.

El departamento de Camagüey que dirigió Ignacio Agramonte y que tres años antes había sido ejemplo de excelente orden y disciplina se resquebraja luego de la ofensiva española iniciada el 11 de marzo de 1877.

Holguín, Tunas, Jiguaní y Bayamo seguían inactivos. Sólo Antonio Maceo y Flor Crombet mantenían sus fuerzas con admirable disciplina pero, el 7 de agosto, en los Mangos de Mejía, Barajagua, distrito de Mayarí, en un enfrentamiento con las fuerzas españolas comandadas con el Mariscal de Campo José Varela, caerá Maceo gravemente herido. Sus tropas quedarían al mando del mayor general Modesto Díaz aquel general en busca de quien marchaba José de Jesús cuando, peleando como siempre, cayó mortalmente herido.

Se ha firmado el Pacto del Zanjón y producido la Protesta de Baraguá. Se abren las cárceles de la metrópoli. De una de ellas sale, libre, el médico Miguel Bravo Sentíes. Procedente de Santiago de Cuba llega a La Habana donde es entrevistado por

[498] José de Jesús Pérez muere el 7 de febrero de 1877 cuando, marchando junto al Dr. Bravo Sentíes, tuvo un encuentro con fuerzas españolas, en el que trató de cubrir la retirada del médico Bravo Sentíes «cayendo atravesado por diez balazos» mientras Bravo Sentíes caía prisionero (Fernando Figueredo, «La Revolución de Yara», Pág. 213 y 214).

[499] Enrique Ubieta. Efemérides de la Revolución Cubana. *Obra citada.*

un corresponsal[500] que lo interroga sobre su actuación en la revolución, su participación en el «movimiento político-social encabezado por el Gral. Vicente García» y sobre el Brigadier José de Jesús Pérez.

Comienza el corresponsal español afirmando que *«la paz de Cuba es un hecho consumado: los últimos partes demuestran que las fuerzas ayer enemigas y hoy amigas y que siempre fueron hermanas, han entregado las armas, y hasta puedo dar pormenores interesantes, que por sí solos bastan para llevar la tranquilidad al ánimo más apocado e incrédulo».*

[500] El reportaje tiene fecha marzo 2, 1878 y aparece, textualmente en las páginas 393 y siguienes de la obra «Historia de la Insurrección de Cuba», de Emilio A. Sourere, impresa en Barcelona en 1880. Describe así su encuentro con Bravo Senties:

> «Afortunadamente lo encontré. Cuando llegué al hotel, estaba almorzando en unión, entre otros, de un señor coronel de nuestro ejército, e inmediatamente que le pasé aviso se puso a mis órdenes.
>
> El señor Don Miguel Bravo y Sentíes tiene 44 años, es de estatura alta, de mirar expresivo e inteligente, usa bigote, el pelo corto dividido al medio y peinado a la inglesa; a su buena figura acompaña un aspecto militar, que seguramente le habrá ayudado en su carrera.
>
> En 1869, estando en Cárdenas, fue preso y enviado a Fernando Poo, de donde se fugó, en unión de Miguel Embil. A su llegada a Nueva York, la Junta Cubana le mandó de agente diplomático a Venezuela; regresó a Nueva York y entró como redactor del periódico El Demócrata; pasando después, con el coronel Rafael Quesada a Venezuela, de donde en la primera expedición que trajo a esta isla el Virginius, vino con Quesada.
>
> A poco de llegar fue nombrado jefe de los ayudantes del presidente Carlos Manuel de Céspedes; desempeñando después y sucesivamente, la subsecretaría de la presidencia, la secretaría del Interior y de la Guerra y del Estado. Al ser depuesto Carlos Manuel de Céspedes de la presidencia por la Cámara de Diputados durante la presidencia del Marqués de Santa Lucía fue jefe designado jefe de sanidad del estado de Oriente cargo que no ejerció. En el momento de su prisión, era diputado de la Cámara por el mismo departamento».

Y continúa diciendo que *«el miércoles por la noche, procedente de Santiago de Cuba llegó a la Habana, hospedándose en el hotel, el Dr. Miguel Bravo Senties, que desde el 21 de junio de 1871 estaba en la insurrección y que fue hecho prisionero el 7 del pasado febrero, 1877 en el Palenque del Río Bayamo, punto en donde por una guerrilla nuestra fue muerto el brigadier Don Jesús Pérez.»*

Quiere conocer sobre el movimiento del General Vicente García.

Responde así Bravo Sentíes:

> *«Casualmente cuando caí prisionero íbamos el Brigadier Jesús Pérez y yo en busca de Modesto Díaz, del cual hacía más de tres meses que nada, absolutamente, sabíamos, ni del estado de la guerra».*

Le pregunta el periodista:

«¿Se oponía Jesús Pérez al movimiento (político-social de Vicente García)?»

Respuesta de Bravo Sentíes:

«Con decirle que él no sabía nada, creo decirle bastante»[501].

Las palabras de su compañero de armas, del hombre que vio, en vida, por última vez al Brigadier José de Jesús Pérez, dejaban irrebatible constancia de la no participación del valeroso mambí en la lucha interna que conmovía a la revolución.

Bravo Senties, su íntimo amigo, el hombre apasionado y polémico, que estuvo en el centro de las intensas tensiones que condujeron a Lagunas de Varona y otras lamentables confrontaciones en las filas cubanas, exoneraba al abnegado brigadier de conocer y, por tanto, haber participado en todo lo acontecido en estas dolorosas últimas páginas de la Revolución de Yara.

[501] Reportaje de marzo 2 de 1878.

Ha caído, peleando, José de Jesús Pérez, el Brigadier de Cambute. Muchos, no todos, de los que sobrevivieron aquella contienda, unidos a nuevos hombres que habrán de incorporarse, participarán en las dos próximas guerras emancipadoras legándoles a las nuevas generaciones la convicción de que sólo perseverando en la lucha se logra la libertad.

BIBLIOGRAFÍA

Libros publicados en Cuba antes del Primero de Enero de 1959

Eladio Aguilera Rojas. «F.V. Aguilera», La Moderna Poesía, La Habana, 1909.

Pánfilo D. Camacho: «Aguilera: El Precursor sin Gloria», Ministerio de Educación, La Habana, 1951.

Néstor Carbonell y Emeterio S. Santovenia: «Carlos Manuel de Céspedes, Apuntes Biográficos», Seoane y Fernández, La Habana, 1919.

Gerardo Castellanos G., «En Busca de San Lorenzo», Editorial Hermes, La Habana, 1930.

José Rogelio Castillo y Zúñiga: «Autobiografía», Imprenta de Rambla y Souza, La Habana, 1914.

Carlos Manuel de Céspedes y Quesada: «Manuel de Quesada y Loynaz», Imprenta «El Siglo XX», La Habana, 1925.

Enrique Collazo, «Cuba Heroica». Imprenta Mercantil, La Habana, 1912.

Federido Córdova, «Flor Crombet (El Sucre Cubano)», la Cultural, La Habana, 1939.

Rafael Estenger, «Las Imágenes de Céspedes», Editorial Lex, La Habana, 1956.

Máximo Gómez, «Diario de Campaña», Centro Superior Tecnológico, La Habana, 1940.

Leonardo Griñán Peralta, «Carlos Manuel de Céspedes. Análisis Caracterológico», Universidad de Oriente, 1954.

Ramiro Guerra y otros, «Historia de la Nación Cubana», La Habana, 1952.

Ramón Infiesta, «Máximo Gómez», Imprenta Siglo XX, La Habana, 1936.

Juan Jerez Villarreal, «Oriente (Biografía de una provincia)», Imprenta Siglo XX, La Habana, 1950.

J. de la Luz León: «La Diplomacia de la Manigua: Betances», Editorial Lex, La Habana, 1947.

Ramón Maceo Verdecia, «Historia de Bayamo», La Mercantil, La Habana, 1941 (Reproducida por Editorial Cubana, Miami, 1997).

Carlos Márquez Sterling, «Céspedes y Agramonte; Martí y Máximo Gómez», La Habana, 1939.

Felipe Martínez Arango, «Próceres de Santiago de Cuba», La Habana, 1946.

Vidal Morales y Morales, «Hombres del 68», La Habana.

Rufino Pérez Landa, «Bartolomé Masó. Y Márquez», Imprenta «El Siglo XX», La Habana, 1958.

Francisco J. Ponte Domínguez, «Historia de la Guerra de los Diez Años», Imprenta «Siglo XX», La Habana, 1958.

Manuel Sanguily, «La Bandera de Yara», A. Dorrbecker, La Habana, 1928.

Tomás Savignon, «Quintín Banderas. El Mambí Sacrificado y Escarnecido», Imprenta P. Fernández, Habana 1948.

Benigno Souza, «Máximo Gómez. El Generalísimo», Editorial El Trópico, La Habana, 1936.

Enrique Ubieta, «Efemérides de la Revolución Cubana», La Moderna Poesía, La Habana, 1911.

Libros publicados en el exilio después del Primero de Enero de 1959[502]

Francisco Calcagno, «Diccionario Biográfico Cubano», Editorial Cubana, Miami, 1996.

Néstor Carbonell Rivero, «Próceres», Editorial Cubana, Miami, 1999.

Ena Curnow, «Manana. Detrás del Generalísimo», Ediciones Universal, Miami, 1995.

Luis F. Diel Moral, «Serafín Sánchez. Un Carácter al Servicio de Cuba», Editorial Cubana, Miami 2005.

Manuel de la Cruz, »Episodios de la Revolución Cubana», Editorial Cubana, Miami, 1999.

María Dolores Domingo Acebrón, «Los Voluntarios y su Papel en la Guerra de los Diez Años», Harmanattan, Montreal, 1996.

José Duarte Oropesa, «Historiología Cubana», Ediciones Universal, Miami, Florida 1989.

Rafael Estenger, «Sincera Historia de Cuba», Editorial Bedout, S.A., Medellín, Colombia, 1974.

Fernando Figueredo Socarrás, «La Revolución de Yara», Editorial Cubana, Miami, 1990.

Francisco García Cisneros, «El León de Santa Rita», Editorial Universal, Miami, 1989.

José Maceo Verdecia, «Bayamo», Editorial Cubana, Miami, 1997.

Carlos Márquez Sterling, «Agramonte, el Bayardo de la Revolución Cubana», Editorial Cubana, Miami, 1995.

Carlos y Manuel Márquez Sterling, «Historia de la Isla de Cuba», Regents, Publishing Company, New York, 1975.

[502] Algunos reimpresos de ediciones anteriores.

Leví Marrero, «Cuba, Economía y Sociedad», Editorial Playor, S.A., Madrid, 1985.

José Mármol, «Antonio Maceo Grajales», Ediciones Universal, Miami, 1998.

José G. Mármol, «Donato Mármol», Editorial Arenas, Miami 1991.

Calixto C. Masó, «Historia de Cuba», Editorial Universal.

Herminio Portell Vilá, «Céspedes, el Padre de la Patria», La Moderna Poesía, Miami, 1989 (Edición anterior, 1931).

Herminio Portell Vilá, «Historia de Cuba en sus Relaciones con los Estados Unidos y España», Minesmosme Printing, Miami, Florida 1967.

Carlos Ripoll. Varias obras.

José ignacio Rodríguez, «Estudio Histórico de la Anexión de la Isla de Cuba», Editorial Cubana, Miami, 2001.

Manuel Sanguily, «Discursos y Conferencias», Editorial Cubana, Miami, 1998.

Emeterio S. Santovenia y Raúl M. Shelton, «Cuba y su Hhistoria», Cuba Corporation, Miami, Florida, 1965.

Benigno Souza, «Máximo Gómez», Editorial Cubana, Miami, 1991.

Hugh Thomas, «Cuba, la Lucha por la Libertad», Ediciones Grijalbo, S.A., México, D.F., 1973.

Alberto J. Varona, «José Lacret Morlot», Editorial Cubana, 1996.

«Nueva Historia de Cuba», Editorial Corripio C. por A., Santo Domingo, República Dominicana 1986.

«Céspedes. El Padre de la Patria», La Moderna Poesía, Miami, 1989.

Libros publicados antes de 1895

Francisco de Acosta y Albear, «Pasado y Presente de Cuba», Madrid 1875.

José Joaquín Albo «Historia de los Voluntarios Cubanos», Imprenta de BN. González, Madrid 1872-1874

Miguel de Aldama y José A. Echeverría: «Notas sobre Cuba», Nueva York, 1875.

Francisco de Arredondo y Miranda, «Recuerdos de las Guerras de Cuba», Caracas 1894. Reproducido por Biblioteca Nacional José Martí, La Habana, 1963.

Francisco de Campos Feliú, «Españoles e Insurrectos». E. T. Álvarez y Compañía, La Habana, 1890.

Enrique Collazo, «Desde Yara hasta El Zanjón». Tipografía «La Lucha», 1893.

Enrique Donderis: «Una cuestión de Cuba». Tipografía de M.G. Hernández, Madrid, 1888.

Enrique Edo, «Memoria Histórica», Imprenta Nueva de J. Andreu, Cienfuegos, 1888

Eugenio Antonio Flores, «La Guerra de Cuba», Tipografía de los Hijos de M.G. Hernández, Madrid, 1895.

Vicente García Verdugo, «Cuba Contra España», Crespo Martín, Madrid, 1869.

Eleuterio Llofriu y Sagrera, «Historia de la Insurrección y Guerra de la Isla de Cuba», Madrid, 1870.

Rafael María Merchan. «Cuba: Justificación de su Guerra de Independencia», Imprenta «La Luz». Bogotá, Colombia, 1896.

Antonio Peláez López, «Contestación del General Antonio Peláez a las Groseras Calumnias... de los Voluntarios de la Isla de Cuba», Imprenta de Carlos Fontruba, Madrid, 1869.

Antonio Pirala, «Anales de la Guerra de Cuba», Imprenta González Rojas, Madrid, 1895.

Néstor Ponce de León, «El Libro de Sangre», Nueva York, 1873.

Ramón Roa, «A Pie y Descalzo», «Establecimiento Biográfico», La Habana, 1890.

«Reglamento para los Cuerpos de Voluntarios de la Isla de Cuba», Imprenta del Gobierno y Capitanía General. La Habana, 1869.

Emilio A. Sourere, «Historia de la Insurrección en Cuba», Barcelona, 1880

Justo Zaragoza, «Las Insurrecciones en Cuba», Madrid, 1873.

Libros publicados en Cuba después del primero de Enero de 1959[503]

Rolando Alvarez Estévez, «General José Lacret Morlot: Ensayo Biográfico», Editorial de Ciencias Sociales, Las Habana 1983.

Fernándo Arredondo y Miranda, «Recuerdo de las Guerras de Cuba», La Habana, 1963.

José Abreu Cardet y Elia Sntes Gómez: «Julio Grave de Peralta», Editorial de Ciencias Sociales, La Habana, 1988.

Juan J.E. Casasús, «Calixto García (El Estratega)», Consejo Provincial de Cultura de La Habana, 1962.

José Rogelio Castillo, «Autobiografía», Instituto Cubano del Libro, La Habana, 1973.

Carlos Manuel de Céspedes, «Diario de Julio 1872 a Enero 1873», Editorial de Ciencias Sociales, La Habana, 1978.

[503] Algunos reimpresos de ediciones anteriores.

Enrique Collazo: «Desde Yara Hasta el Zanjón», Instituto del Libro, La Habana, 1967. Reproducción del libro publicado por «La Lucha», 1893.

Yoel Cordovi Núñez, «Tras las Huellas del Zanjón», Editorial Oriente, Santiago de Cuba, 2005.

Francisco Estrada Céspedes, «Cartas Familiares», Universidad de Oriente, Santiago de Cuba, 1969.

Abilio Estévez, «La Verdadera Culpa de Juan Clemente Zenea», UNEAC, La Habana, 1987.

Manuel Ferrer Cuevas, «José Maceo El León de Oriente», Editorial Oriente, Santiago de Cuba, 1996.

José L. Franco, «Antonio Maceo: Apuntes para una Historia de su Vida», Editorial Ciencias Sociales, La Habana, 1975.

Máximo Gómez, «Diario de Campaña», Instituto del Libro, La Habana, 1969.

Máximo Gómez, «1868-1899 Diario de Campaña», Instituto del Libro, La Habana, 1968.

Bernardo Gómez y Toro, «Revoluciones... Cuba y Hogar. Máximo Gómez», XIV Feria Nacional del Libro «Prócer Máximo Gómez» 1986, Santo Domingo, República Dominicana.

Ramiro Guerra, «Guerra de los Diez Años», Editorial de Ciencias Sociales, 1972.

Eusebio Leal S., «Carlos Manuel de Céspedes. El Diario Perdido», Editorial de Ciencias Sociales, La Habana 1994.

Víctor Manuel Marrero, «Vicente García: Leyenda y Realidad», Instituto del Libro, La Habana, 1992.

Salvador Morales, «Máximo Gómez: Selección de Textos», Editorial Ciencias Sociales, La Habana, 1986.

James J. O'Kelly, «La Tierra del Mambí», Instituto del Libro, La Habana, 1968.

Abelardo Padrón, «El General José: Apuntes Biográficos», FAR, La Habana, 1972.

Abelardo Padrón, «El General Flor: Apuntes Históricos de una Vida», FAR, La Habana.

Abelardo Padrón, «Mambisadas».

Dionisio Poey Baró, «La Entrada de los Aldamistas», Ciencias Sociales, La Habana 1989.

Fernando Portuondo y Hortensia Pichardo: «Carlos Manuel de Céspedes: Escritos», editorial Ciencias Sociales, La Habana, 1986.

Fernando Portuondo, «Estudios de la Historia de Cuba», Edictorial Ciencias Sociales, La Habana, 1973.

Pedro Pablo Rodríguez, «La Primera Invasión», UNEAC, La Habana, 1987.

César Rodríguez Expósito, «Dr. Félix Figueredo y Díaz» Editorial Organismos, La Habana, 1973.

Mary Ruiz de Zárate, «El General Candela», Editorial de Ciencias Sociales, La Habana, 1974.

Cintio Vitier, «Rescate de Zenea», UNEAC, La Habana, 1987.

BIBLIOTECA DE ENRIQUE ROS en Ediciones Universal

Colección de libros que constituyen una verdadera enciclopedia sobre la lucha de los cubanos por su libertad:

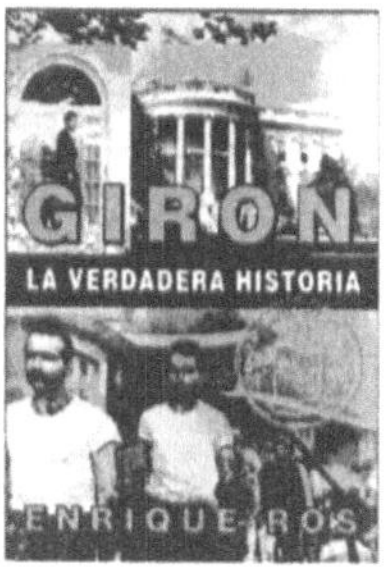

0-89729-738-5 PLAYA GIRÓN, LA VERDADERA HISTORIA, (3ª. edición) 1998. Historia de la lucha clandestina en Cuba, la invasión de Playa Girón, el exilio y la política norteamericana.

0-89729-773-3 DE GIRÓN A LA CRISIS DE LOS COHETES: LA SEGUNDA DERROTA, 1995. Historia de la lucha cubana desde Playa Girón hasta la Crisis de los Cohetes en 1962.

0-89729-814-4 AÑOS CRÍTICOS: DEL CAMINO DE LA ACCIÓN AL CAMINO DEL ENTENDIMIENTO, 1996. La zigzagueante política del presidente Kennedy y los esfuerzos de los cubanos por derrocar a Castro.

0-89729-868-3 CUBANOS COMBATIENTES: PELEANDO EN DISTINTOS FRENTES, 1998. Lucha de los cubanos dentro y fuera de la isla: ataques comandos, cubanos en Vietnam, África, Bolivia y otros escenarios.

0-89729-908-6 LA AVENTURA AFRICANA DE FIDEL CASTRO, 1999. Las intervenciones de Castro por subvertir el continente africano.

0-89729-939-6 CASTRO Y LAS GUERRILLAS EN LATINOAMÉRICA, 2001. Las acciones guerrilleras y subversivas que ha dirigido Castro en América Latina desde 1959.

0-89729-988-4 ERNESTO CHE GUEVARA: MITO Y REALIDAD, 2002. La vida desconocida del Che Guevara contada tras una minuciosa investigación.

1-59388-006-5 FIDEL CASTRO Y EL GATILLO ALEGRE. SUS AÑOS UNIVERSITARIOS, 2003. La historia desconocida de Fidel Castro. La escuela de violencia de sus años universitarios con los Grupos de Acción.

1-59388-026-x LA UMAP: EL *GULAG* CUBANO, 2004. La realidad de los campos de concentración y trabajos forzados en Cuba contada por los que lo padecieron.

1-59388-047-2 LA REVOLUCIÓN DE 1933 EN CUBA, 2005. La historia de la revolución contra Machado contada por sus protagonistas.

1-59388-079-0 EL CLANDESTINAJE Y LA LUCHA ARMADA CONTRA CASTRO, 2006. La información más completa sobre la lucha clandestina en Cuba contra el régimen de Castro.

1-59388-107-x LA FUERZA POLÍTICA DEL EXILIO CUBANO I (1952-1987), 2007.

1-59388-140-1 LA FUERZA POLÍTICA DEL EXILIO CUBANO II (1988-1989), 2008.

1-59388-177-0 LA FUERZA POLÍTICA DEL EXILIO CUBANO III (1990-1995), 2009.

En los tres tomos publicados hasta el momento presenta un documentado estudio sobre la participación de los exiliados cubanos en la política norteamericana.

www.ingramcontent.com/pod-product-compliance
Lightning Source LLC
Chambersburg PA
CBHW030509080526
44586CB00011B/127
9781593881962